武漢工程大學

校史

（1972—2022）

武汉工程大学校史编纂委员会　编

武汉工程大学校史

（1972—2022）

编纂委员会

武汉工程大学历史沿革

1972 年 6 月，鄂革〔1972〕102 号文件通知：以湖北省工业学校为基础，组建湖北化工石油学院

湖北化工石油学院
1972.06—1980.02

1974 年 8 月，校址迁移至伏虎山麓、南湖北畔（武昌卓刀泉路 366 号）

1980 年 3 月，更名为武汉化工学院，改由化学工业部和湖北省双重领导，以化学工业部为主

武汉化工学院
1980.03—2006.01

1998 年 6 月，获批为硕士学位授予权单位

1998 年 7 月，由原化学工业部主管改为中央与湖北省共建，以湖北省管理为主

2003 年 9 月，更名为武汉工程大学（筹）；流芳校区正式启用。

2006 年 2 月，正式更名为武汉工程大学

武汉工程大学
2006.02 至今

2013 年 7 月，获批为博士学位授予权单位

2014 年 5 月，学校整体进入一本招生高校行列

2018 年 1 月，入选国内一流学科建设高校

湖北省革命委员会文件

鄂革〔1972〕102号

关于组建湖北化工石油学院有关问题的通知

武汉市、荆州地区、荆门县革委会，省革委会计委、建委、文教局、轻工局、燃化局、财政局、民卫局，湖北化工石油学院、省工业学校：

一九七一年全国教育工作会议确定以原湖北省工业学校为基础，由燃化部协助，组建湖北化工石油学院。现将组建有关问题通知如下：

一、湖北化工石油学院的化工、机械专业的校址设在原湖北省工业学校；石油专业的校舍在荆门县城郊庙岗岑新建。基建规划由湖北化工石油学院会同有关部门拟定后报省和中央审定。

二、省革委会轻工局在武汉新建轻工中等专业学校，建筑面积为一万至一万二千平方米，所需投资从湖北化工石油学院基建总投资中拨给。

三、省工业学校现有人员、房产设备、附属工厂等，原则上全部并入湖北化工石油学院。轻工方面的师资，办公及上课家俱，可抽调给省轻工中等专业学校。具体事宜由省革委会文教局、轻工局、燃化局协商办理。

四、为了保证湖北化工石油学院招生开学，凡部队、地方单位借住原省工业学校的房屋应尽快腾出。

湖北省革命委员会

一九七二年六月二十五日

抄送：燃化部，省委办公室，省革委会各大组、室，武汉、湖北军区。

湖北省革命委员会办事组　　一九七二年六月廿七日印发

共印八十五分

1972年6月，获批组建湖北化工石油学院

20世纪70年代（湖北化工石油学院时期）的劳作景象

1986 年 3 月，首届教代会全体代表合影

1989 年，学校召开联合培养硕士研究生开学典礼

2006 年 4 月，学校更名揭牌暨流芳校区建成庆典大会隆重举行

2013 年 1 月，学校新增博士学位授予单位通过验收

人力资源社会保障部
全国博士后管理委员会 文件

人社部发〔2014〕60号

人力资源社会保障部　全国博士后管委会
关于批准新设辽宁大学哲学等291个
博士后科研流动站的通知

各省、自治区、直辖市及新疆生产建设兵团人力资源社会保障厅（局），解放军总政治部干部部，各博士后科研流动站设站单位：

为加强高层次人才队伍建设，培养适应国家经济社会发展需要和具有自主创新能力的博士后人才队伍，加快国家重点发展领域和学科建设，根据《博士后事业发展"十二五"规划》，经全

— 1 —

设站学科	设站单位
水利工程	三峡大学
	中国农业大学
化学工程与技术	北京工业大学
	武汉工程大学
	东南大学
	济南大学
	中北大学
	上海交通大学
	中国科学院青岛生物能源与过程研究所
地质资源与地质工程	桂林理工大学
	河海大学
	东华理工大学
矿业工程	武汉科技大学
	湖南科技大学
	江西理工大学
轻工技术与工程	南京工业大学
交通运输工程	石家庄铁道大学
	湖南大学
船舶与海洋工程	华南理工大学
航空宇航科学与技术	清华大学
兵器科学与技术	沈阳理工大学
农业工程	河海大学
	中国农业科学院
林业工程	内蒙古农业大学
环境科学与工程	桂林理工大学

— 12 —

2014年9月，首个博士后科研流动站获批设立

2018年9月，学校入选国内一流学科建设高校，化工与矿业工程获批国内一流学科建设学科

早期校领导合影（左起）：李康德、宫雨屏、陈复兴、洪板桥、孟占勇、王虎臣、王荣桂

奖状

武漢化工学院：

一九八九年，带领职工坚持一个中心，两个基本点，团结奋斗，在两个文明建设中取得优异的成绩，被评为优秀领导班子，特予表彰。

1990 年 4 月，校领导班子获化工部表彰，时（历）任校领导合影（前排左起：臧之昭、王荣桂、李康德、宫雨屏、陈复兴、洪板桥、梁仲理；后排左起：胡贵明、李定或、吕福利、陈古圣、李鸿义、蒋子铎）

1986 年 1 月，中国共产党武汉化工学院第一次代表大会召开

1989 年，学校召开党的建设工作会议

2017 年，学校学习传达党的十九大精神

2021 年 7 月，中国共产党武汉工程大学第三次代表大会召开并选举产生新一届领导班子（左起：吴云韬、马小龙、方文海、徐慢、郑丹凤、程幼金、王存文、李志旭、张彦铎、喻发全、韩高军）

2022 年 10 月，学校召开传达学习党的二十大精神会议

1974年11月，首届工农兵学员开学典礼

1977年9月，首届工农兵学员毕业合影

1998 年 5 月，学校接受教育部本科教学工作水平评估，结论为“合格”，图为专家组考察会现场

2006 年 5 月，学校以“优秀”的成绩通过教育部本科教学工作水平评估，图为专家组实地考察现场

2017 年 6 月，教育部专家组到学校开展本科教学审核评估工作

1996 年 5 月，学校组织首届中青年教师教学基本功竞赛

1996 年，学校开展相关课程建设与评估工作

1999 年 7 月，学校首次举行硕士学位授予仪式

2000 年，学生在等离子体技术与薄膜材料院重点实验室做硫铁矿脱硫实验

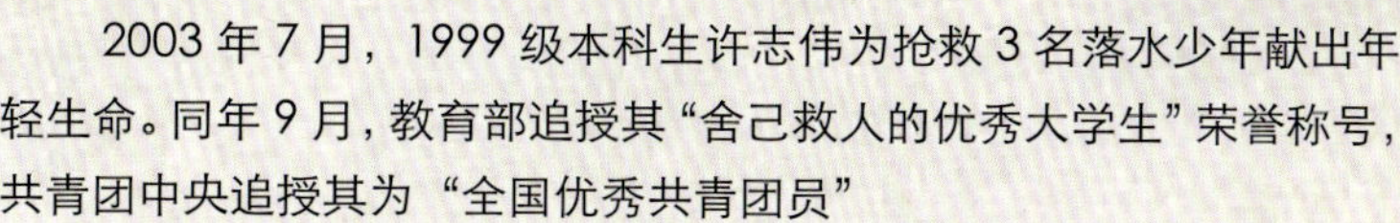

2003 年 7 月，1999 级本科生许志伟为抢救 3 名落水少年献出年轻生命。同年 9 月，教育部追授其“舍己救人的优秀大学生”荣誉称号，共青团中央追授其为“全国优秀共青团员”

2009 年，第 27 届悉尼奥运会羽毛球男单冠军吉新鹏硕士学位授予仪式

2011 年，学校承办湖北省第二届大学生机器人大赛

2013 年 10 月，工程教育认证专家在实验室进行现场考察

国家级教学成果奖
获奖证书

获奖成果："E+"双专业一体化复合型人才培养模式研究与实践

获 奖 者：王存文 韩高军 张媛媛 彭石玉 涂朝莲 王婉华 杜朝明 李 琼

获奖等级：二等奖

证 书 号：20149579

二〇一四年九月

2014 年 9 月，“‘E+’双专业一体化复合型人才培养模式研究与实践”获国家级教学成果二等奖

荣誉证书

授予：刘耀东同学

“最美大学生”称号，特颁发此证书。

二〇二一年十二月

2021 年 12 月，2018 级本科生刘耀东同学获全国“最美大学生”荣誉称号

1994 年 1 月，学校召开重油处理技术专题研讨会

2002 年 5 月，学校机器人足球队在第七届世界杯机器人足球大赛中首获冠军。截至 2022 年 7 月，在国际比赛中累计荣获冠军奖项 14 项、亚军奖项 13 项、季军奖项 13 项

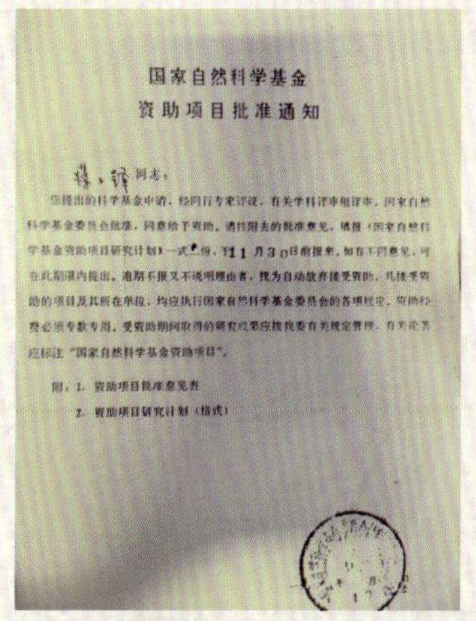

国家自然科学基金
资助项目批准通知

[illegible]同志：

您提出的科学基金申请，经同行专家评议，有关学科评审组评审，国家自然科学基金委员会批准，同意给予资助。请按附去的批准意见，填报《国家自然科学基金资助项目研究计划》一式二份，于11月30日前报来。如有不同意见，可在此期限内提出。逾期不报又不说明理由者，视为自动放弃接受资助。凡接受资助的项目及其所在单位，均应执行国家自然科学基金委员会的各项规定。资助经费必须专款专用。受资助期间取得的研究成果应按我委有关规定管理。有关论著应标注"国家自然科学基金资助项目"。

附：1. 资助项目批准意见表

2. 资助项目研究计划（格式）

1991 年 11 月，学校首次获批国家自然科学基金立项资助

2004 年，学校首次荣获国家技术发明二等奖，后在 2013 年和 2017 年再次荣获国家技术发明二等奖

2005 年 11 月，学校首次荣获国家科学技术进步二等奖，后在 2009 年、2011 年和 2019 年多次获得国家科学技术进步二等奖

2019 年 10 月，召开绿色化工过程教育部重点实验室评估现场考察反馈会

2019 年，学校主办中国矿物加工大会（CMPC）

2021 年 12 月，湖北省副省长、三峡实验室理事长肖菊华为我校池汝安教授颁发三峡实验室主任聘书

2022 年，张三元教授的著作《大道不孤：中国价值的跨文化传播》，被列入湖北省委书记王蒙徽向全省干部群众重点推荐的四本好书

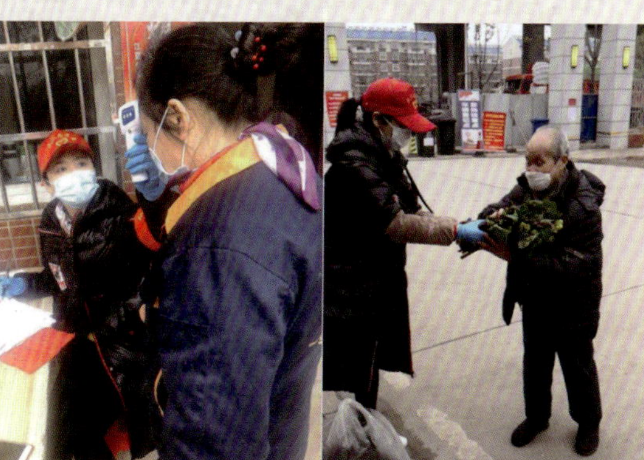

2020 年，学校新冠肺炎疫情防控工作

学校积极参加抗洪防汛工作

20 世纪 80 年代末，美国化工专家 Dr.Nair 应邀来校开展“化学法磷矿脱镁”联合科研

1995 年，俄罗斯依尔库茨克工业大学瓦赫罗迈夫教授应邀来校访问

2019 年，国际矿业学术论坛外籍专家一行访问我校

2019 年，校党委书记程幼金访问英国曼彻斯特城市大学，签署两校国际合作协议，考察 3D 打印实验室

2021 年 1 月，校长王存文视频连线英国曼彻斯特城市大学，签约共建国际联合研究中心

建校初期的教学楼

叠翠湖

晨晖下的早读

建设中的校园

20 世纪 80 年代，校园主干道

1991 年 4 月，第十一届田径运动会期间，院长陈古圣与绣旗人员留影

1995 年秋，学校教职工排球比赛现场

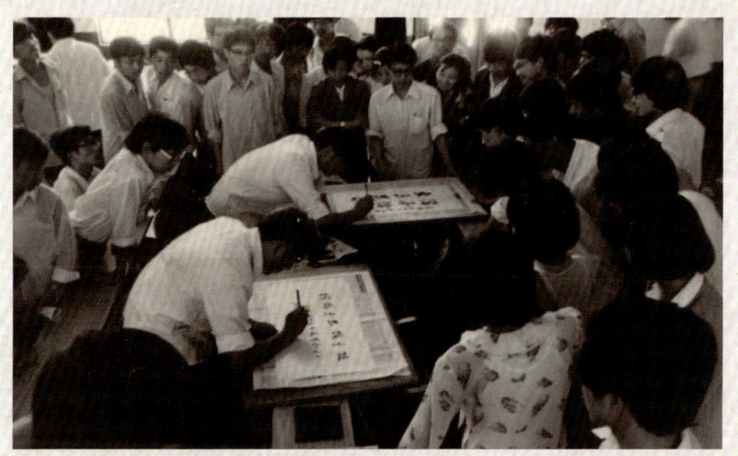

20 世纪 80 年代，学校“热风”活动笔会

20 世纪 80 年代，学校开展“学雷锋 树新风”活动

20 世纪 90 年代，学校运动会赛场精彩瞬间

1998 级新生军训阅兵暨表彰大会

20 世纪 90 年代，学校图书馆自习室灯火通明

20 世纪 70 年代，学生在湖北化工石油学院校门口合影

1992 年 6 月，建校二十周年庆祝活动期间的学校正门

流芳校区西门

武昌校区南门

光谷有轨电车进校园

彩虹映照下的美丽校园

静思湖畔

展翅腾飞

俯瞰校园

1986 年 11 月，时任化工部部长秦仲达（左二）来校视察工作并题词

2005 年 9 月，时任湖北省委副书记、省长罗清泉（右二）看望“全国优秀教师”刘长生教授（左一）

1995 年 5 月，时任化工部副部长（后任第九届、第十届全国人民代表大会常务委员会副委员长）成思危（左一）视察学校

四海俊彦聚化苑
八方创业在神州

费孝通
二〇〇一年四月

2001 年 4 月，中国社会学和人类学的奠基人之一，第七届、第八届全国人民代表大会常务委员会副委员长费孝通为学校题词

2006 年 4 月，时任湖北省副省长郭生练（左一）、湖北省政协副主席王少阶（右一）为学校更名揭牌

2012 年 10 月，第十届全国人民代表大会常务委员会副委员长、中国关心下一代工作委员会主任、原化工部部长顾秀莲出席学校成立 40 周年庆典大会

2015 年 5 月，1977 级校友、时任武汉市市长万勇（左三）一行到校考察指导

2020 年 6 月，湖北省副省长肖菊华（居中）一行来校调研指导毕业生返校及就业工作

序

PREFACE

春秋代序，江城钟灵天地；五秩芳华，工大卓尔鹤立。在中国共产党团结带领全国人民向第二个百年奋斗目标迈进之际，武汉工程大学欣逢建校50周年华诞。值此盛世嘉年，崇学术，尚人文，聚群贤，襄盛典，总结办学经验，展示办学成就，汇聚社会各界力量，凝聚师生校友情感，希冀往事而兴发来业，共同谱写学校“双一流”建设和各项事业高质量发展的新篇章。

筚路蓝缕，玉汝于成。武汉工程大学始建于1972年，前身为湖北化工石油学院，迭经武汉化工学院时期，2006年正式更名为武汉工程大学。虽曾困厄时艰、经风历霜，却常年书声琅琅、弦歌不辍。“参天之树，必有其根；环山之水，必有其源”。作为一所湖北省重点建设院校，武汉工程大学走过创校初期的重重曲折，历经隶属调整的久久为功，收获化院阶段的步步向前，迎来了更名后的欣欣向荣。更幸有荆风楚韵协和，教学科研并进，承“艰苦奋斗、自强不息”之传统，立而今“格物明理、致知笃行”校训，紧跟党走，培育才俊；含英咀华，德润黉堂；壮我炎黄，桃李芬芳。

使命不渝，自强不息。武汉工程大学始终坚持以立德树人为根本任务，牢记“为党育人、为国育才”光荣使命，进一步发挥化工特色学科优势，推动学校办学实力和教学水平高质量发展；深入推进人才强校战略，引导激励广大教师秉承育人初心、涵养高尚师德、修炼精湛内功，做到德才兼备、知行合一；在服务国家战略，引领区域发展中彰显工大使命担当，争创一流大学。

初心不忘，赓续华章。“惟楚有才，于斯为盛”。秉承千年荆楚文化的深厚底蕴，武汉工程大学充分整合办学实力，争取各方力量支持，实现学科建设重点突破，持续为区域经济社会发展服务，成为国家“中西部高校基础能力建设工程高校”、湖北省“国内一流学科建设高校”。站在新的历史起点，学校对标发展新要求，贯彻新发展理念，高品质回应经济社会高质量发展新需求，大力推进化工及相关学科特色鲜明、多学科协调发展的高水平教学研究型大学建设。一代代工大人牢记初心使命，践行办学宗旨，落实教育强国，踔厉奋发，艰苦创业，为国家培养了众多专门人才和优秀学子。五十年薪火相继、文明传承，武汉工程大学为国家科教事业的进步、国民经济的发展做出重要贡献；半世纪耕耘不息、春催桃李，武汉工程大学为跨世纪的中国高等教育事业谱写了一曲恢宏乐章。

习近平总书记指出，“重视历史、研究历史、借鉴历史，可以给人类带来很多了解昨天、把握今天、开创明天的智慧。”历史是过去的现实，现实是未来的历史。阔步前行在新时代大道上，认真学习校史，深刻感悟校史，以史为鉴，汲取智慧，积蓄力量，知校、爱校、兴校、荣校，是我们每一代工大人的职责和使命。全体工大人始终坚持以习近平新时代中国特色社会主义思想为指导，继承和发扬优良传统，同心同德、开拓创新，以更加饱满的精神状态和求真务实的工作作风，推进学校各项事业高质量发展！

武汉工程大学 党委书记 程功兵

武汉工程大学 校　　长 王存文

2022 年 9 月

前 言

PREFACE

岁月鎏金，物华竞泽，薪火赓续，史策延绵。从 1972 年建校至今，武汉工程大学已风雨兼程走过了五秩春秋。在这个重要的历史时刻，新编校史，忆苦思甜，回顾办学历程，深耕教育理念，弘扬工大精神，展望宏图愿景，是我们这一代工大人的职责和使命。五十载筚路蓝缕，看广大师生、校友如何挥洒青春，用辛勤培育的硕果佳绩为学校铺就高质量发展之路；半世纪薪火相传，看工大儿女如何兢业勤勉，为区域经济社会发展做出重要贡献；下一段宏伟征程，看武汉工程大学如何砥砺前行，为新时期的中国高等教育事业谱写壮丽篇章。

一

70 年代初，随着国内经济建设稳步发展，大量的优质石油资源在江汉平原被开采发掘，缺乏专业技术与人才成为亟待解决的难题，在鄂筹建高等教育石油化工专业迫在眉睫。1972 年 4 月 20 日，湖北化工石油学院筹建领导小组宣告成立，筹建工作按照“树牌子、搭架子、铺摊子”的思路有序开展起来。自此，一群披肝沥胆、志存高远的先锋前辈，开始了艰难的创校之路。1974 年，学校迁址于伏虎山下、南湖北畔，即现在的武汉工程大学洪山校区。1980 年，学校更名为武汉化工学院，改为由化工部和湖北省双重领导，以化工部为主。1998 年，随着高校管理体制调整，学校实行中央与地方共建，以湖北省管理为主。2002 年 11 月 19 日，光谷校区一期工程破土动工。2003 年 9 月 11 日，武汉化工学院拟更名为武汉工程大学，光谷校区正式启用。2006 年 2 月，经教育部同意、湖北省人民政府批准，学校正式更名为武汉工程大学。

五十年如歌岁月，学校逐渐发展为一所以工为主，覆盖工、理、管、经、文、法、艺术、医学、教育学九大学科门类的多科性教学研究型大学。学校风景优美，教学设施齐备，办学条件优良，拥有本科教育、研究生教育及国际教育，具有学士、硕士、博士学位授予权。学校现有洪山（武昌）和光谷（流芳）两个校区，共占地约 119.3 万平方米；校舍建筑面积达 79.5 万平方米；固定资产达 20.7 亿元，图书馆藏书（含电子图书）达 400 余万册。时值学校五十华诞，叠翠湖畔，黄龙山映，师生校友、嘉宾友人欢聚畅谈，忆往昔鎏金岁月，歌今朝风光春晓，绘未来宏伟蓝图，咏五秩鹤唳九霄！此情此景，必将在工大历史长河中镌刻一幅辉煌灿烂的华美篇章。

二

五十载弦歌不辍，半世纪滋兰树蕙。武汉工程大学始终秉承“质量强校、人才强校、科技强校、特色强校、创新强校、文化强校”办学思路，经过几代工大人的艰苦奋斗，累累硕果缀满校园，各项事业取得长足进展，学校迎来崭新的发展阶段。

一是党建领航，旗帜朝阳。学校始终高举中国特色社会主义伟大旗帜，以马克思列宁主义、毛泽东思想、邓小平理论、“三个代表”重要思想、科学发展观、习近平新时代中国特色社会主义思想为指导，全面贯彻党的教育方针，坚持社会主义办学方向，以立德树人为根本任务，秉持新发展理念，深度融入新发展格局。无论是初创起步阶段的湖北化工石油学院时期，还是改革纳新的武汉化工学院时期，抑或展翅腾飞的武汉工程大学时期，学校始终不忘初心、牢记使命，以新发展阶段的宏伟目标为奋进蓝图，明确办学思路及工作举措，以坚实的政治组织保障为基础，为学校未来发展导航定向。党的十八大以来，学校扎实开展党的群众路线教育实践活动、“三严三实”专题教育、“两学一做”学习教育、“不忘初心、牢记使命”主题教育、党史学习教育等党性教育活动，突出思想引领，夯实党建基础，强化思政实效，为党的建设和思想政治工作注入“源头活水”。

二是立德树人，多元办学。学校始终牢记“为党育人、为国育才”光荣使命，坚持稳步提升教学质量和办学层次。学校现有全日制在校生 25000 人，其中博士、硕士研究生逾 5000 人，本科生近 20000 人；设有 18 个学院（部），1 个研究设计院，1 个独立学院，有 73 个本科专业，23 个一级学科硕士学位授权点，2 个一级学科博士学位授权点，1 个博士后科研流动站，1 个博士后科研工作站。学校始终坚持把人才作为第一资源，稳步提高人才培养质量与师资队伍水平，现有教职工 2216 人，其中专任教学科研人员 1558 人，高级职称教师 824 人；学校“两型两化”人才培养成效显著，学生就业创业工作亮点纷呈，累计为国家和社会培养 20 余万名优秀人才。学校人才培养质量得到社会各界高度认可，被誉为“化工高层次人才的摇篮”，为学校赢得了良好的社会声誉。

三是初心不渝，科创报国。学校坚持教学科研协同推进，围绕国家和区域新发展阶段战略布局，积极有序开展科教工作，省部级及以上科教项目获批数量稳步上升，逐步构建“产学研用”深度融合的全链条、网格化的成果转化与社会服务体系。大力推进校地合作，为学校高质量发展引资纳源，通过与湖北各地市州签订战略合作协议，在人才培养、科学研究、区域发展、乡村振兴、对外交流等方面紧密合作，推进科技成果转化与服务地方经济社会建设，持续凸显办学特色与文化品牌优势，充分展现了“学科为首、学者为大、学生为本、学术为基、学风为范”的价值理念。

时光回溯，尽管历经校址变迁、更名易属，数次调整分合、机构重组，学校始终坚持以“奋进、踏实、刻苦、活泼”为治学之风，以培养社会主义建设者和接班人为办学使命，坚持全员育人、全过程育人、全方位育人，扎根基层、立足湖北，向全国各行各业输送优秀人才，为区域经济社会发展做出了突出贡献。

三

面向未来，我们踌躇满志，奋力前行！五秩工大，卓尔鹤立；艰苦奋斗，自强不息；矢志坚定，赓续传奇。站在新的历史起点，围绕建校 50 周年的时契良机，凝聚各界力量，传承工大精神，全面总结办学经验，大力传承和弘扬优良传统，提升竞争优势，加快化工及相关学科特色鲜明、多学科协调发展的高水平教学研究型大学建设步伐。值此伟业嘉年，如何以奋进之姿主动作为、担当善为、奋发有为，勠力同心跑出发展加速度，昂首向前赓续时代新华章，这是我们重修校史时的思考。

一是坚持立德树人的根本任务，为建设化工及相关学科特色鲜明、多学科协调发展的高水平教学研究型大学提供强大动力源泉。“求木之长者，必固其根本；欲流之远者，必浚其泉源”。半世纪功劳永驻，无数工大先锋为学校的业绩与发展奔波辛劳，支撑他们的就是艰苦奋斗、自强不息的精神力量。建设年代，这是克难攻坚、激情燃烧的奉献；改革年代，这是敢为人先、搏击潮头的干劲；发展年代，这是创先争优、百折无悔的追求。正因为用理想信念铸就了坚持不懈、初心不忘的精神丰碑，才让我们有了“从发展走向胜利”的力量；也正因为理想信念招展着高昂的旗帜，才推动学校建设蒸蒸日上，在化工、材料、新能源等诸多领域取得了丰收佳绩，这是学校党委引领全局、认真部署、正确决策的结果，更是师生校友同舟共济、团结一心、勇攀高峰的结果。

二是树立求实创新的治学风范，为贯彻党的教育方针、全面深化教育教学体制改革主动践行使命担当。“撸起袖子加油干”。这是时代赋予工大人的使命，更是对远大理想的不懈追求。当今世界正面临着百年未有之大变局，中国特色社会主义现代化建设也进入新的发展阶段，这是工大儿女的时代际遇，也是任重道远的历史考验。党的十九届五中全会擘画了“十四五”时期发展蓝图，强调要深入实施科教兴国战略、人才强国战略、创新驱动发展战略，完善国家创新体系，加快建设科技强国。唯有始终保持锐意进取、敢为人先的英姿风貌，将每一位微特人的价值追求与人生理想融入国家和区域经济社会发展战略与学校总体发展部署，做到初心不改、奋斗不止，为推动学校新阶段的高质量发展抢抓机遇、建功立业。

三是弘扬涵乾纳坤的广博胸怀，为奋发助力地方经济与社会发展、建设现代化强国持续输送精锐英才。“长风破浪会有时，直挂云帆济沧海”。学校始终秉持“崇尚科学、追求真理、立德树人、守正开新、追求卓越、化育天下”的办学理念，营造“以学为宗、以师为主、以生为本、以创为魂、以和为贵、以校为荣”的办学氛围。这样的责任担当，激励着一代代工大学子将个人梦想融入实现中华民族伟大复兴的宏伟蓝图，融入投身祖国基层建设的滚滚洪流中去，他们将闪光的青春凝结成不可估量的精神财富，带着激情和希望奔赴华夏各地。时间为证，这一粒粒辛勤播撒的青春种子，必将生根发芽、茁壮成长，工大儿女的智慧和汗水浇灌着每一片炽热的土地，留下一个个动人的奋斗故事，为祖国山河绘出星光华美的壮丽篇章！

四是传承勇立潮头的进取精神，为实现“两个一百年”奋斗目标，实现中华民族伟大复兴的中国梦贡献工大力量。“人无精神不立，国无精神不强。”崇高事业的赓续传承离不开工大儿女的前赴后继，“中国梦是民族的梦，也是每个中国人的梦。”这是习近平总书记对中国梦的深刻阐述，更是理想之火生生不息、熊熊燃烧的深刻见证。五秩校史，沉淀记忆；圈圈年轮，定格初心。回首往昔，饱含爱校深情的先锋前辈身体力行奠定发展之基，用不朽精神与不屈意志传承光荣使命。“艰苦奋斗、自强不息”是永恒不变的初心，“格物明理、致知笃行”是海纳百川的筋骨，“奋进、踏实、刻苦、活泼”是敢为人先的体魄。一路走来，工大人早已将初心融于山河，以信念塑筋骨，意志造体魄，在实现中国梦的宏伟征途中不断完善自我、奉献自我、升华自我。

功崇惟志，业广惟勤；艰难困苦，玉汝于成。站在新的起点，我们将继续努力拼搏、锐意进取，用奋斗之笔描摹出最美的山河图景，以一流的精神状态、一流的工作水平、一流的成果佳绩，向五十周年校庆献礼！

在热烈庆祝武汉工程大学建校 50 周年之际，谨以此书致敬每一位为武汉工程大学事业发展奋力拼搏的行路先锋；献给各个历史时期在武汉工程大学工作和学习过的广大校友；献给关心和支持学校建设与发展的社会各界人士。向你们致以崇高的敬意！

编　者

目 录

CONTENTS

第二编　自强不息　继往开来

——武汉化工学院时期（1980.03—2006.01）

第三编 初心如磐 化育天下

——武汉工程大学时期（2006.02 至今）

附录

武漢工程大學

第一编　筚路蓝缕　艰苦奋斗

——湖北化工石油学院时期

1972.06—1980.02

第一章　校址抉择　初创奠基

（1972—1974 年）

20 世纪 70 年代初期，随着国家经济建设逐步发展，大量的优质石油资源在江汉平原被开采发掘，专业人才匮乏成为亟待解决的难题。在湖北省委和燃化部的大力支持下，湖北化工石油学院的筹建工作于 1972 年全面启动，学校克服建校初期面临的重重困难，有序推进各项工作，一所新的化工人才摇篮应运而生。

第一节　七二其始　筹备建校

一、筹建之初

学校的创建工作酝酿于 1971 年前后，此前在湖北江汉油田已探明有丰富的石油资源并大规模开采，但缺乏与之相适应的专业技术人才，为了进一步发展当地高等教育事业，为国家培养石化专业人才，燃料化学工业部（简称“燃化部”）部长康世恩和湖北省委书记韩宁夫等相关领导多次到江汉平原视察、会谈，并表达了就近创办化工石油高级人才专业学校的意向。在 1971 年的全国教育工作会议期间，燃化部副部长徐今强数次会同省委书记韩宁夫及省教育厅指挥长王德平等，就在湖北省筹建一所石油化工学院的具体问题进行了深入探讨，在鄂筹建石油化工专业学校的建议开始提上日程。

1972 年 2 月，燃化部委派专人来汉督促筹建工作。4 月 13 日，湖北省委决定就湖北化工石油学院建校事宜召开筹备会，部署安排相关工作。4 月 20 日，湖北化工石油学院筹建领导小组会议在洪山宾馆召开。大会对学校筹建事宜作了初步安排，决定以湖北省工业学校（简称“省工校”）为基础推进筹备工作，办公地点暂设省工校，负责人为陈复兴。所需的筹建物资须向燃化部申报，办公场所由省工校自行解决，省计委负责解决劳动力指标，省政工组统一调派领导干部和授课教师，基建“三材”由省建委协调解决。燃化部先期投资 90 万元作为筹建经费。6 月 25 日，湖北省革命委员会发布《关于组建湖北化工石油学院有关问题的通知》（鄂革〔1972〕102 号，以下简称 102 号文），决定以省工校为基础，由湖北省委牵头、燃化部协助，组建湖北化工石油学院，此项报告经国家计委批准列入国家计划。自此，筹建工作按照“树牌子、搭架子、铺摊子”的思路有条不紊地开展起来。

二、调研谋划

为综合考虑建校地址，筹备组的选址考察从江汉油田、随县、老河口一直延伸到丹江、郧县、襄樊、沙市、江陵、荆门等地。所到之处均受到地方领导的热烈欢迎，纷纷表态愿意接纳筹建组到当地办学，但大多都面临人力、物资匮乏的困境。

经调研发现，省工校的办学基础最为完备。作为一所化工中等专业学校，1958 年，省工校曾改为化学专科学校，所设学科专业、教学仪器、设备设施等均与学校定位相符，另建有 2500 平方米的化工实验大楼及附属化工厂，基本达到办学标准。1971 年 1 月 6 日，省工校被迫停办，有关人员、设备、房屋拟并入武汉大学，筹建石油专业，但未能执行。

省工校的人力、物力正好能够在湖北化工石油学院的筹建工作中发挥作用，尽管地盘狭小，但化学工业和化工机械专业的学科基础犹在，无疑能解决部分建校时间紧迫的燃眉之急。经综合考量，初步确定以省工校为基础开办化工和化机专业，以荆门的庙岗岭作为石油专业的开办地点。

1972 年 5 月底，在学校准备挂牌匾时，因资源匮乏，大家充分发扬艰苦朴素精神，利用其他院校废置的校牌，翻新后找来油漆用仿宋体将“湖北化工石油学院”写在上面，第一个校牌因陋就简地诞生了。

在实地调研校址位置的同时，筹备组适时规划建校总体规模和具体方案，并从华中工学院借调孙威海等 2 位骨干协助开展规划与编制工作。初步拟定建校初期的招生规模为 1500 名（化工专业 600 名，石油专业 900 名），设置有机化学、无机化学、化工机械、钻井、采油、炼油等专业。

三、人员选调

（一）困难重重

人才队伍建设是筹建工作的重中之重。建校初期，教职工队伍中行政人员占比较高。专业教师不足 50 人，具有基建工程和石化专业背景的技术人才更为缺乏。组建初期，由省政工组负责从湖北省各大高校及五七干校抽调领导干部，早在 1971 年底，湖北省毕业生分配办公室分配了 18 名大学毕业生参加建校筹备工作。1972 年 1 月 29 日，18 名年轻人到达汉阳门码头，因校址尚未确定，办公地点不明，当天由省文教局联系，暂时被安置于省博物馆（省文教局的二级单位），启动了早期筹办工作。4 月底至 5 月初，军代表金霭堂等 4 人，及从华中农学院、华中工学院、武汉测绘学院、中南民族学院和武汉外语专科学校等单位相继调入的一批干部，陆续到校报到。5 月，学校开始挂牌办公。至 5 月 10 日，国家计委和国务院科教组联合来校检查筹建工作时，学校已调任教职工 50 余名。

学校按照当时暂定的招生规模 1500 名，按 1 ：6 计算教师与学员的比例，则需师资

250 人；以学员总数的千分之八计算，政治课教师应为 12 人，这两项就需教师 262 人。

根据早在 1971 年的全国教育工作会议上明确的专业教师队伍由华东石油学院支援，1972 年 5 月，学校派人去华东石油学院协商关于支援教师的问题，华东石油学院虽然同意支援，但表示一次性援助 50 名专业教师在当时非常困难。最后双方商定先期借用 1~5 人，组建小组协助学校做好队伍筹建工作，后期正式调动需待山东省委和“九・二三”油田研究。1973 年 9 月 20 日，学校在向省计委、省教育局提交的《关于湖北化工石油学院的筹建情况汇报》中写到，“学院现有教师 46 人，需各类教师 299 人，尚差 253 人，要开设的各门课程，许多教师尚无着落。虽然学院经过了与武汉地区兄弟院校和有关单位联系等多方努力，但有的单位不愿给，有的强调有困难，导致师资队伍组建进程缓慢。”

1974 年，学校为确保在无机化工、基本有机化工、化工机械三个专业各招收 50 名学员，1 月 10 日，在给省教育局、省文办、省宣传部并报韩宁夫书记的《关于落实鄂革字〔1972〕102 号文的报告》（化革字〔1974〕1 号）中，申诉了协商调进教师的进度缓慢且阻力困难大的问题，提请省委宣传部出面召开武汉地区大专院校会议，研究协商支援学校专业、基础课教师的指标，以适应当年招生开学的需要，加快组建师资队伍步伐。在湖北省委和燃化部相关领导关心支持下，依托省工校的教职工为基础，学校从华东石油学院、衡阳矿业学院、湖北化工学院及武汉地区其他兄弟院校和相关单位陆续调进大量专业技术人员。到 1974 年底，教职工队伍增长至 267 人。

（二）首次会议

1972 年 4 月 20 日，首次召开了湖北化工石油学院筹建领导小组工作会议。省计委副主任徐生、省建委主任黄永贵、省燃化局局长阎宝坤、省文教局王德平指挥长和孔一局长、省轻工局政工组一名干部、华中农学院革委会主任陈复兴和省工业学校革委会主任李健出席会议，会议由赵修主持。会议宣布成立湖北化工石油学院筹建领导小组，赵修为组长，黄永贵、阎宝坤、王德平为副组长。筹建办公室办公地点设在省工业学校（简称“省工校”），负责人为陈复兴。随后，组织召开了湖北化工石油学院首次职工会议，参加会议的有陈复兴，武汉测绘学院调来的孙孟春，华中农学院调来的黄卓熙、蒋诚、荆体健，来自中南民族学院的张立业、黄传阶，以及分配的毕业生 17 人（最初分配的 18 人中有一位被省博物馆留任进行化学防腐研究），分别为何定雄、吴传治、贡长生、孙家寿、杨同先、周普谟、李广贤、谌英武、徐汉明、朱伟雄、张汉珍、张志刚、潘奠民、徐旺生、兰东平、汤惠先、张大平，这也是校内广为流传的“十八勇士”的由来。

面对种种困难，筹备组率领着这群年富力强的开拓者们迎难而上，怀揣“组建湖北化工石油学院，为国家培养化工专业人才”的报国理想，不畏条件艰苦、不惧酷暑寒霜，正式开启了学校筹建工作。他们的故事永远激荡在学校历史的滚滚长河之中。

1973 年底，学校临时党委在年终总结中强调要坚决贯彻执行党的“鼓足干劲，力争上游，多快好省建设社会主义”的总路线，坚持“艰苦奋斗，勤俭建国，勤俭办一切事业”的方针，树立艰苦创业的指导思想，充分利用省工校的基础，因陋就简，填平补齐，逐步建成教学、科研、生产三结合基地的社会主义大学。

四、组织建设

1972 年 9 月，中共湖北化工石油学院临时委员会成立，随即组建学校核心领导小组，负责校内重要工作的决策部署。宫雨屏任临时党委书记，陈复兴、金霭堂任临时党委副书记。

学校临时党委下设政工组、办事组两个办事机构。其中政工组主要负责党群、人事等日常工作，办事组履行党委办公室和院办公室双重职能。

1974 年，因教职工人数快速增长，学校对党群和行政管理机构作出重大调整，将办事组更名为院办公室；政工组改制为政治部，下设政治教研室，负责全校学生的政治课程教学任务；设立人事科主管全校人事调配工作；设立组织科负责学校党建和相关干部工作；下设宣传科，负责全校思想政治工作、意识形态和宣传教育工作；设立学生科负责全体学生的事务性工作；并成立了院团委。时年 3 月，设置了教务处、院务处等行政职能部门。至此，党、政、群机构设置已初具雏形。

1974 年 8 月，学校开始从位于马房山的省工校搬迁至侨校校舍，经全体教职工共同努力，搬迁工作在 10 月底全部完成，确保了首届新生按期进校开学。

1975 年 12 月，学院革命委员会成立，主任人选暂时空缺，副主任职务由陈复兴、孟占勇、洪板桥、刘宿贤共同担任，对党政工作实行“一元化”领导。

第二节　云程发轫　校址选定

一、破土萌芽

经多方调研，对比分析，当时拟了两套建校方案。第一方案是在武汉、荆门两地办学，并以省工校为基础组建武汉校区，下设化工和机械专业；在荆门庙岗岭开设石油专业，规划建筑面积 30361 平方米，投资 334 万元。第二方案是全部在荆门庙岗岭新建校区，预计建筑面积为 48300 平方米，投资 572.6 万元。

两套方案各有利弊。第一方案为首选方案，优点是符合省部领导原来商定的意见，能充分发挥省工校人力、物力的作用；其次投资少、建校快，且便于组织教学；不足之处是省工校的主管部门省轻工局尚有在原有基础上开设轻工中专学校的打算，且校内部分设施被外单位借用，房舍、设备均有所损坏。第二方案的优点是荆门地处三线建设地区，交通便利，划拨建面大，所有专业建在一处，便于统一管理，但新建校址难免投资较大，基建

任务过重也会导致建校进展缓慢。

经调研规划，1972 年 5 月 17 日，筹备组办公室以驻湖北化工石油学院工宣队指挥部和湖北化工石油学院筹建领导小组的名义，向省文教局递交《关于湖北化工石油学院建校地点的请示报告》，并呈省委、省革委会。报告陈述了两个建校方案的具体细节和优劣分析，明确表达了采用第一方案的建议及理由。

报告还就省轻工局继续开办轻工中专学校的问题，提出三点处理建议：其一，在学校下设轻工中专部，承担为轻工局培训所需技术人员的任务；其二，为轻工局另建一所中专学校，其基建投资纳入学校筹建总体规划中；其三，根据鄂革〔1972〕15 号文件精神，将原准备拨给艺专的省粮食学校拨给轻工局组建轻工学校。

1972 年 5 月 18 日，省文教局向省革委会政工组专题请示建校地址事宜，并转呈了筹建领导小组的报告。5 月 20 日，湖北省委常委办公会议同意报告事项。5 月 21 日—6 月 12 日，学校派专人到燃化部汇报学校组建情况，并到北京化工学院、山东化工学院、华东石油学院、上海化工学院参观学习。6 月 23 日，学校向省文教局书面汇报了调研情况，同时请求省革委会尽早行文，以保障组建工作顺利开展。

1972 年 6 月 25 日，湖北省革委会出台的《关于组建湖北化工石油学院有关问题的通知》（鄂革〔1972〕102 号）确定了建校基本方针。主要包括四点内容：一是以省工业学校为基础，由燃化部协助，组建湖北化工石油学院；二是校址问题，在武汉、荆门两地办学，武汉校址为省工校，设立化工、机械专业，荆门校址在荆门县城郊庙岗岭，设立石油专业，基建规划由湖北化工石油学院会同有关部门拟订后报省委和中央共同审定；三是人员设备问题，一方面，省工校现有人员、房产设备、附属工厂等，除轻工部分外原则上全部并入学校，而轻工方面的师资队伍与教学物资抽调给省轻工中等专业学校，另一方面，凡部队、地方单位借住省工校的房屋应尽快腾出，以保证顺利招生开学；四是与省轻工局拟办轻工中等专业学校的协调问题，轻工中等专业学校建筑面积为 10000~12000 平方米，所需投资从学校基建总投资中拨给。

为贯彻落实上级文件精神，学校开始积极争取办学场地。随着《关于编报湖北化工石油学院总体规划的报告》正式出台，省委、省革委会、省文教局均对建校事宜提出了专业支持和指导意见。建校初期，学校初步按照 1500 名学生的规模进行规划，其中武汉校区 1000 名，荆门校区 500 名，两地同时开设办学，并逐步确定了建校的路线方针、学科专业、师资队伍、基建工作等方面的具体预案。

1972 年 7 月 28 日，湖北省革委会计划委员会向国家计委呈报《关于湖北化工石油学院计划任务的报告》（鄂革计〔1972〕334 号），根据当初的设计规模及地建面积等需要，初步估算需 579 万元，其中建筑安装工程 510 万元，设备购置 69 万元。8 月 2 日，省文教局下达《关于湖北化工石油学院 72 年基建项目设计任务书的批复》，同意下拨 60 万元的建设经费。8 月 15 日，学校临时党委书记宫雨屏、副书记金霭堂等一行专程赴北京，向燃化部和国家计委汇报建校地址、拟办专业、办学规模等筹建工作情况，请示学校基建设计任务书的审批等问题。8 月 27 日，燃化部副部长徐今强听取了汇报，明确以省工校作为学校院部，在五七油田和葛店建设分部，以教导队形式逐步推进建设。徐今强指示，当前主要任务是设计方案，组建师资队伍，待整体方案取得湖北省和中央燃化部、国家计委批准后再付诸实施。9 月 14 日，湖北省委再次研究湖北化工石油学院的组建问题，决定仍按湖北省革委会下发的《关于组建湖北化工石油学院有关问题的通知》（鄂革〔1972〕102 号）文件执行。根据会议精神，学校和省工校于 9 月 19 日正式宣布合并，组织机构实行人员合署办公，停止以省工校的名义对外联系，并着手办理房屋、教学设备、家具的清点移交工作。

二、荆棘丛生

计划经济时期，社会物资相对短缺，办学条件受到一定影响。建校初期，学校面临校舍面积狭小、基建原材料不足、配套设施供应不全、师资力量短缺等一系列问题。在当时的历史条件下，省工校的房屋也存在着被多家单位借用、难以清退的局面。武汉市一轻工业局所属单位武汉灯泡厂借用了一幢教学楼，省机械工业局所属单位借用了一栋宿舍和机械实习厂房，武汉市烽火中学、湖北省安装公司、湖北省机械化公司、武汉机床厂等 23 家单位的职工共 38 户占用宿舍 49 间。上述各单位共计占用近 6000 平方米的房屋。这些房屋经长期使用且缺少维修，损坏严重。为尽快落实合并筹建，筹建组逐家联系协商，为房屋腾出工作付出了大量的努力。

最大阻力来自上级关于学校筹建的文件未能落实，主要表现为省工校的部分单位不愿退出。尽管两校已于 1972 年 9 月 19 日宣布合并，但直到 11 月份，省轻工局仍未将省工校人员的组织关系、供给关系转交学校，并要求省工校负责同志停止办理移交，且腾出房屋继续开办 150 人的培训班。经省革委会和省文教局协调，学校与省轻工局就校址问题组织座谈协商，但仍未得到圆满解决。

对此，省文教局提出两点建议：一是学校另选地址新建；二是新校名改为湖北轻化工学院，增设轻工专业。1973 年 6 月 1 日晚，学校临时党委召开紧急会议，讨论确定了《关于湖北化工石油学院建校问题的几点建议》（化院党字〔1973〕4 号），呈递省文教局和省革委会。明确表示完全拥护鄂革〔1972〕102 号文件精神，将化工、机械专业的院址设在省工校；省工校的人员、房屋、设备等原则上并入湖北化工石油学院；新建省轻工校的所需投资从学校基建总投资中拨给。

学校领导从大局出发，服从整体利益，不仅提出经费上“宁愿今年或明年少搞基建，优先满足省轻工校的建设”；或者对学校“改为湖北轻化工学院，增设轻工专业，在湖北化院附设中专部”，还提出“如各方条件尚不具备，可在华中工学院或其他大学里，先增设化工系，待条件成熟再组建化工学院”的建议。

1973年6月19日，省轻工局尚宝珍、芦洪昌，省燃化局蒋玲、湖北化工石油学院金霭堂、陈复兴，华中师范学院张天心、刘丙一、王国琛，省教育局邹时炎等人就省工校的校舍问题参加了座谈会。会议讨论了四项内容：其一，湖北化工石油学院在省工校校址办学，为省工校另找校址；其二，两校合并办学，校名改为轻化工学院，或在湖北化工石油学院内设立轻工中专部；其三，将校舍地面一分为二，两校各居其一；其四，湖北化工石油学院到葛店化工厂建校。经讨论协商，会议最终未能达成一致。

1973年7月2日，省革委会召开办公会议讨论以上悬而未决的问题，潘振武、韩宁夫、信俊杰、朱业奎，王步青、马学礼、王德平等16位领导同志参加。会议研究了湖北化工石油学院建校问题，明确表示“湖北化工石油学院是燃化部确定在我省组建，为我省培养化工石油技术人员的学院，已决定两年多了，必须抓紧。在建校过程中，有关部门要统筹兼顾，积极支援，使建校工作能够顺利进行”。会议决定“继续执行鄂革〔1972〕102号文件，湖北化工石油学院仍在原省工校校址办学……在轻工学校未建成前，轻工急需技术人员，湖北化工石油学院开办轻工专业班培训，有关事宜由省教育局和省轻工局协商解决”。9月底，韩宁夫书记又指示：“仍按102号文件执行，有关问题协商解决”，但直至11月，省革委会办公会议的决议仍然得不到落实。

三、披荆斩棘

（一）校址确定

校址的悬而未决严重影响了学校的筹办进度，加上校址占地面积窄小，涉及单位较多，矛盾复杂且周边无发展余地，为解决后顾之忧，学校临时党委对办学校址采用了边向上级反映困难边设法另找校址的策略。上级领导对学校另选校址的意见给予了积极支持，先后组织人员到武昌八一小学、洪山区九峰乡、原武汉华侨补习学校（简称“侨校”）等地进行选址考察。经实地考察，学校认为侨校（时已停办，其房舍由二四六七部队借住）北面靠近珞瑜公路，南面紧靠市区规划马路线，交通方便，且周边还有较大的发展空间；同时，侨校已有的硬件设施具备一定的办学条件，故拟选侨校作为办学校址。

1974年元月，学校拟定《关于落实鄂革字〔1972〕102号文的报告》（化革字〔1974〕1号），呈报省委书记韩宁夫、省教育局、省文教局、省委宣传部，请上级继续支持落实办学地址事宜。1974年8月30日，省革委会正式出台《关于湖北化工石油学院等院校校址问题的通知》（鄂革〔1974〕80号），文件决定将侨校的校舍价拨给湖北化工石油学院。鉴于开学在即，原借住单位须尽快搬出；省轻工业学校回省工校校址办学，其余问题仍按文件执行。至此，学校同省轻工学校长达两年之久的办学场地争议，终于得到圆满解决。

（二）早期基建

从省工校搬到侨校后，原本进行的基建工程全部停止，除接近完工的工程项目继续交付，其他项目均不再兴建。但前期准备的教学仪器设备等物资，为1974年的招生开学奠定了物质基础。

1973年，学校获批经费47万，用于完成教工住宅、配电房、车油库、泵房、仓库、公用供水工程等武昌校区的生活设施建设，荆门校区建设暂缓投入。

1974年，学校的基建工程计划投资40万元，建设重点从省工校转移到侨校旧址。主要建设图书馆、教职工宿舍及购置教学设备。按照当时的国家标准，高等工业院校的建设用地为620亩（1亩≈666.67平方米），侨校仅有土地面积200亩，离标准还差土地420亩。为解决土地面积不足的问题，学校计划在1975年开启土地征用工作，用以大规模落实校园基建工程，并将该事项报请上级部门申请经费资助。

学校图书馆于1972年在武昌区昙华林就建立临时馆舍，有15名工作人员，开展图书借阅、期刊专访及藏书编目等工作，并负责代管中南民族学院图书馆藏书。1974年底，图书馆藏书达到2万余册。

第三节　初定规模　首届招生

一、初定规模

1973年，国务院科教组召开理工科教育革命座谈会，研究讨论了高等学校专业调整意见。由于湖北省石化工业的技术力量相对薄弱，在燃化部的决策引领和部署安排下，学校考虑先行开设8个专业，即化工类的无机化工、基本有机化工、化工机械、化学纤维和化学制药等5个专业和石油类的石油采钻工程、石油炼制和石油矿物机械等3个专业。后期根据国民经济发展的需要、学科体系和专业设置再作出相应调整。

1974年，学校制定长远发展规划，对专业设置和办学规模设定目标，预计十年后在校学生人数将突破3000名，并于当年启动了首届招生工作。学校专业设置与计划招生情况详见表1。

表1　学校专业设置与计划招生情况（十年规划）

	专业设置	招生人数		
		1974—1978年	1979—1983年	1984年以后
化工专业	无机化工	30	60	60
	基本有机化工	30	60	60
	化工机械	30（1976年拟招60）	120	120

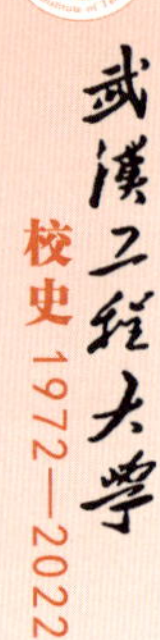

续表

	专业设置	招生人数		
		1974—1978 年	1979—1983 年	1984 年以后
化工专业	高分子化工	30（1976 年始招）	60	90
	化学设备防腐蚀	30（1977 年始招）	30	30
	化学制药	/	/	30
	化工仪表及自动化	/	30	30
	抗菌素	/	/	30
	橡胶制品	/	/	30
	橡胶机械	/	/	60
	塑料工艺	/	30	60
	中间体及农药	/	30	30
石油专业	石油钻采工程	/	30	60
	石油矿场机械	/	60	60
	炼油	/	30	60
	石油储运	/	/	60
各类培训班		100	150	200
总计		280	690	1070

结合制定的长远发展规划，学校向湖北省委和燃化部均上报了编制规划。按教职工与学生比 1 ∶ 3，学校本部编制为 500 人，其中教师按师生比 1 ∶ 8，共 187 人；政治教师按学生人数的 8%，共 12 人；干部按与师生员工比 1 ∶ 23，共 88 人；政工人员按占比师生员工总数的 1.8%，共 36 人；教辅人员按与师生员工总数比 1 ∶ 40，共 50 人；工勤人员按与师生员工总数比 1 ∶ 17，共 117 人；医务人员按教职工总人数的 5%，共 10 人。为贯彻教育与生产劳动相结合的指导方针，拟设附属工厂，其人数按学生人数的 7% 计，共 105 人；高中、初中、小学教员共 15 人；幼儿园、托儿所工作人员共 23 人，以上附属单位共计 143 人。为贯彻执行“五七”指示，教职工轮流到农村、工厂劳动锻炼，拟在院本部基础上增加 15%，即 75 人，全体教职工总编制合计为 718 人。

二、启动招生

（一）教学准备

1974 年秋季，化工机械、基本有机化工、无机化工三个专业首次招生，学制三年。

化工机械专业的总学时 1760 课时，按照湖北化学工业和中南地区工业发展的需要，旨在培养化工机械和设备的设计维修和制造检修技术人员。规定课程包括政治、体育、军训、外语、高等数学、物理、基础化学、制图、工程力学、机械设计基础、应用电工、化工设备、化工机器、化工制造工艺等。

有机和无机化工专业的总学时 1672 课时，规定课程包括政治、军训、体育、外语、高等数学、物理、基础化学、物理化学、分析化学、化工原理、制图、电工、化工仪表、化工机械基础、典型无机物学、无机工艺、有机工艺等。致力于培养兼备化工生产的基础理论和实践知识的专业人才，以高水平的学识和技能适应我国化工科技事业的需求。

（二）招生工作

1974 年，招生制度明确规定，学校的招生对象是具有 2~3 年以上实践经验的工农兵，身体健康，通常应为具备初中以上文化程度的未婚知识青年。对于具有丰富实践经验的老工人或贫下中农干部，可以根据情况放宽年龄和文化程度的入学限制。选拔工农兵学员严格坚持自愿报名、群众推荐、领导批准、学校复审等程序环节，同时规定“要充分发挥工农兵学员上大学、管大学、用毛泽东思想改造大学的作用”。

按照上述政策要求，学校向省教育局申报了招收首届工农兵学员的计划。经上级部门批准，学校迅速组建招生团队，拟定招生标准，制定招生纪律，严格按照招生程序临时调配了部分教师和领导干部奔赴省内各地，力求做到宣传到位、应收尽收。综合考虑入学条件和学员质量，学校首届招收了 110 名学生，多数是插队农村的知识青年和青年工人，其中有 8 名学生的工龄在 5 年以上。

学校首届招生基本情况如下：性别方面，男生 85 人，女生 25 人；专业方面，无机化工 36 人，基本有机化工 36 人，化工机械 38 人；政治方面，党员 25 人，团员 71 人，其他 14 人；家庭情况方面，工人、贫下中农和其他劳动人民家庭出身者 97 人，革命干部 7 人，职员 6 人；文化程度方面，高中毕业 33 人，初中毕业 77 人。

1974 年 11 月 20 日，学校在第一教学楼为全体新生举行了开学典礼。尽管建校初期的办学条件异常艰苦，全体师生坚守艰苦奋斗、自强不息的可贵品质，为后期不断追求卓越的辉煌历程奠定了早期的发展基础。

第二章　办学伊始　扬帆起航

（1974—1977 年）

随着各项工作稳步推进，学校不断摸索、积累办学经验，推动内设机构改革，建立完善管理机制，加强人员队伍建设，逐步走上规范办学的道路，为学校未来发展奠定了早期基础。

第一节　夯基垒台　立梁架柱

一、机构调整

1974 年，学校从马房山搬迁至鲁家巷（武昌校区），为实现长远发展，在已有相对完备的管理机构的基础上，对机构名称与职能范围进行了调整。

1974 年底，学校设置有院办、院务处、教务处、政治部、团委、保卫科、武装部等机构，其中院务处下设行政管理科、财务科、基建科、总务科、生活科、卫生科。总务科负责房产管理、房屋维修、水电供应及维修。生活科负责学生与教工的就餐、开水供应、澡堂、理发室、代销店以及教工的粮食与蔬菜供应。卫生科负责师生员工的医疗卫生。

1975 年，院务处总务科一分为二，划分为事务科与房产科，房产科负责房屋管理与维修、水电供应与维修，其他事务由事务科管理。同年，院务处增设财务科。教务处下设教材出版科、设备管理科、教学科研科、生产管理科、教务科。政治部下设人事科、宣传科、组织科、学生科。

二、建章立制

1974 年起，为使各项工作有章可循、管理规范，学校逐步建立起相关规章制度，其中包括教学管理、学籍管理、学生奖助学金管理、民主生活、保密工作、经费预决算、职工考勤、家具配备和租借管理、劳保用品发放等 10 多项管理规章制度和办法。

为满足教学和生活等方面的需要，学校建立了较为系统的后勤保障体系，并积极开展图书馆、实验室、校办工厂建设，为后期招收四年制本科生等各项工作的开展创造了坚实的教学保障基础。

到 1977 年底，学校逐步建立起相对完善的组织机构、工作制度与运行机制，具备了基本的办学条件，各项工作逐步走上正轨。

第二节　教学积累　精研思量

一、修订计划

1974 年，学校启动首届招生。为了响应国家政策，先后组织近 40 名教师到工厂接受工人阶级再教育。同时，学校派出 10 多名教师到对口兄弟院校学习，制定了有机化工、无机化工、化工机械等专业的教学计划，以保证教学工作顺利进行。

1975 年，学校进一步修订教学计划，坚持开门办学、多种形式办学，分专业以典型产品及工艺（简称“典工”）任务组织教学。

1977 年，根据“培养有社会主义觉悟的有文化的劳动者”的总目标，以及“专业面宽一些、基础打得好一些、适应性强一些”的要求，学校重点修订了 1976 级教学计划，并对 1974、1975 级教学计划做出相应调整。

根据省教育局意见，教学计划按周数计，3 年总共 156 周，其中政治理论课、专业课、外语课、体育课共 91 周，占总周数的 58%；形势教育、入学和分配教育，学工、学农、学军共 39 周，占总周数的 25%；机动 6 周，假期 20 周，占总周数的 17%，形成了富有时代特色的课程结构。

为帮助 1976 级部分文化层次较低的学员完成学业，学校采取了以下措施：经过批准后免修或缓修外语；减少基础劳动 2 周；划分快慢班课程；尽可能在第一学年安排 100 个学时（每周按 20 学时计），主要补数学等基础课程。

二、招生就业

1974—1976 年，学校招收了 3 届工农兵学员，全部来自湖北省内，招生专业为无机化工、有机化工和化工机械等。毕业时，绝大多数工农兵学员已经是党员或团员，根据国家规定，学员毕业后一般回原单位、原地方工作，特殊需要由国家统一分配。

在此期间，学校人才培养形式为三年制。1977 年 10 月 10 日，教育部将理、工、医学专业学制延长半年。因此，学校 1974、1975 级学员按三年制毕业，1976 级学员学制为三年半，1977 年以后的本科生学制统一为四年。

1977 年上半年，在校学生达 360 名，其中 1974 级 110 名，1975 级 119 名（1 人未报到），1976 级 134 名（2 人未报到）。

1975 年，为配合化工行业需要，学校开设校外培训班，对沙市石油化工厂、随县化

肥厂等单位的数百名职工开展了有机化工、化工机械等相关内容的短期培训，为社会培养了石化专业人才，此举深受地方单位的欢迎。

三、实践教学

1974—1976 年，上级教学部门没有颁发统一的教学大纲，学校不仅购置了大量教材和参考资料，还组织教师按“典工”任务编写教材和提纲。

在实践环节，学校选择以中小型工厂为主，采取开门办学的形式，实践选点以省内为主。在确定“典工”任务时，学校主要考虑行业需求，以能带动专业发展的教学内容为主。

1975 年 10 月，1974 级有机化工和化工机械两个专业班级先后赴湖南省云溪“2348”工程及河南省光山县化肥厂进行开门办学。

1976 年，学校逐步转向以教学为中心。工农兵学员进校时，学校组织入学分班考试，以便因材施教。1975、1976 级学员的教学方式以课堂和教材为主，改变了 1974 级学员以“典工”为主的教学方式。由于当时教材奇缺，学校组织任课老师自主编印教材，以保证教学质量。按照教学要求，学校推行学年制，每学期结束时组织期末考试，并建立成绩档案。同年，1974、1975 级无机化工专业班级分别到江陵化肥厂、通山化肥厂、应山化肥厂、岳阳化工总厂等地组织办学；1974、1975 级有机化工专业分别到青山炼油厂、岳阳化工总厂进行开门办学。

1974 年初，学校制定实验室家具添置计划表。1975 年，为进一步加强实验室建设，制定实验室建设规划、仪器设备及材料管理等相关制度，对固定资产、低值易耗品、原材料的管理使用进行界定，并着手创建普通化学实验室、物理实验室，学校设备费主要投入到专业实验室建设之中。

第三节　基础设施　相继破壤

一、基础设施

1974 年，由于缺乏专门的教职工宿舍，学校暂时将省工校的两栋学生宿舍用于过渡，并与其签订协议，约定借用的房屋将在教职工宿舍楼建成后予以归还。

为保障首届招生工作顺利开展，学校组织教职工搬运大量建筑材料与教学用品，包括木材 74 立方米，水泥 100 余吨，钢材 75 吨，砖 3 万余块，课桌椅、家具 2480 张，教学仪器设备 120 吨，图书 23000 余册，分编近万册新书，维修房屋与水电设施，自主开办食堂等。

由于新校址短期内无法满足办学要求，马房山校区仍旧保持使用。1974 年，学校在马房山校区投资 4.9 万元，建成了两栋平房仓库和一栋小食堂。1975 年，学校投资 16 万元新建学生宿舍，建筑面积达2800平方米；2、3号学生宿舍楼用于教工居住。1976年，全年基建总投资30.88万元，学校开始新建教工宿舍，续建仓库、化工机械厂等，并完成人防工程。同时，在1974年，学校已与部队达成协议，将原在侨校的汽车连营房作价转让给学校的基础上，1976年学校与部队再次达成协议，将原在侨校的汽车大修间、铁丝网、水泥桩、露天浴池等作价转让给学校。1977年，一、二栋教工宿舍建设完成并交付使用，大板房教工宿舍、木工房、汽油库、车库等仍在建设过程中。

1977年，学校占地面积99.35亩，校舍建筑面积28513平方米。其中8334平方米用于教学用房，包括教室6094平方米、实验室1510平方米、图书馆730平方米；生活用房14328平方米，包括学生宿舍6812平方米、教工宿舍6772平方米、食堂794平方米；校办工厂用房1300平方米；其他用房4551平方米，行政用房1828平方米，福利用房2723平方米。

二、图书馆

当时，原侨校新校址只有第一教学楼可用于教学工作，遂从大楼东面的1~3层中分出几间大教室作为图书馆藏书室与阅览室，小教室作为采编室或办公室，极大方便了师生查阅图书。

图书馆属科级建制，由教务处代管，下设采编组、流通组、期刊阅览组。1977年有工作人员24名，其中1名为图书馆专业。馆内采用《中国图书馆分类法》分编图书，建立有专用分类目录，对教学、科研活动起到了促进作用。

1974—1977年，学校年均拨付万余元用作图书经费，约占总教育经费的1.3%，总藏书量近5万册。

三、校办工厂

学校注重培养学生的实践能力。1973年，为加快校内实习基地建设，组建校办工厂，下设化工车间、金工车间，并从马鞍山煤矿调入近30人。

1976年，化工车间与金工车间分离，中专、中技生被分配进厂，全厂人数达20余人，利用部队遗留下的简易修车棚建立了机械厂。建厂之初，困难重重，为了扩大资金来源，校办工厂积极与社会企业开展横向合作，主动承接维修和来料加工等任务。

随着招生规模不断扩大，为解决教材问题，保障教材印刷工作顺利开展，学校先后购置印刷机、打样机等用于印刷教材，并于1976年开始筹建校办印刷厂，1977年7月正式建成并投入运行。

四、后勤保障

1974年，学校对年久失修的第一教学楼展开全面维修。

由于校区供电紧张，学校仅有一台 75kVA 变压器，常出现跳闸、停电现象，严重影响了教学工作。因此，学校购置了一套旧的柴油机发电组，以保证日常供电。1975 年，学校新增了一台 180kVA 变压器，用以解决电压不稳的问题。

早期生活物资均凭票供应，采购任务艰巨。为向全校人员提供相对完善的后勤保障服务，生活科工作人员想方设法到硚口区宗关菜场、江岸区天声菜场采购肉食。1975 年，学校在体育馆南面安装了一台 0.5 吨锅炉，基本解决师生员工的热水使用问题。1977 年，学校建成冷冻机房，自制冷饮制品以辅助消暑降温。

1974 年前，学校仅有 1 辆卡车、1 辆吉普车和 1 辆轿车。随后陆续购进卡车与吉普车。1977 年底，学校有 6 辆卡车、3 辆吉普车。

为解决教职工子女的教育问题，学校尚处马房山校区时就开设了托儿所、幼儿园，受条件所限，只能在校内平房开展教学。1975 年迁址后，学校有教职工 400 余人，家属 200 余人，幼儿入学需求增加，学校制定《幼儿园工作制度》，加强幼儿园建设与管理。

1974 年，学校在现武昌校区离退休干部工作处活动中心附近开设医务所，有医务人员 10 余名。虽然条件艰苦，仍开设有内科、外科、五官科、妇科、儿科等门诊科室，为师生员工提供基本医疗保障。

第四节　队伍建设　兼容完备

一、党员队伍

1972 年，学校临时党委成立。自此，学校不断加强党员队伍建设，截至 1973 年，共有中共党员 52 人。1974—1977 年期间党员人数情况见表 1 所示。

表 1　　1974—1977 年党员人数情况表

年度	调入				调出人数	合计人数
	来源	人数	来源	人数		
1974	发展新党员	2	外省调入	9	10	101
	省直机关调入	16	省直其他战线调入	2		
	省内其他地区调入	4	学员中发展新党员	26		
1975	新增或恢复党籍	10	军队调入	7	2	186
	补漏	3	中央或外省调入	5		
	省直调入	14	省内其他地区调入	4		
	本地市直机关调入	5	学员中发展新党员	39		

续表

<table>
<tr><th rowspan="2">年度</th><th colspan="4">调入</th><th rowspan="2">调出人数</th><th rowspan="2">合计人数</th></tr>
<tr><th>来源</th><th>人数</th><th>来源</th><th>人数</th></tr>
<tr><td rowspan="3">1976</td><td>新增或恢复党籍</td><td>16</td><td>军队调入</td><td>8</td><td rowspan="3">0</td><td rowspan="3">248</td></tr>
<tr><td>中央或外省调入</td><td>5</td><td>省直机关调入</td><td>7</td></tr>
<tr><td>省内外地市调入</td><td>26</td><td></td><td></td></tr>
<tr><td rowspan="3">1977</td><td>新增或恢复党籍</td><td>5</td><td>军队调入</td><td>3</td><td rowspan="3">45</td><td rowspan="3">245</td></tr>
<tr><td>中央或外省调入</td><td>14</td><td>省直机关调入</td><td>6</td></tr>
<tr><td>省内其他地区调入</td><td>14</td><td></td><td></td></tr>
</table>

二、师资队伍

1974 年秋，学校首届招生 110 人，随后招生规模逐年扩大。1975 年 2 月 26 日，湖北省革命委员会办公室下发《关于湖北化工石油学院规模的批复》（室文〔1975〕4 号），批准我校办学规模为 1500 人。

在此背景下，为保证教学工作顺利开展，学校通过各种渠道积极引进教师，教师人数逐年增加。1974 年引进 100 人，1975 年引进 162 人，1976 年引进 170 人，1977 年 4 月达到 186 人（其中兄弟院校支援 39 人、五七干校分配 12 人、上级批准调入 94 人、分配应届大学生 41 人等）。

1977 年 9 月，学校共有教职工 591 人，其中专职教师 216 人、教辅人员 15 人、行政人员 168 人、工勤人员 115 人、校办工厂和农场固定职工 77 人。

三、培训进修

1974—1977 年间，教师虽然数量增加较快，但由于部分教师没有教学工作经验或“文革”以来没有担任教学任务，队伍总体质量不高。

1977 年 4 月在册的 186 名教师中，骨干教师只有 14 人，基本能够胜任教学工作的教师仅有 73 人。为尽快提高教师业务素质，学校通过培训、进修等手段，努力提高教师总体质量。1977 年 10 月，学校将当年列为培训师资的 15 名学生单独编班，与学校脱产补习基础课的青年教师一起上课。

1974—1977 年，学校先后派出 28 名教师赴兄弟院校进修或进行短期培训。此外，通过各种举措帮助教师提升业务水平，诸如开展社会调查，了解生产发展形势，明确专业方向和要求；到工厂参与技术工作；开展科研和新产品试制；协助有关工厂进行“双革”设计；参加有关工厂“七・二一”工大的教学工作；到兄弟院校参观学习；教师“传帮带”，开展评教评学活动；组织各类学术活动，强化学术氛围；开设外语和其他学习班等。

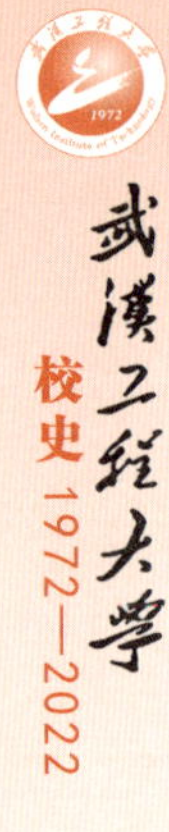

第三章　正本清源　惟实励新

（1977—1980 年）

党的十一届三中全会于 1978 年召开，这是具有深远意义的伟大历史转折，这一年既是国家改革开放的开端之年，也是学校各项事业步入发展新阶段的关键之年。为响应国家政策和经济社会发展需求，学校及时调整工作重心，优化办学思路，积极落实教学建设和教学改革，启动科学研究与社会服务，在教学科研、人才培养、后勤保障等方面做出了积极探索。

第一节　与时俱进　解放思想

一、十一届三中全会精神

（一）学习贯彻

党的十一届三中全会作出决定，把全党工作的重心转移到社会主义现代化建设上来，这是具有伟大历史意义的战略决策，反映了我国社会主义现代化建设的客观需要，表达了全国人民的共同心愿。结合办学实际，学校临时党委及时召开党委会、党委扩大会，认真学习贯彻党的十一届三中全会精神，分析形势、提高认识，作出把全校工作重点转移到教学科研上来的决定。

为深入贯彻十一届三中全会精神，巩固和发展安定团结的政治局面，把工作重点切实转移到教学科研上来，学校以邓小平同志《目前的形势和任务》为主要教材，在师生员工中进行以四项基本原则为主要内容的思想政治教育和形势任务教育，统一思想、明确目标，以教学工作为核心，积极开展科研活动，加快基本建设步伐，全面实现工作重心的大转移。

（二）正本清源

学校展开真理标准问题的学习和讨论，进一步解放思想，拨乱反正。通过加强学习，了解新情况、研究新问题、紧跟新形势，使师生员工从因循守旧、固步自封的习惯性思维中解放出来，开动脑筋、实事求是、团结一致，明确重点工作和发展方向，积极推动校内各项工作顺利开展。

1978年，根据中央和湖北省委的部署，学校积极清理历史遗留问题，落实知识分子政策和干部政策，努力调动一切积极因素，充分发挥干部和知识分子的作用，经过对领导干部、教师档案的清查，未发现遗留的冤假错案。对有历史遗留问题的教职工，依照党的政策和实事求是的原则，逐个进行研究、复查和处理，为学校工作重点转移创造条件。

二、全面部署　重点落实

（一）领导决策

1979年2月，学校召开1978年度表彰先进大会，临时党委书记李康德代表校党委作题为《把我院工作重点转移到教学科研上来》的动员报告，要求师生员工在新的一年里，高举马列主义、毛泽东思想的伟大旗帜，坚决贯彻党的十一届三中全会精神，把工作重点转移到教学和科研上来，为实现“四个现代化”贡献力量。

动员报告提出十大工作任务：其一，认真学习党的十一届三中全会精神，解放思想，拨乱反正，正确分清二十八年教育战线的路线是非；其二，认真落实党的知识分子政策，调动一切积极因素，巩固和发展安定团结的大好形势；其三，加强党的领导，从思想上、作风上、工作上来一个大转变，以适应转移的需要；其四，加强师资队伍建设，努力提高教师业务水平，逐步形成一支又红又专的教师队伍；其五，按照《高校六十条》办事，掌握教学规律，努力提高教学质量；其六，改革体制，健全机构，认真实行党委领导下的院长负责制；其七，认真做好思想工作，把政治思想工作做到教学领域中去；其八，加快矿山系的建设，做好招生准备工作，迎接矿山系首届学生进校；其九，大力抓好基本建设，促进教学、科研大上快上；其十，继续做好后勤服务工作等。

（二）体制建设

1. 组织体系建设

为切实做好工作重心从政治运动、阶级斗争向教学、科研工作转移，学校在班子建设和机构设置方面开展了积极有效的工作。

1978年11月，学校撤销院革命委员会，实行校党委集体领导下的分工负责制。李康德任临时党委书记，陈复兴任临时党委副书记；孟占勇任院长，洪板桥、刘宿贤任副院长。根据当时的办学规模和管理职能需要，校党委决定撤销办公室和政治部的建制，成立隶属于校党委的办公室、组织部、宣传部、武装部；将归属政治部的人事科升格为人事处，划归校行政管理。至此，党政职能部门的建制体系基本形成，确保了校内党政部门的规范高效运转。

2. 党建促进教学

为充分发挥党组织的战斗堡垒作用，学校采取系列措施强化党的领导。一是健全院系领导班子。1979年，校党委对各系、教研室的领导班子进行调整，建立系党总支，按教

研室成立党支部，将业务能力强、教学经验丰富的同志充实到教学第一线，充分发挥群团组织的作用。二是明确责任分工。院系两级领导干部必须配备一名副职分管教学，以加强对教育教学工作的具体领导；各级领导深入教学一线，课堂现场听课，参加教研室的师生活动，及时了解师生需求，解决教学中的实际困难，强化工作指导。三是注重干部培养和培训。1978 年 4 月起，学校积极组织开展干部培训班和业务学习班，通过课堂教学、业余自学、现场参观等多种方式相结合，先后到武汉制氨厂、武汉制药厂实地参观，加强学习交流，大大提高干部队伍的业务水平和工作能力。

三、调整工作重心

1979 年，根据十一届三中全会精神，学校党委结合办学实际，在各部门、各单位总结工作的基础上，召开党委会和党委扩大会议，专门研讨“如何把工作着重点转移到教学科研上来”的问题，号召广大干部努力学习业务知识，解放思想、提高认识，增强为教学服务的主动性与自觉性。

为狠抓教学质量，学校致力于重点落实以下工作：一是加强教学过程管理，要求教师必须填写教学日历并交教务处备案，新开课程和新开课教师全内容备课并试讲，鼓励教师积极开展集体备课和教学方法研讨；二是强化教师队伍建设，积极落实知识分子政策，帮助解决生活上的实际困难，通过组织关怀使热爱教育事业、具有一定教学经验和水平的优秀教师放下包袱，积极投入教学工作；三是通过参加学习进修、研讨交流、考核淘汰等活动，提高师资力量；四是基建和后勤部门充分调查研究、积极部署，从后勤保障方面促进工作重心大转移。

1979 年是学校工作重心转移的第一年，是拨乱反正初见成效的一年，也是学校发展史上的关键年。这一年，在党的十一届三中全会精神指引下，全体师生员工在思想、教学、科研、基建、后勤等工作方面都取得了优异成绩，学校稳步进入工作重心转移期。

第二节　教研相长　基建扩张

一、教学建设与改革

（一）加强业务学习

1978 年起，根据党的教育方针和上级部门有关要求，学校陆续转发《教育部关于直属高等工业学校修订本科（四年制）教学计划的规定》《关于高等学校理工科教学工作若干问题的意见》，并制定《关于开展教学工作大检查的通知》《湖北化工石油学院学生的学习、生活制度》等文件，同时组织全体教职工开展学习研讨。

（二）提高教学质量

1978 年，学校要求各教学单位在充分调查研究的前提下，根据专业特点和人才培养目标，按照专业知识结构和独立工作能力的培养要求，实事求是，准确定位，制定专业培养目标，提出总体规划和年度具体要求，加强过程管理，并及时检查、总结、分析、改进。

1. 制定和执行教学计划

根据培养计划，要求各培养单位结合学校实际和学生录取情况，有的放矢，精简课程，坚持理论与实际统一，本着少而精的课程设置原则，把专业课、专业基础课和公共基础课有机结合起来，根据专业培养目标，设置课程门数和学时，制定出切合实际、行之有效的教学计划。教学安排严格按教学计划执行。

2. 课堂教学和课程建设

学校要求在严格执行教学计划的前提下，积极开展教材、教学研究，搞好课堂教学；要求任课教师认真、主动制订教学大纲，积累教学资料，坚持岗位责任制，备课突出重、难点，开设实验课。

为尽快提高教学质量，学校按照《高校六十条》要求，努力提高教师业务水平，保证教学工作时间。为把好课堂关，学校大力动员和安排有教学经验、教学效果好的教师深入教学一线，同时组织各教研室认真开展教材、教学方法的研究，开展备课、试讲、教学观摩、经验交流、学生辅导等活动，认真抓好每一堂课、每一门课，保证教学时间和教学计划的完成；按教学规律办事，深入钻研教材，掌握关键和重点，引领学生围绕授课内容主动学习、积极思考。

（三）推行教学改革

1. 教材管理

为逐步改变教学观念和规范教学行为，学校出台《教材管理暂行办法》，除使用全国统一的教材外，规定教学要因材施教，依据专业特点，以学生为主体，以问题导向为主线，以培养学生思维方式和实践能力为目的，鼓励教师自编教材，要求各专业在 3~5 年内编撰具有较高质量的教材。

2. 教学方法

1977 年，以培养德、智、体全面发展的化工专业高级工程技术人才为目标，学校要求教师不断改进教学方法，树立新的教学理念，以适应新时期对人才的需要。同时，学校积极采取措施提高青年教师的业务水平，组织青年教师脱产进修，并利用中央开办“电视大学”的有利条件，组织青年教师收看相关课程，不但丰富了教师的专业知识，还为改进教学方法提供了宝贵经验。

学校通过开展“评教评学”营造生动活泼的教学氛围，积极推进五个转变：一是由单纯传授知识向重视能力培养转变；二是由单纯抓智育向德智体全面发展转变；三是由教师为中心向学生为主体转变；四是由平均发展向因材施教、发展个性转变；五是由重教法轻学法向教法学法并重转变。

通过课堂主导作用，教师充分调动学生的积极性和主动性，帮助学生不断改进学习方法，由“苦学”变“乐学”，由“学会”变“会学”，使学生学会思考问题、分析问题、解决问题，不断强化学生自学和科研能力的培养。教师们克服困难，利旧利废，自做教具，以保证教学需要，努力为国家节约资源。

（四）强化教学实践

在实验教学人员配备不足、场地不够、设备短缺的情况下，为提高教学效果，实验室教辅人员主动配合主讲教师，采取各教学小组集体备课、集体攻关，互相协作、大胆实践，认真做好实验准备工作，实验课程开课率达 100%，有效强化了教学实践环节。

（五）初建电化教学

建设初期，学校的电化教学几乎是空白。1978 年，邓小平同志在全国教育工作会议上指出，“要制定加快发展电视、广播等现代化手段的措施，这是多快好省发展教育事业的重要途径，必须引起充分重视”，由此带动了全国教育系统电化教学工作的起步。

1978 年初，学校成立电化教学组（简称“电教组”），隶属教务处，办公地点设在第一教学楼。建立简易的外语语音听力室，购置小型录音机和外语听力磁带，将电化辅助教学首先应用在外语教学；购置了两台小型 16mm 电影放映机，播放电影教学片。根据教学需要，电教组边筹备、边服务、边发展，收集、编制电化教育教材和资料，积极开展电化教育教材和教法的研究，帮助教师掌握电化教育的基本知识和技能。

（六）注重经验交流

学校多渠道加强系和教研室的领导力量。1976 年 6 月 20 日，学校召开了教学经验交流会，总结经验，表彰先进，同时对教学工作中存在的问题和未来发展等进行了充分的研讨，这次会议对推动学校教学工作的发展有着里程碑的意义。

二、启动科学研究

（一）科研机构设置与规划

1977 年，邓小平在科学和教育工作座谈会中强调“科研要走在前面”。学校制定《科学研究发展规划纲要》，对学校各专业科学研究的主攻方向任务、科研机构建设、科研队伍建设等方面作出明确部署。1978 年 3 月 18 日，中共中央在北京隆重召开全国科学大会，极大激发了广大知识分子从事科学研究的热情。

1979 年 12 月，根据《关于批准成立湖北化工石油学院学术委员会的通知》（化教字〔1979〕6 号），学校成立第一届学术委员会，主任孟占勇，副主任张星波、兰蔚丰。学术委员会主要负责论证科学技术发展规划、计划及重大科技举措；组织校内外学术交流合作；评价科研设计项目及学术论文、论著等。

（二）科研基地建设与投入

为配合开展科研工作，学校大力加强对科研基地的建设投入。1977 年，学校五年规划提出准备新建实验室 10500 平方米，主要包括化机类实验室、化工类实验室和制药实验室等。1977 年底，学校设备总值达到 83 万元。1979 年，化学工业部（简称“化工部”）和湖北省委划拨设备费 52 万元，用于添置仪器设备和教学模具。

（三）科研项目开展与成果

1977—1979 年，学校开展化、机、电等方面的初步科学研究，并取得了一定的成果。期间，学校建立了化肥研究室和新型催化剂研究室。化肥研究室重点研究化肥新品种、新工艺和高效氮、磷、钾及其他复合肥；新型催化剂研究室主要研究新型高效催化剂等。

1979 年，校内实验项目从 1978 年的 40 个增加到 84 个，为提升学生的科研能力和实践技能创建平台，有效提高了人才培养质量。

三、基建扩张　提供保障

1978 年 10 月 12 日，为适应四个现代化“多出人才、快出人才、出好人才”的需要，根据《关于试行加强基本建设管理几个规定的通知》（计计〔1978〕234 号）文件精神，学校向湖北省教育局呈报了《关于扩大我院发展规模的请示报告》，内容包括增设矿山机械、矿山机电、采矿、选矿、矿山地质等五个专业。

同年 11 月 11 日，按照化学工业部《关于在湖北化工石油学院增加化学矿山系的函》〔（78）化教管字第 25 号〕，同意学校增设化学矿山系。

1978 年，为顺利组建矿山系，学校征购土地 107.55 亩，以满足扩大至 1500 名学生的教学和生活设施建设的需要。1979 年，学校根据省计划委员会文件和省革委会石油化学工业局《关于下达一九七九年升值基本建设调整计划和进口配套、核留外汇基本建设调整计划的通知》（鄂革石化计字〔1978〕第 85 号文）批准的新基建项目，根据武城地字〔1979〕113 号文和武城地字〔1979〕661 号文批复，学校新征地 207.58 亩，加上已有土地面积，总占地面积逾 400 亩，基本满足办学规模达 3000 名学生的用地需求。

考虑到未来建设发展，学校于 1978 年 7 月 10 日致文武汉市城建委规划局，申请对学校虚红线东侧鲁巷特一号围墙以南，至规划高速公路一段的土地约 200 亩给予保留，作为校园建设发展的备用地。

随着成片征购土地，基建工程有条不紊地开展，主要项目为教职工住宅、学生宿舍和实验楼。1977 年 5 月—1979 年 6 月，学校新建 3 栋教职工住宅、2 栋学生宿舍，新建面积达 25170.9 平方米，校园总建筑面积达 34012.93 平方米。1979 年 6 月，学校开始建设实

验大楼（东配楼）。1979 年 8 月，运动场开始动工，大大改善了办学条件。

第三节　充实队伍　加强培训

一、充实教师队伍

1977—1980 年，为进一步提高师资水平，优化教师结构，学校引进教师 160 人，其中 1977 年引进 42 人，1978 年引进 38 人，1979 年引进 50 人，1980 年引进 34 人。从引进教师的情况来看，除少部分为应届毕业生外，多数具有一定的教学经验，使师资队伍的知识结构、教学水平有了很大提高，为教学工作奠定了师资基础。

二、加强教师培训

教师数量从 1977 年的 216 人，增长到 1980 年的 330 人，4 年间总量增加 53%，但教师队伍的整体质量仍有待提高。1978 年，专任教师虽已达到 254 人，但存在知识结构普遍不尽合理、外语和计算机水平较低的问题。为进一步提高队伍素质，学校采取了培训、进修、调整等多种措施，通过组织校外进修、校内研修、半工半学等形式，持续加强教师培训。

1978 年 2—6 月，学校先后选派多名教师赴武汉测绘学院和武汉水利电力学院培训进修；选送教师赴浙江大学参加“化学工程短训班”学习；选派 6 名教师到华中工学院培训四年；选派 3 名教师赴浙江大学参加“计算机控制系统原理”短训班学习。同年，学校开办春季教师学习班，由基础部和教务处统筹安排英语、数学、物理、化学、计算机、力学等基础课程学习。开展教师的教学观摩活动，实行定岗位、定任务、定时间的“三定”措施，适时调整教师队伍结构。

1979 年 1 月起，为提高教师队伍的外语水平，学校决定每年组织教师开展外语培训并进行考核。当年参加培训的 78 名教师中有 76 名考核合格。

三、完善考核机制

1978 年，为加强教师队伍管理，学校决定执行教师考核制度。每学期末由专人详细记录教师的教学、科研等工作情况，记载列入教师业务档案。截至 1979 年，建立了 150 余名骨干教师的业务档案，为师资队伍建设的质量把控奠定了一定基础。

第四节 招生改革 点燃梦想

1977年9月，首届三年制学生中有107名顺利毕业。根据国家《关于1977年高等学校招生工作的意见》，国家恢复了全国统一招生考试制度，本科学制依规改为四年，学校迎来了人才培养的转制时期。

一、四年制学生招生

1977年，“文化大革命”中一度中断的高等学校统一招生考试制度得到恢复，国家取消推荐入学，在政审、体检合格的前提下，实行择优录取。翌年2月，学校招收270名首届四年制本科生，其中女生60名，年龄最大32岁，最小15岁，生源全部来自湖北省。招生专业有化工自动化及仪表、化工机械、有机化工、无机化工和化学制药。

1978年9月，学校招收省内本科生298名，省外本科生14人，自此学校开始外省市招生。同期招收20名师资班学员，入学后直接送到外校培训。1979年，学校新增化学矿山机械和化学选矿两个招生专业。为充实基础课教学师资力量，学校自办了数学、物理、化学、外语、政治等专业师资班，招生培养212名学员。1980年底，在校学生已逾千人。

二、办学目标与特色

1977年，为更好地服务区域经济建设，学校根据高等化工专业人才的培养目标和规格，组织各系及专业教研室认真制定四年制本科分专业教学计划。新的本科教学计划要求学生通过在校四年的学习，熟悉马克思主义基本原理，热爱中国共产党、热爱社会主义，全心全意为人民服务；注重公共基础课和专业基础课学习，牢固掌握本专业的生产产品、工艺流程、设备仪表、施工安装、生产管理等方面的基本理论和技能；培养学生具有组织、管理、生产能力，具有新产品、新工艺、新技术的研究开发能力，具有综合分析和解决问题的能力；能比较熟练运用一种外国语阅读本专业书刊；具有强健体魄。

至1980年，招收的1974—1976级共3届三年制学生已全部毕业。至此，学校完成了学制调整，学生培养工作顺利过渡到四年制本科教育，为人才培养奠定了坚实的基础。

1972—1980年，在选址初建、艰苦创业的八年中，学校在前进道路上虽有曲折，但始终方向明确、百折不挠、成效显著，在思政工作、教学科研、人才培养、后勤保障等方面均做出了积极充分的探索，为学校的发展奠定了早期基础。

武漢工程大學
1972

第二编　自强不息　继往开来

——武汉化工学院时期

1980.03—2006.01

第四章　校名变更　两次改制

为不断提升办学质量，学校于20世纪70年代末启动了首次更名改制工作。1980年3月31日，教育部下发文件同意“湖北化工石油学院更名为武汉化工学院，改为由化工部和湖北省双重领导，以化工部为主”。学校进入了新的发展阶段。1998年，国务院对原机械工业部等9个部门所属的81所普通高等学校的管理体制进行了大调整。根据国家政策和实施意见的要求，学校改为“实行中央与地方共建，以地方管理为主”。

第一节　隶属调整　八〇更名

一、初起波澜

1980年春，万物复苏，草长莺飞，一个崭新的时代到来了。改革开放的春风迅速席卷了神州大地，经济腾飞的号角在武汉三镇吹响。自1972年建校以来，湖北化工石油学院秉承“为党和国家输送优质化工人才”的办学目标，在燃化部、石化部、湖北省委、省文教局的支持下，始终坚守在“抓纲治校，学习雷锋，大鼓干劲，人人为教育革命做贡献”的第一线，经过近八年的艰苦奋斗，学校各方面工作都有了长足发展。

1980年底，湖北化工石油学院已初具办学规模，在校学生逾千人，教职工814人，建筑面积达34444.93平方米，占地40611平方米，固定资产（含房屋建筑价值）总值达625.55万元，位于全省同类高校前列。

随着办学规模的不断扩大，学校建设发展的系列问题也随之产生。一方面，国家工作重心转移后，全国上下凝心聚力，大搞经济建设，各条战线大力开展生产竞赛，我国工业化水平迅速提高，国内石油、煤炭等石化能源的需求量急剧增加，出现了能源市场供不应求、专业人才储备短缺的困境。作为一所化工石油类院校，在为国家输送石化人才方面，有着义不容辞的责任，良好的经济增势也促进学校发展跃上新的台阶。另一方面，从学校的长远规划来看，要使学校建设与国内化工行业相适应，呈现快速发展的良好态势，亟待解决资金短缺的问题，以及由此衍生的招生规模、建筑面积、教学设备等硬件不足的现实困难。

1976年初，学校领导班子就针对未来发展方向讨论制定了《湖北化工石油学院1975—1985年发展规划》，计划在十年后实现招生规模逾4000人，建筑面积达100000平方米。鉴于此，学校还需新建实验大楼、图书馆、学生食堂、学生宿舍、教工住宅、校办工厂等建筑，以及必需的水电配套设施。按当时的市场价格换算，至少需增加投资 4000 万元。1972—1977 年间，中央部委和湖北省委对学校的扶持力度计 300 余万元，如继续按此标准划拨教育经费，学校要如期实现十年规划中的办学目标，无疑是天方夜谭。学校发展面临着资金瓶颈、后生动力不足的两难局面，而如何筹措更多的办学经费，为扩大教育规模、加快建设速度提供充足的资金保障，成为亟待解决的难题。

1977 年，学校多次委派专员走访调研武汉市内外的高等院校，了解到部属院校的资金划拨额度普遍高于地方院校，且经费来源相对稳定，不与当地财政收入直接挂钩，这为学校尽快解决资金短缺问题提供了新思路。经临时党委审慎讨论，研究通过了“向专业对口的石油化学工业部主动挂靠”的决定，一致达成“把改变领导体制作为学院建设的头等大事来抓”的共识。

二、艰难抉择

尽管困难重重，学校党委并不气馁，努力争取更多的办学支持。早在 1976 年春，石化部宣教司司长高光鉴、处长于文达同志路过武汉，学校邀请两位部委领导来校实地考察。领导班子成员高度重视、认真部署，详细汇报目前的办学情况与师资队伍状况，现场听取了两位领导从专业角度对教学、科研工作提出的指导意见。这次考察圆满成功，全校上下扎实工作、勤恳办学的优良作风给他们留下了深刻印象，同意先提供一笔经费解决燃眉之急，但指出改变隶属关系的方案尚需从长计议。不久，石化部划拨了第一笔款项 50 万元。

1977 年元月，临时党委书记李康德、副书记陈复兴等一行五人，专程进京向石化部领导汇报学校工作，又争取到 50 万元的投资。正当学校和石化部联系进一步紧密，准备继续争取教学资金的关键时期，时逢国家机构调整，石化部将拆分成石油和化工两个部委，是另起石油还是继续研究化工，学校面临着重大抉择。

针对这个议题，学校领导班子审慎研究，最终还是决定继续联络化工部。其一，新成立的化工部所属院校较少，预计办高校的积极性较高，尤其是化学矿山专业还处于起步阶段，发展潜力巨大；其二，根据学校师资队伍结构，石油专业尚处于空白，学校另起炉灶将面临更多的资金短缺、基建缓慢与师资匮乏等问题，而继续走化工路线更利于发挥专业特长与人才优势。经多方考量，学校领导一致决定把握石化部拆分重组的契机，与新成立的化工部在隶属关系上寻求突破。

万事开头难，此举绝非易事。首先，湖北省委与省政府的部分领导对于把辛苦筹建起来的学校转交给中央部委的主观意愿不强，担心会造成专业人才外流。其次，因长期缺乏与石化部等中央部委的沟通联系，造成中央机关对地方院校的办学情况知之甚少，且学校目前开设的学科门类与专技课程未必能与社会需求相适应。此种状况使学校处于两难境地。如何才能破局呢?

三、转机之时

1977 年夏，为尽快培养出国家经济建设所需的高素质人才，在教育部和湖北省委召开的教育工作座谈会上，学校代表首次反映“教学资金短缺、办学规模受限”的问题，并提出“变更学院隶属关系，争取更多投资渠道，保障学院建设高速发展，助力国民经济腾飞”的建议方案。此方案引起了湖北省委与省政府的高度关注，湖北省委书记陈丕显、副书记许道琦均表示理解当前面临的困难处境，对于学校主动提出变更隶属关系的建议予以支持，但需尽快找到愿意接收挂靠的中央部委，这与学校党委的决策部署不谋而合。

1977—1978 年间，学校先后四次委派范希林等同志向化工部副部长冯伯华汇报办学情况与基建工程进度，屡次表达转制为化工部部属院校的请求。冯伯华听取了学校呈报的改制方案与工作报告，了解到湖北省委、省政府对学校改制的支持态度，明确表示“目前学院改制的问题还是比较复杂，尚需进一步讨论研究，但不管归口谁来管理，加紧学院建设总是必需和必要的”，并表态将想方设法为学校加大资金扶持力度。同年，化工部副部长冯伯华来鄂考察调研，就“如何扩大湖北化工石油学院的办学规模，推动学校向更高水平建设发展”与省委书记陈丕显进行了亲切交谈，主动提出由化工部矿山局先行划拨 100 万元经费用于湖北化工石油学院建设。陈丕显表态将对等投资 100 万元，共同支持学校建设。

1977 年深秋，化工部委派矿山局主管教育的聂建华同志来汉调研，先后两次到马房山和鲁巷两所校区实地考察，并转达了化工部领导对于专业设置方面的建议和构想，希望学校优先考虑开设化工矿山专业。学校党委就此召开研讨会，并向来访同志立下“军令状”，表示立刻着手筹建矿山系，将此类专业作为主干学科加强建设。时隔不久，北京传来消息，矿山局已向化工部党组作出关于“支持湖北化工石油学院改变领导体制”的专题报告，建议隶属关系归化工部领导，改制后学校将以矿山专业为主。闻此喜讯，院长孟占勇、副院长洪板桥立刻赶赴北京，请示部委领导协调部署学校相关工作，并先后两次就学校改制的后续问题进行沟通商榷。

1979 年 5 月，湖北省委召开常委会会议，正式作出改变湖北化工石油学院领导体制的决定，会后，省委文教部向学校党委发布了正式通知。6 月中旬，化工部矿山局党委书记康韦军和处长于文达、万治武一行人专程来鄂，与湖北省委文教部部长尤洪涛商谈学校改制相关事宜，并商定由化工部起草关于接办湖北化工石油学院的报告。

1979 年 7 月 23 日，化工部和湖北省革委会共同起草并向国务院呈交《关于改变湖北化工石油学院领导关系的请示报告》。1980 年 2 月 21 日，湖北省革委会同化工部联合签发了《关于改变湖北化工石油学院领导关系的请示报告》（鄂革〔1980〕6号、〔80〕化教字第70号）。

四、一波三折

1979年12月，学校将湖北省委会签的行政文书送至化工部签批时，被矿山局拒签，理由是“隶属关系变更后的校名不予同意”。原来，在部委、省委双方磋商期间，由化工部提出的校名是“武汉化工矿业学院”，可省里并未同意。为了协调解决这一问题，湖北省教育局委派专人赶赴北京，向化工部直接表达了省里的意见。经协商，一致决定新校名为“武汉化工学院”。

1980年元月，因为这个小插曲，在第五次向化工部副部长冯伯华汇报工作时，学校代表专程解释了更名问题，并明确表示，尽管将原本拟定的校名“武汉化工矿业学院”中的“矿业”两个字取消，但专业方向并没有实质性改变，矿山仍然是龙头专业。如果在校名中强调“矿业”二字，势必会将学校发展限制在“矿业”框架内，这样对未来发展其他专业是不利的。

此时，学校面临着因经费紧缺造成的核拨征地与工程续建难以为继等问题，故适时向部委领导提请《关于申请核拨征地经费的报告》（化基字〔1980〕第2号），“学院将来要发展，地盘不够是个大问题，最好趁现在地价不高，买一些进来……关系到我院今后的发展，如不迅速解决，不仅影响今年新建工程项目的上马，而且今后整个基本建设都是无法进行的”。由于隶属划分青黄不接，省里的教育经费分文未拨，部委尚未开设资金户头，对学校的拨款只属补贴性质，且1980年部里的基建资金早已安排就绪，经过再三申请，冯伯华同意再向学校拨款60万元。

五、玉汝于成

1980年3月31日，教育部下发了〔80〕教计字134号文件，明确“关于将湖北化工石油学院改由化工部领导问题，我部与国家计委研究，同意湖北化工石油学院（更名为“武汉化工学院”）改为由化工部和湖北省双重领导，以化工部为主。领导分工，按照国务院国发〔1978〕27号文件有关规定执行。具体交接工作，请参照教育部、国家计委等部门联合下发的教计字〔1978〕746号文件办理”。领导体制的变更是学校充分考虑国民经济发展态势，结合化工矿山事业的现实需求，不断提升办学质量的重要举措。

根据化工部和湖北省委共同拟定并呈报国务院的《关于改变湖北化工石油学院领导关系的请示报告》，文件中关于学校改制的诸多问题进行了针对性表述。关于办学规模，“化工部于1978年商得湖北省同意，在湖北化工石油学院筹办了化学矿山系，发展规模为1500人，部分专业已于去年开始招生”。关于校名变更，“经化工部与湖北省革委会进一步商定，将湖北化工石油学院更名为武汉化工学院（因该院并未设立石油专业，今后也不开设石油专业），实行双重领导，以部为主”。关于学科部署，“武汉化工学院1985年前按3000人规模建校，设置化工类和矿业类两方面的专业，各1500人，1985年后根据需要适当发展，重点发展矿业类的专业”。关于毕业生分配，“为照顾到湖北省的需要，当前在校学生毕业后全部留给湖北省。今后安排招生来源和毕业生分配时，除化学制药专业面向湖北省外，其他的化工专业按60%比例留给湖北省，矿业类专业适当照顾湖北省的需要”。

自此，学校乘着更名改制的时代春风，抢抓发展机遇，凝聚各界力量，推动学校建设发展迈上新台阶，步入高速发展的快车道。

第二节　机构变革　五定落地

一、管理机构重组

1983年9月，化工部党组从沈阳化工学院调来亓国治副院长担任学院党委书记。同时，因隶属关系改变，学校行政领导班子进行重大调整，化工部从沈阳化工学院调来陈古圣副院长担任代院长职务，李定或、梁仲理、韩公权任副院长。

为贯彻中央关于全面整党、机构改革相关文件精神，贯彻落实部委八月青岛会议安排，根据《普通高等学校人员编制和机构设置的暂行规定》，学校党委广泛发动群众讨论。1983年10月16日，学校讨论通过了院行政系统机构和党群系统机构的改革方案，其指导思想是“精简机构、紧缩编制、提高效率”，切实保证办学需要，调整后的机构设置包括13个行政部门与19个党群部门。

（一）行政系统机构设置

为便于教职工与学生管理，加强基层组织建设与财务物资的统一配给，改革方案对原机构设置的部分处级单位和科室进行了撤销或合并，并在个别部门增设科级建制。包括院办公室；人事处，下设教育科、人事科；总务处，下设劳动服务公司、卫生科、伙食科、供应科、总务科；基建处；保卫处；财务室（科级建制）；教务处，下设工厂、实验室管理科、教材科、科研科、师资科、教务科；图书馆，下设期刊组、流通组、采编组、情报资料组。

行政机构中撤销了科研处，将所辖的科研科、实验室管理科、工厂划归教务处；将设备科更名为供应科，划归总务处；撤销人事处的劳资科、学生科，劳资科工作由人事科接管，学生科工作由学生工作部接管；将职工教育科更名为教育科，除继续承担原职工教育科的工作外，还需具体领导附中、附小的工作；总务处的房产科和事务科合并，改名为总务科；生活科改名为伙食科；财务科改名为财务室，由总务处领导改为学院直接领导；将基建处计材科改为材料科，原所管基建财务室划出，并入财务室；图书馆下设的期刊阅览组、流通组、采编组、情报资料室原本没有明确行政级别，定为科级建制。各系和基础课部下设办公室，属科级建制。

基础课部下设数学教研室、物理教研室、普化教研室、外语教研室、体育教研室；矿山系下设选矿教研室、地质教研室、采矿教研室；化工系下设无机化工教研室、基本有机化工教研室、化学制药教研室；机械系下设制图教研室、工程力学教研室、机械原理教研室、化工机械及设备教研室、化工原理教研室；自动化系下设电工教研室、自动化教研室、仪表教研室。

（二）党群系统机构设置

党群机构中撤销青工部，新设学生工作部及人武部，实行“两块牌子、一套班子”，具体负责学生政治思想教育、学籍管理、毕业分配、军事训练，并配合教务处搞好招生等工作。具体包括党委办公室、组织部、纪律检查委员会、宣传部、学生工作部及人武部、院工会、院团委，矿山系党总支，化工系党总支，机械系党总支，自动化系党总支，基础课部党总支，院机关党总支，教务处、图书馆党总支，总务处、基建处、财务室党总支，马列主义教研室。

二、稳步推进“五定方案”

1980 年，归属化工部管理后，武汉化工学院逐渐发展为一所以培养化学矿山建设人才为重点的化工高等院校。1983 年 4 月中旬，化工部在郑州召开了部属院校工作会议，决定在各院校实施“五定方案”，即定任务、定专业设置、定学制、定规模、定编制。此方案对学校明确发展理念，规划“七五”蓝图，建设“以化学矿山为主，多种专业方向共同发展”的教学模式，实现“矿化配套、以工为主、工管结合”的高等工科院校目标起到了重要指导作用。会议结束后，学校党委和行政班子结合工作实际，广泛征求教职工的建议、意见，最终制定了关于“五定方案”的实施意见。

1984 年，学校已开设 8 个专业，在校本科生 1279 人，累计培养三届短学制大学生 364 人，四届四年制本科生 1009 人，另有一届专科走读生 36 人。为进一步提高教学质量和科研水平，强化工作效率，加速学校建设发展，培养高素质人才队伍，学校决定从办学目标、专业、学制、规模、编制、师资、基建等方面落实化工部“五定方案”，助力学校稳健发展。

1984 年 12 月 5 日，学校将《关于报送〈武汉化工学院一九八五——九九〇年规划〉的函》（武化政字〔1984〕第 97 号）呈递化工部党组予以审批，《规划》从建校目的、教学科研、定编方案、师资队伍、基建进度及投资要求、总体平面布置六个方面制定了未来五年的办学计划，是学校对“五定方案”落实落地的具体实施方案。

（一）办学目标

明确办学目标，致力于建设以化学矿山专业为主的高等院校，在努力提高教学管理水平的基础上，不断培养满足社会需求的专业人才。根据化工部 1983 年下达的指令，武汉化工学院正式成立后，须尽快达到 3000 名本科生的招生规模，其中计划到 1987 年底在校生达 1850 人，1990 年底在校生达 2400 人。同时积极创造优质办学条件，在保证教学质量的前提下适当开展科学研究，争取在“七五”期间招收硕士研究生；尤其要办好化学矿山类专业，为化工矿山企业输送人才。

学校的办学目标和专业结构基本符合总体定位，也落实了上级主管部门对学校的要求。随着高等教育改革不断深化，学校根据办学条件、学科特点，有步骤、分阶段地调整和改造了学校原有的专业，增设了部分新专业，努力使专业结构进一步符合学校定位和培养目标。

（二）专业设置

依据教育部发布的教高二司字〔1984〕36 号文通知，结合部分专业划分过于精细的实际情况，对照专业目录表，学校调整了部分专业的名称，如化学矿山地质调整为地质矿产勘查，化学矿开采调整为采矿工程，化学矿选矿调整为选矿工程，基本有机化工调整为有机化工，化学制药调整为精细化工（含化学制药），矿山电气自动化调整为工业电气自动化，化工自动化及仪表调整为生产过程自动化，化学矿山机械调整为矿业机械，化工机械调整为化工设备与机械。其中地质矿产勘查和工业电气自动化两类专业在 1985 年、1986 年开始招生，其余的采矿工程、选矿工程、矿业机械、化工设备与机械、生产过程自动化、无机化工、有机化工、精细化工（含化学制药）等专业均已在前期正常招生。1989 年，学校开设矿山、机械、自动化、化工 4 个系，有地质矿业勘察、采矿工程、选矿工程、矿山机械、化工设备与机械、工业电气自动化、生产过程自动化、无机化工、有机化工、精细化工（含化学制药）等 10 个四年制本科专业。根据上级和有关部门的要求，学校采取多层次办学，并开设工业分析、劳动经济、经济管理 3 个干部专修科。

（三）学生培养

学校采取本科与干部专修科多层并行的办学模式，并将本科学制统一调整为 4 年，干部专修科为 2~3 年。1975 年，化工部发布全国化工矿山事业发展规划，计划在全国兴建云南昆明、贵州开阳、四川金河、湖北胡集、广东云浮等八大化学矿区，大量化学矿山专业的技术人才将成为行业骨干与中坚力量。随着学校领导体制的变更，招生规模不断扩大，重点培养对象由原来的化工类扩展到化学矿山类。为进一步满足生产需要，学校在 1980 年增设化学矿山地质、矿山电气自动化两个本科专业和化学工程专科专业，并将原有的化工、化工机械、化学矿山调整为化学工程、机械工程、化学矿山和自动化。

（四）人员编制

参考教育部《普通高等学校人员编制的试行办法》（〔85〕教计字 090 号），学校结合自身实际情况，核定总编制数为 882 人。其中校本部有 662 人，包括教学人员、实验技术人员和图书资料人员以及政工、行政、工勤人员；实习工厂 56 人；专职科研人员 50 人；直属单位共计 114 人，包括印刷厂、幼儿园、卫生科、中小学等。1985 年，为了加快发展，根据化工部对学校的“五定”意见和《一九八五——一九九〇年规划》方案，力争到 1990 年在校本科生人数达到 2430 人。1989 年，教师和工程技术人员共 400 人，其中高、中级职称的有 239 人，并有 32 个专业实验室用于开展教学和科研服务。

（五）基本建设

1984 年，学校占地总面积 444 亩，建成校舍面积 64941 平方米。按教育部发布的《一般高等学校校舍面积定额》（教计字〔1979〕472 号）和国家建委《对职工住宅设计标准的几项补充规定》（建发设字〔1981〕384 号），学校校舍面积与发展预期尚不完全匹配，仅短缺的校舍面积就高达 52687 平方米。据学校实际情况测算，仍需扩大建筑面积 71199 平方米，才能适应 3000 人的招生规模和 10 个学科专业的预期要求。

在新的发展阶段，为匹配预期办学规模和专业配置，学校需要为教学、科研、生活等校园活动提供必备的物质基础和环境条件，有扩建校舍与购置设备的客观需求，除当时已有土地、资产外，计划在 1985—1990 年间投资 2798 万元。其后的三年内，学校计划以教学用房为主，兼顾福利附属用房建设；随之学校继续充实教学福利附属用房，并完成公用配套工程，使建成的学生宿舍经济适用、校园环境美观舒适、资产设施实用高效，真正起到辅助教学、促进生产的作用。

第三节 九八划转 省部共建

一、变更过程

1998 年 7 月，根据《关于调整撤并部门所属学校管理体制的决定》（国发〔1998〕21 号）文件精神，国务院拟对原机械工作部、煤炭工业部、冶金工业部、化学工业部、国内贸易部、中国轻工总会、中国纺织总会、国家建筑材料工业局、中国有色金属工业总公司等 9 个部门所属的 93 所普通高等学校、72 所成人高等学校以及中等专业学校和技工学校的管理体制进行调整。

（一）重要转折

为贯彻落实国务院这一重要决定，落实改革方案与实施意见，除中国矿业大学、华北矿业高等专科学校暂时仍由国家煤炭工业局管理外，其余 91 所普通高等学校都实行中央与地方共建。考虑到东北大学、北京科技大学、吉林工业大学、湖南大学、中南工业大学、中国纺织大学、北京化工大学、无锡轻工大学、武汉工业大学、合肥工业大学10所普通高等学校在人才培养、科学研究等方面的特点和作用，在实施共建中与其他院校有所区别，日常管理以地方为主，重大事项以中央为主。武汉化工学院位列其余81所普通高等学校之中，根据政策要求和实施意见，实行中央与地方共建，以地方管理为主。

（二）地方落实

接到这一指令，湖北省委、省政府积极组织动员，加强决策领导，将武汉化工学院的建设发展纳入本地区经济社会发展规划，使学校与地方其他普通高等学校享有同样的地方政策优惠，以利于更好地发挥出学校在本地区经济社会发展中的作用，督促规划改革顺利实施。

二、实施办法

根据相关文件精神，学校于1998年起实行“中央与地方共建、以地方管理为主”的指导原则，国有资产由地方代管，人员编制管理、劳动工资管理等均由地方人民政府负责。

（一）教育经费

学校的教育事业费由财政部按照1998年调整预算数扣除一次性专项后，再上浮15%，作为下划地方的经费指标；公费医疗经费和房改经费（专项用于补助建立住房公积金），由财政部按照1998年预算执行数，从1999年起划转到地方并由地方财政部门核拨给学校。

（二）基建经费

学校所需的基建经费，按学校前5年预算内非经营性投资平均数，由国家经贸委和有关国家局与国家计委协商确定投资基数，结合建设项目继续由中央支持一段时间，然后再逐步转由地方政府负责。同时，由国家计委按建设项目给予学校一定额度的一次性专项补助。

（三）招生就业

学校主要在本地区招生，为国家培养人才，服务区域经济与社会发展。一部分行业特色比较强的、需要保护的专业或者专业点可以跨省招生，调整这些专业或专业点需经教育部批准。研究生、本专科毕业生就业工作按国家有关规定执行。

第五章 倍道兼行 雄楚流芳

经过多年的持续建设，学校基础设施有了明显的改善，推进完成了校区扩建工作，以资源优化为核心的公共服务保障体系基本形成，以管理效益水平提升为重点的运行机制持续优化，为师生学习、工作和生活提供了重要的条件保障。

第一节 基本建设 日臻齐全

一、校园总体规划

1974 年，学校迁至侨校旧址，启动了校区基建工作。1978 年，原建筑工程部中南工业建筑设计院完成了校园总平面初步设计，对校园各建筑单项及道路绿化进行了规划。征地工作基本完成后，1982 年，学校启动基本建设总体规划，委托化工部第四设计院（简称“化四院”）完成学校总平面布置图。基本布局是以中内主干道为界，生活区与教学区分开，干道东侧为生活区，西侧为教学区。主要建筑物为第一教学楼、实验楼（现西配楼）及图书馆，学生宿舍相对集中，临近学生食堂和运动场。学校对规划图进行多次修改，力求实现使用功能合理、基本设施配套。

1989 年，基建处对原定总体规划再次修改，绘制了学校建筑总平面规划图，经化四院签章后报送武汉市城市规划管理局审批，最终根据《关于武汉化工学院建筑总平面规划的批复》（武规土建字〔1990〕2 号），审定了校区 465 亩规划土地。

随着学校建设规模不断扩大，先后兴建了学生宿舍、教职工住宅及教学楼、办公楼。1994 年，原定总体规划的面积已不能满足学校发展的需要，学校委托化四院再次修订校区规划。1999 年，学校增购土地，将东侧原中国化学管件公司的一处土地购入，结合学校工程建设现状作出总体规划。2000 年，学校委托湖北省建筑标准设计研究院修订总体规划和总平面布置图。

2001 年，学校在江夏区征地建设新校区。2002 年 11 月 19 日，流芳校区举行开工奠基仪式，流芳校区一期工程正式开始施工。2003 年 9 月，流芳校区正式启用。

二、基建工程项目

学校始终重视基建工作投入。1980年，学校制定《1981—1982年度基建项目及投资计划》，总扩建面积51490m²，投资829万元，为原校园总建筑面积的1.5倍。1980—1985年，为建实验楼、图书馆、教工宿舍和学生宿舍，学校先后向化工部申报投资281万元、979万元、2561万元。土建投资829万元，其中1981年投资329万元，1982年投资500万元。单项在2万元以上的设备投资额为150万元，其中1981年投资50万元，1982年投资100万元。化工部初始投资270万元，追加140万元。1982年，化工部拨款280万元。1985年，基建完成投资额500万元。在此期间，学校在建项目有教室、实验室、实习工厂、图书馆、校系行政用房、学生宿舍，总面积达98529平方米。1986年，图书馆大楼落成；1987年，实验大楼（现领创大楼）全面竣工；1989年，学生二食堂投入使用；1992年，综合楼投入使用；1994年，离退休职工活动中心建成；1995年，第二教学楼建成，后又对其进行了扩建。新建2栋学生宿舍和1栋学生公寓，1栋单身教工楼，完成2栋教工住宅筒子楼的改造，新建15栋教工住宅楼。2001年，学校启动3栋教工住宅楼的建设和新综合大楼、大学生活动中心、学生公寓的施工。

第二节　拓址流芳　开辟新篇

建设流芳新校区是学校50年建校迄今为止规模最大、投入最多的基建工程。流芳校区为学校的专业建设、学科建设、人才队伍建设、质量工程建设提供了坚实的基础和保障。

一、矛盾压力

1998年，学校普通高等教育在校生3594人。1999年，全国高校开始大规模扩招，学校抓住机遇、开拓进取，各项事业得到迅速发展，在校生增至4866人。2000年，在校生达6659人。2001年，在校生规模为9666人。2001年初，学校“十五”规划出台，明确办学规模在2005年达到24000人。

2000年，随着在校生人数急剧增加，但校园面积仅463亩，教室与学生宿舍等办学资源严重不足，办学条件已不能满足学校扩招需求，更不能适应学校“十五”规划的需要。面对巨大压力，校领导多方奔走，在吴家湾租借场地，安排学生住宿。同时租用当代公寓部分宿舍以及原武汉粮食学校校区，用于解决学生住宿问题。此三地虽在学校附近，但由于各处一方，尤其是租住当代公寓的学生与校园距离较远，且周边治安环境复杂，给教学管理和日常起居带来诸多不便，存在安全隐患。此外，因公寓管理权不属于学校，外宿学生对公寓管理的诉求比较集中，2003年建成流芳校区后，学校克服重重困难，将校外住宿的 300 余名学生全部迁回主校区。

二、选址规划

1997 年，学校启动征地工作。最初征收计划是征购位于雄楚大道以北、鲁巷中学以南、龙安集团和湖北电大以西、紧邻学校东院墙的 80 亩土地。2000 年，学校分别向湖北省国土资源局、省计委、省教育厅、武汉市土地局递交征购土地的报告。但由于此地块已纳入武汉市发展规划，且土地征用费较高，计划最终未能实现。

为解决土地征用问题，学校当机立断，不在武昌校区周边寻求扩张，到距离较近的江夏区另寻新址。当时，进入考察范围且可供选择的地址共有三处：一处位于现在的江夏区梦天湖大酒店附近，一处位于汤逊湖的澳门山庄，一处位于江夏区流芳街（现新校区）。校领导和有关部门负责人多次赴三地实地勘察，反复商讨论证。最终，江夏区流芳街由于距离武昌校区较近，紧临武黄高速公路入口，交通相对便利，土地面积大而被选中。

2000 年 9 月 20 日，学校党委会经过审慎研究，决定在流芳街征地 1000 亩，分两次完成。700 亩用于教学、实验、科研、开发用房的建设，预留 300 亩作为学生、教职工生活用房的建设。随即向湖北省委、省人民政府呈送了《关于申请新征办学用地的请示》，得到了上级领导和有关部门的支持。

2001 年 4 月 28 日，根据湖北省发展计划委员会《关于武汉化工学院新校区建设立项（代可研）的批复〔致湖北省教育厅〕》（鄂计社会〔2001〕465 号），学校获批在江夏区流芳街大舒村征地建设新校区。同年 12 月，学校在江夏区流芳街征地 638 亩。次年 4 月，学校在江夏区流芳街征地 80 亩，两次共征地 718 亩。

征地工作完成后，学校对流芳校区总体规划设计方案进行了招标。中南建筑设计院、华中科技大学建筑设计院、华南理工大学设计院等建筑设计单位参与投标，经专家组对修改方案的评议、论证，华南理工大学设计院报送的方案被选中。

2002 年 3 月 21 日，根据江夏区城市规划管理局《关于同意流芳新校区总体规划方案的批复》（〔2002〕5 号），流芳校区总体规划最终确定。

三、全面建设

2002 年 4 月 18 日，流芳校区建设指挥部成立，副院长叶芃任指挥部负责人。11 月 19 日，流芳校区举行开工奠基仪式，副院长叶芃主持仪式，湖北省副省长王少阶应邀出席，流芳校区一期工程正式开始施工。

2003 年春，流芳校区建设进入关键时期，但突如其来的“非典”疫情打乱了原本顺利的筹建计划。因防疫政策对人员集中的限制，导致施工人员无法大规模聚集，大型工程无法开展，施工进程缓慢。特殊时期，学校领导带领全体教职工同心同德、克难奋进，流

芳校区建设指挥部工作人员坚守岗位、任劳任怨，施工方积极配合，施工人员辛苦劳作，尽管困难重重，校区建设仍按计划安排如期推进。

2002 年 11 月—2003 年 9 月为流芳校区一期工程建设时期。学校建成了第 1 教学楼与第 1、2 实验楼（物理实验楼和化学实验楼）、工程实践中心、第 1 教辅楼、体育部和校医院用房，总建筑面积 50000 平方米。

2003 年 9 月 11 日，流芳校区正式启用。学校与湖北泰塑置业有限公司联合开发泰塑公寓，为 3000 余名新生解决了住宿问题，学习生活各项配套设施基本完备。流芳校区一期工程投入建设资金 1.5 亿人民币，完成建筑总面积 130000 平方米，校园新区初具规模。省委高校工委副书记章默英在启用仪式上表示，"流芳校区的正式使用，既是武汉化工学院新校区建设取得的阶段性成果，也是武汉化工学院再上新台阶，实现新跨越的起点。"

2003 年 9 月，流芳校区二期工程建设破土动工。学校先后建成了第 2、3 教学楼、第 2 教辅楼、第 3 实验楼（文科实验楼）、图书馆、大礼堂和学术交流中心、2000 平方米的中心广场、1 号配电房和 550kW 的发电房，总建筑面积约 75000 平方米。

2004—2006 年是流芳校区三期工程建设期。学校建成综合实验楼、3 号教辅用房、教工食堂、大学生活动中心（体育活动中心）、标准塑胶跑道运动场，总建筑面积约 60000 平方米。

2005 年，通过多方努力与协调，学校成功征购长通南路一侧土地 85 亩，并启动流芳校区周边高隆、泰塑、普天等单位的征购工作。

2006 年，流芳校区建筑面积达 360000 平方米（含泰塑 110000 平方米），逐步建设成为功能齐全、设施先进、管理科学、环境优雅的教学新区。

第六章 党建引领 思政护航

学校深入落实党中央决策部署，以党的基本路线为指导，认真贯彻上级部门关于加强党风建设和廉政建设的各项规定，加强政治理论学习、反腐倡廉教育、精神文明建设，充分发挥群团组织作用，坚持解放思想、实事求是、与时俱进，为学校高水平发展提供不竭精神动力和力量之源。

第一节 组织建设 固本夯基

一、领导班子建设

1980年3月，中共湖北化工石油学院临时委员会改名为中共武汉化工学院临时委员会，李康德任书记，陈复兴任副书记。

1981年7月，臧之昭任副书记。

1983年9月，亓国治任书记。

1984年1月，李康德改任顾问。

1985年11月，李鸿义任副书记。

1987年8月，吕福利任党委书记。

1991年2月，陈古圣任代理党委书记。

1991年4月，李定或、胡贵明增补为党委委员。

1991年7月，梅介人任党委副书记。

1992年9月，蒋子铎任党委书记，何定雄任党委副书记。

1995年1月，桂昭明任党委副书记。

1995年12月，何定雄任党委书记。

2000年9月，刘孔皋任党委副书记、纪委书记。

2001年11月，汪建华、叶芃任党委委员。

2004年1月，省委任命桂昭明为副院长，任命周应佳为校党委委员、常委、副书记。

多年来，学校领导班子审时度势谋发展，抢抓机遇创佳绩，团结带领师生员工取得了一个又一个历史性突破。1990年4月，化工部授予学校领导集体“优秀领导班子”称号；

1998 年，学校被授予“1994—1998 湖北党的建设和思想政治工作先进高等学校”称号；2000 年，被授予“全省党的建设和思想政治工作先进高校”称号，并多次代表省属高校在全省高校领导班子建设会议上作经验交流。

二、基层党组织建设

1981 年前，校党委下设办公室、组织部、宣传部、武装部、保卫部，另设院工会和院团委。1981 年底，根据工作需要增设青工部，负责学生工作和青年工作，撤销保卫部，设置了临时纪律检查委员会。1982 年底，根据学生思政工作需要，增设学生工作部。至此，学校党委职能部门已基本健全。

党校建设为加强党组织建设强筋壮骨。学校党校的前身是中共武汉化工学院委员会业余党校，成立于 1986 年 9 月，1990 年正式更名为中共武汉化工学院委员会党校。自成立以来，历任党委书记兼任党校校长职务，聘请理论水平高、党务工作经验丰富的同志作为党校兼职教师，形成了机构健全、结构合理的党校工作班子。党校于 1996 年被省委高校工委授予“湖北高校先进党校”称号。

截至 2005 年，学校党委下设二级党组织 22 个，其中分党委 11 个，党总支 8 个，教工直属党支部 3 个；基层党支部 132 个，其中教工党支部 66 个，学生党支部 66 个。

三、党员队伍建设

党的十一届三中全会以来，学校进一步强化教职工及学生发展为入党积极分子的培养、教育、考察工作。1980 年，党员队伍人数 299 人，其中学生党员 50 人；到 2005 年底，党员队伍人数发展到 3110 人，其中学生党员 2174 人，学生党员比例达 69.9%。

1989 年，按照《中央组织部关于在部分单位进行党员重新登记工作的意见》（中发〔1989〕10 号）以及省委组织部《关于我省在部分单位进行党员重新登记工作的意见》（鄂发〔1989〕23 号）要求，学校组织开展党员重新登记。全校共有党员 390 人，除出国访学 6 人、长期生病 2 人、外出学习 2 人外，其余 380 人全部申请登记。其中准予登记 375 人，占 98.7%。

1993 年，根据《中国共产党章程》《中国共产党发展党员工作细则（试行）》规定，学校制定《发展学生党员工作程序（试行）》，对发展党员工作的培养教育考察、履行手续，预备党员的教育、考察、转正和材料归档等方面作出严格规定，使党员发展培养工作步入规范化、制度化轨道。

1994 年 4 月，学校印发《关于进一步加强开展基层党组织建设和党员发展工作的意见》，提出在新的历史时期，进一步加强对党员发展工作的领导，做好党员发展的基础性工作以及建立组织员工作制度。1996 年，学校制定《两个三年发展党员工作计划》，规范了党员审批程序。1997 年起，学校从离退休同志中聘请兼职组织员，这些老同志为党员发展工作做出了重要贡献。

第二节　党代会议　凝心聚力

一、第一次党代会

1986 年 1 月 11—14 日，中共武汉化工学院第一次代表大会召开。出席会议的代表 83 人，代表全校 409 名党员，大会选举产生中共武汉化工学院第一届委员会，亓国治、李鸿义、陈古圣、胡贵明、唐风翔为党委委员，亓国治当选为书记，李鸿义当选为副书记。选举产生中共武汉化工学院纪律检查委员会，王宗廷、李伟、苏清高、唐风翔、袁湘为纪委委员，李伟当选为纪委副书记。会议主题：团结起来，为建设和发展武汉化工学院而奋斗。

第一次党代会提出五点任务：积极进行教学改革，努力提高各项工作的管理水平；大力加强思想政治工作，深入进行形势任务教育和理想、道德与纪律教育；抓紧进行党、团组织的建设和各级领导班子的建设；继续贯彻和落实好党的知识分子政策，全面做好知识分子工作；加强和改善党的领导，切实转变领导作风。会议殷切地期望全院共产党员，贯彻大会团结的精神，改革的精神，动员起全院师生员工，团结奋斗，建设和发展武汉化工学院。

二、第二次党代会

1989 年 4 月 7—9 日，中共武汉化工学院第二次代表大会召开。出席大会代表 98 人，代表全校 383 名党员，大会选举产生中共武汉化工学院第二届委员会，吕福利、陈古圣、李鸿义、唐风翔、蒋子铎为党委委员，吕福利当选为书记，李鸿义当选为副书记；选举产生中共武汉化工学院纪律检查委员会，王宗廷、陈金平、袁湘、郭水生、唐风翔为纪委委员，唐风翔当选为纪委书记，袁湘为副书记。会议主题：坚持党的基本路线，深化改革，开拓进取，努力建设武汉化工学院。

第二次党代会提出五个方面的任务：进一步认真学习和贯彻党的十三大精神和十三届三中全会关于“治理经济环境、整顿经济秩序，全面深化改革”的方针，在政治、思想、行动上同党中央保持一致；明确新时期党的建设的主要任务，在改革开放中加强党的各项建设，从严治党，保证十三大路线的贯彻执行；切实加强和改进学校的思想政治工作，抓好精神文明建设；调动各群众团体、民主党派的力量，群策群力、民主治校；积极推进各项改革，促进教育质量、学术水平和管理水平的进一步提高，努力实现学校近期目标。会议要求师生员工充分发挥聪明才智，勇于开拓进取，推进学校各项事业发展，为武汉化工

学院的建设发展做出应有的贡献。

三、第三次党代会

1993 年 11 月 4—6 日，中共武汉化工学院第三次代表大会召开。出席会议代表 103 人，代表全校 408 名党员。大会选举产生中共武汉化工学院第三届委员会，李定或、何定雄、钟康年、胡贵明、梅介人、蒋子铎、唐风翔为党委委员，蒋子铎当选为书记，梅介人、何定雄当选为副书记；选举产生中共武汉化工学院纪律检查委员会，唐风翔、郭水生、周普谟、陈金平、江国长、刘玉华、孙朝威、蒋钧为纪委委员，唐风翔为纪委书记，郭水生为副书记。会议主题：加强党的建设，深化教育改革，为武汉化工学院迈上新台阶而努力奋斗。

第三次党代会提出的目标是：以改革为动力．加快学校建设和发展，努力使学校工作迈上一个新台阶。具体任务是：积极推进以人事分配制度为重点的校内综合改革；积极推进教育改革，加强重点课程建设，进一步提高教育质量；从学科建设入手，积极开发科研工作，努力提高学术水平和科研水平；大力发展以技术开发为主形式的校办产业；进一步改善工作生活条件，加强图书情报和后勤管理工作。

四、第四次党代会

1998 年 1 月 8—10 日，中共武汉化工学院第四次代表大会召开。出席会议代表 120 人，代表全校 537 名党员。大会选举产生中共武汉化工学院第四届委员会，冯碧元、刘羽、李定或、吴元欣、何定雄、钟康年、桂昭明为党委委员，何定雄当选为书记，桂昭明当选为副书记；选举产生中共武汉化工学院纪律检查委员会，任名健、刘玉华、刘洪模、李君、周普谟、郭水生、程汉源为纪委委员，郭水生当选为纪委副书记。会议主题：解放思想，深化改革，加快发展武汉化工学院。

第四次党代会强调必须进一步解放思想，破除阻碍学校改革发展的思想障碍；坚持从实际出发、实事求是；坚持“三个有利于”标准。并提出今后四年改革和发展的主要任务和奋斗目标是：把学校建设成为以工为主，管、经、文兼备，以化工为特色，相关专业配套，在化工行业和中南地区有较大影响的多科性高等院校。为此，大会提出五条措施：深化院内综合改革；扩大对外开放；加强各项管理；把精神文明建设提高到新水平；改善师生工作、学习和生活条件。

会议提出坚持党的领导，加强党的建设的三项任务：一是坚持完善党委领导下的院长负责制；二是从思想、组织、作风上全面加强党的建设；三是加强党对思想政治工作、群众工作和统战工作的领导。会议号召全体共产党员团结起来，高举邓小平理论伟大旗帜，锐意改革，加快发展，为使学校以新的面貌进入 21 世纪而努力奋斗。

五、第五次党代会

2002年12月27—29日，中共武汉化工学院第五次代表大会召开。出席会议的代表140人，代表全校1270名党员。大会选举产生中共武汉化工学院第五届委员会，叶芃、冯碧元、刘羽、刘孔皋、吴元欣、何定雄、汪建华、项喜章、桂昭明为党委常委，何定雄当选为书记，刘孔皋、桂昭明当选为副书记；选举产生中共武汉化工学院纪律检查委员会，冯碧元、任名健、刘玉华、刘炳春、刘洪模、李佩君、李喻生为纪委委员，冯碧元为纪委书记，刘玉华为纪委副书记。会议主题：以党的十六大精神为指导，创新务实、协调发展，为建设特色鲜明的多科性大学而努力奋斗。

此次会议是学校隆重庆祝建校30周年之后，进一步总结经验、规划未来的大会，是面对当时高等教育规模急剧扩张形势，积极谋求发展对策的一次盛会，对全面完成学校“十五”规划任务，科学编制“十一五”事业发展规划，建设特色鲜明的多科性大学具有重要作用。

代表们认真审议了党委和纪委的工作报告，充分肯定了第四届党委会的工作。大会确立长远发展目标为：经过10~20年的努力，把学校办成以工为主，理、工、管、经、文、法等学科协调发展、特色鲜明的多科性大学。并形成共识，要主动适应经济建设、社会进步和科技发展的需要，遵循高等教育发展规律，积极探索新的办学模式，着力于多科性大学的基础性建设。构建与之相适应的教育、科研、管理和服务体系，完善管理体制和运行机制。坚持“规模、结构、质量、效益”协调发展，坚持育人为本，全面推进素质教育；着力调整学科、专业结构，突出特色和优势；深化内部改革，提高管理水平和服务保障能力；全心全意依靠广大师生员工，民主办学，依法治校。大会号召全体党员奋发图强、艰苦奋斗，创造学校更加美好的明天。

第三节　思政工作　求真务实

一、政治学习与思想建设

（一）夯实理论基础

改革开放以来，学校始终坚持用党的优秀理论武装头脑，提纲挈领，把握精髓，多种形式组织开展马列主义、毛泽东思想、邓小平理论、“三个代表”重要思想和科学发展观的学习交流。理论学习作为学校思想政治教育的头等大事，始终贯彻在学校党委班子和基层党员组织的党建工作中，鼓励党员开展独立自学与集中助学，针对处级干部和副高职称以上的教师采取短期研讨班的活动形式，尤其注重加强青年教工与学生群体的思想培育，适时创建青年教工读书班、马列主义学习小组等，全校范围内掀起了“加强理论学习，涵养思想情操”的热潮。

1986 年，学校成功召开首届党代会，学校党委紧紧抓住邓小平理论学习这条主线，将《邓小平文选》作为党员教育和干部培训的重要教材，组织全体党员认真学习。党委中心理论学习小组成立后，领导班子的理论学习成果成为衡量思想建设效果的重要指标之一。

1989 年，学校党委认真组织学习《中共中央关于加强高等学校党的建设的通知》，分析调研基层党支部建设工作。1991 年 10 月，学校发布《关于加强基层党支部建设的意见》（武化党字〔1991〕16 号），提出在全校范围内开展马克思主义基本理论、党的基本路线、党的基本知识的教育活动，注重对党员进行四项基本原则教育，反对资产阶级自由化，反对“和平演变”的教育，认真组织党员学习党的路线方针、政策和上级党组织的决议。

1992 年，中国共产党第十四次全国代表大会成功召开，明确表示必须坚定不移地贯彻执行党的基本路线，坚持走有中国特色的社会主义道路，把改革开放和社会主义现代化建设推进到新的发展阶段，邓小平理论学习在全国范围内迎来高潮。学校坚持在学习时间、学习计划、学习人员、学习内容四个方面做好落实，结合工作实际展开研究讨论。认真组织大学生德育培养，将邓小平理论学习列为马克思主义理论课和思想品德课（简称“两课”）的重要教学内容。

1995 年 5 月—1996 年 4 月，学校党委根据省委《关于在党员中开展建设有中国特色社会主义理论和党章学习活动的意见》，在全体党员中组织开展“双学”活动，并联系党员干部的思想状况进行“三个结合”问题的研讨。

2000 年，江泽民同志在广东省考察党建工作，提出“三个代表”重要思想。学校党委认真部署落实，组织领导班子成员开展理论学习，并组织党总支（直属支部）书记、党课教师、“两课”教师参加暑期研讨班。

2001 年，学校组织全校师生观看《在庆祝中国共产党成立 80 周年大会上的讲话》，积极引导教职员工、学生等群体深刻领会“三个代表”的丰富内涵、精神实质与时代意义。

2002 年，学校组织全体师生听取中央十六大精神报告团的汇报，学习邓小平理论、党的十六大精神、“三个代表”重要思想。师生听取了湖北省省委书记俞正声的形势报告课。

2003 年，学校兴起学习“三个代表”重要思想的新高潮，在全校范围内组织学习党的十六届三中全会精神和胡锦涛同志“七一”讲话。

2004 年，学校组织学习十六届四中全会精神和“三个代表”重要思想，深入开展了“发展观、改革观、服务观”的宣传讨论活动。

2006 年，学校组织学习《理论热点面对面构建社会主义和谐社会的几个重要问题》《科学发展观》等读本，并积极配合学校更名和评建工作，开展形式多样的学习活动。

（二）开展专题教育

1983年，为深入学习领会“十二大”文件精神，贯彻执行党的方针政策的自觉性，学校党委举办了“学习十二大文件读书班”。读书班分为两期，共36位党员参与，就《邓小平文选》中的重要章节展开精读、细读，引起了较好的反响。

为进一步做好政治宣传工作，党委宣传部举办了五次辅导报告会，帮助广大教职工明确政治形势和思想任务。专题内容涵盖农村经济政策、党的知识分子政策、新宪法、国际形势、外交政策、朱伯儒同志事迹报告会等，取得了良好的效果。

1984年，学校组织全体教职工学习胡乔木同志《关于人道主义和异化问题》的文章，部署深入进行反对资产阶级自由化的教育活动。

1985年，学校党委采取多种形式对《中共中央关于经济体制改革的决定》和党的全国代表会议文件进行专题学习，在全校范围内开展学习邓小平关于“四有”的论述和胡耀邦的《当代年轻知识分子的成长道路》。

1987年，党中央下发关于坚持四项基本原则、反对资产阶级自由化的系列文件。学校多次召开党委研讨会，仔细研读党的方针政策，同时召开党委扩大会和处级干部会议，部署落实会议文件精神，将党的新政策、新思想传达到全校师生。

1988年12月，学校举办了形势政策研讨班，组织学习十三届三中全会精神和《关于当前形势和任务的宣传参考提纲》等文件。

1990年，十三届六中全会公报发表，学校组织观看了东欧剧变影片，并在专题报告会上进一步介绍社会主义制度的性质和特点，坚定建设有中国特色社会主义的信心。

1992年，党的十四大胜利召开，学校做出关于认真学习党的十四大文件的安排，要求全校师生反复领会邓小平同志对建设有中国特色社会主义理论与路线的创立所做出的历史性贡献。11月3日，学校举办十四大文件党校学习班，传达江泽民同志在十四大主席团第一次会议和在十四届一中全会上的讲话。

1997年，党的十五大胜利召开，党委中心组专题学习了江泽民同志的大会报告，畅谈学习体会。根据贯彻党的十五大精神的总体部署，学校积极筹办党务干部理论研讨班。

1999年10月，党委宣传部举办《中华人民共和国光辉的历程》图片展，庆祝中华人民共和国成立50周年。12月，学校举办《九九归一话澳门》专题讲座，增强了师生员工的爱国热情。

2000年10月，省委“三讲”巡视组进驻我校，视察“三讲”教育工作。学校在院系两级领导班子和党员处级以上领导干部中，分步骤、分层次开展以“讲学习，讲政治，讲正气”为主要内容的党性党风教育活动。

2005年，结合党员先进性教育活动，学校举行先进典型事迹报告会。纪念抗战暨世界反法西斯战争胜利60周年、长征70周年等为契机，加强爱国主义教育，弘扬民族精神。

（三）督查整党工作

根据中共中央整党工作指导委员会要求，在湖北省委和化工部党组的统一部署下，学校整党工作于1985年4月25日全面展开。学校党委专门成立整党工作指导小组，由亓国治、臧之昭、梁仲理、唐凤翔、李伟五位同志组成，亓国治同志任组长，臧之昭同志任副组长。整党工作指导小组下设整党办公室，由唐凤翔同志任办公室主任，李伟、王先斌同志任副主任，具体负责处理整党工作方面的日常事务。为加强对整党工作的指导，省委委派巡视组进驻学校，由陈宽同志担任组长，王同舟、邓台豪、梁书宽同志任巡视员。此次整党工作从1985年4月21日持续至12月底，历时8个月。整党过程包括文件学习、对照检查、集中整改、组织处理和党员登记四个阶段。

（四）落实知识分子政策

1984年3月，根据湖北省和化工部《关于转发〈认真检查一次落实知识分子政策情况〉的通知》，学校成立落实知识分子政策工作领导小组，校党委书记任组长，并抽调4名干部组成落实知识分子政策办公室，处理日常工作。各系（部）、处成立相应的工作机构，对落实知识分子政策问题进行检查。

学校依据相关政策，积极整改，攻坚克难。积极应对普遍反映的知识分子“入党难”问题，在中高级知识分子中吸收12名同志入党。在新制定的分房条例中，明文规定相当讲师职称的教师按副处级待遇分房，副教授按正处级待遇分房，教授按校级待遇分房。对获得不同等级的科学发明奖、科研成果奖、教学优秀奖的教职工给予分房奖励分。针对部分知识分子长期分居现状，全部予以解决。对中老年知识分子进行全面体格检查，从有限的经费中拨出专款给卫生科购买药物，并为病患者开营养灶。为解决子女入学及就业问题，学校投资8万元给附属小学建新校舍，对部分待业子女以资助学费、劳动服务公司就业等方式予以安置。将全校知识分子档案进行全面清理，并针对重点落实对象进行复查。这一系列举措使知识分子感受到党的温暖，有力推动了教学、科研和其他各项工作的开展。

二、思想政治工作会议

（一）1975年政治工作会议

1975年11月27日，根据湖北省委指示和校临时党委决定，学校召开政治工作会议。参加会议的有党委委员、各总支（支部）及部门负责同志共70人。

此次会议回顾了学校政治工作的历史和传统，学习了中央系列文件精神。会议认为：要把学理论、进行党的基本路线教育深入进行下去，克服自满情绪，定期总结交流经验，抓好典型，加强理论队伍建设。要用马克思主义、列宁主义、毛泽东思想武装师生员工的头脑，深入进行党的基本路线的教育，把转变学生的思想放在首位。

（二）1979 年思想政治工作座谈会

1979 年 5 月 11—12 日，在全党工作重点转移到四个现代化建设上来的大好形势下，学校临时党委召开思想政治工作座谈会。出席会议的有各系、处总支（支部）书记，政治辅导员及有关部门的负责人共计 43 人。

会议认为：在新的历史条件下，思想政治工作的基本任务就是动员组织师生员工沿着党的路线，为实现新时期的总任务而奋斗。进一步引导大家继续解放思想，实事求是，团结一致向前看，坚持四项基本原则，切实履行党委在 1979 年工作规划中提出的“以抓好教学为主，积极开展科研活动，大力加快基建步伐”的号召，迅速把学校建设成为既是教学中心，又是科研中心的社会主义新型大学，为培养社会主义建设人才，加速四个现代化而奋勇前进。

（三）1981 年政工干部会议

1981 年 3 月 20—21 日，学校党委召开政工干部会议，传达了全省高等教育座谈会精神，认真讨论了如何贯彻会议精神等问题。

通过此次会议，明确强调必须遵循十一届三中全会精神，进行四项基本原则教育，并将其作为思想政治工作的重点。在统一思想，提高认识的基础上，学校党委对加强学生思想政治工作的领导采取系列措施。实行党政分开，党委的主要精力转到做思政育人的工作上来；加强德育教育，有计划地培训政工干部；加强团委的领导力量，逐步充实辅导员队伍，建立班主任制度；根据政策逐步解决政工干部的政治待遇问题，稳定思想，调动工作积极性。

（四）1989 年学生思想政治工作会议

1989 年 7 月 1 日，学校组织各系（部）负责人、辅导员、职能部门负责人召开工作会议，讨论如何加强学生思想政治工作。

会议强调要坚持社会主义办学方向，全面贯彻党的教育方针，切实加强学生的思想政治工作，将其放在学校工作的首要位置。党委书记吕福利、副书记李鸿义、院长陈古圣、副院长蒋子铎在会上作了讲话和发言。

（五）1994 年思想政治工作会议

1994 年 5 月 26—28 日，学校召开思想政治工作会议，党委书记兼院长蒋子铎作相关工作报告，湖北省委高校工委副书记朱楚钦出席会议并讲话。会议进行了典型经验交流，讨论形成《关于加强和改进我院宣传思想工作的意见》《关于新形势下进一步加强我院学生思想政治工作的几点意见》《关于加强我院政工干部队伍建设的意见》等文件，表彰了 6 个先进集体和 16 个先进个人。

（六）2000 年思想政治工作会议

2000 年 11 月 10—11 日，学校召开思想政治工作会议。会上，湖北省教育厅思政处

处长高长舒应邀讲话，学校党委副书记桂昭明作了《认清新形势、明确新任务、探索新规律、开创学院思想政治工作新局面》的主题报告。会议讨论形成《关于加强和改进思想政治工作的若干意见》《关于进一步加强我院学生思想政治工作队伍建设的若干意见》《关于实施大学生综合素质评价的意见》，表彰了 6 个思想政治工作先进集体和 26 名思想政治工作先进工作者。

（七）2005 年思想政治教育工作会议

2005 年 5 月，学校召开了加强和改进思想政治教育工作会议，认真贯彻中央 16 号文件以及全国、全省会议精神。会后，学校形成《关于进一步加强和改进大学生思想政治教育的实施意见》（武化党字〔2005〕16 号），确立了党委统一领导、行政为主实施、党政工团齐抓共管的大学生思想政治教育领导体系。

第四节　党风廉政　保驾护航

一、完善党风廉政建设体系

1986 年 1 月，学校首次选举产生纪律检查委员会，并制定对外接待的有关规定，进一步完善党内监督，明确规定了党员干部坚守党风廉政建设和行政监察的职责范围。同年，根据中央办公厅《关于解决当前部门作风中几个严重问题的通知》精神，校纪委对标文件，逐项清理“购买和更换进口小轿车”等六股不正之风。

1989 年，学校强化党风廉政制度建设，加强领导班子建设。为贯彻《中共中央关于加强党同人民群众联系的决定》，结合学校实际，检查有关消极腐败现象的五种表现；两次自查党员干部用公车送子女上学情况，并接受上级领导机关的检查验收。12 月，根据国务院和化工部关于清理检查“小金库”的通知，学校开始清理检查“小金库”的工作。

1991 年 1 月，学校成立监察室，承担行政监察和效能监察的职责。1994 年，纪委、监察室合署办公，履行党的纪律检查和行政监察两种职能；1995 年，监察室更名为监察处；1996 年，纪委办公室成立。

1992 年 2 月，学校被湖北省委授予“党风建设先进集体”称号。

1993 年，学校制定党风廉政建设责任制，并转发省纪委、省监察厅、省高校纪工委严禁赌博、国内交往中收受礼品实行登记、领导干部收入申报等规定的通知。为纠正不正之风，校纪委明确规定公务活动中的应酬接待等费用标准，定期检查落实情况，并在适当场合予以公布。

1998 年，学校制定关于重大事项报告和内部收费的有关规定，对进一步加强党风廉政建设，强化党内监督和党风廉政建设责任制作出新的指导意见，并对二级单位党风廉政建设责任及考核制度、客餐管理要求和纪委议事规则等作出明确规定。

2000 年，学校制定《学院内部收费管理办法》（武化政监字〔2000〕01 号），落实“收支两条线”相关规定，使内部收费项目进一步制度化、规范化。根据党中央、国务院关于治理奢侈浪费的八项规定，对通信费用、公款吃喝、会议会务、教育经费的使用情况进行自查。

2002 年，学校被国家教育部评为“1998—2002 年度教育审计先进单位”。同年，湖北省高校纪工委召开高校纪检监察机关思想作风调研座谈会，校纪委、监察处作经验交流。

2003 年，学校制定《党风廉政建设责任制实施细则》（武化党字〔2003〕35 号）《关于对违反党风廉政建设责任制实施细则的行为实行责任追究的规定》（武化党字〔2003〕36 号），将加强党风廉政建设和反腐倡廉工作责任体系制度化。同年，校纪委、监察处被评为“湖北省教育系统纪检监察先进集体”。

二、落实党风廉政建设责任制

学校纪委成立后，着力审查领导干部廉洁自律情况，贯彻落实党风廉政责任制等工作。为迎接化工部和省委对学校党风建设的检查考核，学校把领导干部廉洁自律作为校、系两级领导班子民主生活会的重要内容，校领导的年终述职接受校纪委、教代会常委、全体中层干部和民主党派主要负责人的监督评议。学校党政办公室与二级单位主要负责人签订《党风廉政建设责任书》，并建立领导干部《廉政档案》。

学校领导班子党风廉政工作取得显著成效。1990 年 4 月，化工部授予院长陈古圣“优秀领导干部”称号；11 月，陈古圣院长在武汉地区高校科研院所廉洁奉公典型报告会上作经验交流。

1991 年 8 月，全省高校党建会议印发了学校编制的《发扬优良传统，狠抓廉政建设》专题材料，学校撰写的《领导作表率，廉政显成效——武汉化工学院廉政建设情况调查》《高校党风廉政建设规律初探》分别被省纪委、省高校纪工委《党风廉政建设专集》收录出版。

1998 年 6 月，学校召开党风廉政建设工作会，表彰了一批党风廉政建设先进集体与先进个人。1999 年 10 月，省纪委、省监察厅检查组对学校贯彻落实党风廉政建设责任制的工作进行检查，并给予充分肯定。2000 年 9 月，在第九次全省高校党建工作会议上，学校提交《抓党风廉政建设，促学院改革发展》的交流材料，并被授予“全省党建和思想政治工作先进高等学校”称号。

2002 年起，学校将校务公开和教代会制度落实情况纳入年度党风廉政建设责任制考核内容。同年，学校四届三次教代会通过了《校务公开的实施办法（试行）》。2004 年，学校正式行文《校务公开的实施细则》（武化党字〔2004〕22 号）。

2003 年 1 月，学校落实党风廉政建设责任制工作受到了省委高校工委、省教育厅的通报表扬。

三、推进党风廉政宣传教育

1986 年以来，学校始终坚持发展党风廉政宣传教育，增强了广大党员干部，特别是领导干部的反腐倡廉意识，为推进校园廉政建设和反腐败斗争提供不竭精神动力。

1990 年，学校多次进行以中央纪委颁布的九个党纪条规为主要内容的党规党纪教育、政治纪律专题教育、“廉洁奉公，严守纪律”主题教育以及开展“社会主义市场经济与反腐倡廉”知识学习竞赛、以“三讲”为主题的宣传教育等。

2001 年，《学校党建与思想教育》（第 5 期）刊载了学校党委题为《紧密联系学院实际，加强党风廉政宣传教育》的经验交流文章。

2003 年 6 月 6 日，学校召开党风廉政建设工作会议，省高校纪工委副书记李绿夏应邀出席并发表重要讲话，党委书记何定雄作《进一步抓好党风廉政建设、为建设特色鲜明的多科性大学提供有力保障》主题报告。

2004 年 12 月，学校纪检监察网站正式开通，开辟了党风廉政宣传的新阵地。

第五节　群团组织　异彩纷呈

一、工会工作

校工会成立于 1979 年 4 月。建会以来，学校不断加强工会与教代会的制度化、规范化建设，充分发挥“两代会”的民主监督和民主管理作用。1979 年 4 月，学校成功举办首届工会会员大会；1986 年 4 月，学校召开首届教职工代表大会，并于同年 12 月举办第二届工会会员代表大会；1995 年 12 月，学校整理《工会教代会文件与制度汇编》；1999 年 11 月，学校召开第四届教代会暨第五届工代会，首次将教代会与工代会的换届选举同步进行，随后依此形成制度，坚持每年召开“两代会”，每四年换届选举；2000 年，学校出台《教代会民主咨询委员会工作职责》《工会办公室工作制度》《提案审查工作委员会职责》等制度。

（一）发挥桥梁纽带作用

校工会有权代表教职工参与学校基建、物供及药品等的招标、验收等，充分履行民主决策、民主管理和民主监督的职能；负责组织教代会的换届选举、代表培训，定期召开教代会、征集提案，对涉及教职工切身利益且反映集中的提案，督促沟通落实。

1986 年 4 月，首届教职工代表大会选举了分房委员会，通过学校“七五”规划、财务预算报告、分房条例及综合奖条例。大会共征集 129 条提案和 52 条建议。

1999年11月，第四届教代会暨第五届工代会审议通过《教职工代表大会实施细则》《系（部、院）教职工代表大会实施细则（试行）》。

2003年6月，学校出台《校行政与校工会建立联席会议制度的实施意见》（武化党字〔2003〕30号），规定总体发展规划或涉及教职工权益的规章制度出台前，校行政与校工会召开联席会议沟通协商。

2005年12月，第五届教代会第二次会议审议通过《"十一五"及中长期事业发展规划（草案）》，规划了学校的办学定位和未来发展目标。

（二）保障职工合法权益

校工会在事业单位收入分配制度改革、职工申请工伤认定等涉及教职工切身利益的具体问题方面，依法维护教职工的合法权益；对于教职工的合理诉求，配合有关部门协商解决；每年定期为女教职工进行妇科检查；为全校女教职工发放"三八"妇女节纪念品；确保教代会、工代会代表中有一定比例的女教职工代表。

2004年，根据省委组织部、省总工会等10个部门联合印发的《关于做好进城务工人员加入工会和维护其合法权益工作的通知》（鄂工发〔2004〕17号）和省委高校工委、省教育厅和省教育工会《关于做好高校进城务工人员加入工会组织的通知》，学校积极解决合同工入会问题，适应人事制度改革要求，增强合同工的认同感和归属感。

2005年5月，学校开展非正式员工入会调研，广泛收集意见，形成调研报告，为党委决策提供参考。2006年5月，学校制定《关于做好我校进城务工人员加入工会组织的通知》，对全校189名合同工进行摸底登记。

（三）慰问帮扶困难职工

积极为教职工做好事、办实事，解决教职工的具体困难。各级工会干部做到"三必访"，即教职工生病住院必访，遇到天灾人祸必访，逢年过节必访。教职工因病住院、去世，校工会和各分工会前往医院探视和上门慰问。

校工会积极履行社会责任，定期组织"送温暖"工程，开展"冬衣暖人心""送温暖献爱心""捐资助学"等社会捐助活动。对家庭困难和长期病休的教职工给予补助，建立困难教工档案，重点帮扶特困职工，每年向困难教职工发放慰问品，使教职工感受到组织的关怀温暖。积极组织向社会捐款捐物，号召为身患重病的学生募捐，增强扶危济困的社会责任感。

（四）丰富职工文化生活

校工会鼓励相同兴趣爱好的教职工开展形式多样的文娱、体育活动，并予以场地支持和经费资助，开办了篮球协会、羽毛球协会、乒乓球协会、京剧爱好者协会、教工合唱团等多种团体组织，培养集体意识，提高其归属感和认同感。

1987年，学校建立教工俱乐部，由校工会负责日常管理维护。

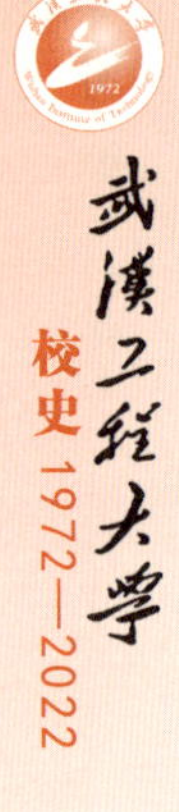

1989 年，校工会组织秋季运动会，并开展健美操、乒乓球、篮球、台球、排球、桥牌、象棋、广播操、冬季长跑等项目比赛。

2002 年，校工会组队参加国家体育总局主办的“庐山杯”全国万人健身锻炼标准大赛，获湖北分区赛冠军和全国总决赛二等奖。

校工会认真履行“维护、建设、参与、教育”的职能，多次受到上级单位表彰。1996 年，校工会获评“湖北省高校工会工作先进单位”；1999 年，被评为“湖北省学校教代会工作先进单位”；2000 年，获评“省级模范职工之家”；2001 年，荣获“全省教育工会先进集体”。2002 年，汪建华被省人民政府授予“湖北省劳动模范”；2003 年，校工会被中华全国总工会授予“模范职工之家”；2005 年，获评“湖北省教育工会先进集体”。同时，校工会积极开展校内“工会先进集体”“工会积极分子”“优秀女教职工”“师德标兵”的评选表彰，利用宣传橱窗、校报等渠道，大力宣传先进人物事迹，充分发挥其示范作用，用榜样力量激励广大教职工积极进取、奋发有为。

二、共青团工作

学校十分重视团员青年的成长成才，推进素质教育，努力促进团员青年的全面发展。共青团组织始终坚持以育人为中心，坚持服务青年团员成长成才，服务青年团员就业创业，实施科技创新工程、社会实践活动工程、校园文化活动工程、大学生素质拓展工程，构筑起思想素质培养平台、创新创业拓展平台、校园文化熏陶平台、社会实践锤炼平台、成长成才服务平台、组织建设创优平台。

（一）思想素质培养平台

1. 强化党团主题教育

通过团组织生活、专题团日活动、座谈会、网络、报纸、形势政策教育、校园文化活动等多种形式开展主题教育活动，提高团员青年的思想政治觉悟。举办五四运动、一二·九运动等节庆纪念活动，举行弘扬抗洪精神、航天精神、许志伟精神的主题学习活动，开展“关注祖国统一”专题教育活动。2003 年，编发大学生学习“三个代表”重要思想文集 2 本，组织学习十六大精神网上百题知识问答，开展以“抗击非典”为主题的特殊团日活动、学习许志伟英雄事迹的主题活动。2005 年，深入开展“增强共青团员意识”主题教育活动，编发 1000 本学习读本。

2. 增强文化宣传感召力

校团委指导学生社团创办多种学生刊物，丰富《团学通讯》版面内容，至 2005 年底已完成 101 期的编发。加大了团学活动在校报、校园电视台、校广播台、《情况通报》等校内媒体的宣传度，加强与校外媒体的联系，获得了广泛好评。同时，学校高度重视校园文化建设，由大学生科技节、大学生体育节、社团文化节、大学生艺术节、读书节、电影节组成的校园文化格局逐步形成。举办文学大赛、精英论坛、辩论赛等系列文体赛事，丰富了广大学子的课余生活，提升文化艺术修养，促进学生的健康成长和全面发展。

（二）社会实践锤炼平台

1. 稳步推进社会实践

1993年前，主要是组织团员青年深入厂矿企业以及革命传统基地，接受革命传统教育。20世纪90年代中期，服务社会成为实践活动的主旋律，大学生志愿者“三下乡”（文化下乡、科技下乡和卫生下乡）社会实践活动成为共青团工作的品牌。学校团委除了组织传统社会实践活动外，还组织学生代表到英山、竹山、红安、罗田等贫困山区开展文化下乡、一助一帮扶贫活动，到宜昌、荆门、鄂州、武穴等地厂矿企业开展科技服务活动。1980—2005年，学校社会实践活动多次获省级表彰和全国“社会实践活动先进单位”称号。

2. 积极推进服务工作

1994年，学校成立大学生志愿者协会。青年志愿者坚持“立足校园，服务社会”活动宗旨，在文化科技下乡服务、社区对口服务、生态环保、服务未成年人等方面开展了大量工作，受到了广泛赞誉。为落实“西部计划”，学校积极派遣志愿者支援西部建设。2005年，环保协会在“湿地使者长江行动”中，以全国第四、全省第一的成绩竞标入选。

80年代中期，学校组织安排“校领导接待日”，引导广大学生自觉关心和参与学校建设发展。校团委指导学生会组织针对学习、生活等方面的情况开展调研，为学生学习生活条件、安全设施完善等工作起到很好的推动作用。

3. 学生成长成才服务

1999年，学校建立并推广大学生综合素质评价体系。2002年，学校被教育部、团中央、全国学联确立为全国63所推行“大学生素质拓展计划”的试点单位，编印了两套《大学生素质教育指导手册》，并将“大学生素质拓展计划”的主要内容编进团课教材；引进职业技能培训机构，对部分学生进行技能培训；成立校院两级素质拓展认证中心，学生均持有《大学生素质拓展证书》。2003年，学校成功召开湖北省“大学生素质拓展计划”现场推进会。

（三）创优组织建设平台

学校坚持“制度化、规范化”工作原则，切实加强团组织建设。按照考核体系对基层团组织考核，按照团内奖惩办法和年度注册，按照“六有一汇报”原则组织团内组织生活；加强对团员的管理和教育，开展五四评优和团员民主评议。

1. 团代会

建校初期，学校只有少数青年教工，当时政治部设立了教工团支部，由周普谟任团支部书记。1974年7月正式招生后，9月召开第一届团委会，记录为第一次团代会，由张开芬任书记。

1979年11月，共青团第二次代表大会召开。会上，第一届团委书记张开芬致开幕词，副书记游春保代表第一届团委会作工作报告，明确第二届团委会的主要任务是深入做好政治思想工作，引导青年以“三好”为目标，以学习为中心，勇攀科学文化高峰，迅速培养大批又红又专的建设人才。大会选举产生第二届团委会，游春保任副书记。

1982年11月，共青团第三次代表大会召开。校党委书记李康德、团省委书记倪德斌出席并作重要讲话，校团委书记张开芬代表第二届团委会作工作报告。大会选举产生第三届团委会，张开芬任书记，刘玉华任副书记。1984年，刘玉华任书记，娄星任副书记。

1986年3月，共青团第四次代表大会召开。校党委副书记李鸿义出席并作重要讲话，团委副书记娄星代表第三届团委会作题为《继承和发扬青年运动的光荣传统，为实现“七五”计划立志建功》的工作报告。大会讨论通过《关于在全院学生中树立“奋进、踏实、刻苦、活泼”学风的决议》《全院团员、青年立志建功方案》。大会选举产生第四届团委会，娄星任书记，唐敏任副书记。

1990年6月，共青团第五次代表大会召开。校党委书记吕福利、副书记李鸿义、团省委副书记冯芊出席大会，李鸿义作重要讲话，冯芊代表团省委致贺词。团委副书记唐敏代表第四届团委会作题为《继承爱国主义传统，振奋精神，为学院的稳定和发展作贡献》的工作报告。大会讨论通过《团员证管理细则》，选举产生第五届团委会，唐敏任书记，许承光任副书记。

1993年4月，共青团第六次代表大会召开。校党委副书记何定雄、团省委副书记汤涛出席大会并作重要讲话。团委书记唐敏代表第五届团委会作题为《高举党的十四大旗帜，带领团员青年为建设和发展武汉化工学院作出新贡献》的工作报告。大会选举产生第六届团委会，唐敏任书记，许承光任副书记。本届团委会起开始实行常委制，常委由5人组成。

1996年4月，共青团第七次代表大会召开。校党委书记何定雄、校长蒋子铎、副书记桂昭明、副校长李定或出席大会，桂昭明作重要讲话。团委书记许承光代表第六届团委会作题为《带领团员青年勤奋学习发愤成才，努力推进学院团的工作全面发展》的工作报告。大会讨论通过《关于学院实施跨世纪青年人才工程的意见》，选举产生第七届团委会，许承光任书记，邓新洲任副书记。

2000年10月，共青团第八次代表大会召开。校党委书记何定雄、校长钟康年、副书记桂昭明、刘孔皋，副校长刘羽、吴元欣出席大会，桂昭明作重要讲话，团省委副书记李新华到会并致贺词。团委副书记路海华代表第七届团委会作题为《扎实工作，求是创新，为带领团员青年以崭新的姿态跨入二十一世纪而努力奋斗》的工作报告，大会选举产生第八届团委会，路海华任书记，刘卫民任副书记。

2004年12月，时值更名去筹时期，学校召开了共青团武汉工程大学第一次代表大会暨第一次学生代表大会。校党委书记何定雄作重要讲话，团省委副书记丁小强到会并致贺词。团委书记张文学代表第八届团委会作题为《坚定信仰，开拓创新，在建设协调发展、特色鲜明的多科性大学中谱写更加宏伟的篇章》的工作报告，大会选举产生共青团武汉工程大学第一届委员会，张文学任书记，马小龙任副书记。

2. 学代会

1974—1980 年期间，由于在校学生人数较少，学校未正式召开学代会，但每年都组建学生会，并先后任命柴广泽、董静、李朝阳、娄星为第一届至第四届学生会主席。

1980 年 11 月，第五次学代会召开。第四届学生会主席娄星作工作报告。经大会民主选举产生第五届学生会，桂昭明当选学生会主席。

1981 年 6 月，第六次学代会召开。第五届学生会主席桂昭明作工作报告。经大会民主选举产生第六届学生会，王锦洲当选学生会主席。

1982 年 6 月，第七次学代会召开。第六届学生会主席王锦洲作工作报告。经大会民主选举产生第七届学生会，胡衍平当选学生会主席。

1983 年 8 月，唐敏代表学校出席全国学联第二十次代表大会。

1984 年 6 月，第八次学代会召开。第七届学生会主席唐敏作工作报告。经大会民主选举产生第八届学生会，郑国华当选学生会主席。

1986 年 3 月，第九次学代会召开。第八届学生会主席郑国华作工作报告。经大会民主选举产生第九届学生会，陈鹏当选学生会主席。

1988 年 3 月，第十次学代会召开。第九届学生会主席陈郧山作工作报告。经大会民主选举产生第十届学生会，王卒当选学生会主席。

1990 年 6 月，第十一次学代会召开。经大会民主选举产生第十一届学生会，李建中当选学生会主席。

1993 年 3 月，第十二次学代会召开。第十一届学生会主席周小文作工作报告。经大会民主选举产生第十二届学生会，路海华当选学生会主席。

1996 年 4 月，第十三次学代会召开。第十二届学生会主席孙长兵作工作报告。经大会民主选举产生第十三届学生会，赵辉当选学生会主席。

2002 年 4 月，第十四次学代会召开。第十三届学生会主席武荣芳作工作报告。经大会民主选举产生第十四届学生会，熊毅当选学生会主席。

2004 年 12 月，第十五次学代会召开。第十四届学生会主席李峰云作工作报告。经大会民主选举产生第十五届学生会，戴佳当选学生会主席。

三、学生组织建设

随着学校定位不断提高，学生组织的功能进一步明确，校共青团组织受校党委委托，指导学生组织开展工作。各级学生组织根据自身特点，努力打造具有学校特色、学院特色、

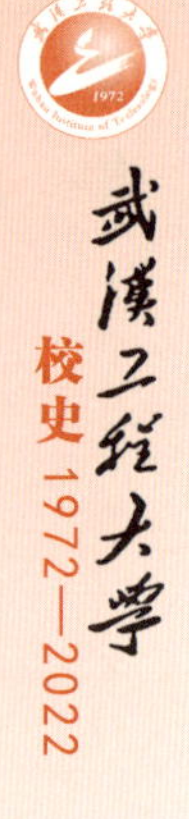

学科特色、组织特色的品牌活动，极大丰富了校园文化内涵，营造出和谐的校园文化氛围。学生组织充分发挥“自我教育、自我管理、自我服务”的作用，在开展工作的过程中逐步成为锻炼培养学生骨干、优秀学生干部的第一平台。

（一）完善组织架构

2003 年 9 月，学校优化整合现有学生组织，提出“管理、维权、调研、监督”八字工作方针，根据《武汉化工学院学生会章程》对部门和职能进行重新划分，成立了 9 部 1 室的工作格局。各学院（系）学生会根据校学生会部门划分做出相应调整。

以大学生记者站及校学生会宣传部的部分职能为基础，学校成立大学生宣传中心、大学生艺术团，负责编辑出版《团学通讯》，管理“青年园地”网站，以及大型学生活动的宣传工作，进一步凸显文化教育在校园活动中的重要地位。优化社团联合会的组织管理，强调社团联合会对学生社团的指导、监督、管理职能。明确学生社团的发展方向，社团数量逐步发展壮大，从单一娱乐类社团发展为实践类、学术类、文娱类、体育类等多方位、高层次的社团群。

2003 年起，学校将“大学生志愿服务西部计划”工作纳入青年志愿者协会职责。党委宣传部下辖的广播台和校报记者团根据职能划分重新进行调整。2005 年，学工助理团和教学工作学生信息中心两个专项学生组织成立，分别挂靠学生处和教务处，具体负责协助学生工作和收集反馈教学信息。

（二）发挥引领作用

依据“宏观指导、微观放开”原则，学校不断加强对学生会、研究生会等学生组织的工作指导，实现对学生组织的政治引导和方向把握。2003 年，1999 级化工专业学生许志伟舍己救人，被教育部团中央追授为“全国优秀大学生”和“全国优秀共青团员”；学校开展许志伟英雄事迹学习活动，开设“许志伟”班和“许志伟”奖学金。2005 年，国际经济与贸易专业学生戴佳获“湖北省优秀共青团员”称号。同年，学校选派校学生会执行主席戴佳、胡竹君出席全国学联第二十四次、二十五次代表大会，受到了胡锦涛等党和国家领导人的亲切接见。

1. 弘扬良好学风

学生组织是学风建设的推动者和执行者，以“服务学校中心工作、服务学生成长成才”为宗旨，积极贯彻党的教育方针，围绕学校中心工作开展活动，做好联系学生与学校的桥梁和纽带。学生干部在学风建设中充分发挥了先锋模范作用，做好“示范员”，带领广大学生树立良好学风；当好“监督员”，及时反馈同学意见，促进教学相长，营造良好学风。

通过开展学风建设、学风督察、教学信息反馈等工作，学生组织在校园内开展丰富多彩的学生活动。积极组建大学生科技协会、数学建模协会、英语爱好者协会、电脑协会等学习科技类社团，广泛组织科技竞赛、学术讲座、论坛沙龙和社会实践等与专业学习紧密结合的社团活动，形成了浓厚的学习氛围和积极向上校园风貌，激发了学生内在的学习动力，帮助学生养成科学的学习方法和勇于创新的开拓精神。

2. 维护学生权益

学生组织把调研维权作为实现学生价值的重要途径，认真开展维权活动，密切联系广大同学，及时反馈意见、建议和要求，保障学生正当权益，维护校园稳定。学生会配合学校组织安排“校领导接待日”和“后勤接待日”，引导学生自觉关心和参与学校的建设发展。同时针对学生学习、生活等各方面情况开展调研，提交调研报告，对学生学习生活条件、安全设施完善等工作起到推动作用。

第七章　以本为本　多元育人

学校始终坚持“以质量求生存，以改革谋发展”的教育观念，总体发展思路在于重点培育化工及相关优势专业，着力培养高层次创新型应用型人才；积极发展交叉学科和经济建设急需专业，培养技术型复合人才。始终把提高人才培养质量作为教育教学工作重点，以培养学生的知识获取能力和实践创新精神为落脚点，持续加大课程体系、教学内容和手段方法的改革力度，深入开展教育思想、教育观念大讨论，坚持质量标准的多样性与统一性，形成独具特色的人才培养体系。

第一节　多层深化　规模拓展

一、本科生教育

（一）加强专业建设

随着国民经济发展和高等教育改革的不断深化，学校分阶段调整优化专业布局。1980年前，学校作为一所省属化工院校，专业设置以化工类为主，设有无机化工、基本有机化工、化学制药、化工自动化及仪表、化学矿山机械、化工机械、化学矿开采、化学矿选矿8个专业。1980年，学校改为由化工部主管，根据化工部要求，学科专业建设的指导思想以矿、化结合为主，调整了专业及院系建设。1984年，对照专业目录表，学院调整优化了专业名称。1985年，采取多层次办学，开设了三个干部专修科。1998年，隶属关系调整到以湖北省管理为主后，学校认真贯彻教育部《关于做好普通高等学校本科学科专业结构调整工作的若干原则意见》（教高〔2001〕5号），主动适应区域经济及社会发展的需要，遵循“突出特色、强化优势、改造传统、扶持新兴”十六字方针和“总量控制、结构优化”原则，重点建设化工类学科及配套专业，开设的化工、信息、材料、经济等专业直接服务于湖北省重点扶持的电子信息、汽车、钢铁、石化、食品、纺织六大支柱产业。2002年，学校本科专业涉及工学、理学、管理学、经济学、文学五大学科门类。2006年，随着国民经济飞速发展，各行业对新型专业人才的需求与日俱增，本科专业数量涵盖了工学、理学、管理学、经济学、文学、法学、艺术学七大学科门类。

（二）确保教学质量

首次更名后，学校积极考虑社会经济发展需求筹措新办专业，结合办学实况和愿景目标，优先发展信息、材料等高新技术专业，探索交叉学科与创新型应用型专业，为建设成为多科性大学奠定基础。学校积极完善教学资源，科学编制人才培养计划，做好新专业人才的需求调查，推动组建专业师资队伍与实验室筹建工作。学校采取系列措施确保教学质量：一是通过引进、培养等多种途径，加强师资队伍建设，注重年龄、学历、职称、学科的结构合理性；二是加大资金投入，加快教学设施建设，满足教学需要；三是加强课程体系建设；四是明确专业建设负责人，负责人均具有高级职称或博士学位，实行责、权、利相结合的激励约束机制；五是依照《湖北省属高等学校专业办学水平合格评价标准》，每两年进行新专业评估，认真开展对新办专业教学条件与办学水平的自评自建。同时，充分利用教学质量监控体系，加大对专业建设状况的监控力度，保证专业建设工作顺利进行。

（三）加强实践环节

学校坚持“三实一创”（认识实习、生产实习、毕业实习、创业）人才培养理念，倡导通识教育与专业教育并重、理论学习与实践教学并重、教师引导和学生自主学习并重，实行讲授与讨论、自学与交流、指导与研究的开放式多样化人才培养模式，集合南湖片区十校（简称“南湖十校联盟”），开展联合办学，致力于培养“宽口径、厚基础、强能力、高素质”的复合型人才。学校建有达到一定规模的实习工厂，在宜昌宜化集团、黄麦岭磷化工集团、楚星集团、人福医药等董事单位及其他大型化工、矿业、医药企业建立了一批实习基地，为学生实践训练提供了重要保障。

1998 年 5 月，教育部专家组对学校进行本科教学工作合格评价考察，本科教学工作被评定为合格。

2006 年 6 月 6—7 日，学校本科教学水平咨询评估工作结束，以优秀的成绩通过教育部本科教学工作水平预评估；同年 11 月 12—17 日，受教育部委托，以吕明教授为组长、杜志敏教授为副组长的普通高等学校本科教学工作水平评估专家组来我校对本科教学工作进行了实地考察。2007 年 5 月 29 日，学校在本科教学工作水平评估中获得优秀。

二、研究生教育

1987 年，学校设置研究生教育管理岗，隶属于科研处。1992 年 6 月，研究生科成立，仍隶属科研处，负责研究生、招生、培养、学位、分配等工作。随着研究生规模不断扩大，学校开始申请增列为硕士学位授予单位，研究生科负责申报的具体组织工作。1997 年 4 月，学校成立申报硕士学位授予单位办公室、研究生工作办公室，下设研究生科和学位科，人员编制增至 3 人。1998 年 7 月，依据《关于批准新增博士、硕士学位授予单位的通知》（学位〔1998〕46 号），学校申报化学工艺为硕士点，成为国家正式硕士学位授权单位，

机构更名为研究生工作处。

（一）科学规划管理体系

学校根据研究生教育事业的发展需要，适时修订、完善研究生教育的管理制度，印发了《硕士研究生培养工作暂行规定》等一系列研究生培养管理办法。充分发挥课堂教学的主渠道作用和各类课程的育人作用，进一步挖掘教学课程资源，积极落实思想政治教育工作，制定形势政策教育教学计划，定期开展形势政策教育，将理论学习融入研究生专业学习的各环节。

学校坚持“大学科、宽基础”的理念，按照“强化基础理论、突出实践与创新、提高综合素质”的原则，不断深化教学研究与改革，支持教学改革项目立项建设；加大公共课教学改革力度，出台研究生精品教材与精品课程建设的相关规定；增加实践教学与学术交流等环节；重视课堂教学与实验实践教学相结合；实施创新能力培养计划等。在制定研究生培养计划过程中，强调个性化、多样化的培养观念，构建良好的科研环境，加强国际合作与交流，营造宽松自由的学术氛围。

积极推动研究生党团组织建设和学术文化建设。建立完善的基层党组织机构，充分发挥共青团、研究生会、研究生社团等在教育培养方面的优势；完善奖助体系，解决学生实际生活问题。结合时代潮流开展成效明显的实践活动，充分发挥研究生主体作用，拓展育人途径。

（二）探索联合培养机制

1987 年，学校开始联合培养硕士研究生，首次招收学员 10 名，全部为学校青年教师骨干，涵盖化学工程、应用化学、自动化 3 个专业。学校制定《联合培养研究生管理暂行办法》，鼓励各培养单位积极推进与国内外高端学术教育培养单位联合培养硕博士研究生，并与南京工业大学、武汉科技大学、湘潭大学、武汉材料保护研究所等单位建立友好合作与学术交流机制。

1988 年起，学校先后与当时的成都科技大学、武汉钢铁学院、南京化工学院、昆明工学院、海军工程学院、武汉工业大学、北京化工学院 7 所兄弟院校，在化学工程、无机化工、精细化工、采矿工程、矿物加工工程、化工过程机械等专业联合招收硕士研究生。

1994 年 4 月，学校开始与中国科学院等离子体物理研究所联合培养博士研究生。1995 年起，学校陆续与中科院、华中科技大学、中南大学、东北大学、天津大学等单位联合培养化学工艺、化学工程、材料学、矿物加工工程等学科的博士研究生。

联合培养机制为学校积累了较为丰富的研究生培养经验，这是研究生教育领域的重大突破，也为日后获批硕士点、博士点创造了有利条件。

（三）强化导师队伍建设

学校遴选了一批治学态度严谨、学术水平高、教学效果好的教师担任研究生指导教师。

1993年以前，学校与兄弟院校联合培养硕士研究生，外校教师作为第一导师，本校教师作为第二导师，共同指导培养学生。通过学习兄弟院校的教学管理经验，学校充分发挥学科带头人“传、帮、带”和学科依托作用，有计划、有重点地培养扶持优秀导师。强化导师育人职责，不断提高教学素质和业务水平，使师资队伍真正带动研究生教育与学科发展。

学校积极加强导师队伍建设，制定并实施《硕士研究生导师遴选细则》（武化政研字〔2005〕35号），开展新增硕士生导师遴选，组织推荐优秀教师参加校外博士生导师遴选。

学校强化指导教师第一责任人职责，严格把控研究生学位论文质量，在研究生学位论文开题、撰写、评审、答辩等环节制定严格的程序标准，加强开题报告、中期检查、匿名评审、公开答辩等过程管理和质量监控。

三、高等职业技术教育和成人教育

（一）行政机构与管理制度

学校成人教育始于20世纪80年代初期。1983年，学校成立职工教育科，隶属于人事处，负责校内职工培训。1996年5月，成人教育学院成立。1999年6月，学校机构改革和成人教育办学重点转移，发布《关于成人教育学院内部机构调整的通知》（武化政人字〔1999〕50号），对成人教育学院（简称成教学院）内部组织机构进行调整，成人教育部和继续教育中心合署办公，招生与就业办公室和成人教育学院办公室合署办公，撤销教学管理科、学籍管理科、培训科。

学校不断完善成人教育制度。1996年，成教学院整理编印《成人教育管理制度汇编》。2001年4月，根据成人教育与职业教育的发展情况，修订形成《成人教育（函授）管理制度汇编》，内容涵盖函授学籍管理、函授教学管理、函授站管理、职工工作纪律、校内外学生思想政治教育等。成教学院参照湖北省教育厅发布的相关文件，制定《高职学生专科升本科管理办法（试行）》和其他教学管理制度。

为拓宽人才培养渠道，促进教育资源优化配置，学校于2005年6月印发《成人教育和高等职业教育目标责任管理办法》，从办学形式、办学规模和管理体制等方面作了明确规定。

（二）规划实施高职教育

随着我国高等教育事业发展，国家经济建设对各层次人才的需求普遍增加。1999年4月，职业技术学院（简称“职教院”）成立，与成人教育学院（简称“成教院”）合署办公；同年9月，学校招收206名新高职学生。2001年底，学校累计招收高职学生1180人。

为充分利用教育资源，多方推动社会力量办学，湖北省教育厅进行了普通公办高校与条件较好的民办高校合作办学的试点工作。2000年，湖北省发展计划委员会和湖北省教育厅批准民办高校武汉经贸大学挂靠我校，设立武汉化工学院职业技术学院吴家湾校区

（武汉经贸大学），开设有 6 个三年制专科专业。

针对已有的招生专业，学校以普通全日制相关本科专业为依托，本着“高起点、创特色”原则，相继建立多个职业技术培训基地，制定切实可行的教学计划，形成了特色鲜明的培养目标和专业体系。

2001 年，高等职业技术教育开设专业共 10 个，其中本部开设应用电子技术、压力容器、文秘及办公自动化、执业药师及营销 4 个专业，吴家湾校区开设计算机及应用、会计电算化、商务英语、物业管理、装潢艺术设计、环境艺术设计 6 个专业。职教院共有学生 1489 人，其中本部 829 人，吴家湾校区 660 人。2005 年，成教院有 1085 名高职毕业生顺利毕业，其中本部毕业生 165 人、吴家湾校区 685 人、白沙洲校区 235 人。

（三）组织兴办成人教育

1988 年，化工部授权学校开设 8 个专业的夜大和函授教育，办学层次为高中起点的专科。1993 年，经国家教委、化工部批准，学校开设 12 个本科专业的夜大和函授教育。1998 年，国家教委批准学校开设化学工程与工艺专科起点的本科函授教育。2000 年，湖北省教育厅批准学校举办 2 个专科起点的本科函授教育。2006 年，成人教育开设有 18 个本科专业、24 个专科专业、3 个专科起点的本科专业，分别在函授、脱产、夜大等不同领域招生，形成了与社会经济发展相适应的专业结构。

2001 年，成人教育有 18 个正式招生专业，其中 5 个高升本专业、10 个高升专专业、3 个专升本专业，新增计算机科学与技术、工商管理两个专升本专业，共有 11 个函授站、教学点。截至 12 月，成教学院共 1392 名在籍学生，其中校内脱产生 134 人、函授生 18 人，校外生 1240 人，形成了专业较齐全、函授站分布较广泛、学生规模较合理的局面。2005 年，成人教育毕业生 690 人，其中本科 374 人、专科 316 人。

第二节　教学改革　质量保效

一、规范教学运行机制

（一）严格教学质量标准

学校逐步形成符合现代教育理念和科学规范的本科教学管理规章制度，主要有《课程建设管理办法》（武化政教字〔1997〕36 号）、《教师教学工作规范（试行）》（武化政教字〔2005〕14 号）、《实习教学管理规定》《本科毕业设计（论文）工作条例》《课程考核管理规定》等。各院（部）结合本单位实际，制定若干教学管理细则，保证教学管理有章可循、有规可依。

2005 年，学校出台《教师教学工作规范（试行）》（武化政教字〔2005〕14 号），随后不断修订完善各主要教学环节的质量标准。理论教学方面，分别制定课程教学大纲、教材选用、教学进度计划编写、备课教案、课堂教学、作业批改、辅导答疑、课程考试与成绩评定等环节的质量标准；实践教学方面，分别制定实验、实习、课程设计、学年论文、毕业设计（论文）等环节的质量标准；教学管理方面，先后制定人才培养方案、品牌专业建设、新办专业建设质量标准、优质课程和精品课程质量标准、学风建设标准、实验室工作、院（部）本科教学工作评估标准，其范围涵盖人才培养和教学管理的各环节。

学校坚持每学期进行课堂教学评价、试卷评估、实验教学评估、实习评估、课程设计评估，每年进行毕业设计（论文）质量评估、毕业设计（论文）管理工作评估、实验室工作评价、院（部）本科教学工作评估，每 2 年进行 1 次专业评估，并将专业评估与院（部）本科教学工作评估相结合。充分发挥评估的导向激励、检测诊断、反馈改进等作用，推进学校本科教学质量逐步提高。

（二）构建教学监控体系

学校构建起“3+1”教学质量监控体系，由校、院（部）构成两级教学质量监控组织。教务处负责全面教学管理，对教学质量监控进行组织、协调、分析和反馈。两级组织根据各自的管理职能运用各项质量标准和评价方案，分别对本科教学质量进行常规、专题或专项检查评估。着力强化教学质量监控的运行机制和激励约束机制，明确党政一把手是教学质量第一责任人。教师职称评聘实行教学质量一票否决制，“教学优秀奖”“教学成果奖”“教学名师”等表彰机制的评选工作与教学质量直接挂钩，将本科教学工作评估结果与分配挂钩，将评估结果作为年终考核的重要依据，形成了全员参与、全程监控、全面管理的局面。

（三）注重教学手段改革

现代化教学手段和方法是教学改革的重要内容和发展趋势。1980—1985 年，学校将教学方法由全盘讲授改为重点讲授。“七五”期间，学校注重提高本科生教育质量，强调学生的能力培养和个性发挥。“八五”期间，学校注重改革教学方法，在教学活动中，教师明确自身主导地位，尊重学生的主体地位，教学模式由被动传授知识转换成培养学生能力，改变“填鸭式”以灌输为主的教学方式。“九五”期间，学校建立起适应社会需要的新质量观，注重学生素质的综合培养，逐步推广完善学分制、主辅修制、跨学科选修等教学模式。

1986 年，学校开始购进摄像机、录像机、语音设备，并逐步投入到课堂教学。1988 年，幻灯机、投影机开始普遍使用。1995 年，学生的计算机课程上机时数得到保障。“九五”期间，学校注重 CAI 电化教学等现代化教学手段的开发应用。1999 年 10 月，现代教育技术中心与多媒体语音室成立，建成了以多媒体教室为主的第二教学楼的扩建工程，新增 4600 平方米。

1996 年，学校开始使用计算机进行课程调度。2000 年，全面启动教务综合管理系统自主开发工作，相继实现教务基本信息、学生学籍、教学计划与任务、课表编制、课程选修、成绩录入管理与查询、教学日历上网等。随着办公自动化系统投入使用，尤其是办学规模扩大和一校两区办学格局的形成，学校于 2005 年 3 月正式启用正方教务管理系统，标志着教务管理上了新台阶。

二、推进教学管理改革

（一）教研项目管理

为进一步加强教学基本建设，规范教学研究项目管理，促进研究成果应用，学校于 2005 年修订发布《教学研究项目管理规定》（武化政教字〔2005〕31 号），明确规定凡申报高一级职称的教师在任职期内必须参与教学研究项目或正式发表教学研究论文、专著。

教学管理改革研究对人才培养起到重要的促进作用。《行业划转院校应用型人才培养体系的构建与实施》获得中国化工教育科学研究成果二等奖，湖北省省级重点教学研究项目《毕业实践教学环节中产学研合作教育——宜化模式的研究与实践》和《工科院校教学质量监控体系的研究与实践》获得湖北省 2005 年教学成果二等奖。

由高教研究所主办的《高等教育研究》、教务处主办的《教学工作简讯》集中刊发教师教学改革与专业建设、课程建设的动态信息，对深化教学与教学管理改革起到积极作用。

（二）培养模式创新

1. 应用型人才培养模式

为探索创新型应用型人才培养模式，按照“分类定位、特色培养”的原则，进行人才培养模式改革，构建创新型、复合型、技术型的多样化应用型人才培养体系。2001 年，在化学工程与工艺和高分子材料与工程两个专业组成“试点班”。

为培养应用型人才的创新创业能力，学校通过强化业务实训，加强实验教学与实习环节，主要方法是搭建实训基地，加强校内实习，构建以实物系统、虚拟仿真系统等组成的校内实习实训中心，强化大类人才培养所必需的基本技能训练的实训环节，为实验、实习和创新等奠定基础。

学校立足于开展实验教学，落实创新创业教育。一是加强实验教学中心建设，重点构建大平台、公共平台和特色平台；加强实验课程建设，提高实验课程质量和实验效率；减少课内实验，减少验证性实验，增加综合性、设计性实验；大文科类专业积极探索实验教学示范中心建设新路子，构建有特色的实验教学体系。二是改革实验室管理体制，由中心管理制向纵横结合的方式过渡。三是打通专业实验与科研训练项目的关系。四是加强过程监控，改革评价内容和评价方式，提高评价的科学化水平。

2. 复合型人才培养模式

2003 年，人才培养方案由应用型向复合型过渡。具体表现在理论与实践教学中，积极推进教学工作与创新思维和创新方法相融合，着力培养学生创新意识和创新思维习惯。2005年，学校组织首届大学生校长基金项目立项评审工作，以校长基金项目带动创新性实验计划项目的实施；组织开展以学术活动为核心的一院一赛，以学科竞赛带动学生创新能力培养和良好的校园文化建设；设立更多的杰出校友基金，以校友基金项目带动校企联合培养模式的实施；依托学校科技产业园和科技孵化器，大力引导和支持大学生开展科技创新创业活动。

学校与北京软通动力软件有限公司、上海松森集团和湖北九州通医药集团等单位开展合作，实施“订单式”培养，开设“软通”班、“松森”班和“九州通”班。2003年，计算机科学与工程学院计算机科学与技术专业开办“软通”班，对人才培养模式进行改革，由企业提出培养要求，学校和企业共同培养，企业承担一定的专业课，课程合格发放培训证书，学校承认相应学分并颁发证书。同年，经济管理学院市场营销专业开始创办“九州通”班，对人才培养模式进行了有益的探索，总结出一套企业“订单”、校企合作“生产”、企业“买单和使用”的人才培养新模式。

2004年，在2002级16个基础好的专业开设“特色班”，在两个专业开设“实验班”；2005—2006年，分别在2003、2004级的3个省级和1个校级品牌专业中开设“特色班”；建立贫困学生资助机制和特色班师生奖励机制，对创新型应用人才培养进行了有益探索。

2005年，学校在湖北高校中率先实施“定向就业奖励工程”，每年为湖北兴发集团、山西天脊集团、云南磷化集团等13家大型企业定向培养毕业生近300名。

（三）课程体系建设

学校以“普遍达标、重点创优”为原则，按照“拓宽基础、更新内容、整体优化、加强能力、提高素质”思路，以课程体系和教学内容改革为核心，大力实施精品课程建设工程，取得明显成效。学校以教育部《高等教育面向21世纪教学内容与课程体系改革计划》（教高〔1999〕2号）和《2003—2007年教育振兴行动计划》为指导，建立起由公共基础课、学科基础课、专业主干课、专业选修课、公共选修课和实践教学六大类课程体系。学校明确提出公共基础课改革的重点是更新调整教学内容；学科基础课改革的重点是课程体系重新组合，增添新思路、新发现和新发明等内容；专业课改革的重点是结合地方行业发展需求，选择适宜的教材和教学内容；实践性教学课程则以加强学生实践创新能力为重点，构建实践教学内容和课程体系。

1. 课程建设

为加强课程建设，学校制定并实施了课程建设管理办法。按照“分类规划、分层建设”的思路，将课程划分为全校性的公共基础课、专业大类的学科基础课、专业课等不同层次，确定院（部）重点建设课程、校级重点建设课程、校级优质课程、校级精品课程和省级优质课程、省级精品课程、国家精品课程等不同的建设目标，逐级、分期、分批进行建设与

改革。2005 年，学校组建有 22 个校级教学团队，建成国家级精品课程 2 门、国家级双语示范课程 1 门、省级精品课程 22 门、校级精品课程 68 门，国家级教学团队 2 个、省级教学团队 5 个。

2. 教材建设

1989 年，学校成立教材建设委员会，制定《关于教材建设的若干暂行规定》。1995 年，学校颁布《教材建设工作条例》，旨在充分发挥广大教师编著教材出版的积极性和维护教材建设的严肃性。

经过多年建设，学校共编写出版各类教材 200 余部，部分教材获得省部级教材奖。其中“面向 21 世纪课程教材”“十五”规划教材、教学指导委员会推荐教材等高水平教材 16 部。1998 年，出版的教材《磷化工概论》获湖北省科技进步三等奖；2004 年，学校评选出校级优秀自编教材 10 部，其中一等奖 2 部、二等奖 4 部、三等奖 4 部。《制药工程工艺设计》被列入“十五”规划教材。

（四）优化教学形式

1985 年，经过行业发展动态和就业形势分析，教学计划总学时从 3200 降至 2500，基础课和实践环节得到充分加强。

1989 年起，学校每两年修订完善教学计划，旨在通过强化专业基础和拓宽学科知识面，制定出适应新时代发展潮流的人才培养方案。为全面提升学生素质，积极推广理论与实际相结合，学校积极开设实习与设计的教学实践课程。

1999 年，学校对教学计划的专业学习、现场教学、实地参观等环节进行较大调整。实行因材施教的分级教学，通过分级考核将新生组成不同层次、动态管理的教学班。积极探索研究型教学，推进探究型、反思式、互动式和案例教学等；改革考试方式，改进教师课程教学评价标准和学生学习成绩评定办法；以现场教学、校内外共同授课，多位教师分段讲授一门课程等教学形式，探索个性化培养新模式。

2004 年，学校制定试卷质量评估体系，加大学生分析解决问题及实践动手能力“坡度题”的考核权重，注重考核学生的学习能力、创新思维能力与实际应用能力。

三、完善教学实践条件

1980 年，学校成立实验室管理科，隶属于科研与生产处。1984 年，学校进行清仓查库，对全校固定资产进行建账建卡，清查材料及低值易耗品。1996 年 6 月，为促进教学质量提高和科研工作开展，加快新专业实验室的建设速度，学校成立实验与设备管理处，下设实验室管理科和设备科。1999 年 10 月，学校撤销实验与设备管理处，成立国有资产管理处。2001 年 6 月，国有资产管理处更名为资产与实验室管理处，管理职能不变。

1996 年前，实验室是校、系、教研室三级管理的体制；1997 年，学校试点推广系（部、院）实验室的管理体制；1999 年底，学校落实各系（部、院）实验室管理体制，实现实验室的统一管理，提高了校内房舍、设备的利用率。

2002 年 11 月，流芳新校区工程实践教学中心建设启动。2003 年 9 月，建筑面积为 5000 平方米的工程实践教学中心新厂房正式投入使用。

2004 年 3 月，学校设立工程实践教学中心，主要承担《金工实习》课程的实践教学。工程实践教学中心编制为 25 人，划归工勤系列。工程实践教学中心内设教学管理组和教学指导协调组，教学指导协调组下设机械加工班、冷热加工班和数控加工班；教学管理组负责实习进程安排、入厂教育和成绩管理，教学指导协调组负责实习现场各班及工种的协调和管理。

工程实践教学中心成立之初，就成功申报了中央与地方高校共建项目，获批了 230 万元基础实验室专项建设经费。经过数年建设，设备数由原来的 111 台（套）增加到 170 台（套），设备总值由原来的 106 万元增加到 336 万元。购置有 1 台数控加工中心、4 台数控车床、3 台数控铣床、1 台数控线切割机床，新建了 CAXA 制造工程师网络化 CAM 软件（35 节点）以及 35 座学生用电脑新机房及局域网，填补了现代制造数控加工实训项目的空白。新增 5 个现代制造数控加工实训项目，搭建了基本齐全的现代制造硬件平台。新增一批普通车床、普通焊机、钳台等常规工程训练设备，普车、铸造，锻压，焊接、钳工等实训项目人机比达到 1：1，极大改善了学生实习条件，实践教学日容量由以前的 130 人增加到 200 人，满足了课程教学的基本要求。

第三节　学科建设　硕点获批

一、学科体系发展壮大

80 年代初，学校基本形成以化工为主、相关学科配套的学科体系，为重点学科建设奠定基础。“七五”和“八五”期间，学科建设转移到突出办学特色、在地区与行业内具有一定影响的学科和专业上来，逐步形成重点学科建设与发展的格局。结合硕士授予权单位的申报工作，学校累计投入学科建设资金 1700 余万元。根据“十五”期间提出的重点学科建设总体目标，要求到 2005 年，学校的省级重点学科达到国内先进水平。

1980 年，学校增设矿类专业，并以矿类专业作为建设重点。1985 年底，学校设有化工系、机械系、矿山系、自动化系，涵盖无机化工和有机化工等 12 个专业。1986—1990 年，学校共有 14 个本专科专业。1991—1995 年，专业数量增至 28 个，学校进入专业数量与学科结构迅速突破的关键时期。1998 年，学校分别成立制药系、土木工程系、材料科学与工程系。2000 年 11 月，学校将重点学科建设与管理职能从科研处转入研究生处，并组建

外语系、环境科学与工程系、物理与热能工程系，将数学教研室并入计算机系。2001 年 3 月，学校成立重点学科建设领导小组，确定了 6 个校级重点学科和 2 个扶持学科，重点学科建设进入新的发展阶段。

1994 年 10 月，化学工程和精细化工被评定为省级重点学科；1994 年 11 月，矿物加工工程被评定为化工部重点学科；1996 年 1 月，化学制药被评定为化工部重点学科；1998 年 5 月，化学工艺、化工过程机械被评定为省级重点学科；2001 年 9 月，应用化学被评定为省级重点学科。

2000 年，化学工艺被列为湖北省“楚天学者计划”特聘教授设岗学科。该学科承担了多项国家自然科学基金、国际合作、省部级基金和重大项目以及其他地方科研项目，取得了一系列科研成果。2001 年 9 月，应用化学获批为省级重点学科。该学科跨越精细化工、化学制药和工业分析等专业，形成了涂料、医药及中间体开发和工业分析等稳定的研究方向，取得了显著的成绩。

2005 年底，学校有省级重点学科 7 个、校级重点学科 7 个、校级扶持学科 10 个、湖北省“楚天学者计划”特聘教授设岗学科 7 个、省级重点实验室 5 个、省级工程中心 9 个。

二、硕士点获批与建设

1985 年，学校首次向化工部教育司申报硕士学位授予权；1987 年，学校在采矿工程、自动化等 4 个学科专业举办研究生课程进修班。1988 年，学校先后与兄弟院校联合招收培养硕士研究生。

1992 年 10 月，学校向化工部和湖北省教育委员会申请，在化学工程、精细化工、选矿工程 3 个专业增列硕士学位授予权。同年 11 月 14 日，根据湖北省教育委员会《关于同意武汉化工学院招收自筹经费研究生的复函》，学校每年在上述 3 个专业试行招收自筹经费研究生 6~9 名。1993 年 11 月 26 日，根据湖北省学位委员会《关于批准湖北大学等高校试办硕士学位点的通知》（鄂学位〔1993〕007 号）文件，学校正式获批在精细化工和矿物加工工程两个学科试办硕士学位点。

1997 年，学校向国务院学位委员会申请硕士学位授予权，并以化学工艺和矿物加工工程申报硕士点。

1998 年 6 月 23 日，根据国务院学位委员会《关于批准新增博士、硕士学位授予单位的通知》（学位〔1998〕46 号文）文件，正式批准学校成为新增硕士学位授予权单位，化学工艺专业首次取得硕士学位授予权。

1999 年 5 月，学校以矿物加工工程、化学工程、化工过程机械、材料学和生物化工等 5 个学科向湖北省学位委员会申请硕士学位授权点立项；同年，化学工程和化工过程机械获准立项建设。

2000年12月，湖北省学位委员会正式批准化学工程和化工过程机械为新增硕士学位授权点。学校具备了化学工艺、化学工程和化工过程机械3个硕士学位授予点。

2001年2月，根据国务院学位委员会第八次学位授权审核工作通知精神，经湖北省人民政府学位委员会第三次审核批准，学校新增化学工程、化工过程机械2个硕士学位授权点。

2005年底，化学工程、化工工艺、化工过程机械学科获批硕士点。在2006年1月公布的湖北省人民政府学位委员会关于武汉化工学院在第十次学位授权审核中，学校的化学工程与技术、材料科学与工程2个一级学科点（覆盖了材料加工工程、工业催化、材料物理与化学3个二级学科点）和高分子化学与物理、无机化学、技术经济与管理、马克思主义基本原理、思想政治教育、防灾减灾工程及防护工程、模式识别与职能系统、机械设计与理论8个二级学科获得通过。至此，该次复审共新增2个一级学科点和11个二级学科点（含新增的以及学科覆盖的3个硕士点），复审通过的硕士点数量在湖北省同类院校中居于前列。

三、学术组织

第一届学术委员会（1979年）

主　任：孟占勇

副主任：张星波、兰蔚丰

委　员：石予丰、李　旭、李国材、陈乾初、张　琦、韩公权、夏　超、高鉴斌、黄世英、焦　奋、鲍艮堂、周建昌（1982年增补）

第二届学术委员会（1984年）

主　任：陈古圣

副主任：李定或、屠永礽

委　员：方子严、石予丰、伍　沅、李国材、李相华、任振东、汪泽苍、陈乾初、宗良正、周建昌、徐世仁、张昭义、鲍艮堂、蒋子铎

第三届学术委员会（1989年）

主　任：陈古圣

副主任：李定或

委　员：李相华、蒋子铎、屠永礽、张俊泉、胡清淮、周建昌、殷斌烈、黄世英、李鼎义、林砚田、高以统、徐世仁、李学汇、刘昌伟、汪泽苍、宗良正、孙树兴

第四届学术委员会（1992 年）

主　任：李定或

副主任：伍　沅

委　员：梅介人、蒋子铎、钟康年、李相华、胡清淮、罗廉明、吴璧耀、冯兴奎、林砚田、李学汇、戴克中、刘昌伟、潘志权、陈尚铭、张春华、余世鑫

第五届学术委员会（1994 年）

主　任：李定或

副主任：胡清淮、叶春生

委　员：蒋子铎、钟康年、梅介人、陈古圣、李相华、余世鑫、周文荣、宗良正、刘昌伟、马文展、邝生鲁、黄士南、冯兴奎、张春华、戴克中、陈芬儿

第六届学术委员会（1997 年）

主　任：李定或

副主任：吴元欣、陈芬儿

委　员：钟康年、刘　羽、陈　中、谢恒星、汪建华、陈良才、刘昌伟、胡清淮、闵华清、戴克中、叶春生、冯兴奎、项喜章、余世鑫、周文荣、李世荣

第七届学术委员会（2000 年）

主　任：钟康年

副主任：刘　羽、吴元欣

委　员：刘安华、李世荣、陈德恭、田辉玉、贡长生、江国长、郭广迪、项喜章、闵华清、张彦铎、江世宏、张电吉、陈　中、田立楠、潘志权、申永存、汪建华、吴璧耀、谢恒星、孙家寿、胡家顺、徐建生、程汉湘、戴克中、谈宏华、吴　锋、张开芬、陈邦军

第八届学术委员会（2003 年）

主　任：吴元欣

副主任：刘　羽、汪建华

委　员：项喜章、吴高安、李世荣、胡中功、吴　锋、贡长生、吴壁耀、朱成城、袁正明、郑继芳、张彦铎、刘宝忠、江世宏、张电吉、李先福、孙家寿、潘志权、王存文、陈　中、申永存、刘长生、黄志良、喻九阳、徐建生、谈宏华、戴克中、江国长、许承光、陈邦军、雷兴家、张开芬、娄　星

秘书长：项喜章（兼）

秘　书：吴高安（兼）、李世荣（兼）、胡中功（兼）

第四节　招生就业　相辅相成

一、招生规模与范围

80年代初，国家化学工业对化学矿山类工程技术人员需求量较大。随着学校隶属关系调整，面向的招生地区增多，招生规模逐步扩大，改变了建校以来以省内生源为主的状况，逐步扩大省外招生，增加了云南、贵州、广东、广西和湖南等地区招生，且学校在原有化学矿山机械、化学选矿的基础上新增化学矿山开采专业，矿类专业的招生指标持续增加。1984年，学校再度扩大全国招生范围，在原有12个省（市、自治区）招生的基础上，增加新疆、江西、河北、辽宁和甘肃的招生范围，达到17个省（市、自治区）。1985年，学校增加了山西、山东和内蒙古等地的委托培养招生任务。2001年，招生工作覆盖全国26个省（市、自治区）。

1980年，学校招生规模不足300人。1983年，招生规模增长至364人。1985年，学校招收593名学生，新生人数增长近一倍。1995年底，学校开设有18个本科专业、5个专科专业，新生规模达到910人。2005年，学校招生总数4311人，其中全日制本科3300人，相当于1974—1983年招生人数的总和。同年，本专科毕业生4201人，其中本科生3116人，比前一年增加443人，增幅达16.6%；专科生1085人，比前一年增加476人，增幅达78.2%。

1984年，学校将招生和学生毕业分配改由两个部门负责，即招生由教务处下属的招生办公室具体负责，学校每年根据人员变化成立招生委员会，全面负责招生工作；毕业分配则由学工部负责。1998年6月，招生与毕业生工作处成立，招生与毕业生工作得到进一步加强。2001年5月，根据教育部《普通高等学校招生监察工作的暂行规定》和湖北省教育厅《普通高等学校招生监察工作实施细则》的有关规定，学校为健全监督制约机制成立招生监察工作办公室，同月印发《招生监察工作实施办法》。2005年5月，学校制定《本专科招生工作暂行规定》（武化政招毕字〔2005〕5号）。同月成立邮电与信息工

程学院招生委员会。

长期以来，学校的招生层次主要是本科生，也招收一定数量的专科生。招生类别主要为国家指令性计划下达的本专科生。另除招收定向生、委培生外，于 1980 年起招收自费走读生。1985 年，定向生、委培生、走读生已达 180 人，占当年招生总人数的 30%。1996—1998 年，学校陆续招收 300 余名本科学历层次的开封委培生，为全国精细化工基地之一的开封市培养了一批技术与管理人才。

二、毕业生就业工作

早期的毕业生就业制度由国家实行“统包统分”，即高校学生的培养费全部由国家承担，毕业生就业全部由政府按计划分配到全民所有制单位。1982 年起，毕业生分配按“统筹兼顾、适当集中、加强重点、兼顾一般、学以致用、适当考虑学生来源地区”的原则，分配去向主要是面向生产、面向农村、面向基层、支援边疆少数民族地区。

1992 年，学校成立毕业生分配办公室，隶属学生处。1995 年 3 月，学校成立毕业生就业指导中心，隶属学生处，挂靠毕业生分配办公室。2004 年 11 月，学校在省外开展毕业生就业服务工作。学校制定、修订《关于进一步做好大学生就业工作的实施意见》《本、专科毕业生就业工作暂行管理办法》《关于在省外建立毕业生就业服务工作站的意见》《毕业生就业协议书管理办法》等文件，进一步促进了毕业生就业工作的规范化、制度化。

20 世纪 90 年代起，国家开始实行毕业生与用人单位“双向选择”就业制度。学校专业结构合理，注重培养学生的综合素质，毕业生普遍受到单位认可，本科毕业生一次就业率始终保持 80% 以上，截至 2005 年 12 月，学校本科生一次就业率为 89.41%，专科生一次就业率为 60.4%，平均就业率为 81.2%，高于全省平均水平。

第八章　科研蓄势　重点突破

为贯彻“因地制宜、制度保效”指导思想，学校结合不同时期的整体发展规划，制定符合办学规模与发展速度的科研工作进展方案与远景目标，科学研究与科技产业建设紧紧服务于学校中心工作。长期坚持“科技攻坚”战略，加快科技成果产业化步伐，在科学研究与成果转化诸多领域取得实质性突破。

第一节　机构调整　体制创新

一、组织机构调整

学校的科研工作始于1972年成立的教学科研科，行政体制隶属于教务处。1978年，科研科正式成立，学校提出“积极开展科研，尽快提高科研水平”的总体目标与发展要求。

1980年，学校成立科研生产处，统筹科研管理工作，并成立科研生产处总支委员会。1982年9月，科研生产处与教务处合并。1986年1月，科研处重组，下设科研科、成果推广科、研究生科、设备科、实验管理科，测试中心、学报编辑部挂靠科研处。

1996年，设备科、实验管理科从科研处划出，成立实验设备管理处。1997年，研究生科从科研处分立，成立研究生工作办公室。1999年，学校根据实际办学需求，将科研处与科技开发实业总公司合并，成立科研与产业处。

2004年，科研与产业处更名为科学技术处，统一管理学校的科研工作和科技产业。

二、规范管理制度

1984年9月1日，学校首次出台科研工作管理办法《教学科技服务暂行规定》，使科研管理真正做到有章可循、有据可依，文件关于科研服务范围、项目管理、合同签订、项目收费标准及经费分配办法等方面做了详细具体的规定，对科研工作的进一步发展起到关键性作用。

1987年9月，学校制定《科学研究计划管理暂行办法》《科研经费管理暂行办法》《技术转让暂行办法》《科学技术研究成果管理暂行办法》，从管理原则、管理方法和工作程序上对项目申报、经费管理、技术转让等科研管理问题提出指导性意见。

1988 年，学校结合科研管理的工作实际，先后发布《自然科学基础研究基金试行办法》《资助优秀年轻教师基金试行办法》《技术开发研究基金贷款试行办法》《教学科技有偿服务分配办法》等系列科研管理制度。

1993 年，学校修订《教学科技有偿服务分配办法》，调动师生开展科研建设的积极性与能动性。

1994 年 10 月，广大教师和科技工作者集思广益，在科研工作会议上充分讨论、建言献策，促进了《科技成果奖励细则》《专利工作管理细则》等 12 项文件的制定出台。

2001 年，学校召开第六次科研工作会议，制定《关于扶持重大科技攻关项目的意见》《关于技术转让及技术开发中风险责任问题的规定》《各类人员科研工作量的要求和计算方法》《科学技术成果奖励细则》等文件，科研氛围日渐浓厚，形成了包括科研立项、成果和专利管理及科研经费管理等较为完善的制度体系。

2003 年，第七次科研工作会议顺利召开，对科技管理条例进行修订、完善，制定出台《横向技术合同管理办法》《横向技术合同审定规则》《学术交流活动管理办法》等科技管理文件，进一步完善科研制度管理体系。

2005 年，为促进科技成果转化，规范成果转化行为，根据《中华人民共和国促进科技成果转化法》，学校出台《科技成果转化管理办法》。

三、“科技攻坚”战略

2000 年后，学校根据新的发展形势，提出进一步强化科研工作的突出地位，逐步向“教学和科研两个中心”的目标迈进。不断完善科研管理制度，组织跨学科、跨系部的科研合作，积极申报国家级、省部级重点项目，与企业建立联合技术开发中心，探索产学研合作新模式，充分利用研究设计院成果产业化的优势，加快学校科技成果转化，加大对科研成果突出的个人或单位的政策支持。

2002 年，具有重大历史意义的武汉化工学院第五次党代会召开，提出了科研工作要突出应用研究，加强基础研究和开发性研究；促进学科之间交流合作，强化承担综合性、大中型科研项目的能力；积极服务社会，科研工作要面向市场，抓大带小，拓展领域，培植新的增长点；改善科研工作条件，加强科研基地建设，充分发挥专家带领作用，建立起结构稳定的人才梯队和可持续发展的研究领域；鼓励教师、科研人员承担省部级及以上重大科技攻关项目，形成重大科研成果、高水平科技论文的政策鼓励机制；加强对自主知识产权的保护，以研究设计院为产业基地，增强技术开发和成果转化能力，加快科技成果产业化步伐。

科研水平的高低已成为衡量学校综合实力的重要指标，提升科研水平是学校成为教学研究型多科性大学的必经之路。随着“科技攻坚”战略内涵不断深化，学校确立了“提升纵向、扩大横向、优化组合、重点突破”的科研工作思路，并坚持以“争取重大项目、进行综合性研究、推出特色成果”为科研工作的根本任务，逐步推广以“发展高科技、实现产业化”为导向的“产学研”工作模式。

第二节 科研建设 屡获硕果

一、科研平台建设

（一）“六五”（1981—1985 年）时期

学校整体科研综合实力较弱，项目建设进度较慢，课题内容分散，缺少与国民经济命脉息息相关的核心课题，基础研究课题尤其稀少。其间共承担科研项目 42 项，其中纵向项目 13 项，横向项目 12 项，校资助项目 17 项，科研入账经费 33.81 万元。

（二）“七五”（1986—1990 年）时期

根据专业建设和学科发展的需要，学校在磷矿资源的富集技术、化工数学模型及模拟方法和精细化工应用研究等方面形成了系统稳定的研究势头。主动承担了国家“七五”计划攻关项目，在矿、化学科交叉点上发挥兼容学科优势，取得了多项处于国内较高水平的研究成果。期间学校共承担科研项目 177 项，其中纵向项目 19 项，横向项目 79 项，校资助项目 79 项，科研入账经费 97 万元。学校每年都从事业费中拨出一定的经费，支持校内自选科研项目，尽管每个项目的支持强度并不高，但一批科研课题仍获得了极其宝贵的启动经费，为后续发展奠定基础。

（三）“八五”（1991—1995 年）时期

结合实际办学情况，学校提出“保证教学质量的前提下，积极开展科研”的要求，确立了“根据学院专业构成和区域经济发展需要，形成科研特色和方向”的指导思想，学校科研项目大幅增加、规模扩大、经费增长，科研水平逐步提高，综合实力位居全省第 15 位。期间学校共承担各类科研项目 343 项，其中纵向课题 34 项，横向课题 253 项。科研入账经费总额 773.9 万元，纵向科研经费 62.5 万元。学校主要以横向科研项目为主，纵向项目经费只占 8.1%。科研项目呈现出小型分散、知识面窄的特点，项目工程化、工业化的优势未充分发挥，科研入账经费明显偏低，师资队伍的科研潜力有待挖掘。

（四）“九五”（1996—2000 年）时期

学校提出“深化科研体制改革，明确科研任务，优化科研工作环境，加强学科联合”的奋斗目标，科研工作进入快速发展阶段。科研基础建设方面，大力开展应用基础研究、应用研究、高新技术开发和重大科技项目攻关，进一步形成自身优势和办学特色；不断强化科研管理措施，加大重点项目的组织力度，使科研工作的规模、水平、效益跃上新台阶。

学校在化工过程模拟、优化与控制、化工传递及设备、多相流及其特殊分离方法、化工过程与设计、粉体材料表面改性、涂料与颜料的合成及改性、浮选工艺与理论、浮选药剂、选矿数模及模拟方法、矿物材料与环保、矿产资源综合利用技术、药物和中间体新工艺研究、企业管理等方面形成了相对稳定的研究方向。通过加大高新技术领域的研究开发力度，“微波等离子体薄膜技术的研究”取得突破性进展，成为学校特色研究领域之一，计算机软件的开发有了较好开端。

同时，学校不断加强与科技部、教育部、基金委、湖北省科技厅、湖北省教育厅、武汉市科委等政府部门的联系，获得的科研资助力度逐年加大。期间申报获批的纵向项目71项，纵向经费201.22万元，仅1999年的纵向经费就高达60万元。学校积极加强市场调研，与工程项目合作助研，获批横向项目360项，横向经费1203.42万元。

（五）“十五”（2001—2005年）时期

为加速科研工作的发展、提高科研竞争力，学校提出科研“项目、人才、基地”捆绑发展的思路，加强重点科研基地的立项建设工作，取得了显著成效，为广大教师和科研人员开展科研工作创造了宝贵条件。

2001年，学校等离子体化学与新材料实验室获批湖北省重点实验室立项建设，建立省级工程技术研究中心“湖北省微波等离子体应用技术研究工程中心”。

2002年，学校采取“抓大带小”的战略方针，纵向项目数达到82项，其中国家自然科学基金项目4项，省自然科学基金重大项目1项，省自然科学基金杰出青年项目1项，省自然科学基金面上项目8项，10万元以上省重大科技攻关项目2项，武汉市重点科技攻关项目3项。“新型反应器与绿色化学工艺实验室”获批湖北省重点实验室立项建设。

2003年，上半年虽受“非典”影响，科研工作仍取得了可喜成绩。全年科研立项总数达267项，其中国家自然科学基金项目3项，国家“863”项目1项。科技经费达3392.83万元。湖北省企业竞争力研究中心建设项目列入省教育厅2004年经费预算。

2004年，全年共获批省级以上纵向项目68项，其中国家级项目7项，包括国家自然科学基金项目5项，国家“863”项目1项，国家科技“十五”攻关等其他项目1项，获准立项的国家级项目数量和类别达到了新的高度，横向科研立项247项。

2005年，学校共承担纵横向科研项目320项，其中国家级项目8项，省部级项目22项。当年获批国家自然科学基金项目8项，位列省属高校第二名。全年科研入账经费3684.4万元，增加了湖北企业竞争力研究中心和武汉市绿色化工生产力促进中心这2个省级重点研究基地。化学与制药学院实验室和研究设计院分别被省经委定为湖北省中小企业共性技术化学工程与工艺研发推广中心和湖北省中小企业共性技术专用化学品研发推广中心，为科技创新和开展产学研合作提供了良好的服务平台。

二、科研团队建设

（一）组建学术团队

1987 年，在保证教学质量的前提下，积极开展科学研究工作，学校成立了界面与电化学研究室、精细化工研究室、传递与分离研究室、高分子化工研究室、采矿研究室、选矿研究室、化工设备研究室、削体斗齿研究室、过程控制微机应用研究室、计算机工业控制研究室、智能仪表研究室、微量元素研究室等。

1988 年，为进一步发挥学校专业与人才优势，根据化工部部属院校压力容器设计资格座谈会和《化学工业部化工高等院校设计单位压力容器设计资格取证细则》精神，经化工部生产协调司批准成立了化工设备设计研究所。

1990 年，学校成立磷盐化工研究室，开始对磷、盐化工应用基础理论、新产品和生产技术进行开发研究。

1996 年 9 月，学校成立精细化工研究所、制药工程研究中心、矿物工程研究所和化学工程研究所。

2000 年 6 月，学校重点实验室——低温等离子体技术薄膜材料实验室宣告成立。

2001 年，学校先后成立环境工程研究所、人才资源开发研究所和光华企业发展研究所。

2003 年，经湖北省教育厅批准，化工与制药学院王存文教授“超临界流体技术在化学反应及分离过程中的应用”获批湖北省高校优秀中青年科技创新团队，系学校历史上首个省级科技创新团队。

2004 年，材料科学与工程学院汪建华教授“微波等离子体技术及其在材料中的应用”成功获批湖北省高校优秀中青年科技创新团队。

2005 年，计算机科学与工程学院张彦铎教授“移动机器人视觉系统中的若干关键问题研究”获批湖北省高校优秀中青年科技创新团队。

2006 年，经湖北省科技厅批准，化学与制药学院池汝安教授“多糖和黄酮天然产物提取分离工艺及设备工程化研究”成为学校首个省级自然科学基金创新群体项目。

（二）科研队伍建设

研究室始建于 1978 年。学校将原本零星分散的科研人员系统组织起来，科研人员由最初的精英骨干逐渐发展为后期百人团队。2006 年，学校在化工、材料、药物、机械、自动化、计算机等多项领域组建起强有力的科研队伍，建立了省级重点实验室和直属研究院等多所研究机构，这是科学研究与技术开发的主体，是研究生培养的重要基地，更是推动学科发展与专业建设的强大力量。

1. 科研配套支撑

为加快引进高层次学历人才，学校先后出台博士、硕士人才引进政策，积极筹措校内科研资助基金，于 1988 年出台《自然科学基础研究基金试行办法》《资助优秀年轻教师基金试行办法》《技术开发研究基金贷款试行办法》等制度，主要资助有一定应用前景的科研项目，资助范围主要是35周岁以下的青年教师，并为留学归国人员提供科研启动资助。

2. 专职科研队伍

由于专职科研人员偏少。1994 年，学校出台专职科研编制政策，优化了专职科研队伍。

2001 年，化工研究设计院整体并入武汉化工学院，专职科研队伍迅速扩大，有效提升学校整体科研实力。2002 年，研究设计院有 3 项成果通过省级技术鉴定，并成功通过中期试验，产品进入市场销售。其中 1 项成果被评为省科技进步三等奖，2 项产品被评为国家级新产品。全年实现总收入 1380 万元。“十五”末期，研究设计院已形成润滑材料、聚烯烃助剂、有机硅材料、单体及茂金属化合物等主要产业发展方向，其下属全资、合资企业年产值达 2800 万元。2006 年，研究设计院成立湖北恒鑫化工有限公司，在葛店经济开发区征地 50 亩作为产业发展基地，为服务地方经济做出重要贡献。

3. 考核奖励机制

为推动科研建设与学科发展，学校积极完善考核奖励机制，鼓励广大师生参与投入科研工作。1997 年，学校出台《关于教师科研工作量的要求和计算办法》，教师需要完成系（部）设定的年度科研工作量。1999 年 12 月，通过总结历年教师考核经验，学校制定《关于各类人员科研工作量的要求和计算办法》，给教师下达年度科研经费指标，将科研经费完成情况与职称评审挂钩，年底组织科研工作量完成情况考核，激励广大教师投身科学研究，提高了学校整体科研水平。

为进一步加大科研成果的组织申报力度，学校制定《科研经费配额管理办法》《科技成果奖励办法》《知识产权管理办法》等激励政策，提出“善于学习、前期培育、鼓励联合、拓展奖种、扩大总量、提升奖级”的奖励工作思路。在政策激励和措施保障下，科研成果的质量和数量显著上升，对于学科体系建设、专业结构优化起到关键性作用。

三、成果鉴定与专利

（一）成果鉴定取得佳绩

1980—2001 年，学校共有 65 项科技成果获得国家部委、湖北省、武汉市等部门的科技奖励，

2002 年，10 项科研成果通过专家鉴定，其中国际先进水平 1 项，国内领先水平 9 项；获奖科研成果 2 项，其中湖北省自然科学二等奖 1 项、湖北省科技进步三等奖 1 项；四大检索机构收录论文 38 篇。

2003 年，8 项科技成果通过专家鉴定，其中国际先进水平 2 项，国内领先水平 6 项；获省部级科技奖励 3 项；四大检索机构收录论文 51 篇。

2004年，14项科技成果通过专家鉴定，其中国际先进水平5项，同类技术领先地位1项，国内领先水平8项；获国家技术发明二等奖1项、湖北省自然科学三等奖1项、湖北省科技进步二、三等奖各1项、第四届全国人事科研成果三等奖1项；四大检索机构收录论文71篇。

2005年，11项科研成果通过专家鉴定，其中1项为国内外首创，6项达到国际先进水平、4项荣登国内领先水平；科研成果获奖5项，其中国家科技进步二等奖1项、湖北省科技进步二等奖2项、湖北省科技进步三等奖1项、第四届大北农科技奖励科技成果奖1项；有146篇论文被4大检索光盘版和网络版收录。

2006年，7项科研成果通过专家鉴定，其中1项为国内外首创，6项达到国际先进水平；获湖北省科技进步二等奖1项、三等奖2项，武汉市科技进步三等奖1项；论文被三大检索收录和列入人大复印资料的篇数达到171篇。

（二）专利申报屡获硕果

1985年4月1日，《中华人民共和国专利法》颁布。学校将专利管理纳入科研处业务范围，负责指导各单位的专利申报、专利审查、纠纷调解和法律普及等相关工作。随着《武汉化工学院专利工作管理细则》《武汉化工学院知识产权保护管理条例》等规章制度的相继出台，学校坚持落实“保护科技成果，鼓励发明创造”的工作宗旨，积极组织、广泛动员，至2001年，提交24项专利申请，有9项专利申请被授予专利权，其中发明专利权5项，实用新型专利权4项。

2002年，学校科研工作进入高速发展阶段，科研成果鉴定日益增多。根据国家科技发展“人才、专利、标准”战略要求，学校加强了知识产权保护工作，全年申报专利15项，专利授权2项，专利申报数跃升湖北省32所高校的第5名。

2003年，学校申请专利23项，授权专利5项。随后逐年增加，2005年，有10项成果通过专家鉴定，专利申请40项，专利授权8项。2006年，申请专利120项，获得专利授权28项，专利数量和鉴定质量均呈正向增长态势。

第三节 服务社会 美誉齐扬

改革开放以来，在“科学技术是第一生产力”的科学论断及党中央、国务院关于“高校教育必须面向社会主义经济建设主战场，将科技成果转化为生产力”等方针的指引下，学校坚持以推动区域经济社会发展为己任，把促进科技成果转化作为增强自我发展能力和服务地方经济建设的重要工作。大力推行科技成果转化，通过多种渠道和形式，不断深化区域经济服务。

一、科技成果转化

为加强横向联系，学校成立近百家大中型企事业单位组成的董事会，用于疏通科技成果转化渠道，拓展科技服务项目来源。同时，学校积极推动科技服务工作纳入市场机制运行轨道，先后参加湖北省技术交易所、武汉市技术交易所等组织，积极参加各类技术交易会、洽谈会和展示会。

1992 年 6 月，学校编印《科研成果论著选编》；1994 年 3 月，编印《技术转让、开发、合作项目简介》，收录技术项目 45 项；1995 年 4 月，编印《科研成果汇编》，收录项目 149 项；1997 年 6 月，编印《科研成果汇编》，收录项目 175 项；2000 年 2 月，编印新版《科研成果汇编》，补充新产生的部分技术成果。

响应省委、省政府的号召，学校进一步明确了科技工作必须面向经济建设主战场、面向地方与区域经济的工作思路，将科技成果转化定位为学校科技工作的最终目标之一。同时根据科技成果转化的新形势，转变工作思路，注重建立校市、校地长期战略合作伙伴关系，做到“学校搭台，课题组唱戏”。2003 年 12 月 15 日，湖北省委、省政府授予学校“科技服务湖北先进单位”荣誉称号，以表彰学校科研工作的巨大进步以及为湖北地方经济建设所做的贡献。

2004 年，学校先后与黄石市、十堰市建立起“产学研”合作伙伴关系，与北京扬锦、浙江华泰、湖北兴发集团和祥云集团等多家企业签订了组建技术研发中心的长期合作协议。

2005 年，为促进科技成果转化，学校开设“产学研”对接平台，定期发布最新科技成果和部分企业技术难题的汇编信息，多次组织实用科技成果参加各类展示会和“产学研”项目洽谈会。为规范科技成果转化，根据国家相关政策法规，学校出台《科技成果转化管理办法（试行）》。充分利用校董事会平台，加强与企业的合作关系，其中与湖北兴发集团签订了共同组建湖北省磷矿资源开发利用工程技术中心和博士后产业化基地等全面合作协议。当年，学校为湖北省企业提供的技术支持和服务项目高达 202 项，占全年科技项目总数的 82.8%。此外，校研究设计院、分析测试中心等科研机构也充分利用自身具备的资质和条件，积极开展技术咨询、情报调研、项目评估、样品测试等社会服务。

2006 年，为提高科技成果转化率，学校组织参与科技成果宣传和推介活动 20 余次，其中包括 6 次影响较大的科技成果洽谈会。通过《科技日报》《人民日报》《中国化工报》等知名媒体和网站，进行科技成果宣传推介。在湖北省第二届中小企业和大专院校“产学研”合作项目洽谈会上，学校获得“优秀组织奖”。校分析测试中心被省经委确定为“湖北省中小企业共性技术化工产品测试研发推广中心”。当年，学校有 156 项科技成果在生产中被推广应用，为企业提供技术咨询和技术服务 37 项，多项成果转化后取得了显著的经济社会效益。

科技成果转化不仅创造了良好的经济效益和社会效益，还促进了学科建设和教学质量提高，增强了教师队伍的工程技术能力，科研条件和办学经费得到充实完善。

二、创立校办产业

1991 年 10 月，学校成立校办产业办公室，统筹规划校办产业的发展。根据自身科技优势，学校将实习工厂的化工车间划出来组建成化工厂，筹建了科技开发公司和精细化工技术公司。

1994 年 1 月，学校撤销校办产业办公室，成立科技开发实业总公司，下辖化工厂、印刷厂、科技开发公司和精细化工公司等二级单位。总公司在人事、财务、分配、管理等各方面组织改革，提出以“开拓进取，高效奉献”为原则，以市场为导向，积极参与竞争的发展思路。

1999 年 11 月，学校决定改革校办产业管理体制。撤销科技开发实业总公司，改由科研与产业处履行其职能；撤销精细化工公司；各产业实体实行全员竞争上岗；完善产业实体分配制度，将职工工资、奖金等与经济效益挂钩。

1991—2001 年间，校办产业为学校解决人员分流、实现效益创收做出了贡献。特别是实行内退制度以达到减员增效目的和劳动报酬与企业效益挂钩方面，为学校未来的进一步改革做出关键性探索和尝试。但由于前期投入和市场经验不足，致使校办产业的经济效益不够显著，公司规模未能发展壮大。

2005 年，校办产业产值达到 2800 万元。学校贯彻落实党的十七大、省九次党代会相关精神，积极开展“学校科技成果如何更好地服务湖北经济发展”大讨论。校领导带队分期分批考察科技促进经济发展和大学科技园成效显著的 35 所兄弟院校，提出了“以湖北省重点发展的九大产业集群技术研发、成果转化为重点，以学校研究设计院为产业基地，以服务地方经济建设为主要目标”的产业化工作思路。

三、选派科技副县（市）长

1988 年春，湖北省委、省政府决定选派知识分子到省内各县（市）级政府担任副职，主管科技工作。进一步促进高等院校、科研院所同县（市）之间的密切结合，使科学技术转化为社会生产力，活动地方经济。

截至 2005 年，学校先后向湖北省宜都（枝城）、长阳、竹山、保康、黄州、罗田等县（市）共派出 8 批 17 位科技副县（市）长，其中两位同志被评为优秀科技副县（市）长。在此期间，学校共有 20 余批次专家前往挂职地区洽谈项目；先后有 4 批次 100 余名年轻教师前往选派地区接受锻炼；有 10 余批次的县（市）领导前来学校访问；为县（市）培养各级各类人才 300 余人。

四、校董事会工作

（一）发展沿革

1. 组织筹建

学校董事会的筹备工作始于 1993 年与部分企事业单位的联合共建活动。经过四年发展，学校与近百家大中型企事业单位和地方政府建立了稳定的密切合作关系，与其中近 50 家单位签署了联合共建、人才培养、技术开发、职工培训等协议，如东风轮胎集团公司、湖北昌达化学工业公司、湖北宜昌磷化工业集团公司、黄麦岭磷化工集团公司、中国五环化学工程公司、武汉石油化工厂、中国石化销售中南公司、中国化工供销中南公司、湖北双环化工集团公司等。

1994 年，学校成立校董事会筹备工作领导小组，与多家企事业单位草签了参加校董事会的协议，成立校董事会的时机日渐成熟，学校逐渐建立起与社会双向参与、双向服务、双向受益的互惠机制。

2. 蓬勃发展

1997 年 11 月，校董事会成立大会在大礼堂隆重举行。化工部副部长李勇武、湖北省副省长王少阶等省部级有关部门领导，64 家董事单位和祝贺单位代表及学校部分领导和师生员工代表千余人出席大会。全国人大常委会副委员长费孝通和化工部部长顾秀莲发来贺信。

成立大会由校党委副书记桂昭明主持，校党委书记何定雄致欢迎词。湖北省副省长王少阶、化工部副部长李勇武分别作了重要讲话。院长钟康年向各位来宾介绍了学校成立 25 年来建设和发展的基本情况。大会通过了《武汉化工学院董事会章程》《武汉化工学院董事会组成人员名单》。费孝通、顾秀莲和王少阶被聘为武汉化工学院董事会名誉董事长，李勇武担任董事会董事长，钟康年任董事会常务副董事长，熊传勤等政府部门领导为董事会顾问，叶海棠等 27 位同志为副董事长，丁庆荣等 44 人为董事。

中国石化销售中南公司等 30 多家董事单位捐款 300 余万元，作为董事会启动基金。主要用于改善办学条件、奖励有突出贡献的教职工和品学兼优的在校学生、董事会活动经费。会后，首届一次董事会议召开，通过了《董事会基金管理条例》，董事单位与学校签订关于科技合作和联合办学协议书。

董事会的成立为学校在人才培养与培训、高新技术与科技合作、共建实践教学基地等方面发挥了突出作用。短短三年时间，董事单位由成立之初的 64 家增至 96 家，并与 25 家董事单位立项 27 个科技攻关或合作开发项目，合同经费近 400 万元，取得了较好的经济效益和社会效益。职工培训方面，学校为董事单位开办各层次职工培训班，提供计算机技术、现代企业管理等专业岗位培训。2000 年，开办硕士学位班，为董事单位培训高层次人才。通过与董事单位的合作办学，学校创造性推广完善了人才培养的“宜化模式”和科技开发的“楚星模式”，真正实现了互利互惠、合作共赢。

（二）实施特色

1.“宜化”模式

学校一直高度重视以“产学研”结合形式指导毕业生实践教学，即在学校教师和厂矿企业工程技术人员联合指导下，结合厂矿企业生产和技术改造实际，进行毕业实践教学的综合训练。

此项改革举措受到校董事会单位，尤其是相关厂矿企业的大力支持。1999 年，学校组织化学工程与工艺、机械设计与制造和自动化等专业 60 余名学生，到宜化化工股份有限公司进行毕业实践教学，取得良好效果。随后进一步加大教学改革力度，学校扩大专业范围，选派更多学生到宜化化工股份有限公司、东风轮胎集团公司、宜昌医药集团、黄麦岭磷化工公司等 10 余家董事单位进行毕业实践教学。由于以“产学研”结合形式在现场进行毕业实践教学的综合训练、完成相应教学任务的工作首先于宜化化工股份有限公司成功推行，在学校称之为“宜化模式”。

学校将“宜化模式”教学改革纳入系级教学工作评价指标体系，与系级教学管理和教学津贴挂钩，提高了教师实践教学的积极性，并拨出专款用于“宜化模式”改革和发放师生生活补助，毕业实践教学取得明显效果。

“宜化模式”毕业实践教学有效培养了学生的工程意识和工程能力，使学生的理论知识与实践能力得到较好融合，提升了综合素质；将毕业实践教学和就业岗前培训相结合，满足了技术供需两方面的要求，促进了学校科研、就业等工作的落实落地。

2.“楚星”模式

湖北楚星集团是湖北省石化行业十五强、宜昌市工业企业十强企业之一，跻身湖北省“巨人工程”。2000 年 5 月，学校与湖北楚星集团联合组建了“武汉化工学院　湖北楚星集团技术研究开发中心”。这种联合组建模式在学校称之为“楚星”模式。

技术研究开发中心以楚星集团为主体，依托学校科研实力，重点面向“楚星”产品结构的调整需求，进行精细化工、医药中间体和生物化工等新技术产品的研发；同时根据集团产品特色，开展以硫酸、磷酸、合成氨和钡盐为基础的系列化工产品及其衍生的下游产品的研究开发、难题攻关、技术创新、人才培养、决策咨询和学术交流等方面的合作。

领导机构是技术研究开发中心委员会，双方下设办公室负责具体的日常事务。委员会主任由楚星集团担任，副主任由双方共同担任。技术研究开发中心设宜都基地和武汉基地，宜都基地下设发展规划室、化肥研究室、精细化工室和信息中心，武汉基地下设化学化工工程研究室、材料科学与工程研究室、化学制药研究室、分析测试研究中心和信息研究中心等研究机构。

楚星集团每年拨付一定额度资金作为技术中心基金，用作高新技术的前期开发和组织相关的科技活动经费。自建立以来，双方在科学研究、技术开发、市场开拓和实习基地建设等多方面进行合作，学校研发机构根据工作情况和集团发展需要，先后提出 25 项论证报告。

双方积极探索“产学研”合作的新形式和新机制。学校专门派出科研经验丰富的专业教师到宜都市任科技副市长，重点负责楚星集团的科技开发工作；与楚星集团共建“产学研”实习基地，通过课题项目组织学生实习；在项目论证、信息咨询、生产技术和市场调研等方面深度合作，多次组织科技活动，交流研发经验，对技术中心的研发工作起到了积极的推动作用。

第九章　队伍建设　制度保障

千秋基业，人才为本。队伍建设是建设高水平大学的关键要素，学校高度重视人才队伍建设，坚持引育并举，不断完善各项制度，创新管理体制机制，建立科学规范、灵活高效的工作机制，全面提升办学质量和办学层次。

第一节　建强师资　组建梯队

一、队伍发展历程

建校伊始，学校就将师资队伍建设作为一项重要工作来抓，持续加大师资队伍建设力度，经历了从无到有、专业配套、结构优化三个发展阶段，实现了由量变到质变的跨越。

1972 年，学校在筹建阶段只有 34 名教职工，通过各种途径积极引进，加大培养力度，充实教师队伍。1982 年，学校专任教师总数逾 300 人，提升了整体办学实力，其中来自普通高等学校的教师 80 人，来自科研单位和技术工厂的教师 80 人，来自中专、中学的教师 45 人，其余是大学分配毕业生或其他单位调入人员。这批人员的年龄结构相对合理，其中 60 岁以上的 2 人，55~60 岁的 8 人，40~45 岁的 195 人，30~39 岁的 91 人，小于 30 岁的 36 人。尽管如此，师资队伍仍存在以下问题：其一，人员队伍超出编制，按师生比 1 ∶ 6.5 计，1985 年的学生规模为 1500 人，编制核算应为 231 人，而 1982 年教师总数为 332 人，加上 35 名见习助教，共 367 人，超编 136 人；其二，学术水平参差不齐，主要表现为教授、副教授人数不足，能同时承担教学和科研任务的讲师相对较少；其三，专业结构不尽合理，表现为专业教师分布不均衡，部分专业对口师资相对紧缺。

1986—2000 年，教师由 349 人增至 508 人，教师结构趋于合理，整体素质明显提高。学校围绕不同时期的发展目标，逐步确立了“人才兴校”发展战略，充实了数量，优化了结构，提高了整体素质，为建设特色鲜明的高水平教学研究型大学奠定了坚实的基础。

2002 年 12 月，学校在第五次党代会上提出“人才资源是第一资源”的理念，以提高学术水平、创新能力为目标，以高水平人才队伍建设为重点，大力培养和引进学科带头人和学术骨干，着力建设结构合理、素质优良的教师人才队伍。2004 年 12 月，学校召开第五届教代会，会议指出，学校未来发展要以“建设特色鲜明、教学研究型的多科性大学”

为目标，“队伍建设为根本”的人才建设战略。2005年，学校将“人才兴校”工程纳入“十一五”发展规划，调整办学思路，将其作为实现从教学型大学向教学研究型大学转变的重大举措。至此，学校将人才工作的战略定位提升到新的高度。

二、师德师风建设

20世纪80年代末，学校深入贯彻《中共中央关于改进和加强高等学校思想政治工作的决定》，组织教师认真学习。1990年起，学校举办青年教师岗前培训班，并将师德教育作为每年教师岗前培训的重要内容。1991年，学校首次开展“教书育人”先进集体、先进个人和优秀班主任评选活动。1994年5月，学校召开了首届思想政治工作会议。1999年，党和政府作出了取缔“法轮功”组织的决定，学校及时组织全体教师揭批邪教。2000年，在全校开展“三讲”教育。2001年，学校组织全体教师认真学习“三个代表”和十五届六中全会精神，不断丰富师德师表教育的内涵，思想政治工作规范化、制度化。2005年，学校出台《关于加强师德建设工作的意见》，将师德师风建设作为常态工作持续深抓。

三、学术梯队建设

（一）选留引进人才

1980—1985年，学校从应届毕业生中选拔66人留校任教，从校外引进教师119名。1994年起，学校开始实施“选拔培养跨世纪骨干教师工程计划”，同年12月，确定了首批青年骨干教师11名。1998年，学校有3人被批准为湖北省跨世纪学科带头人，6人为学术骨干。5月，学校确定了第二批青年骨干教师16名。

1986年，学校有博士1人，硕士22人，副高以上18人。1994年，学校有博士2人，硕士157人，副高以上88人。2000年，学校拥有博士16人，硕士208人。为提高青年骨干教师的学历层次，学校于1986—2001年选派156人攻读学位和进修，其中攻读博士学位55人，攻读硕士学位90人，攻读双学位7人。2002年，学校引进教师105人，其中正高1人，副高21人，博士5人，硕士63人；全年共派出15人攻读博士学位，10人攻读硕士学位。2003年，学校引进教师中有教授20人，副教授17人，博士8人，硕士53人，外聘兼职教授18人；全年共派出19人攻读博士学位，11人攻读硕士学位。2004年，学校引进教师66人，其中教授4人，博士7人，从海外引进特聘教授3人，申报“楚天学者计划”特聘教授7人。全年共派出10位教师出国研修或攻读学位。2005年，学校引进博士10人、海外特聘教授1人，派出9名教师出国（境）进修。具有硕士及以上学位的教师比例上升到64.5%。2006年，学校引进和培养博士30人，教师队伍中具有博士学位的达到110人，具有硕士及以上学位的比例达到72%以上。

（二）培养中青年骨干

1985 年，学校开始对青年教师及新进教师进行岗前培训。1990 年后，培训制度逐渐规范，教师入职后须学习高等教育学、心理学、高等教育法规概论、高等教育职业道德规范，考核合格方可受聘。

1996 年，学校对青年教师实行指导教师培养制度。新任教师初次开课前，须实行半年到一年的培养期，经考核及试讲合格，方可取得教师任职资格，聘任相应的专业技术职务。为加速高层次人才培养，促进国际交流合作，学校与国外相关院校达成校际交流协定，选送青年教师参加多种形式的培训、进修，重点选派 40 岁以下中青年教师攻读博士学位。1996—2004 年，学校每两年举办一届青年教师课堂教学基本功竞赛，促进青年教师提高业务素质和教学水平，推动教学研究和教学改革的深入发展。

2001 年 4 月，学校有 508 名教师，其中硕士以上学历占 43%；国家级专家、享受国务院政府津贴的学者 21 名，化工部、湖北省有突出贡献的专家 8 名，湖北省跨世纪学术带头人 6 名，其他省部级拔尖人才 25 名。

2003 年，学校实施“青年教师基础学历提高计划”，推行青年教师“硕士化”工程。通过校外委培、校内办班等方式，对 35 岁以下未取得硕士学位的青年教师进行学历培训。2004 年初，学校有国家级、省部级专家 16 名，省级学术带头人、部级拔尖人才 11 名，享受国务院和省政府津贴 31 名，省级以上优秀教师 14 名，入选省级新世纪高层次人才 9 名，外聘知名专家学者 50 名，院士 8 名。2005 年，学校有“楚天学者计划”特设岗位 7 个。

（三）建设教学和学术梯队

1984 年，学校明确提出建设“教学梯队”的构想，有选择性地在部分学科建立学术梯队，经过十年发展，团队建设取得一定成效。1995 年，按照学科建设规划，学校分层次组建重点学科梯次队伍。第一层次在省级重点学科申报“楚天学者计划”设岗，做好特聘教授的招聘遴选；第二层次在特聘教授招聘尚未到位的省级重点学科、校级重点学科、校级扶持学科中设置学科责任教授岗位；第三层次在省级重点学科和校级重点建设学科（包含校级扶持学科）中设置相应的学术带头人岗位；第四层次结合教学和科研的双重需要，设置 60 名骨干教师岗位，组建起满足学科建设和教学需要的骨干队伍。

2000 年 8 月，化工工艺学科首次获批湖北省“楚天学者计划”特设岗位，并面向全国公开招聘。随后，化学工程（2001 年 9 月）、材料学（2002 年 8 月）、化工过程机械（2003 年 8 月）、生物化工（2003 年 8 月）、应用化学（2005 年 1 月）、材料物理与化学（2005 年 1 月）陆续被确定为“楚天学者计划”设岗学科。截至 2005 年，学校聘任“楚天学者计划”特聘教授 8 名。

（四）落实保障措施

学校优先保障“人才兴校”工程的经费投入。1986 年以来，学校加大高层次人才的

引进力度。1986—1990 年，累计引进具有硕士学位、副高以上职称人员 80 余名。

为吸纳高层次人才、充实稳定教师队伍，学校不断优化完善人才引进保障措施。1994 年 2 月，学校制定《关于引进博士生的优惠政策》。1999 年 6 月，学校针对引进的博士、硕士及 55 岁以下正高级职称人员和返聘的退休博士生导师，在住房保障、配偶调动、科研经费、学位与岗位津贴等方面制定系列优惠政策。

2002 年 9 月，学校制定《关于吸引海外高层次留学人员来院工作的实施办法》《关于引进人才的优惠办法》。对于不同层次人才设立相应的扶持政策，提供优厚的科研启动资金，依据相关条件解决配偶工作问题，对于特殊人才允许破格参加专业技术职务申报。

2006 年，学校在“十一五”师资队伍建设规划中规定，未来 15 年用于师资引进、培训及配套条件的总投入不低于 4500 万元。

四、考核评聘制度

根据教育部《关于高等学校教师职责及考核暂行规定》（〔1979〕教政学第 37 号），教师须进行年度考核，考核达标者按规定可进行职称评定和晋升，连续两年考核不达标者须进行岗位调整。据此，学校制定《工作量计算细则》，对教师工作量的具体规定及细化标准作出详细说明，视工作量完成情况给予奖惩。根据国务院《高等学校教师职务名称及其确定与提升办法的暂行规定》，学校明确了评审方法和具体流程，及时解决教师的职称套改问题。

1987 年，根据国家关于改革职称评定和实行专业技术职务聘任制度的相关规定，结合实际工作需要，学校分批在教师及其他专业技术职务系列中实行聘任制，聘任时间视情况不同定为 2~4 年。该项工作于 1988 年全部结束。此次评审聘任的专业技术人员 634 名，其中高级职称 89 名，中级职称 275 名，初级职称 270 名。

1988 年 9 月，学校公布《关于在全院试行聘任制的暂行规定》。将定编、定岗、定员的“三定”措施作为聘任制度的基础；明确受聘人员与受聘单位的责权关系，签订聘任协议书；对暂不聘任、拒聘、未聘人员的安排及待遇作出说明；对违反协议者及在聘期内达到离退休年龄者的聘用作出说明。

2004 年，学校继续完善和强化聘任管理和教师考核制度，积极探索科学、有效、可行的教师考核办法和指标体系，充分调动广大教职工的工作积极性和创造性，正确评价教职工的德才表现和工作业绩，使教师考核工作制度化、规范化和科学化。

第二节 管理育人 健全机制

一、提升干部管理能力

根据教育部、宣传部《关于高等学校领导班子调整工作的几点意见》和化工部相关会议精神，学校就政治素质、年龄结构、专业知识等方面对中层干部队伍进行优化调整，使队伍的综合素质、管理能力均有提高。

学校将各级领导班子的思想政治建设摆在突出位置。通过定期或专题召开党委中心组、分党委（党总支）书记会、党建与思政工作研究会等形式，组织领导班子成员围绕党中央的系列重要精神，开展深入学习和研讨。

2002年，在第五次党代会上，校党委提出要加强对干部现代管理知识、法律知识的培训，提高管理人员的业务能力和职业道德水平。围绕加快学校发展的中心工作，先后组织"三个代表"重要思想与党建工作研讨班、领导干部执行力研修班、学习贯彻科学发展观培训班、中层领导人员民主集中制学习班、年轻中层领导干部研讨班、分党委（党总支、直属党支部）副书记培训班、组织员培训班、党务干事培训班、科级干部培训班等。

二、建立选拔聘用制度

学校把培养和选拔素质较高且能适应高校发展需要的跨世纪领导干部队伍建设作为一项重要工作来抓。1994年，学校制定《关于加强学院后备干部队伍建设的几点意见》，对后备干部队伍建设工作进行规范。1995年，中共中央颁布《关于党政领导干部选拔任用工作暂行条例》，校党委以推进干部制度改革为主导，制定《干部队伍建设"九五"规划要点》《党政领导干部选拔任用管理工作暂行办法》，有力促进干部队伍建设。

1998年6月，为完善人事管理制度，加强教职工队伍建设，学校制定《关于实行待聘制度及待聘人员管理规定》，启动了全员聘用工作，对待聘人员及其管理办法作出详细规定，对不参与竞争岗位人员作待岗处理。

1999年，根据中共中央《关于党政领导干部选拔任用工作暂行条例》，遵循"三定一聘"原则，学校制定《机关干部竞岗、聘任暂行办法》，精减机关工作人员，率先在机关实行竞争上岗制度，于当年在机关和直属单位干部中进行第一轮竞争上岗，完成了处级、科级和一般工作人员的竞争上岗及聘任工作。同年6月，为深化劳动人事制度改革，优化教职工队伍结构，学校制定《职工退养暂行办法》，退养范围为符合条件的党政管理干部、后勤、校产和教学辅助岗位人员，并明确退养人员的待遇。

1999年4月，学校制定《深化总务后勤改革方案》，实行"新人新办法，老人老办法"

原则。推行竞聘上岗和全员聘用合同制，公开招聘、双向选择、竞争上岗、合约管理。转制后，学校坚持精简高效原则，后勤服务总公司干部、职工继续执行学校内部退养政策。2000年起，学校在校医院、图书馆、后勤服务总公司、各系部办公室等实行竞争上岗。后勤在机构设置上按照“小机关、多实体”原则，减少管理科室，中心主任及以下干部职工一律竞争上岗、择优录用。当年，学校在图书馆实行定编定岗和竞争上岗制度，并制定医院改革暂行方案，实行聘任制。

2004年，为全面贯彻落实《国务院办公厅转发人事部关于在事业单位试行人员聘用制度意见的通知》（国办发〔2002〕35号）、《省委办公厅省政府办公厅关于加快实施全省事业单位人员聘用制度的通知》（鄂办发〔2003〕1号）和教育部《关于当前深化高等学校人事分配制度改革的若干意见》（教人〔1999〕16号）等文件精神，根据学校党委的部署，全校干部进行第二轮竞争上岗，科学规范中层领导班子任期管理及考核。2004年起，学校开始实行中层领导干部任期制，每届任期3~4年。在全员聘用过程中，学校建立健全后备干部培养制度，通过公开竞争的选拔方式，建立各级后备干部人才库，多途径加大对后备干部的教育培养。全员聘用工作分两个阶段进行，2004年上半年完成了机关、院（系、部）管理人员和直属单位工作人员的聘用工作，2005年上半年完成了教师和实验技术人员的聘用工作。至2005年6月3日止，全校1159名教职工均签订了聘用合同。初步建立了“学校自主用人、教职工自主择业、配套措施完善”的管理制度，为学校建设成多科性的教学研究型大学提供了有力的人才保障。

三、健全机制

按照“集体领导、民主集中、个别酝酿、会议决定”原则，学校不断完善党委议事和决策机制。2002年起，学校先后出台《党委常委会议议事规则》《院长办公会议议事规则》《武汉工程大学工作规则》《关于校务公开的实施办法》《学院（部）党政共同负责制实施办法（试行）》《中层领导干部问责办法（试行）》。

凡属学校发展规划、重大改革、人事安排、财务预算、基本建设、教育收费等重大事项，均须集体讨论决定；凡属集体决定的事项，班子成员必须坚决执行；各级领导班子须坚决落实民主生活会制度。

加大民主监督力度。学校健全由学术带头人组成的两级学术机构，由学术带头人共同研究决定学科建设、学术评价、学位授予、职称评聘、教学质量评定等与学术有关的重大事项，充分发挥学术机构的作用。定期召开校、院（系）两级教代会，凡有关学校改革发展的大事和与群众切身利益有关的重要事项，由教代会审议，充分发扬民主。

第三节 综合改革 制度保效

学校对各院（部）实行校内津贴经费总额动态包干的办法，扩大院（部）的自主权。分配制度改革遵循了定编定岗、以岗定酬、陈量慎动、增量拉开及继续向教师倾斜的原则。分配制度改革扩大了学院（部）的分配权限，调动了学院（部）的积极性，为建立校院两级管理模式奠定了基础。

一、分配制度改革

（一）工资改革

1993 年，国务院下达《关于机关和事业单位工作人员工资制度改革问题的通知》，决定从 10 月起对机关和事业单位工作人员现行工资制度进行改革。学校遵照上述通知精神，对全校教职工按不同系列进行调整。

1994 年 5 月，学校印发《工资津贴实施方案》，确定了津贴（工资总量的 30% 部分）档次的条件、原则及相关规定。同时，对推迟离退休教职工、请病事假者、工作出现重大失误、受处分、待聘、缓聘人员及各类进修出国人员津贴的发放作出具体规定。

2003 年，学校通过绩效工资改革，将经费切块下拨给学院（部），注重向优秀人才和关键岗位倾斜，向教学和科研一线教师倾斜，重点提高教师骨干和管理骨干人员的收入。学院（部）分配自主权得以扩大，充分体现单位和个人的工作业绩、工作质量和工作效果，合理拉开分配差距。学校试行了目标管理责任制和校内绩效工资总额切块动态包干的分配办法，在分配原则的指导下，学院（部）根据在岗教师业绩与贡献大小进行自主分配，进一步理顺了校、院（部）二级分配关系。

2004 年，学校通过多方调研、周密安排、反复测算并广泛征集意见，制定了《分配制度改革实施办法》，经五届一次教代会讨论通过，于年底正式实施。

（二）岗位津贴

1989 年，学校制定《教师课时定额及计算办法》。1991 年，根据执行情况，制定出台《教师课时津贴的发放办法》。1993 年，学校出台《综合改革方案》，据此制定《课时津贴暂行办法》。1994 年，对《课时津贴暂行办法》进行修订和补充说明。

1994 年 11 月，学校制定《职务岗位津贴发放办法》，发放范围为专职教师之外的其他人员，对行政人员、专业技术人员、工人、未定职人员分别用不同的标准进行发放。

1999 年，根据财政收支及各岗位的工作状况，学校对课时津贴作出一定调整，专任课教师课时津贴标准在原有基础上提高 10%。

2000 年 9 月，学校印发《分配方案（试行）》。依据“淡化身份、强化岗位、按劳分配、优劳优酬”分配原则，建立分配激励机制，提高教职工生活待遇。对教师课时津贴再次作出调整，教师在完成规定科研任务的同时，每年每位教师完成额定工作量，完成额定工作量的教师，其课时津贴和超课时津贴按相应职称标准发放。教师以外人员的岗贴组成分为管理岗位津贴、技术岗位津贴和工勤岗位津贴，分别制定相应标准进行发放。

2004 年，学校出台《分配制度改革实施办法》，进一步健全和完善岗位津贴发放制度。

（三）特殊津贴

特殊津贴主要指为引进和稳定高学历水平的优秀教师制定的专有政策。

1994 年起，学校对博士每月发放一定数额的特殊津贴。1999 年，学校提高津贴发放标准。2000 年出台的《分配方案（试行）》对特殊津贴作出界定，即分教师岗位特殊津贴和管理目标责任津贴。

2001 年，学校印发《教师特岗设置暂行办法》，设有学科责任教授、学科建设教授、学术带头人、课程责任教授等特聘岗位，对特岗津贴发放方法作了明确规定。同年，学校再度调整博士、硕士津贴，提高每月的特殊津贴待遇，并明确将根据专业、学科建设和人才的供求状况，随时调整热门专业类别、津贴标准、发放期限。

二、后勤社会化改革

1999 年，国家开始推行高校后勤社会化改革。按照相关文件精神，学校努力探索后勤管理新模式，提高服务质量和服务水平。2000 年，学校出台《后勤社会化改革方案》（武化党字〔2000〕20 号），对原有后勤系统的管理制度和运行机制进行调整。撤销总务处建制，成立后勤管理处（甲方）和后勤服务总公司（乙方），甲方代表学校规划、管理后勤工作，乙方负责提供后勤服务保障，真正做到后勤管理职能与服务职能分离。2003 年，学校被湖北省教育厅授予“湖北省高校后勤社会化改革先进单位”称号。

（一）后勤服务理念

后勤部门始终坚持“以人为本，服务为先”的工作理念，以提高服务质量和管理水平为目标，落实多项师生受惠的管理措施，坚持开展形式多样的主题实践活动。饮食服务中心力争做到“三满意”，即价格满意、卫生满意和服务满意，并在食堂内提供免费汤羹；楼栋管理中心坚持“三不放松”，即文明宿舍（楼栋）检查评比不放松，生活环境管理（治理）不放松，组织学生参与管理、提高生活自理能力不放松；修建服务中心发放服务联系卡，为高年龄、高学历、高职称教职工开展上门服务；水电管理中心为水电使用情况查询提供便利。2001 年，学校开展“优质服务月”活动；2005 年，开展“爱岗敬业教育”活动；2006 年，开展“目标管理质量月”活动。

（二）管理运行机制

学校始终坚持党组织的政治核心和监督管控作用，将后勤管理处与后勤服务总公司划归同一个党总支，形成团结配合、监督制约的工作局面。基于此，学校按照精简机构、统一效能的原则，相继对人事、财务、分配、资产等相关管理制度进行调整，确立了后勤社会化改革框架。后勤服务总公司通过市场化运作方式，自主经营、有偿服务，形成事企分开、两权分离、市场驱动、有序竞争的管理新秩序。

2003 年初，学校出台《新一轮后勤社会化改革方案》（武化党字〔2003〕6 号），进一步推进后勤社会化改革。新一轮改革中，学校以建立“办事高效、运转协调、行为规范、服务良好，能适应社会主义市场经济要求，符合高等教育特点与需要的新型有力的后勤保障体系”为目标，继续推行“小机关、大实体”管理模式，以“专业化、市场化”的服务要求整合后勤资源，完善后勤内部各管理中心的机构设置，使后勤原有的人、财、物等资源得到合理配置。

根据“十五”建设方案和中长期事业发展规划，学校总结后勤社会化改革经验，制定新的发展方针和改革目标，进一步完善后勤管理体制，新增职能监控与绩效奖惩等工作措施。2003 年起，后勤管理处、后勤服务总公司每年签订《后勤服务“拨改付”经费结算办法》，对后勤经费测算原则、“拨改付”服务价格标准及具体经费测算、拨付总额、收费使用情况等作出详细规定。

（三）规章制度建设

在后勤社会化改革过程中，学校结合后勤工作的实际情况，不断建立和完善各项规章制度，逐渐形成“按制度办事、按制度管人”的良性运行机制。

2001 年 1 月，学校出台《后勤服务总公司制度汇编》；2003 年 9 月，修订完善《后勤服务总公司制度汇编》，进一步明确 68 个岗位的职责范围；2004 年 12 月，出台《后勤服务总公司分配制度改革实施办法（试行）》；2005 年 1 月，出台《后勤服务总公司年终效益奖试行办法》；2006 年 6 月，出台《后勤服务总公司聘用制职工管理办法（试行）》。

学校始终坚持“三服务、两育人”宗旨，狠抓制度建设和人员管理，为使餐饮管理更加规范化、科学化，饮食服务中心实行聘任制和竞争上岗，做到“人定岗、岗定责、责定酬”。其一，将五大考核指标作为伙食工作的中心任务狠抓落实，包括服务质量、服务态度、成本核算、花色品种、清洁卫生；其二，努力提高炊管人员的业务素质，坚持技术比武，聘请高级宾馆的特级厨师现场指导厨艺选拔赛；其三，选派人员外出参加各种培训班，提升管理人员的烹饪理论和实际操作能力。

在食堂内部实行企业化管理，按营业额提取管理费，调动炊管人员积极性，改善服务态度。坚持贯彻“为教学服务、替学生着想”的指导思想，以“服务育人”为宗旨，实行“最佳营业额”的管理办法。由学生、教职工代表、食堂管理员、伙食科长、总务处领导共同组成伙食管理委员会，每月对食堂伙食质量、花色品种、成本核算、服务态度、清洁

卫生五大考核项目进行民主评分，根据评分结果按营业额浮动拨付管理费。有效降低伙食成本，稳定饭菜价格，丰富品种类别。

（四）经营管理模式

在高校后勤社会化改革浪潮中，学校始终坚定不移沿着后勤社会化道路前进，勇于创新，大胆实践，积极探索后勤经营管理新模式。

2000 年，后勤服务总公司实行服务（经营）目标管理责任制，每年与下属各中心签订目标责任书，明确服务目标、管理目标、经济目标，形成了逐级管理、分层负责、绩效考核的工作模式。

2006 年，学校以饮食服务中心和楼栋管理中心为试点，在后勤服务总公司内部进行新一轮改革。楼栋管理中心在推行目标管理基础上，试行任务包干、经费包干，设立三级、双轨管理模式，即主任（副主任）、主管、管理员；饮食服务中心调整经营模式，整合资源，精简岗位，充实一线服务人员，确立三级管理模式，即中心管理办公室（决策层）、各食堂效益控制（执行层）、生产与成本控制（操作层），层次分明，职责明确。

（五）住房分配管理

为落实教职工住房的合理分配，学校从制度、机构、人员及日常等方面加强管理服务。1986 年，学校首届教职工代表大会制定出台分房条例，通过民主选举产生住房管理委员会（简称“房管会”）。作为住房分配管理的常设机构，房管会每届任期四年，下设常务小组，由分管后勤工作的校领导及工会、人事、监察、后勤等部门人员组成。

1. 教职工住房分配

1993 年，学校出台《教职工住房分配和管理条例》（武化政后字〔1993〕第 10 号）。1997 年，第二届教职工代表大会通过《教职工住房分配和管理办法》（武化政后字〔1997〕04 号），明确规定住房分配原则及办法、住房申请及分房程序、管理细则等，对分房对象的职务职称、任职时间、工作时间、学位情况、计分办法张榜公布。为优化师资队伍结构，体现高层次人才引进政策，学校坚持适度倾斜原则，在有限房源中优先解决高水平人才的住房问题，并为未来引进人才预留部分住房。

截至 2002 年，学校在武昌校区新建集资房，即教工楼 29 栋、30 栋、31 栋，共计住房 140 套。为落实住房分配和换购工作，后勤管理处对换购房进行市场评估，分三批次对校内住房进行调整，调整后的空房安排新进职工入住。2004 年，流芳校区二号教辅楼被改造为教职工宿舍。至此，学校共有单身宿舍 3 栋，房间总数为 303 间，基本保障了职工住房需求。

2. 教职工住房房改

1992 年，学校启动教职工住房房改工作。1999 年，学校启动第三轮成本价售房，办理房屋产权证 735 本，为集资房教职工办理住房土地证、房产证 134 本。

截至2002年，共进行三轮房改。第三轮成本价售房结束后，房改工作重点转向落实住房货币补贴。2004年，省房改办货币补贴软件试运行后，学校于2005年启动教职工住房货币补贴。分两部分进行，一是补缴新职工的住房货币补贴；二是对1999年1月1日后参加工作和2004年1月1日后调进的大部分教职工进行逐月补贴。

三、扩大系（部、院）自主权

80年代起，学校在扩大系（部、院）自主权方面做出大量探索。

1987年2月，在《中共中央关于教育体制改革的决定》的指导下，学校下发《关于实施〈化工系扩大系（部）自主权试点方案〉的通知》（武化党字〔87〕第13号、武化政字〔87〕第40号），作为学校当年推行的重点改革项目，适度扩大系部自主权，为在学校全面推行扩大系（部）自主权的改革摸索经验。

1994年5月，学校印发《中、初级高校教师系列专业技术职务评聘权限下放的实施意见》。根据学校1994年工作计划中提出的“进一步扩大系部自主权，增强系部活力”相关要求，将高校教师系列中、初级专业技术职务的评聘权下放到各系（部、院）。

1997年，学校将原管理工程系和社会科学系合并成立人文与管理学院，审批了《人文与管理学院管理改革方案（试行）》，扩大文管院自主权。

通过总结十多年来在扩大系（部、院）自主权方面的工作经验，学校于1999年3月下发《关于实行系（部、院）改革方案的通知》，明确系级职责和权限，正确处理局部与全局、目前与长远、个人和集体的关系，树立效益、效率、质量的观念，建立公平有序的竞争机制和合理有效的激励机制。

2000年9月，校党委印发《分配方案（试行）》，在系（部、院）分配上继续推行两级分配制，充分发挥系（部、院）的工作积极性和主动性。

2004年，在第五届教职工代表大会暨第六届工会会员代表大会上，学校讨论审议了《分配制度改革实施办法》《院（系、部）教师及实验技术岗位聘任方案》。进一步健全完善分配制度和专业技术人员岗位聘任制度，对于调动广大教职工的积极性和创造性，促进人员结构的整体优化，扩大院（系、部）的自主权起到积极作用。

武漢工程大学

第三编　初心如磐　化育天下

——武汉工程大学时期

2006.02至今

第十章　笃行致远　工大初始

经过三十余年的办学历程，学校在人才培养、学科建设、科研服务等方面都取得了一定的积累和发展，为更名工作奠定了良好基础。2006 年 2 月 17 日，教育部下发《关于同意武汉化工学院正式更名为武汉工程大学的通知》（教发函〔2006〕41 号），同意武汉化工学院正式更名为武汉工程大学（学校代码为 10490），撤销武汉化工学院建制。3 月 17 日，湖北省人民政府下发《省人民政府关于武汉化工学院更名为武汉工程大学的通知》（鄂政函〔2006〕38 号）。文件指出，“经教育部同意，省人民政府决定将武汉化工学院更名为武汉工程大学。武汉工程大学由省政府主办，归口省教育厅管理。”至此，学校正式更名为武汉工程大学。

第一节　校名变更　再续辉煌

一、启动更名

2000 年 12 月，《湖北省教育事业发展“十五”计划和 2010 年规划》将武汉化工学院的更名列为湖北省加大学校布局结构调整力度，优化教育资源配置的重要措施之一。2001 年 4 月 10 日，湖北省人民政府向教育部报送《省人民政府关于报送高等教育管理体制改革计划的函》（鄂政函〔2001〕66 号），将武汉化工学院更名工作列为近期规划。5 月 25 日，学校向湖北省教育厅报送《关于报送更改校名论证报告的函》，学校更名工作正式启动。

经过多年发展，学校在人才培养、科学研究与社会服务等方面取得了长足发展。更名前夕，学校全日制在校本专科生规模已达 1.7 万人，研究生 471 人；独立学院本专科生 4944 人，成职教育在校生 6074 人；建筑面积 630000 平方米，固定资产总值 7.1 亿元，教学科研设备达到 1.06 亿元；本科专业为 47 个，硕士点 23 个，专业门类已经覆盖工、理、管、经、文、法。2005 年，学校共承担纵横向科研项目 310 项，其中国家级项目 9 项，省部级项目 48 项，科研经费入账 3675.4 万元；10 项成果通过专家鉴定，1 项获国家科技进步二等奖、2 项获湖北省科技进步二等奖、1 项获湖北省科技进步三等奖；申请专利 40 项，专利授权 8 项，86 篇论文被四大检索收录；校办产业产值达到 2800 万元。

二、以筹促建

更名工作启动以来，全校上下拧成一股绳、憋足一口气，聚力更名大学，坚持不懈、久久为功。2002 年 6 月 7 日，省教育厅召开校名更改工作会议，推动学校更名工作。6 月 18 日，教育部党组副书记、副部长周济听取了学校党委书记何定雄、院长钟康年、副院长叶芃关于学校更名工作的专题汇报。周济高度肯定了学校把更名工作办成“凝聚人心，提升水平的工程”，并提出“学校牢牢抓住教育质量不放松，坚持发展是硬道理，认真做好学校规划，特别是做好培养目标和校园规划工作，加强师资队伍建设，积极开展科学研究，不断提高办学实力和办学水平”。6 月 20 日，湖北省副省长王少阶听取了学校更名工作的情况汇报，明确表示，武汉化工学院划转到湖北省后，发展势头很好，各方面工作取得较大进步。湖北省已经把武汉化工学院列入升格“大学”的院校之一，要求武汉化工学院做好发展规划，加强师资队伍和学科建设，把学校建设成多学科协调发展的多科型大学。

2003 年 6 月 5 日，湖北省教育厅组织省高校设置评议委员会专家组来校召开更名论证会。专家组组长、省高校设置评议委员会副主任、武汉测绘科技大学校长宁津生院士、省高校设置评议委员会副主任袁继风、全国高校设置评议委员会委员、江汉大学校长李进才教授、华中师范大学原校长王庆生教授、武汉科技大学原党委书记尤泽贵教授、武汉大学秦金贵教授等 6 人组成专家组莅临学校论证更名工作，省政府办公厅、省计委、省财政厅负责人及省教育厅有关处室负责人和我校全体校领导参加了论证会。与会专家一致认为：武汉化工学院经过 30 多年的建设和发展，积累了丰富的办学经验，形成了鲜明的办学特色，办学条件和各项主要指标基本达到了国家规定的大学设置标准。学校对更名后的建设和发展规划定位准确、科学合理、切实可行，建议省政府按程序向教育部申报。7 月 22 日，湖北省人民政府向教育部报送《省人民政府关于将武汉化工学院更名为武汉工程大学的函》（鄂政函〔2003〕96 号），提出“为促进武汉化工学院的改革和发展，为湖北乃至中南地区培养出更多的工程技术人才，更好地为经济建设和社会发展服务，根据《中华人民共和国高等教育法》和有关规定，经湖北省组织专家论证，武汉化工学院基本达到国家规定的大学设置标准，湖北省人民政府申请将武汉化工学院更名为武汉工程大学”。

三、实至名归

2004 年 1 月 1 日，在省教育厅领导陪同下，全国高校设置评委会专家组一行 7 人来到学校，就更名工作进行评估考察。专家组对学校所取得的成绩予以充分肯定，并对今后的建设和发展提出了许多指导性意见。3 月 22 日至 27 日，在成都召开的全国高校设置委员会上，52 位专家参与了投票，学校的更名申请获同意票 30 票（35 票为通过），同意筹建票 16 票，两者相加占评委总数的 89%，学校获得武汉工程大学筹建资格。5

月 12 日，教育部办公厅向湖北省人民政府办公厅下发《关于同意在武汉化工学院的基础上筹建武汉工程大学的通知》（教发厅函〔2004〕18 号），同意筹建“武汉工程大学”，筹建期为一年。

2005 年 5 月 11 日，湖北省人民政府向教育部报送《省人民政府关于申请对武汉工程大学筹建工作进行评估验收的函》（鄂政函〔2005〕51 号），该函提出，学校（武汉化工学院）综合实力不断增强，整体办学实力逐步提高。办学条件、学科建设、研究生教育规模、科研水平、师资力量等方面均有提升，筹备期已满，基本达到国家规定的大学设置标准和条件，故恳请教育部对武汉工程大学筹建工作进行评估验收。7 月 9 日，全国高校设置委员会专家组来学校评估验收武汉工程大学筹建工作。专家组对学校的筹建工作给予高度评价，一致认为：学校已达到更名要求，并表示将形成评估意见，建议全国高校设置委员会按期对学校进行更名去筹。

2006 年 2 月，经教育部同意、湖北省人民政府批准，学校成功更名为武汉工程大学，学校的建设和发展从此掀开崭新的一页。

第二节　创新发展　薪火赓续

长期以来，学校的建设和发展得到了社会各界的关心支持，尤其是化工部和省委、省政府的重视、指导，对学校发展的各个阶段都起到了举足轻重的作用。随着更名工作的完成，学校持续推动内涵式发展，优化学科专业布局，迎来了发展新机遇。湖北省“十三五”“十四五”规划先后出台，省委、省政府在国民经济与社会发展规划等重要文件中均明确了武汉工程大学在省属高校中的重点建设地位，推动“含武汉工程大学在内的 17 所高校加快国内一流大学和一流学科建设”，更是鼓励学校将未来发展蓝图纳入“双一流”建设的宏伟目标，不断扩大国际国内开放办学，加快内涵式发展的先进步伐，尽快实现向高水平教学研究型大学转型。

一、向高水平教学研究型大学迈进

（一）明确办学定位

更名完成后，随着“十一五”“十二五”发展规划纲要的整体推进，学校迎来转型发展的快速上升期，取得了诸多硕果佳绩，本科教学质量评估为优秀，成功获批博士学位授予单位，建立博士后科研流动站，顺利通过了本科教学质量审核评估，三个学科进入 ESI 排名前 1% 等。学校加快了教学建设与改革的步伐，办学规模稳步扩大，办学条件进一步改善，办学实力和水平进一步提升，初步构建了以“三实一创”为核心的人才培养模式改革体系，教学研究与改革取得了新的成果，教学质量进一步提高，学科结构不断优化，学科实力不断增强，形成了较好的发展态势和发展格局。学校从建设多科性、教学研究型大学的目标逐步形成了综合性大学的学科体系和办学架构。“十三五”“十四五”期间，学校进一步明确了建设高水平教学研究型大学的发展目标和思路举措。2021 年武汉工程大学第三次党代会提出要坚持“立足湖北、辐射全国、服务区域经济社会和行业发展，坚持走高质量发展道路，为全面建成特色鲜明的高水平教学研究型大学而努力奋斗”。学校“十四五”事业发展规划提出要坚持“四为服务”，围绕湖北省委省政府“建成支点、走在前列、谱写新篇”战略目标，传承学校历届党委的办学治校思路，紧跟新时代发展要求，树立“崇尚科学、追求真理、立德树人、守正开新、追求卓越、化育天下”的办学理念，建立“立足时代、面向未来、扎根荆楚、融通中外”的办学面向，营造“以学为宗、以师为主、以生为本、以创为魂、以和为贵、以校为荣”的办学氛围，立足新发展阶段，完整、准确、全面贯彻新发展理念，主动服务构建新发展格局，谱写学校高质量发展新篇章。

2022 年是落实“十四五”规划的关键时期，更是学校建设特色鲜明的高水平教学研究型大学进程的重要历史阶段。站在新的历史起点，学校始终全面贯彻党的教育方针，以立德树人作为人才培养的根本任务，秉承“格物明理　致知笃行”的校训和“艰苦奋斗　自强不息”的工大精神，以“双一流”建设为契机，大力实施“六个强校”战略，立足新发展阶段、贯彻新发展理念、服务构建新发展格局，加快建成化工及相关学科特色鲜明、多学科协调发展的高水平教学研究型大学，为实现中华民族伟大复兴的中国梦贡献工大力量。

（二）完善专业结构

建校伊始，作为一所省属化工院校，学校的专业设置以化工类为主，主要包括无机化工、基本有机化工、化学制药、化工自动化及仪表、化学矿山机械、化工机械、化学矿开采、化学矿选矿八大类。1972 年，湖北化工石油学院的诞生为祖国培养化工专业人才打下了坚实基础。1980 年，学校改制为化工部部属院校。结合化工部总体安排和办学实际，学校将专业建设的指导思想定位为“矿、化结合为主，适当建设相关专业”。1998 年，划归湖北省管理后，学校主动适应区域地方经济社会发展需要，遵循“突出特色、强化优势，改造传统、扶持新兴”16 字方针和“总量控制、结构优化”的原则，积极开设本科专业 18 个，包括 15 个工学类专业和 3 个管理类专业，强调要“重点建设化工类学科和配套专业，优先发展信息学科与材料学科等高新技术专业，大力发展地方经济建设需要的应用性专业，积极探索建立交叉学科专业”。

2006 年，乘着校名变更的东风，学校的办学定位逐步明确，学科和专业快速发展。本科专业门类已覆盖工、理、管、经、文、法六大学科门类。经过五十年的发展，学校本科专业数量增至 73 个，覆盖工、理、管、经、文、法、艺术、医学、教育学九大学科门类，各类在校生人数已近三万人。在人才培养方面，学校的总体发展思路是：重点建设化工及

相关优势专业，着力培养高层次创新应用型人才；积极发展交叉学科专业，培养复合应用型人才；大力发展经济建设急需的应用型专业，培养技术应用型人才。

为更好地服务区域经济发展，学校的化工、信息、材料、经济和管理类等专业直接服务于湖北省明确强调的集成电路、新一代信息技术、智能制造、生物、数字、新能源与新材料等重点产业；理、经、文、法四大学科门类专业则紧密结合社会经济发展和管理的需要，为学校建设多科性教学研究型大学奠定了坚实基础。同时，为实现学科协调发展，学校新办了视觉传达设计、物联网工程、信息工程、网络空间安全、机器人工程、新能源材料与器件、人工智能、知识产权等专业。

（三）优化学科布局

学科建设是学校提升办学层次、提高办学质量、彰显办学特色、增强核心竞争力的关键，事关学校的生存和发展，是学校发展战略的重心所在。八九十年代，学校基本按照一、二级学科设立系（所）、机构，2002 年，中共武汉化工学院第五次代表大会明确提出“建设特色鲜明的多科性大学”的奋斗目标，要把学校建设成一所以工为主，工、理、管、经、文、法等学科协调发展、特色鲜明的多科性大学。为此，学校决定从实际和长远出发，加快学科、专业结构调整步伐，加大学科、专业建设力度，提出了“坚持以工为主、工理管为主干，以重点学科为依托，突出特色，强化优势，打造品牌，提升和改造传统学科专业，积极建设新兴学科和交叉学科，形成新的学科群和学科优势”的学科建设方向。

学科创新是学科保持学术前沿性的基本品质，是培育学科生长点和科学发展的基本推动力。只有坚持以学科建设为龙头，大力实施学科创新，才能带动学校其他工作的开展。2004 年，学校提出实施学科创新战略，遵循“公开竞争，巩固优势，鼓励交叉，发展新兴”思路，注重学科建设与创新；坚持“重点建设、重点投入、重点倾斜”原则，将高水平学科建成省内领先、国内知名的学科，进而申报博士点。学校明确了学科建设的阶段任务是凝炼学科方向，汇聚学科队伍；构筑学科基地，加强博士点、硕士点、省级重点学科、省级重点实验室，省级工程中心，省级文科基地的建设；提高学科水平，大力提高学科的教学质量和学术水平，创造更多高水平的科研和学术成果；创新学科制度打破学科壁垒，建立民主开放的学科制度，为学科发展创造宽松的内外部环境。2006 年，随着学校完成更名，学校办学思路愈发明确，办学水平显著提升。学校通过调整系（所）、重组学院等方式，对学科专业进行优化，互相融合、协调发展，逐步形成学科群体优势。

“十二五”“十三五”时期，学校坚持科学建设龙头地位，着力构建“有选择地追求卓越”的学科领域实践体系，按照学科、科研、人才、平台“四位一体”整体建设的模式，实施学科分层分级建设，集中力量、重点推进，实现湖北省国内一流学科的突破。这一时期，学校进一步深化改革，完善学科动态调整机制，优化结构、因地制宜、彰显特色，增强学科设置的针对性；打破学科专业壁垒，用好学科交叉融合的“催化剂”，对现有学科体系进行系统改造升级，建立科学合理的资源配置和学科评价机制。

（四）创新培养模式

更名为大学之后，学校提出了“两型两化”（创新型、复合型、国际化、工程化）的高层次应用型人才培养目标，开设了多个人才培养模式改革实验班，人数近2000人。各改革实验班依托国家级人才培养模式创新实验区、教育部“卓越工程师教育培养计划”和湖北省“拔尖人才培育计划”“战略性新兴产业和支柱产业人才培养计划”等项目，通过双专业一体化、2+2国际联合培养、3+1校企联合培养等途径，重点以科研训练制、导师制、联合培养制等措施，突出学生现代工程意识、工程研发设计能力和现场工程应用能力等“工程内核”的培养。学校实施“英语+其他专业”（简称为“E+”）双专业一体化复合型人才培养模式，将两个专业的课程有机整合为一个培养方案，毕业时学生可获得两个同等学位，其目标是培养精通英语且具有专业背景的高素质复合型国际化人才。该项目于2009年被教育部、财政部立项为国家级本科教学质量工程项目——“E+”双专业一体化复合型人才培养模式创新实验区。

学校全面实施全员导师制。本科生导师制是在教师和学生双向选择的前提下，由专业水平与品德兼优的教师担任本科生的指导教师，对学生在校期间的学习态度、专业方向、学术兴趣、职业规划等方面进行全过程指导的一种育人模式。学校构建了“全员育人、全过程育人、全方位育人”长效机制，深入推进教育教学改革，服务学生全面发展；开展“共同关注、精准帮扶”工程，优化第二课堂活动体系，构建全方位学生资助体系，为学生成长成才提供了有力保障。“十三五”期间，学校新增10个本科专业；获批13个国家级、10个省级一流本科专业建设点；4个本科专业通过国家工程教育专业认证；7个专业获批湖北省荆楚卓越计划项目。获得首批国家级一流本科“金课”4门、省级各类一流课程（含精品在线开放课程、虚拟仿真实验项目等）共23门。获得省级教学成果奖15项；省级教学团队及优秀基层教学组织共23个；获得省级示范实习实训基地2个。

学校“十四五”事业发展规划提出，要按照“以学生为中心”的培养理念，以学生的全面成才需求为出发点，以追求卓越的目标达成为导向，推进人才培养模式综合改革，形成特色化人才培养方案，建设高质量人才培养体系；探索书院制培养模式，成立若干战略新兴产业学院；大力推进“E+”“AI+”及其他主修+辅修（微辅修）双专业复合型人才培养模式改革，促进人才培养由学科专业单一型向多学科融合型转变；把国家安全教育和生态文明教育融入教育教学，不断提升学生的综合素质。

（五）推动科研创新

学校坚持把科技自立自强作为学校建设发展的战略支撑。坚持需求导向和问题导向，坚持“四个面向”，注重学科交叉融合，以促进科技成果转化为着力点，优化科技创新体系，打造高水平的科研平台和团队，产出大成果、促进大转化，为服务区域经济社会和行业发展提供关键技术支撑。

2006 年以来，学校新增省部级及以上科研平台 58 个，省部级以上科研创新团队 26 个，共有 234 项科研成果获得省部级及以上科技奖励。国家磷资源开发利用工程技术研究中心、磷资源开发利用教育部工程研究中心等平台相继通过验收，绿色化工过程教育部重点实验室获批，考核评估结果为良好。学校建成国家、省、学校三级成果转化机构，成果转化取得重大进展。研究设计院经济效益稳步增长。学报综合影响力显著提升，获中国高校优秀科技期刊。

学校“十四五”事业发展规划提出，要聚焦国家战略和湖北省产业布局，完整、准确、全面贯彻新发展理念，整合学校优势科研资源，优化科技创新体系，抢抓机遇，积极作为，不断提升科技创新能力和服务社会水平，为湖北和学校高质量发展提供强劲的科技支撑。要以“基础研究上水平、应用研究上规模、成果转化见效益”的总体思路，以“汇聚大团队、构筑大平台、承接大项目、催生大成果、促进大转化”的实施路径，进一步优化科研组织模式，完善知识创新、技术创新、人文社科创新、管理服务创新等四大科技创新体系。要坚持以需求为导向，围绕国家战略及湖北产业发展需要，强化我校技术、人才、服务等科技成果转移转化要素与资源的有机融合与优化配置，建立符合科技创新规律、遵循市场经济规律、具有学校特色的科技成果转化体系。有效整合校内外资源，拓宽产学研合作渠道，开拓产学研合作新模式，显著提升科技成果转移转化能力，强化服务国防建设的能力。

二、发展新际遇

党的十八大以来，高等教育进入全面提质创新、提升服务、贡献能力的发展新阶段。站在新的历史方位，学校遵循高等教育发展规律，在办学理念、办学定位、办学思路、治理体系、管理模式、人才培养模式等方面适时调整，抢抓发展机遇，努力实现与高等教育发展同频共振。

（一）“中西部工程”发展新平台

2012 年，国家发展和改革委员会、教育部决定实施“中西部高校基础能力建设工程”，重点扶持一批有特色、高水平的地方高校加快发展。学校获批“中西部工程”一期、三期项目，分别实施了武汉工程大学大化工工程教育与创新创业中心及大学生创新创业基地两个建设项目，累计获得中央预算内投资 2 亿元和省预算内投资 1100 万元，较好地改善了学校的基础能力设施和办学条件。大化工工程教育与创新创业中心已于 2016 年投入使用，大学生创新创业基地已于 2021 年 12 月开工建设。

（二）“双一流”建设高校发展新平台

2018 年 1 月 19 日，全省高校服务地方发展暨“双一流”建设动员大会召开，同时发布湖北省一流大学和一流学科建设高校和学科名单，武汉工程大学入选“国内一流学科建设高校”，化工与矿业工程获批“国内一流学科建设学科”，为学校全面深化改革、建设学科高峰、集聚人才高峰、打造办学品牌、实现综合实力的突破提供了重要战略机遇。

第三节　特色彰显　积淀深厚

一、工大精神底蕴深厚

学校创建至今已有50年历史，虽历经五秩春秋，筚路蓝缕，两易校名，然薪火相传，文脉不息。在长期的办学历程中，学校始终注重提炼和打造富有特色的大学文化。中华优秀传统文化、革命文化、社会主义先进文化和校本文化得到充分彰显；校歌、校训、校徽等富有深厚底蕴的文化符号体系日臻完善；“格物明理、致知笃行”的校训和“艰苦奋斗、自强不息”的工大精神得到传承和弘扬；武汉工程大学校徽于2006年4月7日正式公布启用；“崇尚科学、追求真理，立德树人、守正开新，追求卓越、化育天下”的办学理念蔚然成风；培育卓越科学精神和学术文化、丰富网络文化内容、优化校园育人环境成为师生自觉行动。

学校多次获得“中国石油和化学工业文化建设先进单位”“全国石油和化学工业新闻宣传先进单位”“全国模范职工之家”“全国大中专学生志愿者暑期‘三下乡’社会实践活动先进单位”“全国五四红旗团委”“团十八大以来宣传思想文化工作先进位”“湖北省文明单位”等荣誉和奖项。

二、优质人才持续输出

建校以来，学校坚持按照“立足湖北，辐射全国，服务区域经济和化工行业”的服务面向，全面提高人才培养能力，造就堪当民族复兴大任的时代新人。学校坚持人才培养中心地位，把提高人才培养质量作为办学生命线，扎实推进“两型两化”人才培养模式改革，探索研究生培养新思路，人才培养质量不断提高；生源质量稳步提升、结构不断优化，在全国招生省市全部进入一本招生；获得硕士研究生推免资格；本科教学工作审核评估得到教育部高度评价；两个学院入选省高校改革试点学院；本科生深造率超过30%。

截至目前，学校累计为国家输送各类高级专门人才20余万人，一大批毕业生已成为党政机关、企事业单位的骨干力量。仅以湖北省化工、医药行业为例，在产值1亿元以上的80余家大中型化工、医药单位中，近70%的企业主要负责人是我校毕业生，被誉为“化工高层次人才的摇篮”。据不完全统计，近年来，10余位校友入选中国工程院院士、欧洲科学院院士、国家杰出青年基金等国内外高层次人才项目。

三、教师队伍结构合理

千秋基业，人才为本。人才是高质量发展的第一资源。一流的师资是建设高水平大学的关键。2006 年以来，学校实施引育并举，盘活存量，做强增量，建立科学规范、灵活高效的人才工作机制。出台人才工作系列文件，实现了师资队伍规模、结构和质量的整体优化；推进人才引进改革，实施“年薪制”“协议制”人才引进政策；严格聘期考核，激励培养卓越师资；健全人才工作格局，完善教师发展体系，创新教师管理机制，为推动学校事业发展提供强大的人才支撑。

“十三五”以来，学校重点聚焦四个维度：提升师德建设水平、增加专任教师总量、优化师资队伍结构、提升教师专业素养。以优化师资结构为指导，分级分类统筹、健全、优化教师聘任、职称和评价制度，建立科学规范、灵活高效的人才工作机制，加快教师队伍“博士化、工程化、国际化”建设。截至 2021 年 12 月，学校教职工共计 2199 人。其中专任教师 1389 人（含辅导员 120 人），240 人具有正高职称，具有博士学位的教师人数占教师总数的 58.6%，各级各类高层次人才 235 人（次）；其他专技人员 341 人（含研究设计院 94 人）、管理岗位工作人员 380 人、工勤人员 89 人。

四、学科科研积淀深厚

学校持续巩固强化化工及相关学科科研特色优势，对照绿色发展、高质量发展需求，精准定位促整合，以化工及相关学科科研优势带动学校人才培养、学科专业等方面勇创一流，不断彰显办学特色，促进学校核心竞争力显著增强。经过 50 年的发展，特别是自 2013 年获得博士学位授予权后，学校学科体系不断优化和完善。“十三五”以来，学校坚持面向国家经济社会发展主战场、人民群众需求和世界科技发展前沿，以“立德树人、服务需求、提高质量、追求卓越”为主线，以“双一流”建设为引领，建设高水平学科建设体系。如今，学科专业已涵盖理、工、文、管等 9 个学科门类，拥有 2 个博士学位授权一级学科、1 个博士后科研流动站、23 个硕士学位授权一级学科、14 个硕士专业学位授权类别，73 个本科专业。

为发挥传统优势学科的专业优势，学校着力建设化工类、工程学类、材料科学类、环境科学类、电子信息类等符合学校发展定位和适应经济社会需求的理工类学科和专业，并呈现出了较好的发展势头，工学学科的科研能力和水平不断提升。其中化学、材料科学、工程学 3 个学科进入 ESI 学科排名全球前 1%，拥有 1 个湖北省“国内一流学科建设学科”。在 2019 软科“中国最好大学排名”中，位列第 126 位；在 USNews2021 世界大学排行榜中，位列中国内地高校 92 名，湖北省属高校首位；在全国第四轮学科评估中，化学工程与技术获评“B+”，为湖北省省属高校唯一。学校现有 5 个国家级特色专业建设点、1 个国家级专业综合改革试点项目。

与此同时，学校大力发展人文社科类专业。建设起一支结构合理、善于创新的社科人才队伍。大力推动先进文化传承和智力支撑服务，积极为党和人民述学立论、建言献策。学校加大人文社科领域省级科研平台申报与建设力度，大力推进乡村振兴、生态文明等新型特色智库建设，注重以人文社科基地等教学科研平台为依托，支持马克思主义理论研究智库建设。学校先后承担了一批国家社会科学基金重点项目、面上项目、教育部哲学社会科学攻关项目等，目前已拥有“湖北省人才发展研究中心”“企业与环境协调发展研究中心”等十余个省级人文社科重点研究基地或研究平台。

2012 年以来，学校先后承担各级各类科研项目 7250 项，其中原“973”计划、原“863”计划、国家科技支撑计划、国家重点研发计划、国家自然科学基金、国家社会科学基金、国家软科学研究计划等国家级项目 413 项，省部、市级项目 1754 项。获国家、省部、市级教学、科技成果奖 171 项，其中国家科技进步二等奖 1 项，国家技术发明奖二等奖 2 项，国家教学成果二等奖 1 项，湖北省自然科学一等奖 2 项、湖北省科技进步一等奖 7 项、湖北省教学成果一等奖等省部、市级科技奖励 159 项。获专利授权 1602 项。发表的学术论文被 SCI、EI、ISTP、SSCI、CSSCI、新华文摘、人大复印报刊资料等检索收录 6295 篇。2016–2020 年，科研入账经费共计 6.39 亿元，科研经费增幅居省属高校前列。机器人足球队共荣获 20 余项世界机器人足球大赛冠军。近年来，学校先后有化学工程与工艺、制药工程、高分子材料与工程、矿物加工工程 4 个专业通过教育部高等教育教学评估中心开展的工程教育认证。

五、对外合作日益强化

伴随着多科性大学建设的推进和国家扩招政策的实施，学校积极拓展校企、校地、校校合作。1995 年成立校友联络中心，2001 年，成立武汉化工学院校友总会。更名为武汉工程大学后，学校召开校友大会，制定《武汉工程大学校友总会章程》，选举产生校友会组织机构。2011 年，校友会在业务主管部门和民间组织管理机关正式登记注册，并召开成立大会，通过新的校友会章程，选举产生新一届的组织机构。2018 年 1 月，学校成立校友工作处。2022 年 6 月，学校撤销校友工作处，成立校友工作与合作发展处。经过 20 多年的发展，目前在全国各地和部分行业成立了 41 个校友分会，在校友与母校之间搭起了一座沟通的桥梁。学校面向社会有序开放和共享图书馆、体育馆等教育资源，发挥着独特的教育功能和文化宣传功能。

学校服务国家和地方经济发展的能力不断增强，在化学化工、生物技术、新材料新能源、信息系统等领域形成了较为明显的优势和特色，主动服务社会需求，提供人才培养、科学研究、资政建言等社会公共服务，努力为湖北省经济建设提供人才保障，大力推动政产学研用合作，促进科技成果转化和应用，积极发挥高校智库作用，先后被评为“科技服务湖北先进单位”“武汉市科技管理先进集体”。近年来，学校先后与全球 22 个国家和地区的 50 余所大学、研究机构、企业建立了新的学术交流与合作关系。获批中外合作办学项目 2 个。

学校积极推进科教融合、产教融合，签订校地战略合作协议 10 余个，建立校地校企产学研合作基地 50 余个，与武汉市、荆门市、黄冈市、潜江市、重庆市长寿区共建了产业技术研究院，牵头组建“湖北磷产业绿色发展科技创新联盟”，与兴发集团共建兴发矿业学院，与人福药业共建“制药工程”联合实验室，与省应急管理厅共同筹建武汉工程大学应急管理学院，与华为、百度等企业共建新型研发平台，实现了省内区域全覆盖、省外重点布局的空间合作格局。推进继续教育转型发展，继续教育服务区域和地方经济社会发展的能力不断增强。邮电与信息工程学院办学规模不断扩大，人才培养质量和办学效益逐年提升。

第十一章 党的建设 举旗定向

学校党委坚决贯彻落实党的教育方针政策，以政治建设为统领，坚定不移践行“两个维护”；以思想建设为根本，强化理论武装；贯彻党管干部、党管人才原则，建设高素质干部队伍。加强党员干部、师生员工的理想信念教育，健全学校党的组织体系、制度体系和工作机制，不断健全党委全面领导办学治校的各项制度。以高质量的党建引领推动学校为党育人、为国育才，开创学校党建工作新局面。

第一节 组织路线 贯彻有力

一、干部队伍建设

（一）学校领导班子建设

2006 年 2 月，经湖北省委批准，中共武汉工程大学委员会成立，何定雄任校党委书记，周应佳、叶艽任校党委副书记；吴元欣任校长，刘羽、桂昭明、冯碧元、汪建华任副校长，叶艽任纪委书记。12 月，吴元欣任校党委书记、校长。

2007 年 3 月，田辉玉、王存文任校党委常委、副校长；6 月，吴元欣任校党委书记，李杰任校长，唐敏任纪委书记，桂昭明转任正校级调研员。

2009 年 10 月，张彦铎任校党委常委、副校长。

2010 年 4 月，田辉玉改任校党委副书记。

2011 年 2 月，陈再平任校党委常委、副校长；3 月，徐慢任校党委常委、纪委书记；6 月，张文学任校党委常委、副校长；8 月，李世荣任副校级调研员。同年，冯碧元转任正校级调研员。

2013 年 3 月，涂方剑任副校级干部；7 月，王存文任校党委副书记、校长，吴锋任副校级干部。

2014 年 10 月，叶艽任学校正校级干部。

2015 年 3 月，陆培祥任副校长。

2017 年 4 月，程幼金任校党委书记。

2018 年 6 月，郑丹凤任校党委副书记；12 月，方文海任校党委常委、副校长。

2020 年 12 月，李志旭任校党委副书记，喻发全任校党委常委、副校长。

2021 年 7 月，马小龙、韩高军、吴云韬任校党委常委。

2022 年 3 月，方文海改任校党委常委、纪委书记；5 月，方文海任省监察委员会驻武汉工程大学监察专员。

2020 年 8 月，朱青林任校党委常委、副校长。

学校现任党政领导班子为：党委书记程幼金，党委副书记、校长王存文，党委副书记郑丹凤、李志旭，党委常委、纪委书记、省监委监察专员方文海，党委常委、副校长朱青林、喻发全，党委常委马小龙、韩高军、吴云韬。

（二）中层干部队伍建设

中层干部是学校各项事业发展的中坚力量，党委和行政高度重视，通过多种途径加强中层干部的能力和素质建设。一是强化制度执行，制度落实到位。严格执行《党政领导干部选拔任用工作条例》，完善干部选任制度体系，推动学校选人用人工作科学化、规范化；二是强化理论武装，教育培训到位，聚焦“七种能力”要求，实施“干部能力提升计划”，全面系统开展干部教育培训工作；三是坚持人岗相适，选拔任用到位。分层级建立干部后备库和成长档案，强化多岗位、多领域实践锻炼，做好日常调整补充，大力推动“新时代年轻干部成长工程”，实现年轻干部常态化配备目标；四是强化担当作为，责任压实到位。坚持把实干苦干和担难担责作为衡量干部的重要尺度，牢固树立“有为者有位、无为者无位”的干事创业导向。

2006 年，学校制定《2006—2010 年干部队伍建设规划》（武化党字〔2006〕10 号），全年提拔、调整 22 名中层干部。

2007 年，学校制定《中层党政领导干部选拔任用工作细则》（校党〔2007〕49 号）《中层领导人员聘任管理实施细则》（校党〔2007〕50 号），开展中层领导干部换届竞聘工作，产生了 54 个中层正职职位人选，74 个中层副职职位人选。

2008 年，校党委全年调整交流中层干部 10 人次，新提任 15 人。

2009 年，校党委全年调整交流中层干部 13 人次，新提任 10 人。

2010 年，校党委全年调整交流中层干部 18 人次，新提任 4 人。

2011 年，学校制定《中层党政领导干部选拔任用工作细则（修订）》（校党〔2011〕22 号）《中层领导人员聘任管理实施细则》（校党〔2011〕23 号），开展中层干部换届工作，全校共计 317 人次参加了 133 个岗位的竞争，新提任 42 人。

2012 年，校党委全年调整交流中层干部 10 人次，新提任 3 人。

2013 年，校党委全年调整交流中层干部 8 人次，新提任 5 人。

2014 年，校党委全年调整交流中层干部 43 人次，新提任 18 人。

2015 年，学校制定《中层党政领导干部选拔任用工作细则（修订）》（校党〔2015〕17 号）

《中层领导人员聘任管理实施细则（修订）》（校党〔2015〕18号），进一步规范中层党政领导干部选拔任用工作，提高选人用人工作科学化、制度化、规范化水平。校党委开展中层干部换届工作，设中层领导人员职数145个，全年调整交流中层干部38人次，新提任47人。

2016年，校党委全年调整交流中层干部7人次，新提任1人，协助省委组织部完成1名省属高校党委书记和1名党外副校级干部的推选。

2017年，校党委全年调整交流中层干部31人次，新提任7人。

2018年，校党委全年调整交流中层干部50人次，新提任24人。

2019年，为进一步贯彻落实《党政领导干部选拔任用工作条例》，校党委开展中层干部换届工作，设置机关职能部门24个、直属单位6个、学院（部）19个，设置中层正职职数72个、中层副职职数109个，并制定《中层干部队伍建设规划（2019—2023）》（武工大党发〔2019〕66号），全年新提任48人。

2020年，校党委号召全校中层干部深入抗疫斗争一线担当作为，坚持把在疫情防控斗争中的表现作为考察、识别、锻炼领导班子和领导干部的重要依据。

2021年，校党委全年调整交流中层干部32人次，新提任36人。

截至2022年6月初，学校有中层干部182人（含常委3人），其中正职72人，副职110人。

（三）管理人员队伍建设

2006年以来，学校按照“高水平、高学历、高素质”的管理干部队伍建设要求，进一步优化队伍结构。

学校积极推进管理岗位设置制度。2008年，广泛开展岗位设置改革的调查研究，深入各二级单位调研，核定人员编制，组织起草岗位设置与管理的相关文件，明确部门职能与内设机构岗位职责，为新一轮人事制度改革奠定基础；2009年，受省教育厅的委托，学校参与《湖北省高等学校工作人员两类岗位任职实施细则》起草工作，编制学校机构职能、人员编制、岗位职责，制定岗位设置与聘用相关政策，完成了实施方案的报批。2010年，学校启动首次岗位设置与人员聘用工作，按照“总量控制、优化结构、精干高效、协调发展”基本原则和“统筹考虑、稳步实施、制度入轨、逐步到位”工作思路，于2011年上半年完成了管理、专业技术和工勤三类人员的全员岗位设置聘用工作。作为湖北省属三个试点高校之一，完成了管理人员的岗位设置分级工作。此后先后七次开展管理人员岗位设置分级聘用工作，分级范围涵盖三至十级管理岗位，为管理人员的职业成长空间提供了新的发展通道。

2019年，学校开展定编、定岗、定责的调查研究，完成岗位聘用条件、岗位考核标准的前期调研与意见征集，制定《教职工岗位设置与聘用管理办法》，实现人员分类分级管理、岗位绩效量化考核。2021 年底，学校有管理人员 380 人，教辅人员 247 人，工勤人员 89 人。管理人员中，博士 74 人，占 19.95%；硕士 159 人，占 42.86%；40 岁及以下干部 159 人，占 42.86%。学校的干部队伍更加年轻，学历层次明显提升，专业结构更加合理，人员队伍呈现出知识化、年轻化、专业化的发展态势。

2022 年 1 月，学校正式印发《岗位聘用与管理实施办法》《管理岗位聘用与管理实施细则》，新政策按人员类别及聘用岗位制定了相应的聘任条件及聘期考核任务，厘清了学校与二级单位在岗位聘用方面的职责，构建起校内两级管理体制，通过聘期考核可实现“能上能下”的岗位聘用管理机制。

二、基层组织建设

1. 基层党组织设置和调整

2006 年，学校党委下设分党委 13 个（经济管理学院党委、外语学院党委、理学院党委、材料科学与工程学院党委、机械工程学院党委、电气信息学院党委、环境与城市建设学院党委、计算机科学与工程学院党委、化工与制药学院党委、邮电与信息工程学院党委、研究设计院党委、机关党委、离退休教职工党委），党总支 6 个（政治与法律学院党总支、职业与成教学院党总支、后勤党总支、图书馆党总支、研究生党总支、艺术设计学院党总支），直属党支部 3 个（体育部直属党支部、校医院直属党支部、工程实践教学中心直属党支部）。

2007 年，撤销政治与法律学院、艺术设计学院和职业与成教学院党总支，均设置为党委，设置国际学院直属党支部，撤销研究生党总支。学校下设分党委增加至 16 个，党总支减少至 2 个，直属党支部增加至 4 个。

2009 年，设置国际学院党总支。学校党委下设分党委 16 个、党总支 3 个、直属党支部 3 个。

2010 年，学校开始施行大部制改革，工程实践教学中心并入教务处，撤销工程实践教学中心直属党支部，设置教务处党总支。学校党委下设分党委 16 个、党总支 4 个、直属党支部 2 个。

2011 年，学校继续推行大部制改革，由于部分机构发生了调整和变化，基层党组织的设置也相应进行了调整，撤销了校医院直属党支部，设置总务处党总支，撤销后勤党总支，设置工大集团党总支；另外，设置马克思主义学院党委和国家磷资源开发利用工程技术研究中心直属党支部。至 2013 年，学校党委共下设分党委 17 个、党总支 5 个、直属党支部 2 个。

2014 年，设置化学与环境工程学院党委，撤销国家磷资源开发利用工程技术研究中心直属党支部。至 2016 年，学校共下设分党委 18 个、党总支 5 个和直属党支部 1 个。

2017 年，设置环境生态与生物工程学院党委，撤销总务处党总支、工大集团党总支，设置后勤保障处党总支。学校党委共下设分党委 19 个、党总支 4 个、直属党支部 1 个。

2018 年，设置兴发矿业学院党总支。学校党委共下设分党委 19 个、党总支 5 个、直属党支部 1 个。

2019 年，撤销兴发矿业学院党总支，设置兴发矿业学院党委；撤销国际学院党总支，设置国际学院直属党支部；撤销教务处党总支；撤销继续教育学院党委，设置继续教育学院党总支；设置资产经营管理有限公司直属党支部；撤销计算机学院党委，设置计算机学院、人工智能学院党委；撤销兴发矿业学院党委，设置兴发矿业学院、资源与安全工程学院党委。

2021 年，撤销资产经营管理有限公司直属党支部，设置武汉工大资产经营管理有限公司直属党支部。至 2022 年，学校党委共下设分党委 19 个、党总支 3 个、直属党支部 3 个。

2. 发挥基层党组织政治功能

在选优配强基层党组织班子、强化政治功能方面，学校选优配强院系领导班子，强化院系党组织政治功能，推进党建与中心工作深度融合，充分发挥基层党组织政治功能，取得良好成效。2018 年以来，5 个支部获批“全国党建工作样板支部培育创建单位”。

2018 年，化工与制药学院教工第一党支部，获批教育部首批“全国高校党建工作样板支部”，并于 2020 年顺利通过验收，相关经验做法在全国高校思政网报道。

2020 年，机电工程学院化工机械学部党支部、环境生态与生物工程学院学生党支部获批教育部第二批“全国高校党建工作样板支部”，并于 2022 年顺利通过验收，相关经验做法在全国高校思政网报道。

2022 年，管理学院管理科学与工程系党支部、法商学院学生第二党支部获批教育部第三批“全国高校党建工作样板支部”。

2006—2021 年全校党员情况统计表

年份	年底党员总数	教工党员数			学生党员数			当年发展党员数		
			在职教工党员数	离退休党员数		本科生党员数	研究生党员数		发展教工党员数	发展学生党员数
2006	3112	982	769	213	2130	1853	277	1653	52	1601
2007	3333	1033	813	220	2300	2011	289	1741	28	1713
2008	3763	1084	862	222	2679	2274	405	1971	30	1941
2009	4267	1109	879	230	3158	2637	521	2330	16	2314
2010	4542	1139	888	251	3403	2784	619	2665	14	2651
2011	5096	1291	1035	256	3805	3085	720	2922	16	2906
2012	6381	1364	1093	271	5017	4248	769	2806	28	2778

续表

年份	年底党员总数	教工党员数			学生党员数			当年发展党员数		
			在职教工党员数	离退休党员数		本科生党员数	研究生党员数		发展教工党员数	发展学生党员数
2013	6118	1410	1140	270	4708	3917	791	2142	24	2118
2014	5380	1513	1224	289	3867	3115	752	1657	25	1632
2015	4940	1576	1284	292	3364	2580	784	1539	10	1529
2016	4731	1670	1369	301	3061	2275	786	1394	7	1387
2017	4516	1682	1367	315	2834	2025	809	1331	9	1322
2018	4597	1752	1453	299	2845	1993	852	1317	10	1307
2019	4803	1836	1536	300	2967	2002	965	1385	15	1370
2020	5087	1911	1602	309	3176	2072	1104	1419	10	1409
2021	6638	2031	1725	306	4607	3006	1601	2831	24	2807

第二节　思政建设　精进臻善

一、主题教育活动走深走实

“两访两创”活动。2011 年，学校细化“交流思想、立德树人、尊师爱生、创先争优、促进和谐、推动发展”等六方面的主要任务。活动安排把校领导、机关、群团、直属单位领导联系到各个学院，各学院精心安排教师和学生“一对一”的访谈交流。截至同年 11 月 30 日，教师访谈学生的情况是：学生总数是 18190 人，参加访谈的教师数是 977 人，参加访谈的教师数占教师总数的 97.02%，被访谈的学生数是 17836 人，被访谈的学生数占学生总数的 98.05%，被“一对一”访谈的学生数是 16638 人。学校在校园网主页上开辟了活动专栏，刊登活动简讯 60 多则。校园网在“学校要闻”“新闻中心”等醒目位置宣传报道“两访两创”活动，活动成效明显。

“三严三实”专题教育活动。2015 年，制定《“三严三实”专题教育实施方案》，在全校范围内进行了宣传和动员。以个人自学、召开专题教育座谈会、专题教育党课等形式完成了 3 个专题研学。召开座谈会、走访调研、发放调查问卷等形式，共梳理问题 22 条。认真召开专题民主生活会，通过批评与自我批评，查摆“不严不实”问题，提出切实可行的整改方案，收到了良好的效果。

“两学一做”专题学习教育活动。2016 年，校党委中心组进行了 9 次集中学习研讨，组织全校 32 个单元的教职工政治理论学习和党员组织生活，安排 4 个单元主题党日活动。

在"两学一做"学习教育过程中突出落实重点专项工作，排查在册失联党员；选拔 3 名优秀青年博士参加第五批博士服务团，学校连续四年获"博士服务团工作先进单位"；选派 6 名干部教师进驻赤壁市赤壁镇驻点村开展精准扶贫活动，学校领导多次带队赴对口扶贫村调研慰问，驻村工作组 1 名同志受到省高工委表彰。

"不忘初心、牢记使命"主题教育活动。2019 年，学校围绕"四个贯穿始终"，推进主题教育走心走深走实。邀请湖北省委党校副校长张继久作专题辅导报告。校党委书记带领全体中层及以上领导干部赴中共五大会址开展革命传统教育和警示教育。广泛深入一线开展调研，形成专项调研报告 7 项，开展校院两级调研 222 次，整理收集问题 267 个，查找检视问题 683 个，其中校级层面 108 个，校领导班子成员主动领办 36 个，完成整改问题 95 项。

"党史学习教育"主题活动。2021 年，学校组织校党史学习教育读书班研学 5 次、"四史"专题学习 4 次。开展"四史为根、党史为魂、校史为荣"宣讲活动，校"党的创新理论"宣讲团为师生做专题报告 20 余场，全校党员职工参观红色教育基地 40 余次。承办全省"理论热点面对面"示范点"五送"惠民首场活动，被新华社、人民日报等重要媒体转载。校党委班子成员领办的 21 件实事项目已经全部办结，全校党员干部"销号式"领办实事项目 410 件。

二、思政工作成效显著

多年来，学校高度重视思想政治教育工作，建立了完善的领导体制和工作机制，构建大思政工作格局，收获显著成效。

2007 年，学校获"湖北省大学生思想政治教育工作先进高校"荣誉称号，学生工作部、团委、政法系、化工与制药学院党委被授予"湖北省高校大学生思想政治教育工作先进基层单位"称号，5 名同志被授予"湖北省高校思想政治教育先进工作者"称号。

2009 年，学校政治与法律学院分党委、邮电与信息工程学院团委、学生工作部（学生处）被授予"湖北省高校大学生思想政治教育工作先进基层单位"称号，6 名同志被授予"湖北省高校思想政治教育先进工作者"称号。同年学校召开思想政治理论课教学改革领导小组会、"加强党建与思想政治工作"专题调研座谈会。

2010 年，学校举行湖北省高校思想政治理论课教研工作会议，思想政治理论课教学和科研工作迈上新台阶。

2011 年，学校获"湖北省大学生思想政治教育工作先进高校"荣誉称号，化工与制药学院党委、大学生心理健康教育中心被授予"湖北省高校大学生思想政治教育工作先进基层单位"称号，5 名同志被授予"湖北省高校思想政治教育先进工作者"称号。

2013 年，学校获"湖北省思想政治教育先进高校"荣誉称号；校党委宣传部、马克

思主义学院党委、材料科学与工程学院党委被授予“湖北省高校思想政治教育工作先进基层单位”称号；6名同志被授予“湖北省高校思想政治教育先进工作者”称号。

2015年，印发《关于进一步加强校园网络建设和管理工作的意见》。开展“法制教育和道德建设活动月”活动。以“识读工大”“品味工大”“热爱工大”为版块，开展新生入学教育，组织专题教育30余场。举办“微特讲坛、四进四信”等主题教育活动80余场。

2016年，学校召开党委常委会会议及思想政治理论课专题会议研究部署加强学校思政课建设工作。开展80余场“微特讲坛”“百生讲坛”“四进四信”演讲等主题教育活动。制定出台《关于落实意识形态工作责任制的实施细则》，官方微博获湖北省网络文化建设十佳微博奖，微信公众号荣登腾讯高校微信“中部明星榜”。

2017年，学校召开思想政治工作会议，作题为《坚持立德树人根本任务奋力开创学校思想政治工作新局面》工作报告。印发《中共武汉工程大学委员会关于加强和改进新形势下思想政治工作的实施意见》。成立十九大精神宣讲团，形成校党委常委、二级党组织负责人、宣讲团专家学者三级宣讲体系。举办中层干部及支部书记培训班，推动党的十九大精神进网络、进课堂、进头脑。邀请湖北省副省长等领导、专家来校作辅导报告12次。印发《党委、分党委（党总支、直属党支部）理论学习中心组学习管理办法》，进一步推进理论学习中心组学习制度化、规范化。同年获“湖北省高校教职工思想政治工作案例特色奖”。

2018年，学校就习近平新时代中国特色社会主义思想和党的十九大精神开展了大宣讲和集中研学，校领导班子全年宣讲40余次。举办习近平新时代中国特色社会主义思想和党的十九大精神学习培训班6次。组织实施“百生讲坛”思想引领活动1000余次。学校学子获“百生讲坛”比赛特等奖1项。《“1+X”全程导师制：打通“三全育人”最后一公里》入选教育部“三全育人”综合改革试点拟遴选项目，学校入选教育部“三全育人”综合改革试点拟遴选单位。2名学生入选省第五期“青马工程”培训班。学校获“2018年度全省共青团工作先进单位”。出台《新闻宣传工作规定》《舆情处置工作管理办法》《中共武汉工程大学委员会抵御渗透和防范校园传教工作实施细则》。

2019年，组织全校师生收听收看纪念五四运动100周年大会和新中国成立70周年大会。开展中国特色社会主义、中国梦宣传教育和社会主义核心价值观教育活动219场、爱国主义教育升旗仪式43场。校党委书记和校长担任大型思政公选课《加油中国》课程主讲。校党委书记为学校“青年马克思主义培养工程”学员讲授专题党课。优化“一院一品”思政品牌创建工作，开展“一月一主题”创建活动，打造院级学生工作品牌15项。举办“诚信感恩新时代，献礼建国70年”等主题活动24场。遴选33名优秀党员成立第一期“许志伟”党员示范班。辅导员队伍获批湖北省人文社科项目2项、学生工作和实践育人精品项目7项、重大资助项目2项。2人次获得省级辅导员素质能力大赛奖项。2名学生入选全国“大学生自强之星”，2 名学生入选省“青马工程”，1 名学生荣获“湖北省优秀共青团员”，1 名学生荣获“长江学子创新奖”，4 名学生入选“西部计划”。组织申报的《武汉楚文化》新媒体作品获“湖北省礼赞新中国成立 70 周年 2019 网络视听作品大赛”优秀作品奖，学校获最佳组织单位。荣获《中国教育报》“高校教育新闻宣传先进单位”、中国教育在线 2019 年“全国网络影响力 50 强本科高校”、团中央“团十八大以来宣传思想文化工作先进单位”。

2020 年，学校召开宣传思想政治工作会，会议作题为《立德树人　守正开新　奋力开创学校宣传思想政治工作新局面》工作报告。将习近平新时代中国特色社会主义思想和党的十九届四中、五中全会精神、习近平总书记关于教育工作的重要论述列入党员干部教育培训的必修课程，用党的创新理论凝心聚魂。成立十九届五中全会精神宣讲团，全校共计开展理论宣讲 110 余场，推动党的创新理论不断走深走心走实。“青年大学习”参学率位居省属高校前三。

2021 年，学校获“中国石油和化工行业党建思想政治工作先进单位”荣誉称号。组织召开思想政治理论课（马克思主义学院）建设工作领导小组会议。实施“一院一导师”活动，选派思政课教师与学院结对。组织实施“百生讲坛”思想引领活动 21 场，参学 2 万人次，“青年大学习”参学 55 万人次，实现在校师生学习全覆盖。调整“一院一品”创建思路，扶持建设学院特色项目 16 项。实施辅导员“青蓝培育工程”，为新入职辅导员一对一配置指导老师。获教育部、湖北省首批课程思政示范项目各 1 项，2 名教师获 2021 年全国高校化工类课程思政能力大赛一等奖。1 名学生获评中宣部、教育部联合评选的 2021 年“全国最美大学生”，为湖北省唯一。1 名学生获评 2020 年度“中国大学生自强之星”，1 名学生获评第七届“长江学子”大学生就业创业人物。

三、课程建设优质发展

多年来，学校积极探索课程思政建设经验，推进课程思政建设向纵深发展。

2005 年，学校将大学生形势与政策教育纳入思想政治理论课程体系，成立大学生形势与政策教研室，由学工部负责组织课堂教学，以形势与政策导论、国内重大时事解读、台海局势、世界政治经济发展形势四个专题组织课堂教学。

2006 年，“形势与政策大讲坛”邀请华中科技大学杨叔子院士作专题报告，学生反响热烈。

2008 年，学校组建思想政治理论课本科教学团队，要求全体学生切实做到“真学、真懂、真信、真用”。

2009 年，学校把科学发展观有机融入形势与政策课的教学体系，并成立直属学校领导的思想政治理论课部，与法商学院合署办公，承担全校马克思主义理论课的教育教学任

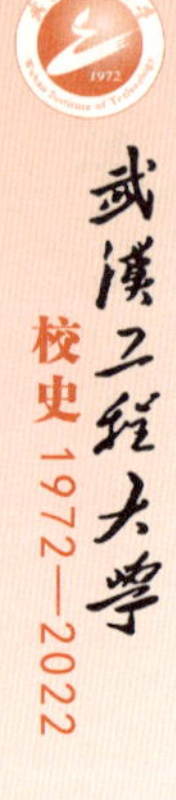

务。同年推行思想政治理论课“大实践”。

2010年，思想政治理论课中4门必修课已有3门建成精品课程，其中省级精品课程1门、校级精品课程2门。形势与政策教研室积极申报校级重点建设课程，并于2011年获批，为课程建设提供了新平台。

2011年3月，根据中宣部、教育部的指导要求，学校成立马克思主义学院，将思想政治理论课部和形势与政策教研室划归学院管理。

2013年，开设“大学生廉洁文化”专题课程，实现了课程“进教材、进课堂、进头脑”并延续至今。

2014年，舒先林教授结合学校能源化工学科优势和专业特色，以生态文明和国家安全为视角，开设思政公开课《谁来给中国“加油”——中国石油安全的困境与出路》，获评当年度湖北省精品视频公开课。

2015年，《加油中国》课程被评为国家级精品视频公开课，在“爱课程”网站和“网易公开课”免费开放。

2018年，制定《教职工政治理论学习管理办法》《关于进一步加强新时代思想政治理论课建设工作方案》，全方位构建理论宣讲工作体系，围绕理论热点，抓住时间节点，探索内容丰富、形式新颖的理论宣讲模式。

2019年，按照新内容、新模式、新机制打造的思政公选课《加油中国》，开课两季后于2021年7月获评湖北省一流本科课程。

2020年，学校选聘理论宣讲团成员，聘请校内政治素质好、理论功底深、政策水平高、表达能力强的领导干部和长期从事思想政治理论课、哲学社会科学课程等教育教学的相关教师，组建了“党的创新理论”宣讲团。

2021年7月，《加油中国》《思想政治理论课实践》7月获评省级一流本科课程。获批省级一流本科课程。马克思主义学院教师不断加强教学改革和教研力度，承担教研项目20多项，出版网络思政和实践教学等方面著作5部、发表教研论文近30余篇，获省级教学成果奖4项；9人次入选省高校中青年马克思主义理论家培育计划，1名教师获建党百年湖北省高校“优秀党员”荣誉。

四、思政队伍巩固壮大

多年来，学校积极加强思想政治教育队伍建设，形成教书育人、管理育人、服务育人的良好氛围和工作格局。

1. 思政课教师

截至2022年7月，马克思主义学院有54名专任教师，其中教授11人，副教授19人，享受湖北省政府特殊津贴1人，湖北省高等学校马克思主义中青年理论家培育计划11人，湖北省新世纪高层次人才工程第三层次人才 2 人，湖北省高校思想政治教育工作先进工作者 8 人，校级教学名师 5 人。专任教师中具有博士学位的教师 39 人，比例增加到约 72.2%，具有高级职称教师的比例达到 55.6%。另，学校有兼职思政课教师 26 人，主要从事形势与政策课程的教育教学工作。

2. 辅导员

截至 2022 年 6 月，学校学工队伍（含学工部、校团委、研工部）共计 110 人，其中少数民族辅导员 1 人。学校专职辅导员男性 48 人，女性 45 人；初级职称 24 人，中级职称 37 人；硕士及以上学位占比 100%，其中博士研究生 2 人；少数民族辅导员学士及以上学位占比 100%。

第三节　三次大会　续写新章

一、武汉工程大学第一次党代会

2007 年 6 月 17—19 日，中共武汉工程大学第一次代表大会胜利召开。出席大会的代表 179 人，代表全校 3613 名党员。大会选举产生中共武汉工程大学第一届委员会常委（按姓氏笔画排列）：王存文、叶芃、田辉玉、冯碧元、李杰、吴元欣、汪建华、唐敏。校党委书记作题为《用科学发展观统领全局，坚持走内涵发展的道路，为建设教学研究型大学而努力奋斗》的工作报告。

大会提出的总体目标：坚持“规模、质量、结构、效益”协调发展的原则，按照“质量立校、科技强校、人才兴校、突出特色，协调发展”的办学思路，在全面实现学校“十一五”事业发展规划提出的战略目标的基础上，到 2011 年，建设成为工、理、管、经、文、法等学科协调发展，化工及相关学科特色鲜明的多科性大学，为实现由教学型大学向教学研究型大学转变打下坚实基础。

二、武汉工程大学第二次党代会

2012 年 6 月 14—17 日，中共武汉工程大学第二次代表大会胜利召开。出席大会的代表 179 人，代表全校 3420 名党员。大会选举产生了中共武汉工程大学第二届委员会委员，选举王存文、田辉玉、李杰、吴元欣、汪建华、张文学、张彦铎、陈再平、徐慢为中共武汉工程大学第二届委员会常委（按姓氏笔画排列），吴元欣当选为书记，李杰、田辉玉当选为副书记，选举产生中共武汉工程大学第二届纪律检查委员会委员。校党委书记作题为《坚持科学发展观　提升核心竞争力　为建设高水平教学研究型大学而奋斗》的工作报告。

大会提出总体目标：把学校建成整体水平居省属高校前列、部分学科国内先进并在国际上有一定影响的高水平教学研究型大学，大踏步朝着“到建校50周年时，在全国高校排名中，工科进入前100名，综合实力进入前200名，在湖北省内进入省属高校前3名”的目标迈进。

三、武汉工程大学第三次党代会

2021年7月7—9日，中共武汉工程大学第三次代表大会胜利召开。出席大会的代表194人，代表全校3629名党员。大会选举产生中共武汉工程大学第三届委员会委员、选举马小龙、王存文、方文海、李志旭、吴云韬、张彦铎、郑丹凤、徐慢、韩高军、喻发全、程幼金为中共武汉工程大学第三届委员会常委（按姓氏笔画排列），程幼金当选为书记，王存文、郑丹凤、李志旭当选为副书记，选举产生中共武汉工程大学第三届纪律检查委员会委员。校党委书记作题为《立德树人　守正开新　争创一流　为全面建成特色鲜明的高水平教学研究型大学而努力奋斗》的工作报告，提出“崇尚科学、追求真理，立德树人、守正开新，追求卓越、化育天下”的办学理念、“学科为首、学者为大、学生为本、学术为基、学风为范”的价值理念；要营造“以学为宗、以师为主、以生为本、以创为魂、以和为贵、以校为荣”的办学氛围，矢志求真求善求美、执着大爱大气大为，使之成为激励广大师生员工奋斗的不竭动力。

大会提出的总体目标：全面建成化工及相关学科特色鲜明、多学科协调发展的高水平教学研究型大学。创造性提出新阶段“三步走”的目标构想，即2025年实现第一阶段目标，完成湖北省“国内一流学科建设高校”的建设任务，进入湖北省“国内一流大学建设高校”行列，学校综合实力进入湖北省属高校前列；2030年实现第二阶段目标，完成湖北省“国内一流大学建设高校”的建设任务，学校综合实力稳居于湖北省属高校前列；2035年实现第三阶段目标，全面建成化工及相关学科特色鲜明、多学科协调发展的高水平教学研究型大学，达到国家“世界一流学科建设高校”水平。实现新发展阶段发展目标，要遵循“一二三四五六”发展思路，并提出“八个聚焦”“八个更高”的实施路径。

第四节　牢记使命　从严治党

一、党风廉政建设责任制

1998年，学校成立落实党风廉政建设责任制领导小组。每年初，校纪委向全校发布当年学校党风廉政建设工作要点，对党风廉政建设任务进行责任分解。2000年以来，学校党政领导每年与二级单位党政主要负责人签订党风廉政建设责任书，责任书的具体内容和检查考核标准根据实际，每年度进行有针对性的调整。学校成立检查考核组，每年年底对各二级单位落实党风廉政建设责任制情况进行检查考核。2006 年 12 月，学校向全省高校党风廉政建设工作座谈会提交了《切实抓好领导干部廉洁自律，推动党风廉政建设和反腐败工作深入开展》的经验交流材料。2010 年 4 月，在全省高校第十八次党建工作会议上，学校以《加强党风廉政建设，保障学校科学发展》为题作代表发言。

党的十八大以来，随着党委主体责任和纪委监督责任“两个责任”和纪检监察工作“三转”要求的提出，学校党风廉政建设进入新的历史时期。2015 年 7 月，学校印发《关于落实党风廉政建设党委主体责任纪委监督责任的实施办法（试行）》，进一步细化“两个责任”内容。2016 年 9 月，学校印发《党风廉政建设主体责任清单》。2017 年 9 月，学校成立全面从严治党主体责任领导小组。同年 11 月，学校印发《落实党风廉政建设主体责任全程纪实管理办法》。2018 年 7 月，学校印发《全面从严治党巡察工作实施办法（试行）》。2019 年 11 月起，每年对学校政治生态进行分析研判。2020 年 6 月，学校建立中层及以上领导干部廉政档案并动态更新。2021 年 12 月，学校印发《加强对“一把手”和领导班子监督的实施意见》，校纪委印发《关于加强对“一把手”和领导班子监督的实施办法（试行）》。

二、党风廉政宣传教育

学校党委坚持以党风廉政建设宣传教育为先导，以领导干部为重点，面向全体党员和广大师生，广泛深入地开展教育，形成了多渠道多层次的教育长效机制，教职工遵规守纪、廉洁自律、实干担当的思想自觉和行动自觉不断增强。

2006 年 6 月，学校制定《关于贯彻落实〈建立健全教育、制度、监督并重的惩治和预防腐败体系实施纲要的实施办法〉》，明确把反腐倡廉宣传教育纳入党委宣传教育总体部署，形成党委统一领导，党政齐抓，宣传、纪检监察、组织、人事、学工等部门和工会、共青团等组织共管的宣传教育工作格局。学校坚持把党风廉政建设列入校、院（部）两级中心组理论学习的重要内容，坚持把反腐倡廉宣传教育寓于科学发展观学习实践、“三严三实”专题教育、“两学一做”学习教育、“不忘初心、牢记使命”主题教育、党史学习教育以及领导干部作风建设、师德师风教育之中。

学校定期召开纪检监察工作会议、党风廉政建设工作会议，总结、部署学校党风廉政建设工作。每年一个主题开展党风廉政建设宣传教育月活动，截至2021年已连续开展22届。

2011 年 5 月，学校成立“廉政文化研究所”，开展廉政文化进校园及加强大学生廉洁教育方面的课题研究。

2012 年 5 月，学校制定《廉洁文化进课堂工作方案》，在全省高校中率先将廉洁教育体系纳入大学生课堂教学内容。学校申报的“大学生廉洁教育进课堂”被列为 2012 年全省纪检监察系统特色工作项目。2013年2月，学校出版《大学生廉洁文化简明教程》（2017年1月修订再版）。

2018年7月，学校印发《纪检监察宣传教育"十进十建"工作方案》，启动党规党纪和宪法、监察法等法律法规宣传教育"十进十建"活动，每年定期开展。2019年9月，学校进行大学生廉洁教育教学改革，将大学生廉洁教育纳入校园公选课、党校学习规划、入党积极分子培训班学习内容。

2020年7月，学校在全省深化高校纪检监察体制改革推进会上，以《严格执行监督执纪规则着力提升案件查办质效》为题作经验交流。

2021年4月，学校提交《高校项目建设管理方面存在的问题及治理措施调研报告》，荣获全省纪检监察优秀调研成果奖；报送的案件卷宗在全省高校"案件质量评审"大评比活动中获得优秀。

学校纪检监察工作多次得到上级组织的肯定和表彰。2006年，学校被湖北省委、省政府授予"全省纪检监察工作先进集体"荣誉称号；2006—2020年，2名纪检干部受到中纪委、监察部嘉奖，1名纪检干部获得全省纪检监察信访举报工作业绩突出个人；2020年，学校纪委获全省纪检监察机构2019年度工作考核优秀单位。

三、反腐倡廉体系建设

（一）防控机制

2006年6月，学校制定《关于贯彻落实〈建立健全教育、制度、监督并重的惩治和预防腐败体系实施纲要的实施办法〉》，为构建反腐倡廉制度体系作出了具体规划。

2008年11月，学校制定《反腐败抓源头工作实施意见》。同年12月，学校制定《关于贯彻落实〈建立健全惩治和预防腐败体系2008—2012年工作规划〉实施办法》。

2010年12月，学校召开廉政风险预警防控工作布置会，制定《廉政风险预警防控工作实施细则》，对二级单位、岗位进行廉政风险排查。

2015年6月，学校在二级学院设置纪委书记，由学院党委副书记兼任。同年8月，学校组织全校正处级及以上干部填报领导干部党风廉政基本信息。

2020年9月，学校在各二级党组织设置纪检委员，原则上由副书记兼任。同年10月，学校印发《纪检监察体制改革实施方案》，启动纪检监察体制改革。

（二）制度建设

学校始终坚持将制度建设贯穿与廉政风险防控体系建设的全过程，并与建立现代大学制度相衔接，对促进规范管理，推进党风廉政建设起到了很好的作用。

集体决策方面，学校制定《中共武汉工程大学委员会常务委员会会议议事规则》《校长办公会议事规则》等制度；

信息公开方面，学校制定《中共武汉工程大学委员会关于推行党务公开的实施办法（试行）》《校务公开暂行办法》《信息公开实施细则》等制度；

财务管理方面，学校制定《票据管理办法》《科研项目会议费差旅费和咨询费管理暂行办法》等制度；

选人用人方面，学校制定《中层党政领导干部选拔任用工作细则（修订）》《科级干部选拔任用工作办法》等制度；

招生考试方面，学校制定《外省艺术设计类专业招生、考试管理办法（试行）》《本科生招生计划分配管理办法》等制度；

科研管理方面，学校制定《科研项目结余经费管理实施细则》《科研项目会议费差旅费和咨询费管理暂行办法》等制度；

招标采购方面，学校制定《招标与采购管理办法》《招标采购评审专家管理办法》等制度；

公务消费方面，学校制定《关于禁止公款旅游的规定》《公务接待实施办法（试行）》等制度；

国有资产方面，学校制定《国有资产管理办法（修订）》《国有资产处置管理办法（修订）》等制度；

后勤基建方面，学校制定《建设工程变更管理实施细则（试行）》《教职工公费医疗管理办法》等制度。

（三）专项清理

为预防和惩治腐败，学校组织开展了一系列专项治理和监督检查工作。2006 年，组织开展治理商业贿赂专项工作。2009 年，学校组织开展公车管理使用情况的清理检查和“小金库”专项治理工作。2010 年，学校组织开展工程建设领域突出问题专项治理。2013 年，学校组织开展会员卡清退活动。2014 年，学校组织开展公款组织休养旅游活动、违规操办婚丧嫁娶事宜专项治理及办公用房使用管理专项检查。2015 年，学校组织开展学校内部食堂违规公款消费问题、违规发放津补贴或福利问题、财务票据、党员干部带彩娱乐问题、办公用房使用管理等专项治理，对领导干部多占政策性住房进行清理规范。2016 年，学校组织开展财务专项检查。2019 年，学校组织开展定点扶贫资金使用情况监督检查。2020 年，学校开展驻村帮扶项目资金管理使用情况监督检查。

（四）作风建设

学校认真贯彻中央和省委关于作风建设的部署要求，深入推进作风建设，促进领导干部勤政廉政。2009 年 9 月，组织开展“作风建设年”活动。2012 年 4 月，学校印发《“三抓一促”活动方案》，开展以“抓干部作风　抓师德师风　抓校园环境　促学校发展”为主要内容的“三抓一促”活动。同年 10 月，学校印发《“千人评机关”活动实施方案》，连续6年开展以群众评价、师生满意为导向的“千人评机关”活动。2013年3月，学校印发《关于改进工作作风密切联系师生的实施办法》，要求学校党员干部严格遵守中央“八项规定”精神和省委“六条意见”。同年5月，学校印发《民主评议政风行风工作实施方案》，抓行评促校风。2019年3月，学校启动实施集中整治形式主义官僚主义“三年行动”。

2021年4月，学校印发《关于开展常态化调查研究的实施意见》，大兴调查研究之风；同年10月，印发《关于推进“清廉学校”建设的实施方案》，深入推进“清廉学校”建设工作；同年12月5日，省纪委监委网站以“武汉工程大学构建‘五清’体系打造清廉学校建设全景图”对学校工作进行报道。

第五节 统一战线 同心协力

一、统战基层组织基本情况

学校统一战线工作2010年前由党委组织部负责组织实施，2011年到2017年，由组织人事部负责组织实施。2016年4月，成立了统一战线工作领导小组，后调整为统一战线工作委员会，下设办公室和民族团结教育工作领导小组和抵御渗透和防范校园传教工作领导小组。2017年8月，单独设置党委统战部。

2016年4月，学校制定《关于进一步加强统一战线工作的意见》（校党〔2016〕23号），就进一步加强新形势下学校统一战线工作作出安排。2021年12月，学校制定《关于加强新时代统一战线工作的实施意见》（武工大党发〔2021〕67号）《党员领导干部与党外人士联谊交友实施办法》武工大党发〔2021〕68号）《二级党组织统战工作实施办法》（武工大党发〔2021〕69号），全面贯彻落实《中国共产党统一战线工作条例》精神，进一步压实了二级党组织的主体责任。

学校有中国国民党革命委员会（简称“民革”）、中国民主同盟（简称“民盟”）、中国民主建国会（简称“民建”）、中国民主促进会（简称“民进”）、中国农工民主党（简称“农工党”）、中国致公党（简称“致公党”）、九三学社7个民主党派成员。

学校成立有民盟武汉工程大学委员会、九三学社武汉工程大学委员会、民建武汉工程大学支部和民进武汉工程大学支部4个民主党派基层组织；成立有武汉工程大学归国华侨联合会（简称“侨联”）、武汉工程大学党外知识分子联谊会（简称“知联会”）和武汉工程大学留学人员联谊会（简称“欧美同学会”）3个有统战性质的群团组织。

1988年8月，九三学社武汉化工学院小组成立；1989年12月，升格为九三学社武汉化工学院支社。2011年11月，经九三学社湖北省委员会批准，成立九三学社武汉工程大学支社委员会，陈明芳当选主任委员。2016 年 12 月委员会换届，选举产生第二届九三学社武汉工程大学支社委员会，陈明芳连任主任委员；2021 年 10 月，选举产生第三届九三学社武汉工程大学支社委员会，陈明芳连任主任委员，现有社员 41 人。

1988 年 4 月，民盟武汉化工学院支部成立，崔广民当选支部委员会主任委员；1992 年 9 月，选举产生第二届支部委员会，王其林当选主任委员；1996 年 12 月，选举产生第三届支部委员会，王其林连任主任委员；2000 年 5 月，选举产生第四届支部委员会，王其林连任主任委员；2004 年 1 月，选举产生第五届支部委员会，孙家寿当选主任委员；2007 年 1 月，选举产生第六届支部委员会，孙家寿连任主任委员；2011 年 12 月，选举产生第七届支部委员会，汤亚飞当选主任委员；2017 年 1 月，选举产生第八届支部委员会，陈波当选主任委员；2018 年 9 月，经民盟湖北省委会批准成立民盟武汉工程大学委员会，选举产生第一届委员会，陈波当选主任委员。截至 2022 年，有盟员 61 人。

2006 年 12 月，民进武汉工程大学支部成立，余训民当选支部委员会主任委员；2011 年 12 月，选举产生第二届支部委员会，余训民连任主任委员；2016 年 12 月，选举产生第三届支部委员会，李昌凰当选主任委员；2021 年 11 月，选举产生第四届支部委员会，刘飞平当选主任委员。截至 2022 年，有会员 27 人。

2009 年 12 月，中国民主建国会武汉工程大学支部在武昌校区召开成立大会，孙先明当选支部委员会主任委员；2015 年 12 月，选举产生第二届支部委员会，孙先明连任主任委员；2021 年 12 月，选举产生第三届支部委员会，孙先明连任主任委员。截至 2022 年，有会员 24 人。

武汉化工学院侨联小组于 1983 年 7 月成立；2007 年 1 月，武汉工程大学第一届侨联委员会成立，郭嘉当选主席。2011 年，选举产生第二届委员会，郭嘉连任主席。2015 年，推选产生第三届委员会，鄢国平当选主席。2019 年，选举产生第四届侨联委员会，杜蔚明当选主席。截至 2022 年，有归侨、侨眷 104 人。2018 年 12 月，为加强与武汉侨校校友联络，“武汉侨校展览馆”网站专栏正式上线；2019、2020 连续两年获得湖北省侨联颁发的“侨情专报工作”先进单位。2021 年，经湖北省归国华侨联合会批准，学校侨联创办的侨之家被评为湖北省“四星级示范侨之家”，是湖北省高校首个获得此荣誉的侨之家。

武汉工程大学党外知识分子联谊会又名湖北省党外知识分子联谊会武汉工程大学分会，于 2014 年 10 月成立，经选举，张媛媛当选第一届理事会会长。

武汉工程大学欧美同学会（武汉工程大学留学人员联谊会），是湖北省欧美同学会的会员单位。2016 年 5 月，召开第一届会员代表大会，选举张彦铎担任第一届理事会名誉会长，喻发全担任第一届理事会会长；2021 年 6 月，换届选举产生了第二届理事会，张彦铎连任理事会名誉会长，陈汉新当选理事会会长。截至 2022 年，有会员 263 人。

二、党外知识分子队伍建设

学校高度重视党外知识分子队伍建设，坚持与学校干部人才队伍同谋划、同部署、同落实、同检查、同考核。学校《中层干部队伍建设规划（2019—2023）》明确了党外人士在学校中层干部中的比例，对培养使用党外知识分子有了明确要求和规定。同时，学校修订完善兼职开展统一战线工作量化细则、科研成果量化计算办法，将党外知识分子参政议政、建言献策等看得见、摸得着的成果纳入量化范畴，并为民主党派和统战团体基层组织负责人发放工作津贴。

在学校党委的大力支持下，各民主党派、无党派人士和统战团体基层组织围绕中心、服务大局，聚焦地方经济社会发展的重点难点开展调查研究，积极建言献策。近年来，建言献策成果被多方采纳。其中，湖北省领导签批 3 个；收录《逆势突围——56 位管理学家建言》1 篇；被中国侨联《侨情专报》采用 1 篇；被民盟中央《民盟信息》采用 1 篇，并转报全国政协；被民进中央采用 1 篇，并报送全国政协；被民进湖北省委采用 1 篇，并报送民进中央、省政协、省委统战部等部门。

三、支持党外人士发挥作用

学校支持和引导党外人士发挥优势，通过参政议政、民主监督、创新创业、社会服务等途径，为服务区域经济发展贡献智慧和力量。

2012 年以来，学校先后推荐 20 余人参加省委统战部“同心”专家博士服务团，先后赴宜昌、钟祥、监利、孝昌、黄石、黄冈、随州等地开展实地调研。2022 年，民主党派、无党派人士任学校副处级及以上领导干部共 7 人，其中正处级干部 4 人，副处级干部 3 人。

积极举荐优秀党外代表人士担任各级人大代表、政协委员、政府参事、文史馆馆员，或到其他政府部门任职。学校先后成功推荐民盟会员孙家寿为湖北省第八届、第九届、第十届政协常委；推荐民建会员孙先明为湖北省第十一届、第十二届政协委员，武汉市洪山区第十四届人大代表；推荐九三学社社员陈明芳为武汉市洪山区第八届、第九届、第十届政协委员；推荐致公党党员贾丽慧为武汉市洪山区第九届、第十届政协委员；推荐民盟会员张成军为武汉市江夏区第五届政协委员；推荐民进会员陈显友为武汉市江夏区第六届政协委员。

第六节　民主管理　全面推进

学校工会成立于 1979 年 4 月。截至 2021 年 12 月，学校已召开九届教代会、十届工代会。工会拥有 24 个分工会，2400 余名会员，涌现出一大批工会积极分子和先进集体。

2019 年，学校修订《工会教代会文件与制度汇编》，同年 8 月，学校制定《工会工作组织和管理办法》《工会会员代表大会实施办法》《工会经费收支管理的实施办法》《教职工代表大会实施细则（试行）》《教职工申诉处理规定》《院（部）教职工代表大会实施细则（试行）》，形成了校党委领导、工会组织协调、专门委员会各司其职、各职能部门积极配合的有效运行机制。

学校坚持依法维护教职工合法权益，通过“两代会”、座谈会、接待来信来访、与教职工交谈、调研、提案、网络媒体等多种形式，广泛听取教职工的意见和建议，为教职工办实事、办好事。开展教职工子女就业、升学咨询；建立教职工重大疾病医疗互助金管理机制，为患重大疾病的教职工解决实际困难；开展教职工暑期休养活动；开展“爱祖国、爱教育、爱职业、爱学生”等思想政治学习活动；开展岗位慰问、困难帮扶和送温暖活动；举办教职工运动会、羽毛球比赛、乒乓球比赛、文艺汇演等有益于教职工身心健康的赛事；开展“工会积极分子”“优秀工会干部”“先进集体”“师德标兵”“巾帼十佳”等评优评先活动。

为丰富教职工业余文化生活，1987 年，学校建立教工俱乐部。有健身房、阅览室、娱乐室、棋牌室、乒乓球室、羽毛球馆、台球室等各类活动场所，满足各类协会及教职工活动需要。校工会牵头成立了羽毛球协会、乒乓球协会、摄影协会、百灵合唱团、京剧协会等多种形式的团体，规范和引导教职工文体协会有序开展活动，活跃教职工的文化体育生活，营造健康、和谐、高雅的校园文化氛围。2002 年起，5 次组队参加湖北省高校“教工杯”乒乓球赛。

学校先后被授予“全国模范职工之家”“湖北省高校工会工作先进集体”“湖北省教代会工作先进集体”“全省教育工会先进集体”“湖北省教育系统工会工作先进集体”“湖北省‘树、创、献’活动先进集体”奖项。曾连续五年获省教育工会财务工作评比一、二等奖；曾获全国总工会“感恩、奉献、永远跟党走”感言征集一等奖、二等奖；湖北省青年教师发展论坛一等奖、二等奖、三等奖；湖北省教科文卫体系统职工创业创新比赛“十佳创新奖”“十佳创业奖”“优秀组织奖”；省教育工会歌咏比赛二等奖；省高校文艺汇演节目二等奖、三等奖、优秀节目奖、组织一等奖、最具感染力奖、优秀组织奖；省高校迎香港回归京剧演唱会二等奖、迎澳门回归二等奖；省高校校级领导干部卡拉 OK 比赛第五名；省高校教工排球比赛第二名；省高校教工乒乓球男子单打冠军、团体第三名；洪山区桥牌比赛第五名；武汉首届高校工会干部乒乓球比赛第二名、第五名；两次参加省高校“校长杯”乒乓球比赛分别获团体第五名、第八名；获湖北省高校教职工乒乓球比赛“体育道德风尚奖”。在女职工工作中，先后 7 次被授予“湖北省教育系统先进女职工委员会”“先进女职工组织”，先后有 12 人被评为省教育工会“优秀女教职工”“先进女职工”；6 人被评为“先进女职工工作者”“先进女工干部”；1 人被评为全国化工系统“巾帼建功标兵”。

第十二章　科学管理　谋篇布局

2006 年更名以来，学校紧密结合实际，制定了一系列高瞻远瞩、立意深远的中长期发展战略，并实现博士点获批、博士后科研流动站获批、本科教学水平评估取得优秀等关键成就，确定了向高水平教学研究型大学转型等提高办学水平与层次的发展目标。围绕这一目标，学校积极推进管理体制改革，深入实施目标绩效评价体系；稳妥开展学校治理结构的变革，积极探索学术治理与运行新机制；加强学科建设，实施“人才强校”工程，大力提升科研水平；全面推进依法依规治校，努力构建具有学校特色的现代大学制度。经过长期发展，学校基本构建起科学完备的治理体系，为现代大学治理持续优化奠定了坚实基础。

第一节　科学谋划　行稳致远

一、注重发展规划

（一）“十五”及“十五”以前

在全校上下不断抢抓机遇、开拓创新、接续奋斗下，到“十五”时期，学校的综合办学实力和办学水平不断提高，为国家、湖北省经济建设和社会发展做出重要贡献。

一是办学规模不断扩大。2006 年，相比于 2000 年全日制在校本专科学生增加 11962 人，各类硕士研究生增加了 504 人，成职教育学生增加了 3138 人。此外，学校利用新机制组建的邮电与信息工程学院的在校生达 6494 人。

二是办学条件明显改善。“十五”期间，学校征地千余亩建设流芳新校区，新建教职工住宅近 1 万平方米，学生宿舍 10 万平方米。与 2000 年相比，校园面积增加了 1064 亩，建筑面积（含泰塑公寓）增加了 47.3 万平方米；固定资产增加了 6.2 亿元；教学科研设备值增加了 4899 万元。建成了 2 个省级重点实验室，1 个省级人文社科重点研究基地，9 个省级工程中心。学校投入 1440 万元购置图书资料，投入 800 万元用于校园数字化建设，投入 3000 余万元进行校园环境的整治与美化。

三是学科专业和硕士点建设成效显著。与 2000 年相比，新增了文、法两大学科门类和 25 个本科专业，并有 3 个专业被列为省级品牌专业。学校加大了重点学科建设力度，新增 1 个省级重点学科，有 7 个学科被湖北省评为“楚天学者”特聘教授设岗学科。新增硕士点 9 个，并获得了同等学力人员申请硕士学位和工程硕士的培养资格。

（二）“十一五”期间

“十一五”期间，学校注重内涵建设，把提高核心竞争力作为学校工作的重点，取得了稳步进展。这一期间，新校区建设扎实推进，更名取得成功，本科教学评估获得优秀，成为 2008–2015 年新增博士学位授予权立项建设单位，学校取得了新成就，实现了新发展，综合实力显著增强，社会声誉明显提高。

一是办学规模持续扩大。截至 2010 年 12 月，全日制在校生 19866 人，其中研究生 1141 人，本科生 16779 人，国际学院学生 562 人，专科生 1384 人；独立学院在校生 9835 人，继续教育学院在册生 12302 人。五年来学校共向社会输送各类毕业生 2 万余人。

二是办学条件不断改善。学校进一步加强基础设施建设，启动了流芳校区周边土地的征购工作，校园面积增加 130 亩（达到 1657 亩），完成了科技孵化器大楼、机电大楼、研发大楼等建设项目，校舍面积增加 13 万平方米（达到 81 万平方米）。优化了武昌校区校园环境，开展了流芳校区的规划修编工作。固定资产达到 10.5 亿元，教学科研设备总值达到 2.1 亿元。

三是学科实力明显增强。化学工程与技术、材料科学与工程、动力工程及工程热物理成为博士点立项建设的申报学科。新增省级重点学科 8 个（达到 15 个）；成功申报了 2 个湖北省高校优势学科、2 个湖北省高校特色学科；新增一级学科硕士学位授权点 10 个（达到 12 个）；新增工程硕士授权领域 7 个（达到 10 个）；新增工商管理硕士专业学位授权点。

（三）“十二五”期间

学校经过四十多年的建设发展，特别是经过“十一五”“十二五”时期的跨越式发展，在人才培养、科学研究、社会服务、文化传承创新等方面取得了突出成绩。

一是学校不断优化学科专业结构，实现由单一工科教学型学校向多科性教学研究型大学的转型。

二是学校抓住高等教育大众化发展机遇，建成流芳校区，拓展了学校办学空间。

三是学校在教育部本科教学工作水平评估中获得优秀，实现本科整体进入第一批次招生，人才培养质量得到社会普遍认可。

四是学校获批成为博士学位授权单位，形成完整的学位授权体系，入选中西部高校基础能力建设工程项目等，学校发展迈上新台阶。

（四）“十三五”期间

2017 年，学校召开校党委二届二次全会，确定了学校中长期发展目标，提出了质量强校、人才强校、特色强校、创新强校、文化强校的战略举措，出台《武汉工程大学发展规划管

理办法》，做好规划的调标校表，完成“十三五”专项规划的审定印发工作。

一是人才培养质量持续提高。学校新增 13 个本科专业；获批 13 个国家级、16 个省级一流本科专业建设点；4 个本科专业通过国家工程教育专业认证；7 个专业获批湖北省荆楚卓越计划项目。获得首批国家级一流本科“金课”4 门、省级各类一流课程（含精品在线开放课程、虚拟仿真实验项目等）共 22 门。获得省级教学成果奖 16 项；省级教学团队及优秀基层教学组织共 23 个；获得省级示范实习实训基地 2 个。全面实施全员导师制，开展“共同关注　精准帮扶”工程，优化第二课堂活动体系，构建全方位学生资助体系，为学生成长成才提供了有力保障。在校研究生人数达 4148 人，较 2015 年增长 140%，研究生占学生规模比例由 2015 年的 8.17% 提高到 17.62%，来自博士授权单位研究生生源录取比例为 55.47%。本科就业率持续保持湖北省高校前列，考研率稳定在 28% 以上，研究生就业率稳步提升，达 96.89%，高质量就业率达到 59.27%。出国率、课外科技活动获奖率等各方面指标稳步增长，人才培养形成良好社会声誉。群众性体育活动广泛开展，学生体质健康标准测试通过率达到国家规定的优秀指标。

二是学科建设实现重大突破。学校顺利入选湖北省国内一流学科建设高校，化工与矿业工程获批国内一流学科建设学科，获批工业工程自设博士点二级学科，获批硕士学术学位授权一级学科 9 个，新增法律硕士、会计硕士和金融硕士等专业硕士学位授权点 3 个。“大文科”学院实现一级学科硕士点全覆盖，构建了完整的工科类专业硕士培养体系。化学、材料科学、工程学 3 个学科分别入选 ESI 前 1%。教育部第四轮学科评估中，化学工程与技术评估结果为 B+，省属高校排名前 3 名的学科 6 个，湖北省国内一流学科建设中期评估结果为优秀。逐步形成以大化工为主线，磷资源开发与综合利用、化工新材料、先进制造和人文社会科学四大学科群及学科增长极为依托的学科建设格局。

三是师资队伍水平全面提升。学校引进专任教师 335 人，“十三五”末，专任教师总数达到 1325 人，其中，具有高级职称 792 人，占教师总数的 59.8%；拥有博士学历 777 人，占教师总数的 58.6%。引进中国工程院“双聘院士”1 人。新增“新世纪百千万人才工程”国家级人选 2 人、中组部人才计划专家 1 人、享受国务院特殊津贴专家 1 人、全国优秀教师 1 人。引进科技部“国际杰青计划”1 人。省委组织部人才计划人选 9 人、省教育厅人才计划特聘岗位人员 39 人，湖北“产业教授”4 人，省名师工作室主持人 3 人，省有突出贡献的中青年专家 2 人，享受省政府津贴专家 2 人，省高等学校马克思主义中青年理论家培育计划 1 人，获评第二届“楚天园丁奖”1 人。3 名教授入选担任 2018–2022 年教育部高等学校教学指导委员会委员。“化学工程与技术”博士后科研流动站，参加评估获评良好。

（五）“十四五”期间

2020 年开始，学校印发《“十四五”事业发展规划编制工作方案》（武工大党发

〔2020〕13 号），组建“十四五”规划编制工作专班，全面启动“十四五”规划的起草编制工作，通过校领导务虚会、网上征集建议、网络问卷调查、各学院座谈调研、校领导个别访谈等形式发扬民主、集思广益，收集意见和建议百余条。全面督促相关部门及工作组成员做好专项规划，通过收集基础数据、凝练核心命题，指导相关专项规划牵头部门完成学校包括人才培养等专项规划的“回顾十三五这五年”发展成果集中展示 6 次，完成《“十三五”规划核心重点指标完成情况统计》等材料。2022 年 4 月，学校“十四五”事业发展规划正式出台。

站在新时代的历史起点，国家和湖北省“十四五”规划暨二〇三五远景目标为学校发展指明了前进方向，提供了战略机遇。“十四五”时期，“工大人”站在建校第二个五十年的新起点，肩负承前启后、再续新篇的历史使命，自当科学应变，谋定而动，抢占先机，开创新局。学校全面贯彻党的教育方针，坚持立德树人根本任务，以“双一流”建设为契机，大力实施“六个强校”战略，加快建成化工及相关学科特色鲜明、多学科协调发展的高水平教学研究型大学，为实现中华民族伟大复兴的中国梦贡献工大力量。为全面建成化工及相关学科特色鲜明、多学科协调发展的高水平教学研究型大学，达到国家“世界一流学科建设高校”水平，学校提出新阶段“三步走”的目标构想。第一阶段：到 2025 年，完成湖北省“国内一流学科建设高校”的建设任务，进入湖北省“国内一流大学建设高校”行列，学校综合实力进入湖北省属高校前列；第二阶段：到 2030 年，完成湖北省“国内一流大学建设高校”的建设任务，学校综合实力稳居于湖北省属高校前列；第三阶段，到 2035 年，全面建成化工及相关学科特色鲜明、多学科协调发展的高水平教学研究型大学，达到国家“世界一流学科建设高校”水平。

二、实施目标责任考核

2008 年，为充分发挥学院在学校教育教学中的主体地位，学校决定在经济管理学院和理学院实施目标管理责任制试点工作，并制定《经济管理学院目标管理责任制试行办法》《理学院目标管理责任制试行办法》，对经济管理学院和理学院就学科建设与研究生教育、教学工作、科研工作、师资队伍建设、学生工作、党建与思想政治工作等各项工作制定了具体目标，并配套出台相关的监督、考核与奖惩的激励与约束保障。在两份文件中，学校进一步明确了学校和学院的权责划分，赋予学院更大的办学权，规定学院具有组织管理权、人事管理权、教学管理权、办学自主权、财务管理、收入分配权和资产使用、管理权。这次试点有效促进了两个学院的快速发展，为学校全面推进目标责任考核制奠定了基础。

2012 年，学校印发《院（部）目标管理责任制考核暂行办法》，在全校范围内推行目标管理责任制。通过考核促进院（部）的教育教学、科研、学科建设和其他工作又好又快发展，激发教职工工作积极性，全面提高学院（部）办学质量，提升学校的整体水平。

学院（部）目标管理工作每年考核一次，由学校组织专家对院（部）教学工作、科研工作、学科建设与研究生教育、师资队伍建设、学生教育管理、党建与思想政治工作、综合管理与工会工作、特色与创新等八个方面进行考评。

2016年，学校出台《关于实施综合改革的意见》，明确6大重点改革任务、18项改革举措，确立了责任主体和推进时间表。颁布《关于实施目标管理责任制的意见》《目标管理责任制考评办法》，实施新一轮学院（部）目标管理责任制，重新界定功能，激发学院（部）办学活力。积极引导办学单位主动思考、谋划发展，为全面建立以学院（部）为主体的"动车模式"打下坚实基础。

2018年，学校确定42个单位目标任务书。组织召开目标管理考核协调会，明确提出"统筹安排、简化程序、突出目标管理"的总体要求，发布《关于2018年度校级有关重要工作检查考核方案》，顺利完成新一轮参评单位年度目标的考评工作。2019年，学校颁布《关于开展2019年度目标管理责任制考核工作的通知》与《2019年度目标管理责任制考核工作安排》等文件，优化完善考评工作。目标责任制管理考核工作现已作为年度常态化工作每年开展，有效推进了学校各项工作综合协调发展。

三、调整优化学院建制

学校的组织架构为由机关部门和各学院组成的矩阵式架构，截至2022年7月，有行政单位18个、党群部门11个、直属单位7个、学院部18个。随着学院的不断新建和重组，学校学科门类不断健全，逐步形成了以工为主，覆盖工、理、管、经、文、法、艺术、医学、教育学九大学科门类。2017年，为科学开展内设机构调整工作，学校对相关高校组织机构设置、人员编制管理情况进行了系统研究和分析，形成了《学校机构设置相关文件汇编》《校本研究》（第2期）。

2018年，学校出台试点学院改革意见。完善两校区功能布局，完成兴发矿业学院、土木工程与建筑学院、国际学院、继续教育学院等单位空间调整。重新修订了目标管理指标体系，组织力量对各单位重要工作进行检查考核。同年，学校明确"领创大楼""111引智基地"等专项规划和分规划的任务分工、编制程序、工作要求等。"双一流"方案通过省教育厅审核，改革试点学院方案通过校长办公会初审。学校组织开展了筹建武汉工程大学嘉兴工程学院、弘视际影视学院、科大讯飞人工智能学院的论证工作。积极推动兴发矿业学院新机制建设发展。形成《关于理学院建制调整的论证报告》，设立光电信息与能源工程学院、数理学院两院合署型学院。聘任中国工程院院士陈芬儿教授，成为学校"双一流"建设以来的首位"双聘院士"。制定校院两级管理体制改革工作方案，根据学校发展实际，采取全面铺开或试点学院形式，与人事制度改革协同推进。

院（部）历史沿革简表

序号	院（部）	沿革
1	化工与制药学院	前身为 1972 年创建的化学工程系。2003 年，将化学工程系与制药系组建成化工与制药学院
2	机电工程学院	前身为 1972 年创建的机械工程系。2003 年，更名为机械工程学院。2007 年，更名为机电工程学院
3	电气信息学院	起源于 1976 年的自动化专业。1980 年，成立自动化系。2003 年，更名为电气信息学院
4	土木工程与建筑学院	前身为 1978 年创建的化学矿山系。1993 年，更名为资源工程系。1998 年，更名为土木工程系。2003 年，重组为环境与城市建设学院。2014 年，重组为资源与土木工程学院。2018 年，重组为土木工程与建筑学院
5	材料科学与工程学院	前身为组建于 1998 年的材料工程系。2000 年，更名为材料科学与工程系。2003 年，更名为材料科学与工程学院
6	管理学院	前身为 1987 年成立的管理工程专业筹备组。1992 年，成立管理工程系。1997 年，成立人文与管理学院。2003 年 2 月，成立经济管理学院。2009 年 2 月，成立管理学院
7	计算机科学与工程学院、人工智能学院	前身为 1982 年成立的电子计算机教研室。1997 年，成立计算机科学与工程系。2003 年，更名为计算机科学与工程学院。2019 年，成立人工智能学院，两学院合署办公
8	法商学院	起源于 1985 年创办的劳动经济专业。2003 年 2 月，成立文法系。2005 年 3 月，更名为政法系。2006 年 3 月，更名为政法学院。2009 年 2 月，重组为法商学院
9	化学与环境工程学院	组建于 2014 年
10	光电信息与能源工程学院、数理学院	前身为 1972 年的物理教研室和数学教研室。2000 年 7 月，成立物理与热能工程系。2003 年 2 月，组建理学院。2018 年 5 月，组建光电信息与能源工程学院、数理学院，两学院合署办公
11	外语学院	前身为大学英语教研室。2000 年 7 月，组建外语系。2006 年，更名为外语学院
12	艺术设计学院	2005 年 1 月，组建艺术设计系。2006 年 3 月，更名为艺术设计学院
13	继续教育学院	前身为创建于 1988 年 6 月的综合教育处。1994 年 4 月，更名为成人教育部。1996 年 5 月，更名为成人教育学院。1999 年 4 月，成立职业技术学院，与成人教育学院合署办公。2007 年更名为继续教育学院
14	国际学院	成立于 2006 年 5 月。2011 年，与国际交流与合作处合署办公。2017 年 11 月，独立设置国际学院
15	马克思主义学院	前身为 1972 年创建的马列主义教研室。2009 年 2 月，成立思想理论政治课部，挂靠法商学院。2011 年 3 月，组建成立马克思主义学院
16	环境生态与生物工程学院	组建于 2017 年 11 月
17	兴发矿业学院、资源与安全工程学院	前身为 1978 年创建的化学矿山系，1993 年，更名为资源工程系。1998 年，更名为土木工程系。2003 年，更名为环境与城市建设学院。2014 年，重组为资源与土木工程学院。2018 年 1 月，成立兴发矿业学院。2019 年 9 月，成立资源与安全工程学院，两学院合署办公
18	体育部	成立于 1996 年

第二节　完善制度　提升效能

一、完善工大章程

大学章程是高等学校的办学治校总纲领，具有举足轻重的地位。2014 年，学校成立章程制定工作小组，研究制订《〈武汉工程大学章程〉制定工作方案》。根据师生座谈会、教职工代表大会意见，多次修改校核，并送校长办公会讨论、党委会审定，最终形成《武汉工程大学章程（核准稿）》。

2016 年，《武汉工程大学章程》经教育厅核准通过印发。《章程》共 8 章 67 条，包括序言和正文部分，正文部分又分总则、学校功能和教育形式、组织与机构、教职员工、学生及校友、经费资产后勤、校训校徽校旗校歌校庆日、附则等内容。总则共 7 条，就学校的名称、法定住所、机构性质、任务使命、领导机制、决策机制等作规定；学校功能和教育形式共 9 条，就学校的办学模式、培养方式等作规定；组织和机构共分两节 20 条，对学校的党政职能机构、直属机构和学院、部的职能、架构做出规定；教职员工共 7 条，对教职工管理制度、权利义务等作规定；学生及校友共 9 条，对学生管理、学生的权利义务作规定；经费、资产、后勤共 7 条，对学校的经费管理、资产管理和后勤制度作规定；校训校徽校旗校歌校庆日共 5 条，分别就校训、校徽、校旗、校歌、校庆日作规定；附则共 3 条，就章程修订、发行和解释作规定。

2022 年，为适应学校改革和发展的需要，保证整体建设发展战略目标的实现，学校启动了新一轮的《章程》修订工作，广开言路，集思广益，鼓励师生参与建言献策，进一步落实与教学研究型大学相适应的现代大学管理体制，提高办学质量、管理水平和办学效益。

二、深化制度改革

2016 年，学校制定实施《规章制度管理办法》，依法建章立制。在以《武汉工程大学章程》为“基本法”的制度框架内，对全校 434 项规章制度进行了清理，梳理后计划保留 209 项、废止 32 项、修订 143 项、新制定 47 项。加大信息公开力度，制定《信息公开实施细则》，发布学校信息公开事项清单，向省教育厅提交信息公开年度报告。实行《合同管理办法》，规范合同管理，全年审查各类合同 600 余项，备案 433 项。制定《学术委员会章程》，顺利完成学术委员会换届，成立校第四届学术委员会，行政权力与学术权力的边界更加明晰。

2017 年，学校出台《关于贯彻党委领导下的校长负责制的实施办法》。按照“党委领导、校长负责、教授治学、民主管理”的机制要求，准确把握党委和行政的职责定位，支持校长依法独立负责地行使各种管理指挥权。坚持和完善“三重一大”集体决策制度。

学校2002年起相继出台《党委常委会议议事规则》《院长办公会议议事规则》《工作规则》《关于校务公开的实施办法》《学院（部）党政共同负责制实施办法（试行）》《中层领导干部问责办法（试行）》。按照“集体领导、民主集中、个别酝酿、会议决定”原则，学校不断完善党委议事和决策机制。凡属学校发展规划、重大改革、人事安排、财务预算、基本建设、教育收费等重大事项，均须集体讨论决定；凡属集体决定的事项，班子成员必须坚决执行；各级领导班子须坚决落实民主生活会制度。2017年，制定《中共武汉工程大学委员会全委会议事规则》《党委常委会会议议事决策制度》《校长办公会议事决策制度》，对校学术委员会进行调整，进一步厘清了行政权力与学术权力的边界。

2018年，学校出台《领导班子党政联席会议制度》，进一步增强领导班子合力，提高学校党政领导水平和工作效率。坚持把法治思维、规则意识和制度自觉贯穿办学治校全过程。依据高等教育法律法规和学校章程、规章制度管理办法，深入开展规章制度的废、改、立及审查工作，全年清理各类规章制度423项，修订制定各类规章制度128项，初步形成了以大学章程为基本框架的制度体系。

2019年，学校为进一步加强规章制度清理，继续完善以大学章程为基本框架的制度体系。全年废除文件61项，正式出台文件72项。制发《应急管理制度汇编》《保密工作制度汇编》《事务性工作办事指南汇编》。

2020年，学校修订校党委常委会会议、校长办公会议事规则。制定学校战略咨询委员会章程，组织遴选学校战略咨询委员会委员，建立健全学校咨询议事决策机制。全年废除文件18项，出台《印章管理办法》等规章制度45项。按照责任体系、治学体系和管理体系将学校原有63个非常设机构调整为46个。

2021年，学校成立发展战略咨询委员会，组织召开首届高峰论坛，为学校事业发展借势、借力、借智。落实《深化新时代教育评价改革总体方案》，以“破五唯”为重点推进职称评审改革，赴省内外院校调研、反复酝酿，形成职称评审改革“1+4”制度体系。坚持依法治校，出台规章制度46项。坚持人岗相适，研究制定岗位聘用与管理“1+5”改革系列文件。

三、建设一流高校

（一）“四个工大”建设目标

2014年，学校根据第二次党代会提出的建设高水平教学研究型大学的宏伟目标，在内涵建设、特色发展、品牌打造、效能提升等方面进行战略谋划，编制出台了《“四个工大”建设方案》，提出要建设“特色工大、创新工大、品牌工大、幸福工大”的目标。明确以总结凝练、巩固传承，创建“特色工大”为立足点；以更新观念、创新工作体制机制、创造新成果，创建“创新工大”为突破口；以树立形象、提升地位、亮化品牌，创建“品牌工大”为着力点；以提高师生员工幸福感和满意度，创建“幸福工大”为最终目标。实施分周期项目化建设，明确目标和进程，强化保障措施，统筹推进，为学校建成高水平教学研究型大学奠定坚实的基础。

“特色工大”的基本内涵是“人无我有，人有我优，人优我强”，通过实施“大化工学科群”建设、科研服务、工程教育体系和校园文化建设四大项目凝练学科特色、科研特色、教学特色和校园文化特色，形成具备广泛影响力的优势学科群、强化以工为主的工程教育特色，发展科研服务社会特色，培育鲜明校园文化特色。

“创新工大”的基本内涵是“更新观念，改变方式方法，创造新成果”。通过实施科技创新、本科生培养创新、研究生培养体系创新、内部治理体系创新四大项目全面提升人才培养、学科建设、科学研究三位一体的创新能力，产出创新成果，孕育更多新的竞争点，不断提升学校的核心竞争力。

“品牌工大”的基本内涵是“工大培养、工大主持、工大研制、工大拥有的成果或亮点”。通过实施培养大师名家、提高学生竞争力、打造综合影响力、推送杰出校友四大项目，造就一批名师和优秀团队，培养一批获得社会认可的学生，拥有一批有社会影响力的著名校友，产出一批彰显学校综合实力的标志性成果。

“幸福工大”的基本内涵是“让师生员工充分实现自我价值，校园稳定和谐”。通过实施校园环境美化、就业创业、职业发展、待遇提升、身心关怀五大工程，让广大师生享有更优美的学习工作生活环境、更舒适的居住条件、更高水平的医疗卫生服务。

在《“四个工大”建设方案》指导下，学校相关工作快速推进，到“十二五”末，在学科建设、科技创新、校园建设、师生培养等方面均取得了长远进展。

（二）争创“双一流”

2017 年，学校主动加强与国内高等教育领域具有较高影响力的高等教育研究组织的联系，如中国高等教育学会、上海交通大学高校学科发展与评价中心、华中科技大学教育科学研究院等，积极参加相关机构组织的高等教育学会年会、院校研究年会、高等教育国际年会等，主动融入高等教育领域“圈子”，影响进一步扩大。

2018 年，学校入选湖北省国内一流学科建设高校，化工与矿业工程学科入选“双一流”建设学科。学校制定《国内一流学科建设高校建设方案》，确定总体建设目标和一流学科建设目标。

2019 年，学校聚焦双一流、新工科、硕士博士学位授权申报与审核、学校校区功能定位等热点、要点，深入开展专题研究，助力学校推进一流学科建设博士硕士学位授权审核等工作，全面推进“双一流”建设。2020 年，学校通过“双一流”建设通过中期评估，结论为优秀。

2020 年 8 月，学校积极申报中央支持地方高校内涵建设项目，并最终争取到中央专项资金。做好省部共建绿色化工过程国家重点实验室、矿物处理过程强化学科创新引智基地建设工作，促进资源有效整合，推动新的战略发展支撑点建设。

第三节 学术体系 传承奋进

依据《中华人民共和国高等教育法》《高等学校学术委员会规程》《武汉工程大学章程》等法律法规和规范性文件的规定，学校设立学术委员会，这是学校在其职责规定范围内的最高学术机构，同时设立学位评定委员会、教学指导委员会。

一、学术委员会

学术委员会负责统筹学术事务的咨询、评定、审议、决策等事项，是校级非常设机构之一。学术委员会下设分委员会，学术委员会分委员会一般按学院（部）、研究院（所、中心）或相近学科进行设置。学术委员会一般由学校不同学科、专业的教授及具有正高级以上专业技术职务的人员组成，其中学校中层及以上领导干部不超过委员人数的 25%。学术委员会委员采取自下而上民主推荐和校长直接提名相结合的方式产生，经校长办公会讨论通过，由校长聘任。学术委员会设主任委员 1 名，可根据需要设若干名副主任委员。主任委员、副主任委员由校长提名，全体委员选举产生。学校制定学术委员会章程，学术委员会依照其章程开展工作，各分委员会在学校学术委员会的指导下开展工作。自 2006 年更名后，学校共产生五届学术委员会（2013 年前，学术委员会为学校非常设机构）。

（一）第一届学术委员会

2008 年，成立了武汉工程大学首届学术委员会，成员名单如下：

主　任：李　杰

副主任：吴元欣、汪建华、王存文

委　员：桂昭明、张彦铎、池汝安、吴　锋、鄢国平、刘善堂、汪尚麟、徐建民、胡中功、艾　军、陈金芳、孙细明、李昌凰、王海晖、李小刚、郭　嘉、张电吉、张泽强、潘志权、马志斌、黄志良、喻九阳、洪汉玉、谈宏华、秦实宏、彭石玉、许承光、陈邦军、雷兴家、黄恩洪、汪　洪、巨修练、李先福

秘　书：池汝安、吴锋、胡中功、喻九阳

（二）第二届学术委员会

2011 年，成立了第二届学术委员会成员，成员名单如下：

主　任：李　杰

副主任：吴元欣、汪建华、王存文、张彦铎

委　员：池汝安、吴　锋、丁一刚、鄢国平、刘善堂、程智力、徐建民、胡中功、王雪梅、陈金芳、王宗军、李昌凰、王海晖、李小刚、马志斌、郭　嘉、张电吉、张泽强、喻发全、秦实宏、黄志良、喻九阳、洪汉玉、谈宏华、黄恩洪、彭石玉、许承光、路海华、胡海平、舒先林、巨修练、李先福、李　琼

秘　书：池汝安、吴锋、丁一刚、胡中功、喻九阳

校学术委员会下设3个工作委员会。

1. 师资队伍建设工作委员会

主　任：吴元欣

委　员：李　杰、汪建华、王存文、池汝安、吴　锋、丁一刚、喻九阳、胡中功、王宗军、王海晖、程智力、徐建民、李小刚、彭石玉、张电吉、喻发全、马志斌、黄恩洪、秦实宏、许承光、舒先林

秘　书：丁一刚

2. 教学工作委员会

主　任：王存文

委　员：池汝安、吴　锋、胡中功、丁一刚、喻九阳、王雪梅、李小刚、程智力、许承光、张电吉、黄志良、徐建民、路海华、彭石玉、黄恩洪、王海晖、喻发全、秦实宏、王宗军、舒先林、李　琼

秘　书：胡中功

3. 学科建设及科研工作委员会

主　任：汪建华

副主任：王存文、张彦铎

委　员：吴元欣、李　杰、池汝安、吴　锋、丁一刚、喻九阳、胡中功、郭　嘉、许承光、张电吉、马志斌、陈金芳、李昌凰、谈宏华、胡海平、巨修练、洪汉玉、李先福、舒先林

秘　书：池汝安、喻九阳

（三）第三届学术委员会

2013年，学术委员会章程颁布后，推荐产生第三届学术委员会，任期两年，成员名单如下：

主　任：王存文

副主任：鄢国平、汪　洪

委　员：王存文、巨修练、刘善堂、柏正武、吴广文、鄢国平、林志东、肖莲珍、汪　艳、何家胜、吴和保、何毅斌、黄元峰、文小玲、谈宏华、刘宝忠、

李伟波、金国祥、张泽强、汤亚飞、李　杰、陈伟亚、吴　锋、吴晗平、何　丹、韩可卫、张三元、汪　洪、柯昌英、李昌凰、王晓红、彭石玉、蓝江平、胡海平

秘　书：池汝安、丁一刚、韩高军、喻九阳

（四）第四届学术委员会

2016 年，学校产生第四届学术委员会，由校长聘任并颁发证书，任期四年，成员名单如下：

主　任：王存文（兼）

副主任：鄢国平（兼）、张三元（兼）

委　员（以姓氏拼音字母排序）：陈云峰、何成万、何　丹、韩可卫、洪汉玉、李振瀚、李先江、李志斌、蓝江平、龙思会、林志东、刘善堂、刘治田、陆培祥、沈喜洲、王存文、魏　巍、文小玲、吴晗平、吴和保、吴云韬、闫福安、鄢国平、袁　华、张　珩、张电吉、张三元

学术委员会秘书处设在发展规划与学科建设办公室。

秘　书：丁一刚、但继恩、李先福、韩高军、汪锋

2017 年 5 月 23 日，根据教育部《高等学校学术委员会规程》（教育部令〔2014〕35 号）以及《学术委员会章程》（校学科〔2016〕1 号）有关规定，王存文不再担任学术委员会委员、主任委员，陆培祥任第四届学术委员会委员、主任委员。

（五）第五届学术委员会

2020 年，学校产生第五届学术委员会，成员名单如下：

主　任：张彦铎（兼）

副主任：喻发全（兼）、舒先林（兼）

委　员（以姓氏拼音字母排序）：陈　嵘、陈汉新、陈林根、陈明芳、陈云峰、池汝安、管锦绣、郭立群、何成万、洪汉玉、姜兴茂、李　亮、李先福、刘治田、龙秉文、秦平力、舒先林、孙细明、涂洪波、王海晖、王利恒、王升高、王晓红、姚槐应、喻发全、张电吉、张彦铎、张佑红、周　灏

学术委员会秘书处设在研究生院。

秘　书：研究生院、人事处、教务处、科学技术发展院等部门主要负责人。

二、学位评定委员会

学位评定委员会是学校学位事务的决策机构，依照法律和有关规定独立负责学位的评定、授予、撤销，负责研究生指导教师资格的审核批准与撤销等工作，处理学位其他相关事宜，指导本科生和研究生的培养，为学校制定学位政策提供咨询意见。学校学位评定委

员会由相关校领导、学院（部）院长（主任）、与学位相关的职能部门负责人组成。2013年，学校制定《学位评定委员会章程》，学位评定委员会依照此章程开展工作。

校学位委员会由21~27人组成。设主席1名，由校长担任，设副主席1~3名，经校长提名，校长办公会审定。本校的国务院学位委员会学科评议组成员和湖北省学位委员会委员是校学位委员会的当然委员，其他委员人选由学位办公室和各分委员会提名，由校长办公会审议通过，报湖北省学位委员会办公室备案。学位委员会每届任期2年。

校学位委员会的办事机构是校学位评定委员会办公室，设在研究生教育管理部门，负责处理日常工作。学位办公室设主任1名，由研究生教育管理部门主要负责人兼任；副主任2名，分别由研究生院和教务处相关分管领导兼任。研究生院、教务处负责相关工作的人员为学位办主要成员。

三、教学指导委员会

教学指导委员会是学校教学工作的指导、研究、咨询、评估机构，审议学校教学发展规划、教学经费预算、教学管理制度、教学改革措施等重要事项。教学指导委员会成员由相关校领导、学院（部）负责人或教授代表、与教学相关的职能部门负责人组成。学校制定教学指导委员会章程，教学指导委员会依照其章程开展工作。

（一）第一届委员名单

2016年10月19日，为完善学校教学质量保障体系建设，促进学校本科教学管理工作的科学化、规范化，学校发布《关于成立武汉工程大学本科教学指导委员会的通知》（校教〔2016〕16号），决定成立本科教学指导委员会，委员会下设专家委员会、管理委员会、学生委员会、校企合作委员会及秘书处。

1. 专家委员会

主　任：王存文

副主任：张彦铎

委　员：吴元欣、张　珩、黄志良、程智力、孙细明、陈伟亚、刘生鹏、陈绪兵、杨述斌、沈　巍、吴江渝、蒋瑜峰、王海晖、林云华、张　莉、李宏顺、张媛媛、宋奕勤、舒先林、黄恩洪、袁　华、涂朝莲、祝　宏

2. 管理委员会

主　任：张彦铎

副主任：张文学

委　员：李志旭、丁一刚、路海华、李芳、但继恩、韩高军、李先福、吴云韬、李　琼、马小龙、张永红、孙先明、熊　杰、陈金刚

3. 学生委员会

主　任：校学生会主席（分管学习科技部）

副主任：校学生教学信息中心主任

委　员：各学院学生教学信息分中心主任

4. 校企合作委员会

主　任：刘家海

副主任：许开荣

委　员：陈紫斌、巴云刚、雷进杰、马　彬、任司永、滕爱萍、邬红华、晏　涛、游世学、杨守峰、赵祖国、周剑凌、张弘雨、张立安、黄炎勋、刘丛德

5. 秘书处

蒋尹华、雷家彬、杨晨晨

（二）第二届委员名单

2020 年 7 月 14 日，学校发布《关于调整非常设机构成员的通知》（武工大党发〔2020〕15 号），决定对非常设机构成员进行调整，保留本科教学指导委员会，委员会组成由专家委员会、管理委员会和学生委员会组成，取消“校企合作委员会”和“秘书处”。对全体委员进行改选，明确专家委员会任期四年。

1. 专家委员会（2020—2024 年）

主　任：王存文

副主任：张彦铎

委　员：王海晖、孙先明、孙细明、江学良、陈　嵘、宋奕勤、汪铁林、杨　红、杨建兵、张　丹、张　俊、张　莉、周德红、胡国祥、涂朝莲、姚槐应、秦平力、袁　华、曹胜亮、黄元峰、黄恩洪、韩可卫、喻发全

2. 管理委员会

主　任：分管本科教学工作校领导

副主任：分管学生工作校领导

委　员：党政办公室、组织部、学生处、校团委、人事处、研究生院、发展规划处、教务处、招生与就业工作处、计划财务处、国际交流与合作处、后勤保障处、国有资产与设备管理处、基建与维修处、招标采购处、教学质量监控与评估中心、图书馆、网络信息中心等部门主要负责人

3. 学生委员会

主　任：校学生会主席

副主任：校学生信息中心主任

委　员：各学院学生会学习部部长

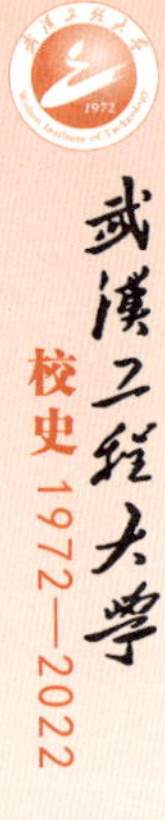

第十三章　学科建设　专业发展

学校按照“大化工、矿化结合、材化结合、药化结合、机化结合”为主的学科专业建设思路和“总量控制、结构优化”的原则，紧密结合学科专业特色和区域经济社会发展需要，以“优化专业结构，突出建设重点”为媒，以“凝练学科发展方向，创新组织模式”为介，积极融入国家、省重点学科（群）与一流学科建设项目。

第一节　学科建设　重点突破

学校始终以“建设高水平教学研究型大学”为奋斗目标，以人才培养为核心，以学科建设为引领，以争获博士学位授权单位为契机，以“双一流”建设为抓手，遵循学科发展规律，突出重点特色，优化学科布局，学位授权体系明显扩充，学科建设内涵日益充实，学科对外影响得到彰显。

一、学科建设历程

（一）“十一五”时期

学校紧密围绕湖北省科技发展规划和地域及行业经济发展的需要，依据自身的科技优势和特色领域，大力实施“科教兴鄂”和“科技强校”战略。学校提出“十一五”重点学科建设规划，即按照“加强优势学科，鼓励交叉学科，扶植新兴学科，实现协调发展”原则，重点建设化工、材料、机电、信息、资源与环境、经济与管理等已有较好基础的学科，使部分学科尽快跻身国内先进行列，建成国家级重点学科；积极发展湖北省经济建设急需的新型学科，如生物、医药、能源、物流管理等，使其成为新的优势；鼓励传统学科的改造和与新兴学科的交叉融合，形成新的学科增长点；分步实施学科群建设计划，逐步形成化学工业类、材料类、机械与控制类，环境与资源类、信息技术类、经济与管理类和文法类等七大学科群；创新学科管理体制，实行“学校—学院—学科”两级机构三级管理的体制，在专业课为主的院（部）试行以学科组取代教研室，试行学科带头人负责制，授予学科带头人相应的人、财、物支配权和管理权。

2009 年，学校按照《新增博士学位授予单位项目建设规划》确定的任务目标，以博士点立项建设子项目为核心，在人才队伍、学科建设、科学研究、人才培养质量等体现学校核心竞争力的主要指标上加大建设力度，取得了较好成效。

2010 年，国务院学位委员会下发《关于同意 2008—2015 年新增博士、硕士学位授予单位立项建设规划的通知》（学位〔2010〕8 号），同意湖北省 2008—2015 年新增博士、硕士学位授予单位立项建设规划。我校成为湖北省立项建设的博士学位授予单位，化学工程与技术、材料科学与工程两个省一级重点学科成为新增博士单位立项建设规划的授权学科，机械工程、环境科学与工程、控制科学与工程成为新增博士单位立项建设规划的支撑学科。

“十一五”末期，学校申博工作取得初步成功。拥有省级重点学科 7 个，一级学科硕士学位授权点 2 个、二级学科硕士学位授权点 24 个，成功申报 2 个湖北省高校优势学科、2 个湖北省高校特色学科，增加工商管理硕士专业学位授权点。

（二）“十二五”时期

按照新增博士学位授予单位立项建设规划实施方案，学校实施动态跟踪，突出立项建设授权学科，以优异成绩通过中期检查和评估验收，增加一级学科硕士学位授权点 11 个，达到 13 个；自主设置马克思主义经济学、马克思主义法学、工业微生物、制药化学、应用微生物、制药工程、工程管理、艺术管理 8 个二级学科硕士点，达到 58 个；工程硕士授权领域 10 个，达到 11 个；获批艺术硕士和翻译硕士 2 个授权专业学位，类别达到 4 个。

2013 年，根据国务院学位委员会《关于下达 2008—2015 年立项建设博士、硕士学位授予单位及其授权学科名单的通知》（学位〔2013〕15 号），学校正式成为博士学位授予权单位，化学工程与技术、材料科学与工程成为首批博士点授权学科。2014 年，人力资源和社会保障部、全国博士后管委会发布《关于批准新设辽宁大学哲学等 291 个博士后科研流动站的通知》（人社部发〔2014〕60 号），化学工程与技术专业获批首个博士后科研流动站。

（三）“十三五”时期

学校自设工业工程二级学科博士点，增加一级学科硕士学位授权点 9 个，增加专业学位授权类别 3 个。拥有 2 个一级学科博士学位授权点，23 个一级学科硕士学位授权点，7 个专业学位授权类别，共 14 个专业硕士学位授权领域。

学校成功入选湖北省国内一流学科建设高校，化工与矿业工程学科入选“双一流”建设学科，在“双一流”中期评估中获评优秀。2017 年第四轮学科评估中，学校共有 6 个学科位列省属高校参评学科前三，其中化学工程与技术学科评估在全国获 B+，名列省属高校理工类学科第一；材料科学与工程和马克思主义理论获 C+。化学、材料科学、工程学进入 ESI 全球排名前 1%；材料科学、化学、物理学学科进入 USNews 2021 世界大学学科榜，分列世界第 398 位、第 508 位、第 675 位；矿业工程、化学工程、纳米科学与技术、材料科学与工程、化学和电力电子工程 6 个学科进入 2021“软科世界一流学科排名”；

获批 2 个湖北省“十三五”优势特色学科群立项建设项目，4 个湖北省“十四五”优势特色学科群立项建设项目。

二、发展战略举措

（一）学位点建设

学校高度重视学位点建设，积极开展学位点申报、优化学位点布局；有计划地开展学位点专项评估、学位点合格评估、学科评估、专业学位水平评估、学科建设过程评估等工作，以评促建、以评促改、评建结合，促进学科建设内涵式发展，持续提升学科建设水平。

在 2014—2019 年学位点周期性合格评估中，学校共有 13 个一级学科、5 个二级学科、1 个工程硕士授权领域参评，评估结果全部合格。在 2020—2025 年学位点周期性合格评估中，学校共有 13 个一级学科、1 个二级学科、3 个工程硕士授权领域参评。

在 2017 年第四轮学科评估中，学校共有 13 个学科参评。

在 2020 年第五轮学科评估中，学校共有 13 个学科参评。在 2020 年全国专业水平评估中，学校共有 2 个专业学位类别（领域）参评。

2021 年，为进一步加强学科建设，促进学科结构优化，主动服务国家、区域经济社会发展需求，学校组织开展了学科建设过程评估工作，23 个一级学科和 1 个一级培育学科参评。

（二）重点学科建设

学校积极开展重点学科建设，调整学科布局、确定学科定位、凝练学科方向、突出学科特色。组建学科队伍，充分发挥学科带头人作用，形成合理的梯队结构和优良的团队精神；确立学科方向，在一级学科内凝练优化研究方向，做大做强，做出特色；建立创新团队和学科平台，加强重点建设。

2012 年，湖北省教育厅对省级重点学科按一级学科进行申报和评选，学校有 10 个一级学科被评为省级重点学科。其中，化学工程与技术获评优势学科，材料科学与工程、动力工程及工程热物理、土木工程、管理科学与工程、控制科学与工程获评特色学科，法学、化学、环境科学与工程、外国语言文学获评重点培育学科。

（三）ESI 取得突破

ESI 学科排名是国际一流学科的通用评价标准，高校进入 ESI 世界前 1% 的学科数量代表了学校国际一流学科水平。学校“十三五”教育事业发展规划和学科建设专项规划均明确提出：到 2020 年，学校工程学、化学和材料学三个学科在 ESI 评价体系中进入世界前 1%，并制定《“十三五”ESI 学科全球排名前 1% 建设规划》。

2015 年 10 月，化学、材料学、工程学的接近度分别为 55%、56%、42%；2017 年 9 月，仅两年时间，化学、材料学、工程学的接近度升至95.24%、94.78%、62.14%。

2018年9月，化学和材料科学两个学科进入ESI全球排名前1%。2019年5月10日，根据美国科睿唯安公司发布的ESI数据，工程学首次进入ESI全球排名前1%，标志着化学、材料科学和工程学在基础研究方面已进入国际高水平学科行列。至此，学校进入ESI全球排名前1%的学科数增至3个，位列湖北省属高校第一，全省高校（含部委属高校）第五。

（四）优势特色学科群建设

2014年，学校印发《关于学科群建设的意见》，率先在省属高校实施学科群，构建起"一主四群多级"学科建设新格局。确立了新阶段发展目标：到"十三五"末，新增2~3个一级学科博士点、3~5个一级学科硕士点，形成10~15个特色鲜明的学科方向，组建10~15个产研融合的研究团队，催生2~3项科技成果转化（孵化）为规模性企业（产业），创建1~2个学科特区，在领军人才培养与引进、国家重点实验室培育基地、国家重大项目、国家科技奖励、世界顶级论文等标志性成果方面实现突破，第四轮学科评估排名进位明显，形成协同创新的学科文化，学校科技创新能力、人才培养质量和社会服务水平进一步提升，学科整体水平有较大幅度提高。

第一阶段的核心内容是"理顺关系，合理布局"。2014—2015年，组织专家论证，拟定学科群组建原则与规模、发展规划及年度工作计划，建立健全学科群管理体制和运行机制，明确学科群主攻研究方向，组建跨学科、高水平协同创新机构，形成较稳定的多学科联合攻关创新科研团队。

第二阶段的核心内容是"集成优势，彰显特色"。2016—2017年，发挥资源配置作用，在若干领域形成不可替代性特色优势，争取国家级重大联合攻关项目，集中支持具有产业化前景项目，遴选国家科技奖励培育项目。

第三阶段的核心内容是"加强建设，重点突破"。2018—2020年，在前两阶段建设基础上，加强内涵发展，在领军人才、国家重点实验室培育基地、成果、产业等方面如期完成各项重要发展指标，为"一主四群"学科群可持续发展奠定坚实的基础，形成1~2个学科特区。

2015年，湖北省教育厅开展"十三五"省属高校优势特色学科群遴选工作，化工资源开发与综合利用、新材料与先进制造两个学科群成功获批。2021年，湖北省教育厅开展"十四五"省属高校优势特色学科群遴选工作，新材料与先进制造、模式识别与智能控制、污染防治与生态修复、工业安全科学与技术四个学科群成功获批。

（五）一流学科建设高校

为贯彻落实国家和省委省政府关于建设一流大学和一流学科的重大决策部署，2017年，学校制定《关于推进一流大学和一流学科建设的实施办法》。

2018年，学校制定《国内一流学科建设高校建设方案》，确定了总体建设目标和一

流学科建设目标。

总体建设目标：到 2030 年，学校国内一流大学建设进步明显，综合实力进入全国排名前 200 名；到 2050 年，学校进入国内一流大学行列，具有较大的国际影响力和知名度，部分学科领域进入世界一流。

一流学科的建设目标：到 2030 年，化学工程与技术学科评估中取得 A– 排名，矿业工程、材料科学与工程等 2~3 个学科取得 B 排名；化学、材料科学、工程学、环境与生态学进入全球 ESI 排名前 1%；到 2050 年，3~5 个一级学科进入国内一流学科行列；若干学科方向具有重要的国际影响；化学、材料科学、工程学、环境与生态学在 ESI 前 1% 排名进步明显。

三、学术交流

学校积极实践立德树人根本任务，坚持以学术交流促内涵建设，主办或承办了多场高水平学术会议和学术讲座。

2018 年 11 月，材料科学与工程学院隆重举行 20 周年院庆暨一流人才培养研讨会，曹镛院士、田禾院士、帅志刚院士、陈芬儿院士等专家学者出席，获得了巨大的影响力。

2019 年 5 月，学校主办“WILEY—黄鹤楼先进纳米材料高端论坛”，邀请中科院金属研究所、清华—伯克利深圳学院成会明院士、深圳大学、北京科技大学张学记院士、日本京都大学 Naoki Komatsu 教授等知名教授学者出席，为纳米科技领域的国内外专家学者提供了世界级的高水平研究成果交流平台，吸引和鼓励更多纳米科技领域的专家、学者积极参与纳米科技事业，合作开展重大基础性、原创性、颠覆性研究。同年 7 月，学校作为第一主办方组织的 2019 中国矿物加工大会（CMPC）在武汉成功召开。副省长赵海山出席并致辞。来自美国、俄罗斯、加拿大、澳大利亚、南非等 9 个矿业大国的 13 名著名专家、学者，与我国孙传尧、余永富、邱冠周、中国工程院外籍院士余艾冰、墨西哥院士宋少先 5 位院士出席会议。会议共有来自中南大学、东北大学、北京科技大学、中国矿业大学等 60 多所高校的知名“国家杰青”“长江学者”及 200 多家相关科研院所、企业代表 1500 余人，探讨交流矿物加工领域产学研用技术，助推我国矿物产业面向全球化发展。

第二节　专业设置　优化调整

自更名以来，学校对专业数量、专业布局、建设目标与工作思路进行科学合理的规划，进一步彰显学科优势和特色，学科建设整体水平大幅度提升。结合招生计划分配和大类招生、专业分流为牵引，实质性推动部分专业的关、停、并、转。

为主动适应地区和行业发展，结合湖北省区域经济的社会需求，学校不断优化调整专业结构。2006 年起，学校增设本科专业 30 个，具体信息列表如下：

2006—2022 年增设本科专业列表

序号	专业代码	专业名称	批准时间
1	080101	理论与应用力学	2005 年
2	120402	行政管理	2005 年
3	080907T	智能科学与技术	2005 年
4	082701	食品科学与工程	2005 年
5	130502	视觉传达设计	2007 年
6	130503	环境设计	2007 年
7	080902	软件工程	2008 年
8	050103	汉语国际教育	2008 年
9	081006T	道路桥梁与渡河工程	2010 年
10	080601	电气工程及其自动化	2011 年
11	020101	经济学	2011 年
12	081304T	能源化学工程	2012 年
13	080204	机械电子工程	2012 年
14	082801	建筑学	2012 年
15	120204	财务管理	2012 年
16	080905	物联网工程	2013 年
17	080102	工程力学	2015 年
18	080706	信息工程	2015 年
19	080906	数字媒体技术	2015 年
20	080201	机械工程	2016 年
21	081005T	城市地下空间工程	2016 年
22	080911TK	网络空间安全	2017 年
23	082503	环境科学	2017 年
24	080803T	机器人工程	2018 年
25	080414T	新能源材料与器件	2018 年
26	080910T	数据科学与大数据技术	2018 年
27	081303T	资源循环科学与工程	2018 年
28	080717T	人工智能	2019 年
29	030102T	知识产权	2019 年
30	082902T	应急技术与管理	2021 年

结合办学定位与学科发展目标，学校建立健全专业动态调整机制，落实存量升级、增量优化、余量消减；主动布局人工智能、大数据、网络空间安全、应急技术与管理等战略

性新兴产业发展和民生急需相关学科专业；严格把握新专业申报门槛，从严控制新专业数量，对新申报的专业，深入调研分析人才需求，注重考察学科依托以及专业支撑；完善人才需求预测预警机制，推动高校形成就业与招生计划、人才培养的联动机制。

学校主动适应地区和行业发展需要，不断优化调整专业结构。2011 年起，开始推行“大类招生”政策，通过专业分流建立优胜劣汰的专业结构调整机制，结合实施情况完善招生大类（专业）设置。2015 年，随着《本科生专业调整暂行规定》（校教〔2015〕15 号）制定出台，学校按照“学生自愿、学院自主、学校审核”原则，对学生选拔、分流、转专业等工作提出明确要求，建立起“学校负责总招生计划调控，学院负责分专业计划分配”机制，综合专业和学科基础、师资、生源与培养质量等办学条件，科学分配专业计划，以促进学科专业特色发展与协调发展相统一。对于招生和分流情况不理想的专业予以减、停招，形成了专业间良性竞争，促进专业结构优化调整。

学校加强专业结构布局顶层设计、分类施策，指导专业做“加减乘除”：对国家、行业和区域需求迫切的专业做“加法”，新增人工智能、新能源与器件、数据科学与大数据技术等专业；对综合办学实力偏弱、发展乏力或不能满足国家和湖北省经济社会发展需求的专业做“减法”；对特色优势专业做“乘法”，依托“化工与矿业工程”湖北省一流学科建设项目，发挥资金投入和政策支持的“倍乘”效应，在化工、矿业、材料、机电等特色优势领域培育一流专业建设点；对基础平台相近的专业做“除法”，推进大类招生、大类培养、专业融合等，做大“分母”，发挥资源集成优势，推动专业结构不断优化。

学校高度重视特色优势专业建设，结合国家和湖北省不同时期的专业建设要求，开展各类专业建设项目，取得了较好成绩。学校以化工与矿业工程“双一流”学科为主体，以“两型两化”（创新型、复合型、国际化、工程化）人才培养为目标，以“三实一创”（实验、实训、实习、创新）为核心，配套开展大类招生制度、选拔分流制度、学季制度、导师制度改革，全面实施“1151”教学质量保障体系和“54321”质量监控改进体系，持续推进一流本科教育。2019 年，组织修订本科人才培养方案，深入总结“E+ 双专业一体化”的人才培养效果，落实工程化人才培养项目，扎实推进人才培养模式改革。

学校以“新工科”建设为引领，以工程教育专业认证为抓手，按照“成熟一个、认证一个、带动一面”的要求，将工程教育专业认证的结果作为分配教学资源、调节招生计划的重要依据，推动相关专业建设与改革。学校已有 4 个专业通过工程教育专业认证。

截至 2022 年 5 月，学校有本科专业总数 73 个，招生专业 64 个，专业涵盖工学、理学、管理学、经济学、文学、法学、艺术学等 7 大学科门类，专业布局合理，优势特色凸显，为区域经济发展提供高质量的人才支撑。其中工学类专业 44 个，占专业总数的 60%，印证了以工为主，充分发扬化工学科优势的办学定位；另有理学专业 9 个（12.3%）、管理学专业 9 个（12.3%），艺术学专业 4 个（5.4%）、文学专业 3 个（4.1%）、经济学专业

2 个（2.7%）、法学专业 2 个（2.7%）。至此，学校基本形成以工为主、以化工及相关学科专业为优势、多学科协调发展的专业格局。学校现有 5 个国家特色专业、1 个国家综合改革试点专业、4 个教育部卓越工程师教育培养计划专业、15 个省部级优势专业。化学工程与工艺、制药工程、应用化学、过程装备与控制工程、高分子材料与工程、智能科学与技术、无机非金属材料工程、电气工程及其自动化、光电信息科学与工程、软件工程、矿物加工工程、生物工程、电子商务被认定为国家级一流本科专业。英语、工业设计、自动化、土木工程、采矿工程、会计学、法学、材料化学、环境工程、机械设计制造及其自动化、计算机科学与技术、能源化学工程、测控技术与仪器、安全工程、环境设计、建筑学被授予省级一流本科专业。自动化、道路桥梁与渡河工程、材料化学、电气工程及其自动化、会计学、法学、汉语国际教育 7 个专业获批湖北省普通本科高校“荆楚卓越人才”协同育人计划项目。

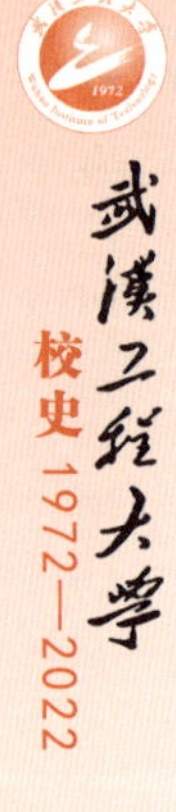

第十四章　师资队伍　引育并举

学校更名后，随着办学规模不断扩大，办学层次稳步提升，师资队伍建设迎来了新形势、新变化。学校持续加强师德师风建设，多措并举加大人才引育和人事改革工作力度，人才聚集效应进一步凸显，为学校的教学科研工作提供了有力保障和坚实基础。

第一节　师德师风　常抓不懈

2005 年，学校出台《关于加强师德建设工作的意见》，坚持教师自我教育与学校监督考核相结合，以建立健全师德师风长效机制为目标，坚持正面引导与制度约束相结合，坚持提升教师品德修养与提高教学科研水平相结合，多措并举、形成合力。

2017 年 11 月，学校成立党委教师工作部，聚焦师德师风建设，全面实施教师思想政治素养教育，构建师德师风建设工作体系，营造尊师重教良好氛围，实现全覆盖、全过程、全动员，引导广大教师不忘立德树人的育人初心，助力双一流大学建设。

一、教师思政素养教育

学校将师德师风建设纳入支部主题党日学习、教职工政治学习内容，每周四下午集中开展党支部“主题党日”或教职工政治理论学习活动，促使广大教师明确一个根本任务，着重培养“三种人才”，做到“9 个坚持”，在“6 个方面”下功夫，做新时代“四有好老师”。

学校定期开展师德师风调研，定期通报研判教师思想政治状况，及时发现并针对性地解决师德师风方面存在的问题，引导广大教职工做社会主义核心价值观的坚定信仰者、积极传播者、模范践行者。

学校深入实施“双带头人”工程，选优配强教工党支部书记，重视在科研骨干、学术带头人、留学归国人员中培养入党积极分子，积极为教师党员提供主题明确、形式多样、内容丰富的培训，充分发挥教师党支部教育管理、宣传引导、凝心聚力的战斗堡垒作用，发挥党员教师的先锋模范作用，使党员教师成为践行高尚师德的中坚力量。

二、构建德育工作体系

学校把师德师风要求贯穿到人才培养、日常教学、科学研究和社会服务等工作全过程，在教师选聘、岗前培训、队伍建设、绩效考核等环节全过程把关，营造良好的师德师风工作生态。

严把教师选聘入口关，实行思想政治素质和业务能力双重考察，审核评估新进教师的思政素质，未通过考核不得引进聘用。在新进教师岗前培训中，开设理想信念、师德师风、校史校情等专题教育。建立师德“传帮带”机制，为新入职教师和青年教师配备师德高尚、业务精湛、责任心强的导师，发挥优秀教师的师德榜样作用。

完善教师发展培训体系建设，组织开展师德师风建设、教学能力和科研能力提升等专题培训。加强留学归国教师的国情教育，通过讲座、考察、挂职、调研等形式，切实提高思政素质和专业能力，培养责任感与使命感。把师德师风表现作为教师年度考核、绩效分配、职称评聘、推优评先、表彰奖励、科研和人才项目申请等方面的重要内容。对于考核不合格者，实行“一票否决制”，并依法依规给予相应处分。

三、营造尊师重教氛围

（一）科学完善规章制度

2018 年，学校出台《师德考核实施办法（试行）》（武工大党发〔2018〕13 号），将师德考核纳入教师聘用、人才引进、各类评优评先评奖、各类人选提名的考核体系，考核结果作为教师职务评聘、工资晋升、培养培训的重要依据之一。

2021 年，学校推动落实《关于加强和改进新时代师德师风建设的意见》（教师〔2019〕10 号），制定《关于建立健全师德师风建设长效机制的实施办法》（武工大党发〔2021〕2 号）、《师德师风负面清单及师德失范行为处理办法》（武工大党发〔2021〕3 号）、《师德师风考核实施办法》（武工大党发〔2021〕4 号）。将制度学习贯穿师德专题教育、师德师风主题宣传教育月、师德师风警示教育活动中，引导教师在日常教学和育人过程中，坚持以德立身、以德立学、以德施教、以德育德。

（二）师德师风宣传教育

2006 年，学校制定《“名师工程”实施方案》（校人〔2006〕1 号），决定从当年起正式启动“教学名师工程”，每年评选校级教学名师 4 名左右，促进教师更新教育思想理念，提升教育教学水平。

为讲好新时代工大教育故事，宣传新时代教师典型，学校将每年 9~10 月份确定为师德师风宣传教育月。开展“全国优秀教师”“教学名师”“三全育人先进个人”“工大好老师”“师德标兵”“教学、管理、科技十佳”等评选表彰，推荐“全国高校黄大年式教师团队”“全国教书育人楷模”“荆楚好老师”“全国网络教育名师支持培育计划”人选，发挥宣传媒体作用，营造师德建设浓厚氛围，逐步建立起师德建设长效机制，选树了一大批先进典型。同时，每年教师节期间，学校组织执教、从教三十年教师座谈会；每年底举

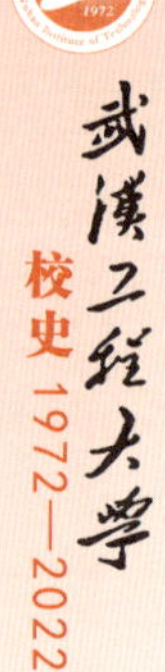

办教职工荣休仪式；每年举办新入职教师宣誓仪式、青年教师讲课比赛、师德师风演讲比赛、师德师风征文比赛、师德师风知识竞赛、书画展、教师节亮灯致敬教师、慰问一线教师、离退休教师和家庭困难教师等活动，为师德师风建设营造良好的活动氛围，增强了教职工的认同感、归属感、荣誉感、幸福感。

（三）积极推荐先进典型

为营造尊师重教校园风尚，塑造师德先进典型，每两年评选一次师德标兵，发挥师德标兵的榜样示范作用；在全校范围内召开教书育人交流会、师德楷模报告会等活动，逐步形成“敬业爱岗、明礼诚信、平等合作、勤学乐教、廉洁奉献”的师德风尚。学校利用官网、校报、广播台、橱窗、官方微博、微信公众号等媒介，全方位推送师德典型人物的先进事迹，持续报道优秀教师团队、优秀教师、师德标兵以及教学、科研、管理十佳和先进工作者、抗疫先进个人、先进集体等典型事迹。疫情期间，学校第一时间推出《战“疫”第一线，我是党员》专栏，报道全校教职工的抗疫事迹，实现线上“言传”，线下“身教”，积极传递榜样正能量，努力营造崇尚师德、争创师德典型的良好舆论环境和校园氛围，引导广大教师自觉学习身边榜样，以“榜样力量”传递“师德力量”。

近年来，学校名师荟萃、俊采星驰，涌现出一批“好老师”“大先生”。2014 年，鄢国平教授获评“全国优秀教师”，丁一刚教授获评“湖北名师”；2017 年，郭嘉教授获评湖北省“师德先进个人”；2019 年，陈嵘教授获评中国化工教育协会评选的全国石油和化工教育“教学名师”，其负责的“应用化学专业建设教学团队”获“优秀教学团队”；2020 年，袁华教授获评“全国优秀教师”，刘章军教授获评土木工程学科“湖北名师工作室”主持人，并被授予“湖北名师”称号；2021 年，绿色化工装备团队获评湖北省“荆楚好老师”，张志老师入选教育部 2021 年度“高校网络教育名师培育支持计划”，陈绪兵教授团队入选 2021 年度“湖北名师工作室”；2022 年 2 月，王存文教授领衔的“资源利用与新能源开发团队”获评第二批“全国高校黄大年式教师团队”。

第二节　筑巢引凤　聚才引智

学校坚持“引育并举”模式，全面加强高层次人才梯队建设，人才聚集效应逐步凸显，人才数量不断增加，人才效能持续增强。

一、运行机制

（一）“十一五”时期

2006 年 4 月，根据《“十一五”事业发展规划》（武化党字〔2006〕1 号），学校明确提出建设“规模适当、素质优良、结构合理、相对稳定”的人才队伍梯队。随后出台《“名师工程”实施方案》，规定自2006年起，每年评选校级教学名师4~6名。2020年底累计评选60余名，其中基础课和专业课的任课教师各30名左右，高层次人才队伍梯队建设的蓝图由此展开。

2007年9月，为加快推进“人才兴校”战略，建设起德才兼备、精干高效、结构优良、富有创新能力的高素质师资队伍，学校先后出台《关于引进海外优秀留学人才暂行办法》（校人〔2007〕39号）、《关于教师特聘岗位计划的实施意见》（校人〔2007〕62号），丰富了高层次人才的引进、培育渠道，以更大的支持力度和实用举措，探索出高层次人才培育模式的雏形。

（二）“十二五”时期

为加快推进“人才兴校”战略，学校将“充实数量、保证质量、刚柔结合、内外兼顾”作为人才引育工作原则，相继出台《人才引进暂行办法》《特聘教授岗位管理办法》《高层次人才引进实施办法》《高端人才引进计划实施方案》《“高端人才培育计划”实施方案》等系列举措，为着力培养领军人才、打造优秀团队、提升人才队伍整体水平、开创人才工作新局面搭建了坚实的制度基础。

（三）“十三五”时期

为落实“人才强校”战略，实现学校跨越式发展，学校在“十三五”规划中明确提出，实施“2197”的人才梯队建设目标，即20名领军人才、100名特聘教授、90名专职科研人员、700名博士。为此，学校分别于2016、2019年两次修订教师岗位人才引进办法，并最终形成《教师岗位人才引进管理办法（试行）》《高层次人才柔性引进管理办法》《学科带头人遴选办法》系列制度，持续加强高层次人才的引育工作力度。

（四）“十四五”时期

“十四五”伊始，学校召开人才工作会议，重点围绕“人才强校”战略，加快建设高水平教学研究型大学的发展目标，提出“12345”人才队伍建设工作新思路。就《人才引进管理办法（征求意见稿）》《人才培育发展支持计划管理办法（征求意见稿）》进行解读和意见征集，进一步修订完善各层级人才的待遇、聘任及考核等内容，大力提高各类人才的支持力度和资助标准，以更加灵活的举措开创人才引进、培育、考核工作新模式，为人才工作继往开来、再书新绩打下坚实的发展基础。

二、创新举措

“十三五”期间，学校持续探究人才引进新举措。积极依托国家、湖北省各类人才项目，畅通引才来校“绿色通道”，实行高层次人才引进“一事一议”“一人一策”。根据人才类型签订聘任合同，在科研经费、仪器设备、实验用房、招生指标、住房保障、配偶安置、团队建设等方面对引进人才予以全面配套；打造“平台—方向—人才—团队—成果”

五位一体、协调发展的人才引进模式；提升精准服务水平，打造“一站式”人才服务模式，实现人才服务“无缝对接”。

2019年6月，学校制定《教师岗位人才引进管理办法（试行）》，以年薪16万~60万元、科研启动费2万~50万元、实验室建设经费20万~200万元、安家费20万~200万元等优渥条件面向海内外诚聘高水平人才，待遇水平位居省属高校前列。着力实施“2197”人才建设目标，充分利用各类媒体平台发布招聘公告，宣传学校人才引进政策，营造高层次英才荟萃的局面，面向海内外引进高层次人才，竭诚擘画“人才强校、校兴才茂”的生动氛围。

三、强力保障

为激发人才创新活力，让人才引得进、留得住、用得好，学校坚持落实人才工作的保障措施，营造出“人人渴望成才、人人皆可成才、人人尽展其才”的浓厚氛围，产生人才之间相互吸引、相互学习的同频共振效应，最终实现由“筑巢引凤”到“凤栖梧桐”的本质升华。

“十三五”期间，学校平均每年投入人才工作的经费约1.3亿元，主要用于人才的年薪、科研经费、实验室建设经费、安家费等。根据不同学科给予一定额度的科研配套经费和实验室建设经费等，优先保障实验及办公用房。对于国家、省级人才，学校充分利用湖北省高层次人才职称评审政策，通过绿色通道认定相应高级职称；对于具有发展潜力的优秀青年人才，学校聘其为校聘教授、副教授；对于相关学科领域的大师级学术带头人，以灵活的柔性方式予以聘用。

学校不断规范各类人才项目校内选拔程序，结合实际多次修订、细化人才聘任合同内容，调整聘期任务标准，针对各类人才签订个性化合同。不断强化人才年度及聘期考核工作。

四、效能显著

（一）人才聚集效应

以学院发展需求为基础，学校建立国（境）外人才联络员工作机制，从源头破冰，精准引才。近五年来，学校柔性引进中国工程院“双聘院士”2人、国家杰出青年科学基金获得者2人、国家“万人计划”科技创新领军人才、科技创业领军人才各1人；全职引进“新世纪百千万人才工程”国家级人选1人、国家“千人计划”1人；学校获批湖北省“楚天学者计划”特聘教授、讲座教授和楚天学子近40人、获批湖北省“百人计划”近10人；引进各层次人才近350人。2021年，学校2位教师荣获湖北省青年拔尖人才项目支持；新增全国高校黄大年式教师团队1个；艺术设计学院副教授张志入选教育部2021年度“高校网络教育名师培育支持计划”，全国高校同期仅10人入选；机电工程学院教授喻九阳领衔的绿色化工装备团队从全省大中小学推荐的500多名候选人中脱颖而出，喜获“荆楚好老师”荣誉称号。

（二）助推科研发展

学校持续优化高层次人才引育政策，打造了一批以高层次人才为核心、以优秀青年学者为骨干的科研团队，整体科研实力稳步提升。2021 年，学校全年承担省部级以上项目百余项。其中国家自然科学基金面上项目 18 项，青年基金项目 26 项；纵向课题和横向课题直接进账经费分别为 3700 万元和 8870 万元，共计 1.26 亿元；SCI、SSCI 检索收录论文 848 篇；申请发明专利 336 件，授权发明专利 145 件，完成专利转让 91 件；全年科研成果转化金额达到 6486 万元。同年，“新材料与先进制造”“模式识别与智能控制”“污染防治与生态修复”“工业安全科学与技术”4 个学科群获批省级优势特色学科群。

第三节　外引内培　量质齐升

一、人才队伍政策

2006 年 3 月，为贯彻落实“人才兴校”工程，学校依据教育部《关于新时期加强高等学校教师队伍建设的意见》精神，制定《“十一五”师资队伍建设规划》，规划建设一支适应新世纪高等教育发展要求，结构合理、素质优良、队伍精干、具有创新意识和创新能力的教师队伍。同年，学校制定《“名师工程”实施方案》（校人〔2006〕1 号），顺利评选出首届武汉工程大学名师，树立先进典范。

2007 年，为深入实施“人才兴校”战略，学校进一步改善师资队伍结构，制定出台《关于“教师特聘岗位计划”的实施意见》《“工大学者计划”实施办法》《本科教学团队建设实施办法》《“学术创新团队”和“科研创新团队”建设实施办法》系列文件，开始全面实施教师团队建设项目。

2008 年，学校开始实行教师团队“首席教授”“责任教授”负责制，实施合同管理，制定教师团队考核体系，建立起较为完善的师资队伍建设机制。

2009 年，学校制定《中青年学术骨干培养计划实施办法（试行）》，成功遴选出 31 名青年教师作为学校首批“百人计划”人选。2013 年，遴选出第二批 18 名校“百人计划”人选。

2011 年，为建立起年龄结构合理、德才兼备、可持续发展的高水平教师队伍，学校出台《关于“教师特聘岗位计划”的实施意见（修订）》，制定《“优秀教师团队”建设项目管理办法》。在人才培养、学科凝炼、科学研究、教学改革以及基地平台建设等方面设置一级、二级、三级优秀教师团队。

2016 年，学校“十三五”规划明确强调，必须将师资队伍建设工作放在全校事业发

展的突出位置，深入实施“人才强校”战略，扎实推进人事制度改革，增强人才创新创造活力，优化人才发展环境，促使人才工作迈上新台阶、呈现新格局。

2021 年，学校召开人才工作会议，总结近年来师资队伍工作取得的成绩与经验。提出精准引才、系统育才、科学用才、用心留才的人才引培工作新举措，为实现学校第三次党代会制定的“全面建成化工及相关学科特色鲜明、多学科协调发展的高水平教学研究型大学”目标，制定了新发展阶段的师资队伍建设方案。

截至 2021 年 12 月，学校教职工共计 2199 人。其中，专任教师 1389 人（含辅导员 120 人）、其他专技人员 341 人（含研究设计院 94 人）、管理岗位工作人员 380 人、工勤人员 89 人，人才队伍规模呈稳步增长态势。专任教师人数较 2016 年增长 202 人，其中 88 人通过年薪制和协议制方式引进，以高层次人才和优秀青年人才为主，师资队伍来源更加多元化。在保证师资队伍总量稳步增长的基础上，师资队伍结构进一步优化，学缘结构日益均衡。2021 年，具有研究生学历的专任教师占专任教师总数的 95.9%，具有博士学位的专任教师占比 58.82%。学缘结构方面，省外学缘专任教师 435 人，占比 31.3%，省内学缘专任教师 954 人，占比 68.7%；年龄结构方面，45 岁以下专任教师有 915 人，占专任教师总数的 66%，其中 35 岁以下青年人才日益增多；职称结构方面，专任教师中具有高级技术职务人员 828 人，占比 59.6%，262 人具有正高级专业技术职务。

二、创新引进机制

全面实施以预聘制为核心的人才引进与聘用管理制度，大力推进校内岗位设置、职工考核、薪酬分配等为核心的二级管理制度改革。制定《年薪制人员录用实施办法（试行）》《教师岗位人才引进管理办法（试行）》《绩效工资实施办法（试行）》《教学单位奖励性绩效工资实施细则（试行）》《专业技术职务任职资格申报评审实施办法（试行）》《教师专业技术职务任职资格申报评审条件（试行）》等政策性文件，根据人才引进层次实施分类招聘，落实考核评价和薪酬体系。根据人才市场特点和供需关系，学校探索出一条适合发展定位的岗位绩效工资与协议工资制（年薪制、协议制、一事一议）并存的收入分配制度，教职工收入水平逐年增长，获得感明显增强。

三、增强师资储备

2014 年，经国家人力资源社会保障部和全国博士后管理委员会批准，学校依托化学工程与技术一级学科设立“化学工程与技术”博士后科研流动站。流动站拥有国家磷资源开发利用工程技术研究中心、磷资源开发利用教育部工程研究中心、绿色化工过程教育部重点实验室等学科平台；拥有 5500 平方米的实验室、价值约 7865 万元的实验设备和分析测试仪器；拥有一支由院士、杰青领衔、由老中青年专家相结合的科研创新团队；形成了化学工程、化学工艺、工业催化、生物化工、应用化学等代表性特色方向。发表的SCI论文千余篇，总被引次数近8000次，高被引论文百余篇，授权发明专利近5000件。2020年，学校化学工程与技术博士后科研流动站首次参加考核评估，获良好等次。近年来，进站培养的博士后与合作导师深耕科研阵地，公开发表SCI论文近40篇，其中SCI一区论文4篇，SCI二区论文13篇，论文优质率达60%。获批主持国家级、省部级项目10余项。

四、改善办学环境

硬件资源方面，学校各类教学实验仪器设备价值约5.56亿元。2016年，学校建成化工大楼并投入使用；2020年，学校新建西北区智慧餐厅和综合运动场；2021年，学校开始兴建人才公寓，改善工作生活环境。坚持“以师为本，至真至诚”人才工作理念，不断完善人才管理服务制度，提升管理服务水平。

积极打造高水平科研平台，科技创新平台成绩显著。“十三五”以来，学校新增省部级及以上科研平台18个，总数达63个。其中武汉长江通信智联技术有限公司研究生工作站、武汉烽火技术服务有限公司研究生工作站等10个工作站成功获批省级研究生工作站，学校牵头的湖北省人工智能综合型技术创新平台获批启动建设。参与建设湖北三峡实验室、湖北省工程研究中心，其中湖北三峡实验室以学校为第一参建单位组建，兴发矿业学院池汝安教授荣任实验室主任。教育部绿色化工过程教育部重点实验室评估获良好等级。

第四节 人事改革 激发活力

一、职称评聘制度

按照湖北省职改办相关政策要求，学校积极发挥校职改办的工作职能，保质保量完成年度职称评聘工作。2006年，学校获得“湖北省职称评审工作先进单位称号”。2008年，制定《专业技术职务评聘暂行办法》（校人〔2008〕44号），成立学校职称改革工作领导小组，组建起学校教师职务评审委员会，建立评委专家库，并实现年度滚动更新，进一步规范职称评审工作程序。

2003年，化学工程等6个专业被授予副教授任职资格评审权；2005年，材料科学与工程等10个专业被授予副教授任职资格评审权；2009年，控制科学与工程等2个专业被授予副教授任职资格评审权；2011年，根据《关于同意调整湖北大学等高校副教授评审范围的批复》（鄂职改字〔2011〕1号），省职改办向学校下放了全部学科的副教授评审权；2015年，根据《关于授予武汉工程大学部分学科教授任职资格评审权的批复》（鄂职改字〔2015〕7号），学校获得化学工程与技术、材料科学与工程、动力工程及工程热物理、

土木工程、管理科学与工程、控制科学与工程 6 个一级学科教授任职资格评审权。

2017 年，作为职称制度改革的关键节点，省职改办发布《关于同意湖北大学等 80 所高校组建和完善高校教师、实验技术高级职务评审委员会的通知》(鄂职改字〔2017〕2 号)，向省属高校全面下放高校教师、实验技术系列的高级职务评审权限，学校开始了相应系列的自主评审工作。

2018 年起，学校开始筹备修改职称评审相关政策。经广泛走访调研，借鉴经验做法，充分学习《关于深化高等学校教师职称制度改革的指导意见》（人社部发〔2020〕100 号）、《关于进一步深化高等学校教师职称制度改革的通知》（鄂人社发〔2021〕18 号）、《高等学校教师职称评价基本标准》文件精神。2021 年，印发《专业技术职务任职资格申报评审实施办法（试行）》《教师专业技术职务任职资格申报评审条件（试行）》《重点人才专业技术职务任职资格评审绿色通道实施办法（试行）》《起点专业技术职务初定实施办法》。

学校制定了新的评审条件。一是，加大教学工作的评价比重，增加教学业绩（授课质量、专业及课程建设、教研项目、教学奖励、教研论文及著作、指导学生创新创业等）的考量和要求，明确教授、副教授为本科生上课的根本要求，明确教学质量优秀作为教师必备专业能力的要求，明确全面推行本科生导师制的导向，引导广大教师将工作重心向一线教学转移，总体提高学校教学质量水平；二是，制定新的科研业绩条件，将考量学科、专业建设发展的核心因素和量化因子列为职称评审的重要评价指标，如省部级以上科研奖励、大型横向科研项目，高水平高质量科研论文和著作等，明确教师个人发展目标，为学科建设迈向新台阶指明方向；三是，制定重点人才职称评审绿色通道实施办法，对高层次人才给予一定力度的支持和政策倾斜，鼓励教师在教学科研工作中作出优秀业绩和成果。按照新的评审办法，学校顺利完成 2021 年职称评审工作。

二、人才创新政策

2010 年以来，学校坚持“充实数量、优化结构、提高素质、稳定骨干、造就名师”工作方针，拓宽途径，加大力度，持续优化学校教师队伍结构；2011 年，学校编制出台《“十二五”人才队伍建设规划》（校党〔2011〕19 号）；2013 年，学校荣获湖北省首届人才工作“十强高校”称号，首次获得接收国内访问学者资格；2014 年，出台《高层次人才引进实施办法》《特聘教授岗位管理办法》《“高端人才引进计划”实施方案（试行）》《引进高层次人才奖励实施办法（试行）》等人才政策文件，当年全职引进国家“千人计划”专家 1 人，实现了零的突破；2015 年，成立人才工作专班，实施高端人才培育计划，推行新进教师年薪制改革，建立博士后管理体制机制，使人才工作更加精细化；2016 年，制定《教师岗位人才引进办法》，进一步规范人才引进程序；2017 年，以高层次人才队伍建设和青年教师培养为重点，制定实施了遴选海内外优秀博士来校工作、高层次人才柔性引进管理办法等系列制度；2018 年，成功举办首届青年学者论坛，与海内外 28 名青年学者签订意向协议，成功签约中国工程院双聘院士 1 人；2019 年，重新修订《教师岗位人才引进管理办法（试行）》《特聘岗位管理办法》。

三、岗位聘用制度

学校积极推进岗位制度改革。2005 年，顺利完成教师竞岗聘任工作；2008 年，广泛开展岗位设置改革的调查研究，深入各二级单位调研，核定人员编制，组织起草岗位设置与管理的相关文件，明确部门职能与内设机构岗位职责，为新一轮人事制度改革奠定基础；2009 年，受省教育厅的委托，学校参与《湖北省高等学校工作人员两类岗位任职实施细则》起草工作，编制学校机构职能、人员编制、岗位职责，制定岗位设置与聘用相关政策，完成了实施方案的报批。

按照“总量控制、优化结构、精干高效、协调发展”的基本原则和“统筹考虑、稳步实施、制度入轨、逐步到位”的工作思路，2010 年，学校启动首次岗位设置与人员聘用工作；2011 年，全面完成副高及以下教师、其他专业技术人员、工勤技能岗位人员的分级聘用。

2019 年，学校开展定编、定岗、定责的调查研究，完成岗位聘用条件、岗位考核标准的前期调研与意见征集，制定《教职工岗位设置与聘用管理办法》，实现人员分类分级管理、岗位绩效量化考核；2022 年 1 月，学校正式印发《岗位聘用与管理实施办法》《专任教师岗位聘用与管理实施细则》《管理岗位聘用与管理实施细则》《专职辅导员岗位聘用与管理实施细则》《其他专业技术岗位聘用与管理实施细则》《工勤技能岗位聘用与管理实施细则》，新政策按人员类别及聘用岗位制定了相应的聘任条件及聘期考核任务，厘清了学校与二级单位在岗位聘用方面的职责，构建起校、院两级管理体制，通过聘期考核可实现“能上能下”的岗位聘用管理机制。

四、组织机构调整

学校积极探索机构改革思路。2010 年，初步完成机构改革论证工作，按照“把握时机，分步实施”思路，机构改革按“三步走”方案落实落地；进行以“大部制”为核心的管理机构改革，构建起职责明晰、运转协调、精干高效的现代大学管理机制；制定管理机构改革方案，按照“精简高效、下放职权、创造活力”的原则规范机构相应职能。同年，学校将监察处、审计处、校纪委办公室、学校办公室、党委宣传部、新闻中心、机关党委、党委组织部、人事处、离退休干部工作处、分析测试中心、工程实践教学中心、招生与就业工作处等 13 个二级单位，归并（或合署办公）为 5 个二级单位；2011 年，将资产与后勤管理处、基建处、后勤服务总公司、校医院、物资供应中心 5 个二级单位，合并为 2 个二级单位；2014 年，成立发展规划与学科建设办公室，完善职责设置，做好改革发展的顶层设计；2016年，省委第十巡视组对学校进行政治巡视，就内部治理体系提出意见建议。

2017年，按照省委巡视组建议和整改工作要求，学校加强对高校机构设置的调研论证，大力推进部门体制机制改革，形成《高校内部管理机构设置研究报告》。撤销原大部制改革设立的“大部门”机构，单设学校办公室、纪委监察处、党委组织部、党委宣传部、党委统战部、校团委、离退休干部工作处、审计处、人事处；撤销研究生处，成立研究生院；撤销工大集团、总务处，设置国有资产与设备管理处、后勤保障处、基建维修处、招标采购处、资产经营与产业管理处；撤销外事处，成立国际交流与合作处；校团委单独设置，不再与学工部合署办公；设置党委教师工作部和研究生工作部。至此，学校机构设置及工作职能已近完善，随着人事制度改革不断深入，机构设置仍将进一步系统化和规范化。

五、绩效工资制度

学校高度重视民生工程建设。2006年完成了国家事业单位工资制度改革。2009年，学校在总结2004年分配制度改革经验的基础上，启动新一轮的绩效工资改革；2010年，学校初步完成校内津贴分配制度改革，出台《绩效工资改革实施办法（试行）》，结合岗位等级、学生规模、办学效益等因素，把岗位绩效、业绩绩效作为校内绩效津贴主要指标，强化学院（部）的分配自主权，进一步理顺校、院（部）二级分配关系；2013年，学校投入1730万元，深入实施绩效工资改革，教职工收入实现了较大幅度增长；2019年，学校继续大力推进绩效工资改革，按照“以岗定薪优绩优酬，分类管理重点倾斜”分配原则，在多方调研、考察论证的基础上，修订完善《绩效工资实施办法（试行）》（武工大人发〔2019〕36号）、《教学单位奖励性绩效工资实施细则（试行）》（武工大人发〔2019〕37号），以及核定教学、科研、社会服务的工作量等配套文件。持续深化绩效工资改革，有效提升了教职工的福利待遇。

六、社会保险制度

根据《国务院关于机关事业单位工作人员养老保险制度改革的决定》《湖北省人民政府关于机关事业单位养老保险制度改革的实施意见》精神，学校稳步推进教职工养老保险改革工作。2016年，根据省人社厅有关工作部署，学校对全校教职工开始进行养老保险预扣，为2014年10月后退休、在岗及新入职人员统一办理社会保险。至2021年，学校完成497名“老人”和1332名“中人”的参保入库工作。

人事代理教职工的医保一直是影响青年教师“幸福感”的民生问题。针对2012—2019年人事代理教职工医保缴费基数不高、医疗报销比例偏低的问题，学校积极争取上级主管部门政策支持，提出了有效解决方案，成功解决2012—2019年人事代理人员的公费医疗待遇问题，并积极为编制外聘用人员办理社会保险。

第十五章　人才培养　多层深化

学校始终坚持人才培养工作的中心地位，按照“立足湖北，辐射全国，服务区域经济和化工行业”的服务面向，推进“四个回归”，创新培养模式，优化培养机制，树立“全面成长、追求卓越”的培养理念，努力营造利于人才成长的育人环境。开展一流本科教育建设，实施高质量研究生教育，开拓继续教育发展思路，努力构建本硕博人才培养体系，在全面提高人才培养能力方面展开探索和实践，取得了显著成绩。

第一节　本科教育　奋楫争先

为全面提高人才培养质量，学校坚持本科教育主体地位，以健全高水平人才培养体系为目标，以服务区域经济社会发展为落脚点，围绕“培养什么人，怎样培养人，为谁培养人”这一根本问题，不断深化以“三实一创”（实训、实验、实习、创新）为核心的“两型两化”（创新型、复合型、工程化、国际化）人才培养模式改革，推进一流本科教育建设，造就堪当民族复兴大任的时代新人。2006—2021 年，全日制本科在校生规模从 13046 人逐步增长至 19975 人。

一、健全人才培养体系

“十一五”期间，学校提出“加强基础，拓宽口径，重视实践，培养能力”的人才培养思路，培养基础扎实、知识面宽、实践创新能力强，德智体美全面发展的应用型高级工程技术和经营管理人才。经过多年教育实践，进一步将学校人才培养目标凝练为：基础扎实、知识宽广、工程实践能力强，具有创新精神与国际视野的全面发展的高素质人才。

按照第二次党代会提出的“高入、严管、优出”的人才培养要求，学校以“立德树人”为根本任务，以“创新创业”为目标，以“校企合作、科教协同、信息技术与教育教学深度融合”为突破口，持续推进人才培养模式改革。

2006 年学校更名后，随着一本生源逐渐增加，人才培养工作呈现出实用性、多元化、高端化趋势，顺应了经济社会发展对人才的需求。学校先后出台《以“三实一创”为核心的人才培养模式改革计划》《实施工程教育改革方案》《关于进一步深化“两型两化”人才培养模式改革的实施意见》《关于推进人才培养国际化的实施办法》等文件，满足学生成长成才需求。

专业培养方案主要按照教育部文件统一制定、实施。学校每两年组织修订一次人才培养方案，结合人才培养的社会需求和学校发展实际，持续改进专业人才培养目标和课程设置。2013 年，培养方案明确了“知识、能力、素质”的专业培养要求；2015 年，培养方案新增创新教育的具体要求，并组织各专业按照培养方案全面修订课程大纲和实践教学大纲，同时进行课程教学要求与专业毕业要求的达成度分析；2019 年，培养方案增加美育教育、劳动教育、创新创业教育并规定修读学分要求，坚持把思想政治教育、创新创业教育、素质教育贯穿人才培养全过程。

“十三五”末，学校基本建立覆盖全体学生的“两型两化”人才培养体系。2019 年，本科人才培养方案提炼了 2006 年以来的教学改革成果，秉持“全面成才、追求卓越”的人才培养理念和“两型两化”人才培养总目标，增强学生的社会责任感、人文素养和创业意识，为学校打造一流本科教育奠定坚实基础。贯彻执行普通高等学校本科专业类教学质量国家标准、工程教育认证标准和研究本专业有关行业标准，充分体现产教融合，信息技术与教育教学深度融合，鼓励学科专业交叉融合，不断推进人才培养国际化、个性化以及教学和教学管理信息化进程。

二、探索人才培养模式

作为省属地方高校，学校具有地理优势与区位优势，在服务长江经济带区域经济中不断被赋予新动能。管、经、文、法、艺术、教育学等学科通过“E+”国家人才培养模式创新实验区平台，与化工、材料、计算机人工智能等专业实现交叉融合。2003 年起，学校开始试行“E+”国家人才培养模式改革试验区、“多元化”人才培养类型以及“学产研”教学模式的人才培养模式改革。2011 年以来，学校将教学研究的重点向“两型两化”倾斜，大力支持相关主题研究和教学改革。

（一）“E+”国家人才培养模式改革试验区

2006 年起，学校开始实施“E+”双专业一体化复合型人才培养模式改革；2009 年，被教育部、财政部立项为国家级人才培养模式创新实验区；2014 年，荣获国家级教学成果二等奖。其基本设计是“两个专业、一个培养方案、两个学位”，以达到“强外语、提素质、懂专业”的人才培养效果，目的是培养一批高素质复合型国际化人才。2006 年以来，学校先后开设“英语 + 法学”“英语 + 市场营销”“英语 + 化学工程与工艺”“英语 + 软件工程”“英语 + 会计学（国际会计）”“英语 + 材料化学”六个双专业。通过“E+”人才培养模式，推进学校的教育教学改革，有效提升了人才培养质量，培育出了一批跨学科、跨专业的精英，较好适应了区域经济发展对人才的需求。

（二）“多元化”人才培养类型

2009年，学校在化学工程与工艺专业创设“侯德榜”班创新人才班、“卓越工程师培养计划”卓越工程师班，形成了智能化工方向、化工管理方向，开创了化工中外合作办学等多种办学模式，并开启了中期分流模式。以“学生中心、产出导向、持续改进”的工程教育改革理念为指导，以行业需求为导向，以学生的个性化发展为切入口，开启学生多元能力培养，改革和创新人才培养模式，经过多年实践，切实提高了专业培养质量，建立起符合创新型高水平大学要求的本科教育教学体系，通过调整学分结构，优化课程体系，强调“三实一创”“两型两化”人才培养，实现了人才培养的多模式和学生个性化发展，以培养有较强的知识获取能力、实践动手能力、创新创业能力的高质量人才。

（三）“学产研”教学模式

2003年以来，学校经过长期探索和教学实践，对传统的校内实习、校外实习、校企联合等教学模式进行整合与拓展，创立了与实践相结合的“学产研”教学模式——“宜化模式”，订单式培养学生。学校每年选派25%以上的学生到相关企业和研究设计院所进行毕业实习，根据企业或设计院所的实际需要确定毕业设计课题，采用校企联合的“双导师制”进行指导，即由一名具有工程师以上职称的企业技术人员和一名具有副教授以上职称的教师联合指导。目前，“学产研”教学模式已在学校全面推广，解决了学生创新能力培养过程中实践经验不足的问题，并得到全国工科院校的广泛关注和借鉴。

三、深化教育教学改革

学校积极主动融入国家科技创新体系建设，适应高等教育改革与发展的新形势，由以人才培养为主，转向人才培养、科学研究、服务社会、文化传承并重，为经济社会发展作出积极贡献。

（一）课程建设

加强课程建设是学校深化教育教学改革、培养具有创新能力的高层次创新型应用人才的重要举措，是提高学校教学水平的具体体现。

学校树立“办学就是办专业，办专业就是建课程”的理念，立足湖北经济社会发展需求和人才培养目标，优化课程设置，构建“通识教育＋专业教育＋个性教育＋双创教育”的课程体系，提高课程建设规划性、系统性，避免随意化、碎片化，杜绝因人设课。围绕“大化工”发展思路，结合“E+”“人工智能＋”等双专业一体化、跨学科交叉融合人才培养模式改革成果，建立本硕博贯通培养试验区，推动本硕博课程资源共享。全课程推进、全过程渗透、全方位投入，构建“思政课程＋课程思政＋专业思政”一体化育人课程体系，将价值塑造、知识传授、能力培养融为一体。强化每位教师的立德树人意识，让每位教师都能找到自己的角色定位，形成独特的专业风格。

1998—2018年，学校分批次建设了校级重点课程、校级精品课程、校级课程综合改革项目、校级在线开放示范课程、校级考试改革示范课程、校级双语教学示范课程等各类课程共319门。

在此基础上，国家级和省级课程建设也取得了较好的成绩。截至2022年5月，建成了3门国家级精品资源共享课、1门国家级精品视频公开课，申报成功4门国家级一流课程；建成4门省级精品课程、7门省级精品资源共享课、5门省级精品视频公开课，申报成功36门省级一流课程。

学校构建“国、省、校”三级培育机制，淘汰“水课”，打造“金课”。按照“调学时、明内容、转方式、改方法、显名师”的思路，引导和推动课程综合改革。通过开展“课内＋课外”课堂教学、“线上＋线下”理论教学、“中文＋英文”双语教学、“主讲＋聘请”联合教学、“课堂＋现场”实践教学、“平时＋期末”考试改革，建设起了具有综合性、问题导向、学科交叉的课程群。学校充分发挥思政课在落实立德树人根本任务的关键课程作用，帮助学生扣好人生第一粒扣子。从走进“第一课堂”，讲好“第一课程”出发。2019年，学校党委书记程幼金、校长王存文带头走上讲台，主讲大型思政公选课《加油中国》。《加油中国》成功入选2020年“一省一策思政课集体行动任务清单”之湖北省“新时代中国”选择性必修课程体系，成为湖北省“＋中国”系列课程重点展示的“十分钟课堂”之一，并在湖北省“一省一策思政课”集体行动暨高校党史学习教育集中调研会上，马克思主义学院围绕《加油中国》就特色思政课程与教学模式相关建设情况作了经验交流。此外，学校开创了“一院一品”“一月一主题”思政品牌活动，优化内容来源、改进工作方法、创新工作载体、激活内生动力。

（二）教材建设

学校鼓励和支持教师出版高水平的教材，持续加大自编教材资助力度，统筹课程建设与教学内容、教学方法改革工作，在推进教材建设的基础上，全方位推进课程建设。学校组织湖北省化工专业联盟高校合作编写高水平的实验、实践教材。在教材选用方面，要求原则上选用国家或省（部）级获奖教材和规划教材、教育部学科专业指导委员会推荐的教材和教材征订目录推荐的教材，特别是由我校教师自编的优秀教材，加强教材使用的覆盖面。

2013年7月，学校出台《教材供应管理办法》（校总务〔2013〕15号）。由总务处负责全校教材征订计划的招标采购和发放管理，保证教材质量与及时供应。

2015—2021年，学校共出版各类教材105种。2016年11月，学校印发《武汉工程大学教学奖励办法》（校教〔2016〕18号），设置了优秀教材奖，对获得国家级、省级精品教材、规划教材、图书奖励以及校级优秀教材奖的教材编者进行奖励。学校优秀教材奖每两年评选一次，设一等奖、二等奖、三等奖。2017—2021年，学校共奖励优秀教材51

部。其中，张珩、万春杰主编的《药物制剂过程装备与工程设计》，沈巍、张电吉主编的《建筑设备安装工程工程量清单计价》，胡端平、李小刚、刘吉定主编的《概率论与数理统计》获得国家级规划教材奖。2021 年，贲可荣、张彦铎主编的《人工智能》（第 3 版），获得了全国优秀教材奖。

2019 年 12 月，国家教材委员会印发《全国大中小学教材建设规划（2019—2022 年）》，教育部印发《中小学教材管理办法》《职业院校教材管理办法》《普通高等学校教材管理办法》《学校选用境外教材管理办法》。根据国家对教材工作的新要求，学校下发了《关于教务处增设机构的通知》（武工大人发〔2021〕14 号），教务处增设教材建设与管理科，负责教材建设发展规划和教材管理等工作。学校出台了《教材建设与管理办法》，对教材编写等相关条件作出详细规定。

（三）教学研究

学校根据国家发展战略和要求，全面深化教育教学改革，出台系列文件制度，强化保障力度。2014 年，学校印发《关于加强教学管理队伍建设的意见》，把加强教学管理、坚持教学改革、提高教育教学质量放在重要位置。2006—2021 年，学校先后立项建设国家级、省级、校级教学改革研究项目共计 596 项；其中国家级 23 项，省级 196 项；2017—2021 年教育部产学合作协同育人项目 153 项；2006—2018 年，以学校作为第一完成单位的国家级、省级教学成果获奖 41 项，其中国家级奖项 1 项，省级 40 项。

（四）实践育人

1. 协同育人

学校把实践育人摆在主要位置，逐步构建以实施专业技能为主线的实践教学体系，推进以“三实一创”为核心的“两型两化”人才培养模式。重点建设一批国家级、省部级和校级实验教学示范中心、虚拟仿真实验教学中心等实验教学公共平台，建成大文科、大理科、大工科等实践教学大类平台，构建专业覆盖的实践技能训练体系。目前学校获批 2 个国家级实验教学示范中心：环境与化工清洁生产实验教学示范中心、“大化工”工程化实践教学中心。获批 7 个省部级实验教学示范中心：基础化学实验教学示范中心、计算机实验教学示范中心、物理实验教学示范中心、电子信息与控制实验教学中心、资源与环境实验教学示范中心、工程实践与创新实验教学示范中心、智能系统虚拟仿真实验教学中心。

学校积极加强校企合作，通过与企业行业共建实验室，搭建实践创新平台，拓展实验教学资源。截至 2021 年，与校外用人单位建立了 41 个校企共建实验室、279 个校企合作实习基地。

学校深入践行“三全育人”理念，落实“五个思政”，改革实验室管理运行模式，积极推进科研实验室、工程中心、大型精密实验仪器向本科生开放，吸引更多学生参与科研，打通本科生早期接受科研训练的通道。深入探索校企合作新途径，协同共建育人基地，培

养精英人才。学校对学生进行定向化专业培养，在课程、试验、实习等教学方面进行定制化培训。企业为学校提供校外辅导、工程实践等实战基地。让学生在实际工作中提升实践操作能力，提高学生从理论到实践的科研能力，最终实现人才培养到人才输出的良好互动模式，构建拔尖创新型人才和卓越应用型人才培养新体系。

2. 创新创业

学校把创新创业教育融入学校教育教学改革全过程，通过价值塑造、课程嵌入、平台打造，深入推进“专业 + 三创（创新、创业、创造）”融合。推动“三融四阶”课程体系建设，将创新创业教育融入专业、科研、产业，在课程四阶段逐步推进；以师资队伍建设为重点，着力建设创新创业高地，力促产学研深度融合，建设好创新创业生态体系，为社会经济高质量发展提供高素质人才资源。

学校大力推进素质教育、“三创”专业教育，推动“三创”教育孵化发展，构建“学校—学院—实验室”三级大学生科技创新创业体系；探索自主性、探究式、研究性的创新创业教育方式方法，构建多层次、互动式、开放型的创新创业教育平台。学校通过“三创”教育促进人才培养模式深刻变革，立足“地方特色高校创新创业创造人才培养生态”，着力推动“三创”教育与专业教育、思想政治教育、劳动教育紧密结合，在专业课程中融入“三创”教育理念及实践内容，打造高水平创新创业基地，推进“专业 + 三创”融合模式。通过新工科、新文科交叉学科专业融合、科研促教学融合、校地协同融合，学校大力推进“三创”融入专业、融入科研、融入产业的“三融”微专业建设，构建由“深度融合的教育教学体系、完善的组织保障体系、开放共享的实践创新平台、优质高效的孵化平台”构成的“两体系两平台”创新创业教育共同体，将“三创”教育融入人才培养全过程。

学校探索建立涵盖“起步段、成长段、成熟段、稳定段”的“四阶”递进式课程体系，由理论与实践两大模块构成。在理论模块方面，由“三创”基本原理、创新思维、知识产权、计算机辅助创新技术、创业理论等形成理论体系课程链，注重理论渐进式“两性一度（高阶性、创新性，挑战度）”。在实践模块方面，则根据理论知识点，设置实验、实践课程与沉浸式应用场景。

“三创”课程建设课堂、讲坛、训练、竞赛、成果孵化为一体的教学体系，形成“线上 + 线下”的课堂教学模式，实行创新创业学分制，开设创新创业相关实验项目，鼓励学生利用第二课堂和业余时间从事创新创业实践。学校通过各类学术活动，促进理论与实践教学、第一课堂与第二课堂深度融合，开展学术活动周、创新性实验计划及各类学科竞赛、课外学术科技活动，设立大学生创新创业基金项目，校长、校友基金项目等，鼓励学生积极投身创新创业实践。

学校持续加强“走出去”与“请进来”双轨并进的创新创业教师培训机制建设，选派教师参加各级各类创新创业指导、职业规划等资格培训，并邀请企业家、风险投资人等来校为学生开展专题讲座。学校着力构建由创业教育课程教学与科研人员、创业指导专兼职人员、校内外专家组成的师资团队，指导学生创新创业；鼓励教师参与社会“双创”实践，建立专业教师、创新创业教育专职教师到行业企业挂职的锻炼制度，以科研成果引领学生创新创业，以专业促进创业、以创业带动就业。

2015年以来，学校每年集中安排2次“学术与文体活动周”。每年第一学期（秋学季）举办文体活动周，与学校运动会同期举行，集中开展体育锻炼、竞赛、素质拓展与定向活动、文化拓展活动。第二学期（春学季）举办学术活动周，组织教师、校外专家开设学术讲座、创新实验、工程项目设计等各类学术活动。

通过持续的改革创新，学校创新创业学院“专业＋三创”模式教学生态显现良好态势。近3年来，先后建成省级“双创”基地，并建成国家级、省级“双创”一流课程，促进教育链、人才链与产业链、创新链有机衔接，培养创新创业创造人才，推动毕业生更高质量创业就业。

（五）教师发展中心

2015年12月，学校成立教师发展中心，成立之初与教务处合署办公。2019年5月，学校进行机构调整，将教师发展中心与教学质量监控与评估中心、高等教育研究所合署办公，为正处级建制。中心秉承“为教师服务，为教学服务，为教育服务”的宗旨，致力于教师教学水平和教学能力的提升，服务教师专业发展，促进我校教学质量和人才培养质量的不断提高。主要职能一是组织开展各种教师学术职业发展与业务能力培训；二是组织开展教学改革学习研讨、交流以及咨询服务；三是负责教师教学竞赛评比、教学优秀奖项评选等工作；四是负责学生评教以及教师年度教学质量考核等工作。

为帮助和促进新进教师尽快提高教学水平，提升课堂教学质量，教师发展中心自2016年开始组织岗前教师参加“示范课”观摩学习系列活动，截至2021年全校共计400余名青年教师参加。此外，教师发展中心委派有一定教学经验的青年教师外出学习，并将学习所得以教研分享的形式传递给新进教师，组织新进教师参加各类教学法、教学信息化、课程思政等专题讲座，帮助新进教师尽快站稳讲台。中心配备用房约1200平方米，建设数字化课程基地（WIT文华数字化课程中心）、虚拟仿真教学基地、教师讨论区、心理咨询室等，集教学信息化建设、教学观摩体验、教师研讨咨询等功能于一体。中心按照教师“共同提高”计划的统一部署，以教研教改项目为依托，以教师教学评价为抓手，以学习、研讨、比赛为主要途径，分主题、按群体、有针对性、有组织地开展各种专题培训、主题讲座、教学沙龙、教研分享会等活动。

自1996年开始，学校每两年举办一次校、院（部）两级青年教师教学基本功竞赛，截至2021年，共举办了13届青年教师教学基本功竞赛，参与竞赛的青年教师人数达800余人，其中160余名优秀青年教师获奖。2020年起，学校开始连续两年组织校、院（部）

两级教师教学创新大赛，参赛教师（教学团队）60 余项，其中获奖教师（教学团队）23 项。教师发展中心将比赛与培训有机结合，促进全校教师聚焦教学创新、潜心教书育人，形成卓越教学的价值追求和自觉行动，打造学校教学改革的风向标。

四、强化教学质量标准

实现高等教育内涵式发展，关键是要做好教学质量标准建设。学校进一步加强建设教务管理规范化，不断完善以学校为主体，教育行政部门为引导，行业部门、社会机构等共同参与的高等教育质量保障体系。

2006 年 11 月，教育部本科教学工作水平评估专家按照《普通高校本科教学工作水平评估方案》，以多种形式的考察，对我校本科教学工作进行了评估和指导，专家组对我校长期以来取得的办学成绩给予了充分的肯定，对学校的办学指导思想与定位、教学条件与利用、专业建设与教学改革、教学管理、学风建设、教育教学质量、办学特色以及评建工作给予了较高的评价。教育部（教高评函〔2007〕1 号）公布了学校本科教学工作水平的评估结论为优秀。

2017 年 6 月，根据教育部和湖北省教育厅、湖北省教育评估院的工作安排，专家组对学校本科教学工作进行了全面、深入的考察。通过考察，专家组认为学校对本科教学工作审核评估高度重视、思路清晰、措施得力，有利推动了学校的各项工作。学校全体师生团结一致、奋发有为，发扬艰苦奋斗、自强不息的学校精神和干实事、谋大事的精气神给专家组留下了十分深刻的印象，得到了专家组高度的认可和肯定。同时，专家组也指出了学校在本科教学工作中存在的问题和不足。学校将专家组意见落实到深化综合改革中，聚焦治本导向，坚持将重点整改与全面建设相结合、阶段性整改与常态化整改相结合，切实使本科教学水平有大提升、大进步。

（一）规范教学管理

学校坚持“严管大爱”的管理文化，依法依规加强教学管理和考风考纪，规范教学秩序。推进学生学业科学合理“增负”，提升学生学业挑战度。综合应用多种形式，全面考核学生，以考辅教、以考促学，激励学生主动学习。

学校重视学生学业发展指导，建立学业指导的科学体系。2013 年启动“湖北省优秀大学生海外游学计划”，2013—2019 年共计派出约 150 名优秀本科生参与该项计划。2015 年 12 月，学校出台《关于全面实施本科生导师制的意见》（校学〔2015〕43 号），实施本科生“1+X”全程导师制。2018 年开始实施推荐优秀应届毕业生免试攻读硕士研究生。

（二）完善质量监控

1. 运行体系

多年来学校逐渐建立一套教学质量标准或评价指标，形成了符合学校办学特点的

“54321”教学质量监控体系，该体系包括5个质量报告、4个专项检查、3个信息报告单、2个考核、1个评估。

发布5份报告。学校每年对外公开发布教学基本状态数据分析报告、年度教学质量报告、年度就业质量报告、在校生调查报告、毕业生调查报告。通过报告的发布，一是透过数据分析理清家底，查找短板，剖析问题原因，寻求改进方案；二是总结、公布、展示学校办学理念、办学举措和人才培养效果成果；三是客观真实反映在校生学习情况、毕业生社会需求与就业质量情况。

开展4项检查。学校坚持每年定期开展课堂专项检查、试卷专项检查、毕业设计（论文）专项检查、实训实习专项检查，由教务处协助学校教学督导组进行，并不断创新检查方式，加大检查结果使用力度。

填报3张单子。学校建立并实施一线教学信息报告制度，及时收集、处理、反馈“教学督导教学信息报告单”“学生信息员教学信息报告单”“监考（其他）人员违规信息报告单”的教学信息，对加强教学一线的监控与管理起到了重要推动作用。

完善2类考核。一是专业办学条件质量考核。截至2022年6月，化学工程与工艺、制药工程、矿物加工工程、高分子材料与工程等8个专业通过全国工程教育认证。二是教师年度教学质量考核。多年来，学校将教师教学质量考核纳入个人年度考核一并进行。2013年起，学校试行教师年度教学质量单独考核，制定了暂行办法，主要面向当年申请参加教师系列职称评审的教师进行。经过数年试行，学校将教师年度教学质量考核作为一项重要的教学评价和教师发展举措，多次广泛讨论考核指标体系，做好相应的政策配套和实施准备。

坚持1个评估。2016年，学校总结已有评估经验，借鉴教育部本科教学工作审核评估理念与方式，提出开展院部本科教学工作审核评估，旨在依据各院部的办学定位、人才培养目标和阶段工作目标，评价人才培养质量与效果的实现情况。审核评估范围包括办学定位与目标、师资队伍、教学资源、培养过程、学生发展、质量保障6个审核项目、23个审核要素、55个审核要点。在审核评估范围基础上，明确审核项目、要素、要点的操作性和可量化度，确定若干个主要观测点。专家组深入各学院（部），重点结合各观测点进行评价、打分，给出最终考核和整改意见，其评估结果作为学校在目标考核、绩效分配、招生计划分配、资源配置等方面的重要依据或参考。学院（部）本科教学审核评估的实施，全面客观地反映了学校各院部本科教学基本状况，加强了学校对学院（部）本科教学工作的宏观管理、指导与评价，也为学校接受教育部本科教学工作审核评估、各级专业评估与认证奠定基础。

2. 实施效果

学校以“54321”为主体的教学质量监控改进体系运行良好，人才培养中心地位进一步巩固，人才培养质量得到较好支撑和保障。学校教学管理与服务的质量意识逐渐形成，学院（部）评估、专业评估、教师教学评价的自我评估机制进一步完善。学校通过扎实推进学生“共同关注”计划，开展“精准帮扶”和导师制等，多举措有效促进了学生成长成才。毕业生和在校生对专业、课程、管理服务的满意度逐步增加。通过关注教师发展、加强教师培训，帮助教师更新观念，促进教师间交流互动，使整体教学能力和水平得到持续提升。

以外部监测评估、工程教育专业认证等工作推动本科教学质量建设。学校全面贯彻落实立德树人根本任务，确保人才培养中心地位和本科教育教学核心地位。坚持以学生为中心的教育理念、以成果为导向的教育取向和持续改进的质量文化，以评促建、以评促改、以评促管、以评促强，不断完善学校“1151”教学质量保障体系，实施教学质量共同保障计划，以质量保障体系为重点，以培养机制改革为抓手，积极构建自觉、自省、自律、自查、自纠的大学质量文化，突出内涵发展、特色发展、创新发展，培养德智体美劳全面发展的社会主义建设者和接班人。1999 年，学校顺利通过了教育部本科教学工作合格评估；2006 年，学校接受教育部本科教学工作水平评估，评估结论为“优秀”；2017 年，学校顺利通过教育部本科教学工作审核评估。“十三五”期间，学校获批 13 个国家级、10 个省级一流本科专业建设点；4 个本科专业通过国家工程教育专业认证；7 个专业获批湖北省荆楚卓越计划项目。获得首批国家级一流本科“金课”4 门、省级各类一流课程（含精品在线开放课程、虚拟仿真实验项目等）共 23 门。学校的“化学工程与工艺专业”分别于 2010、2013、2016 年三次通过国际工程教育专业认证，截至 2021 年，学校共有化学工程与工艺、制药工程、高分子材料与工程、矿物加工工程 4 个专业通过国际工程教育专业认证；2021 年，土木工程、生物工程、软件工程和测控技术与仪器 4 个专业已接受认证专家进校考察或线上考察，认证结论进入专家审议环节。

第二节　硕博培养　健全强化

研究生教育作为国民教育体系的顶端和国家创新体系的重要组成部分，肩负着为国家现代化建设培养高素质、高层次拔尖创新型人才的重任，是建设国家创新体系和抢占世界知识经济制高点的重要支撑力量。随着学校的办学综合实力不断增强，学科专业布局不断完善，培养教学模式不断优化，研究生教育体系不断健全，博硕士层次相互引领和促进作用明显，学术学位和专业学位分类培养并重，教育规范不断巩固加强，进一步夯实了教学管理基础，学科专业建设成果影响深远，学校的研究生教育事业不断迈上新台阶。

一、完善招生体制

自 1987 年开始联合培养硕士研究生，学校首批招收联合培养研究生 10 名。1998 年

7 月，学校首次获硕士学位授予权以来，研究生培养规模不断扩大。2005 年，我校在读研究生人数 531 人。2010 年，在读研究生人数达到 1141 人。2011 年，学校成为全国硕士研究生入学考试考点单位。

2014 年学校 2 个一级学科博士学位授权点首次招生。学校高度重视博士研究生招生工作，专门成立领导小组，研究制定博士招生录取相关文件和具体措施。2014 年招收首批博士研究生 9 名。2016 年，学校印发《本硕连读实验班招生管理办法（试行）》（校研〔2016〕16 号），探索培养拔尖创新人才的新机制新模式，设立本硕连读实验班。为提高学校博士生源质量，印发《关于鼓励优秀应届硕士毕业生攻读学校全日制博士学位暂行办法》（校研〔2016〕20 号）。

2017 年，学校获批推荐优秀应届本科毕业生免试攻读硕士学位研究生资格，为规范完善学校推荐优秀应届本科毕业生免试攻读硕士学位研究生工作，加大优秀应届本科生选拔培养力度，印发《关于推荐优秀应届本科毕业生免试攻读硕士学位研究生管理办法（试行）》（校研〔2017〕20 号）。2019 年，学校先后制定、修订《研究生招生考试安全保密工作管理规定（试行）》（武工大研发〔2019〕7 号）《研究生招生考试自命题工作管理办法（试行）》（武工大研发〔2019〕8 号）《硕士研究生招生计划分配办法》（武工大研发〔2019〕24 号）等系列文件，完善招生计划管理机制，进一步规范研究生招生工作。

根据教育部、国家发展改革委、财政部《关于加快新时代研究生教育改革发展的意见》（教研〔2020〕9 号）和全国研究生教育会议内容等有关精神，结合学校学位与研究生教育实际，2021 年，学校印发《博士研究生招生“申请—考核”制实施办法》，深化学校研究生考试招生制度改革，探索构建多样化、多层次符合博士研究生招生规律的模式，健全博士研究生“申请—考核”招生选拔机制，扩大直博生招生比例，提高博士研究生生源质量。同时印发《研究生硕博连读培养管理办法》，深化体制机制改革，创新培养模式，推进硕博贯通培养，持续推进我校研究生一体化培养体系建设，探索分类考试、综合评价、多元录取、严格监管的研究生考试招生制度体系，提升博士研究生的生源质量和培养质量。

二、强化导师队伍

坚持按学科发展需求制定选拔导师的量化标准，设置导师岗位，推动落实研究生导师招生资格审查制，实现导师校院两级评聘和管理机制。根据教育部和国务院学位委员会有关文件精神，2017 年，学校印发《研究生指导教师遴选办法》（校研〔2017〕32 号）《研究生指导教师管理办法》（校研〔2017〕33 号）。2020 年，印发《院聘硕士研究生指导教师选聘办法（试行）》（武工大研发〔2020〕7 号），不断加强研究生指导教师队伍建设，规范研究生指导教师的遴选和管理，确保研究生培养质量。

“十三五”以来，学校累计新增博导 42 名、硕导 363 名、校外导师 103 名，组织完

成了 5 届新增导师培训，导师队伍学术水平、科研能力和指导能力得到较大提高。规范基地与平台管理，获批建设省级研究生工作站 10 个、校级研究生工作站 27 个。

三、健全培养体系

2017 年 11 月 8 日，学校成立党委研究生工作部（简称“研工部”），并于 2018 年 5 月 3 日发布《关于公布党委研究生工作部工作职能的通知》，明确研工部全面负责研究生思想政治教育与日常管理工作。

注重学术成果培养。学校坚持人才培养中心地位，围绕“创新能力强、实践能力强、国际视野广、文化素质高”培养目标，扎实推进人才培养模式改革，人才培养质量不断提高。“十三五”以来，学校举办各类学术创新论坛 1000 余场次，立项研究生创新基金项目 797 项。研究生参加学科竞赛获省部级以上奖励 102 项，2016—2020 届毕业研究生共发表 SCI 和 EI 检索论文 800 余篇，授权发明专利 120 余项；2016—2020 年连续五年未出现“存在问题”学位论文，评选优秀学位论文 276 篇。

注重学术文化建设。在研究生学术活动中融入思想政治教育内容，促进研究生学术科研能力和思想道德素质同步提高。搭建研究生学术文化平台，打造“工大学术大讲堂”“创新学术论坛”等学术品牌，“工大学术大讲堂”举办 650 余期、“创新学术论坛”举办了 15 期，学生参与度高，取得了较好的效果。设立研究生创新基金，每年投入预算 20 万用于鼓励研究生进行科研创新，引导研究生将学术研究与经济社会发展需求有机结合起来，鼓励研究生参与国家重大科研课题，激发学生的创新能力。建立完善研究生学术科技活动长效机制，制定《研究生学术活动管理规定》，将研究生参与学术交流情况纳入教育培养方案，加强考核，发掘学生“第二课堂”潜力。

注重学科竞赛参与。以国家战略需求和经济社会发展为导向，依托“挑战杯”、节能减排、研究生电子设计大赛等中国研究生创新实践系列大赛，着重提升研究生创新实践能力，提高研究生培养质量。截至 2021 年，研究生以第一完成人获省部级以上高水平学科竞赛奖项 250 余项，其中国家级一等奖 10 项、二等奖 25 项、三等奖 60 项；省级一等奖 32 项、二等奖 55 项、三等奖 68 项。

注重群团组织建设。研究生会成立于 2002 年，是代表全体研究生的群众性组织，以“服务学校中心工作服务研究生成长成才”为宗旨，在研究生思想政治教育和日常管理中起桥梁、纽带的作用。通过组织开展学风建设、学术交流、科技竞赛、社会实践等活动，促进研究生成长和发展，维护研究生的权益。截至 2021 年底，累计召开 15 次研究生代表大会。目前，研究生会下设 6 个部门，共计 40 名成员。研究生新媒体中心成立于 2020 年 9 月。

四、规范学籍学位

（一）学籍管理

根据《普通高等学校学生管理规定》（教育部令第21号）《教育部关于印发〈高等学校学生学籍学历电子注册办法〉的通知》（教学〔2014〕11号）等文件精神，学校制定《研究生学籍管理办法》（校研〔2017〕19号）《校徽和学生证使用管理暂行规定》（校学〔2017〕27号）《学生档案管理办法》（校发〔2017〕10号）《研究生转专业实施办法》（武工大研发〔2019〕29号）等文件，进一步落实上级关于研究生的管理规定，规范研究生学籍管理工作流程，做好学生学籍动态管理，实现研究生在校期间全过程的科学化、规范化和信息化管理。

（二）学位授予

2006—2021年，学校累计授予硕士学位8172人，博士学位36人。学校先后出台《授予硕士学位工作实施细则》（校研〔2009〕20号）、《学位授予工作实施细则》（校发〔2017〕11号）等文件，规范论文答辩、学位授予工作，保证研究生论文答辩和学位授予质量。

为提高学位授予质量，学校不断改革创新研究生学位授予工作，优化论文双盲评审和抽检办法，改进论文学术不端行为检测机制，先后出台了《研究生学位论文匿名评审和论文复制率检测实施办法》（校研〔2017〕15号）、《研究生学位论文作假行为处理办法》（校研〔2017〕35号）、《研究生学位论文抽检办法》（校研〔2017〕5号），2018年起实现毕业生“双盲评审”全覆盖。

（三）优秀学位论文评选

为进一步提高研究生学位论文培养质量，学校先后出台《研究生学位论文评选办法》（校研〔2012〕19号），2019年在此基础上修订出台新的《研究生学位论文评选办法》（武工大研发〔2019〕23号）。2016年底，学校累计获评湖北省优秀硕士论文68篇，2017年起省优硕士论文不再评选。截至2021年底累计评选校优硕士论文644篇。

五、健全奖助体系

健全研究生奖助政策体系，支持研究生专心学术科研。根据《研究生国家奖学金管理暂行办法》（财教〔2012〕342号）、《研究生学业奖学金管理暂行办法》（财教〔2013〕219号）、《研究生国家助学金管理暂行办法》（财教〔2013〕220号）、《普通高等学校研究生国家奖学金评审办法》（教财〔2014〕1号）、《学生资助资金管理办法》（财科教〔2019〕19号）、《湖北省高等学校研究生国家奖学金管理暂行规定》（鄂教财〔2014〕8号）等有关文件精神，学校陆续出台、修订《研究生国家奖学金评选办法》（校

研〔2017〕21号）、《研究生国家助学金管理办法》（校研〔2017〕24号）、《研究生奖励和资助实施办法》（校研〔2017〕26号）、《研究生“三助”工作实施办法》（校研〔2017〕25号）、《研究生单项奖学金评选办法》（校研〔2017〕23号）、《研究生评优评先实施办法》（校研〔2017〕28号）、《研究生学业奖学金评选办法》（校研〔2017〕22号）、《研究生教育创新基金管理办法》（校研〔2018〕6号）、《资助研究生出国（境）参加国际学术会议或短期研修管理办法》（校研〔2017〕9号）、《非全日制硕士研究生奖学金评选办法（试行）》（武工大研发〔2019〕16号）等系列文件，不断完善奖助工作制度，规范评选流程，积极扩大奖助覆盖面及支持力度，激励支持研究生潜心科研、勇于创新。

六、稳定就业率

为全面贯彻落实国家“稳就业”“保就业”决策部署，学校加强就业指导服务，积极拓展就业渠道，促进研究生高质量就业。研究生培养质量稳步提升，研究生就业率与就业质量持续提高。近年来，研究生就业率稳定在95%左右，高端就业率呈逐年攀升趋势。

2021年，学校招收录取各类研究生1934人，其中博士43人，硕士1891人；在校研究生规模达到5020人，其中博士150人，硕士4870人；在校硕士中学术学位1918人，专业学位2952人，全日制4122人，非全日制748人。2021年硕士研究生就业率为97.72%，高端就业率为60%。

第三节　继续教育　多元发展

一、发展概况

继续教育学院是专门从事继续教育办学的二级学院。学院创办于20世纪80年代初期，1994年4月由综合教育处更名为成人教育部，1996年5月由成人教育部更名为成人教育学院，其间，学校于1999年4月成立职业技术学院，两个学院合署办公，2007年更名为继续教育学院。学院对高等职业技术教育（专科）、成人高等教育、高等教育自学考试和非学历继续教育等实施统一管理。

2007年，根据学校整体发展规划，学院由武昌校区搬迁至流芳校区西北区办学；2011年，学院迁至流芳校区东区办学；2017年，学院迁至武昌校区行政楼办学。2014年3月，湖北省人力资源和社会保障厅批准成立“武汉工程大学职业技能鉴定所”，组织开展国家职业资格鉴定工作。2016年12月，经湖北省生态环境厅推荐，学校被国家生态环境部批准成为全国第一批环保培训基地。2019年6月，学校被湖北省住房和城乡建设厅批准成为省建造师继续教育培训机构。

学院现有内设机构为院办公室、成人教育中心、自学考试中心、教学管理中心、同等学力研究生培养办公室、培训中心项目拓展部、培训中心项目管理部、后勤保障中心、学生事务中心等。截至 2021 年 12 月，学院专业分为职教类 14 个专科专业，成教类 18 个本科专业、8 个专科专业，自考类 6 个本科专业、3 个专科专业，同等学力研究生招生专业 7 个，各级各类学生人数达 34290 人。

学院坚持以“规范管理，提高质量，突出重点，注重效益”为发展总思路，以产教融合培养人才为宗旨，坚持“内涵建设、特色发展、品牌打造、效能提升”总基调，依托、整合、优化配置学校教育资源优势，推进“产、学、研”协同创新、高质量发展，为促进和谐社会建设、构建终身教育体系而不断努力。

二、培养层次

（一）成人高等教育

成人高等教育面向社会办学，不断扩大办学规模，专业数从 2010 年的 14 个本科专业、15 个专科专业发展为 18 个本科专业、8 个专科专业；扩大办学规模，在籍学生数从 2010 年的 4809 人增长到 2021 年的 20879 人；助力地方经济发展，1992—2021 年累计培养毕业生 34620 人。截至 2021 年 12 月，成教类学生 26879 人；函授站点由 2010 年的 22 个增长到 2021 年的 33 个。

1. 专业设置

依托学校优势学科和国家、省级品牌特色专业等教育教学资源，根据社会发展需要及政策变化，学院合理设置专业。2019 年，省外函授站停止招收专科专业学生，只招收本科专业学生。学院适时对部分专业进行调整，高起专、高起本、专升本部分专业停止招生。目前共开设 18 个本科专业、8 个专科专业。其中化学工程与工艺、制药工程为国家级特色专业（教育部卓越工程师教育培训计划项目）；环境工程为省属高校环境类第一个省级品牌专业；会计学、采矿工程为湖北省普通本科高校专业综合改革试点项目。

2. 人才培养

成人高等教育学习方式主要由业余和函授组成。根据《国家中长期教育改革和发展规划纲要 2010—2020》《教育信息化“十三五”规划》及省教育厅关于推进我省学历继续教育信息化工作要求，学校积极探索“继续教育建立线上线下相结合的混合式教学模式”。2021 年，学院引入成人高等教育线上学习平台，教学形式由传统的函授形式转变为“线上 + 线下”混合式教学模式，基本解决了成人教育中存在的工学矛盾问题。

2021 年，学校进一步健全成人教育管理规章制度体系，有效指导监督人才培养全过程各环节，保证培养质量。各函授站（点）根据人才培养方案的要求制定工作计划，落实

场所和设备条件、加强组织管理，保证各项教学环节顺利进行。

学校为提升继续教育的人才培养质量，合理配置教学资源，不仅加大师资与经费投入，而且与多家企业合作建立校外实训基地，定向进行人才培养。以岳阳函授站为例，设有大量实训场地，采用校企结合的方式科学化地进行人才培养。聘请多位省级技术能手、湖南工匠对学生进行实操指导，并采用“项目＋现场”教学模式带领学生参加各种全国性技能大赛，以赛促学，提高学生的技术水平。

3. 函授站点

学校积极整合优质教育资源，调整函授站点布局。2019 年，在武汉市新增教学点 9 个；2021 年，新增函授站点 7 家，其中省内 5 家、省外 2 家。利用成人教育工作年会制度，表彰先进，共谋发展。

（二）同等学力研究生教育

2016—2019 年，同等学力研究生培养工作由研究生院负责；2020 年 1 月 11 日，同等学力研究生教育培养工作（含工程硕士）划归继续教育学院管理。

2020 年 12 月以前，同等学力研究生招生专业共计 14 个。自 2021 年 1 月起，招生专业调整为 7 个，分别为化学工程与工艺、制药工程、工程管理、工商管理、矿物加工工程、材料加工工程、环境工程。2020 年，招生 440 人；2021 年，招生 773 人；2021 年，有 18 人顺利通过答辩并取得硕士学位。

（三）高等教育自学考试

1996 年学校申办了应用型化工工艺专业，后连续举办了 1996—1998 年三届高等教育自学考试封闭班，之后一段时期，由于诸多原因，自考办学时断时续。至 2008 年，湖北省高等教育自学考试在招生环节、教学管理方面政策上发生了变化，学校自学考试办学规模进一步扩大，继续教育学院成为学校高等教育自学考试实施归口管理的职能部门。

2012 以来，学校全日制自考助学班（专套本）学生在学人数基本稳定在 5500 人左右，截至 2021 年，学生在学人数为 5344 人，其中 2018 级 1208 人、2019 级 1597 人、2020 级 1410 人、2021 级 1129 人，合作办学助学机构是武汉长江教育专修学院，为办学主体和责任主体。非全日制助学（专升本、专科）专升本注册学生以高职高专学生为主，学生人数在 1300 人左右，主要有湖北交通职业技术学院、湖北城建职业技术学院、鄂州职业大学、湖北生态技术工程学院。

根据学校办学资源、师资力量和管理水平，科学合理确定办学规模，有本专科专业 10 个，其中本科专业 7 个，为工程管理、电子商务、会计学、工商管理、动画、计算机科学与技术、行政管理；专科专业 3 个，为电子商务、动漫设计、行政管理。根据教育部、省教育厅相关文件精神，继续教育学院先后制定《高等教育自学考试全日制助学班管理规定》《全日制自考助学班教学工作规范》《自学考试全日制助学班毕业设计（论文）管理办法》《全日制自考助学班教师选聘管理办法》《高等教育自学考试实践考核工作实施细则》《高等教学社会助学课程学业综合评价实施细则》等系列文件。自考助学工作依托学校优质资源，严格质量标准，规范教育管理，积极推行“助学和助考相结合”模式，注重遵循教育规律和自学考试的特点，严格教学管理，加强教学督导，全面提高办学质量和管理水平。高等教育自学考试合格率逐年提高，近三年学生考试合格率在70%以上。近年来，有百名自考学生考取全日制硕士研究生，考取公务员、就职于知名企业、自主创业成为行业领头人。学校自学考试中心被评为学校2017—2020年度先进集体。

（四）非学历继续教育

学校非学历继续教育始于20世纪90年代初，继续教育学院（前身综合教育处）设立培训科，主要负责学校教职工的教育培训工作，同时也承办相关企业培训项目。2009年，学院设立培训办公室，与湖北三宁化工有限公司、湖北兴发集团、巴陵石化、湖北洋丰集团等开办职工培训班。

2011年，学院设立培训中心，下设项目拓展部、项目管理部，专门负责学校各类非学历培训项目的拓展和归口管理，逐步规范非学历继续教育工作。依托物理、化学化工、计算机、环境监察、安全工程、危险化学品管理等优势本科专业教学资源，主要开展政府事业单位岗位培训、厂矿企业非学历培训、大学生创业培训、湖北省人力资源与社会保障厅援疆培训等各类项目，形成了立足湖北、辐射全国、具有工大特色的培训体系。

截至2021年12月，学院成功举办湖北省农村教师培训班（2005—2014年）、湖北省生态环境厅环境监察干部系列培训班、湖北省应急管理厅业务骨干系列培训班、湖北省人力资源与社会保障厅援疆系列培训、内蒙古自治区生态环境厅环境监察人员培训班，湖北省大峪口化工有限责任公司采矿技术人员培训班、国投新疆罗布泊钾盐责任有限公司采矿知识培训班、武汉化工新区危化品管理人员培训班、武汉市应急管理局危化品管理人员培训班、江苏省张家港市环保局经济法培训班、咸宁市咸安区环保局干部业务素质提升班、湖北宏源药业管理干部培训班、湖北省兴发化工集团股份有限公司矿山安全生产技术培训班、中石化湖北石油青工政治轮训班等80多个班次，培训人数累计达14828人次。形成了以基层业务技术骨干、中高层管理者等为主要培训对象的多门类、多层次培训体系，倾力打造培训品牌，效果显著，得到了上级相关部门肯定和好评，赢得了很高的社会赞誉。

多年来，学校非学历继续教育坚持办学规模和培训质量“两手抓”，高度重视制度体系建设，先后制定、修订《继续教育学院非学历教育培训学员管理规定》《继续教育学院非学历教育培训合同范本》《继续教育学院非学历教育培训班质量评估办法》《继续教育学院非学历教育培训班结业证书管理办法》《继续教育学院非学历教育培训项目实施标准化流程》等文件，推进非学历继续教育的管理水平规范、科学、合理，有效保障培训质量。

（五）职业技术教育

职业技术学院成立于1999年4月，由于国家高职办学政策变化，于2012年12月停止招生。

1999—2012年，近十三年的发展历程中，学校职业技术学院以培养应用型人才为目标，遵循“质量为本，特色取胜，规范办学，主动适应”的办学思想，本着“确保基础教学，强化实践环节，拓宽专业口径，增强适应能力”的管理模式，积极开展职业技术教育。办学期间，共有6个校区，开设31个专业，其中2003、2004年开办了（3+2）即“专升本”办学模式，共计招收97名学员。13年累计培养11340名高职高专学生，为服务社会和地方经济做出了贡献。

三、发展成果

目前，学校已形成相对完善的继续教育体系，拥有一个国家级培训基地（国家环保培训基地）、一个职业技能鉴定所（国家职业技能鉴定所）、一个省级教育培训机构（湖北省建造师教育培训机构）。

多年来，学校继续教育为社会各行各业培养了大批优秀人才，良好的办学口碑，为学校赢得了许多荣誉。先后被湖北省教育考试院评为2018—2019全国计算机等级考试先进考点，2020—2021年度湖北省教育考试命题工作先进单位；被湖北省人事考试院评为2019—2020年度优秀考点学校；被武汉市招生考试办公室评为2008—2011和2021年度武汉地区自考助学班先进考点。

学校积极参与湖北省继续教育的研究交流活动，2021年5月20日，湖北省高等教育学会继续教育分会在我校召开成立大会，喻发全副校长当选为理事长，学校的继续教育工作得到了上级主管部门的充分肯定和好评。

第四节　招就两旺　齐头并进

2006—2010年，学校本专科招生就业工作由招生与毕业生工作处负责，2011年，学校大部制改革，撤销招生与毕业生工作处，成立招生与就业工作中心，隶属教务处。2019年，学校撤销招生与就业工作中心，成立招生与就业工作处，正处级建制，负责本科招生与毕业生就业工作。

一、招生情况

（一）整合招生类别

2006年，学校更名后首次以“武汉工程大学”之名在全国招生，办学类型丰富，本专科招生类别多达10种，包括普通本科、艺术类本科、体育特长生、文艺特长生、双特色本科、中职本科、普通专科、高职艺术专科、高职专科、国际学院专科。招生批次主要为第二批本科（一）、提前批艺术和第四批高职高专（一、二），同年在湖北省内进行普通本科自主招生试点。2007年，学校取消中职本科招生，专科全部在高职高专（一）批次招生。

2010年，学校取消双特色本科招生，同年实现在湖北、广西首次进入本科第一批次招生的目标，开启了面向全国进入本科第一批次招生的步伐。2011年，学校开始启动健美操类高水平运动员招收项目。2013年，取消普通类高职高专招生计划，专科计划全部放在国际学院，招收中外合作办学项目。

2014年，学校全部专业在湖北省整体进入一本招生，同年取消自主招生项目。2016年，学校招生全部为本科批次，取消专科批次招生；同年艺术类招生取消艺术专业校考，全部认可考生所在省专业联考成绩。2019年，学校实现在全国所有招生省份进入一本招生的战略目标，同年高水平运动员项目停止招生。

（二）调整招生规模

2006年，学校在全国29个省（市、区）招生，各类各批次招生总数达7120人，其中普通本科人数为3660人，职业技术学院高职（专科）为100人，职业技术学院吴家湾校区高职（专科）为700人，职业技术学院关山校区高职（专科）为2550人。国际学院首年招生，招收专科40人。2007年，学校本专科招生总数为4179人，本科为3606人，专科为573人。

2008年，学校首年在内蒙古招生，实现在全国30个省（市、区）招生，本专科共招收4748人。2009—2015年，学校每年本专科招生人数均在5000人左右。

2016年，学校只招收本科生，共招收4850人，类别为普通文理类（含中外合作办学专业）和艺术类。2020年，学校本科招生计划达到5070人，同年新增少数民族预科生招生计划20人，其中文史类14人，艺术类6人。

2021年，学校首年在西藏招生，实现在全国除港澳台以外的31个省（市、区）招收本科生，招生规模达到5150人。

（三）优化专业结构

1. 本科招生专业调整

2006—2007年，学校本科招生专业均为45个。2008年新增艺术设计专业招生，恢复采矿工程专业招生，招生专业数达47个。2009年，新增对外汉语和软件工程2个专业，招生专业数达49个。2011年，新增道路桥梁与渡河工程专业，招生专业数达50个。

2012年，新增电气工程及其自动化和经济学2个专业，同年化工与制药学院和材料科学与工程学院首批实行大类招生，招生专业为化工与制药类（含化学工程与工艺、制药

工程、应用化学）和材料类（含材料物理、材料化学、高分子材料与工程、无机非金属材料工程），招生专业（类）总数达 54 个。同年，“E+”双专业特色项目开始招生，专业为化工与制药类（化工工艺 + 英语），招收 25 人。

2013 年，学校全面实施大类招生模式，共设置 13 个大类招生，新增能源化学工程、机械电子工程、建筑学和财务管理 4 个专业招生，艺术类分为动画、产品设计、视觉传达设计和环境设计 4 个专业招生，专业总数达 58 个。

2014 年，新增物联网工程专业招生。2016 年，新增工程力学、信息工程和数字媒体技术 3 个专业招生，“E+”项目新增英语 + 材料化学、英语 + 法学、英语 + 会计、英语 + 市场营销、英语 + 软件工程 5 个专业招生。2017 年，新增机械工程和城市地下空间工程 2 个专业招生。2018 年，新增网络空间安全和环境科学 2 个专业招生。2019 年，新增机器人工程、新能源材料与器件、数据科学与大数据技术和资源循环科学与工程 4 个专业招生。2020 年，新增人工智能和知识产权 2 个专业招生。2022 年，新增应急技术与管理专业，本科招生专业总数达 73 个。

2. 专科招生专业调整

2006 年，机械工程学院、经济管理学院和职业技术学院专科招生专业共有 30 个。国际学院首年招生，招生专业为电子信息工程技术和高分子材料应用技术。

2007 年，普通专科招生专业有 6 个，国际学院招生专业新增计算机应用技术和电子商务专业，招生专业共 4 个。

2008—2012 年，普通专科招生专业变化不大，每年均维持在 10 个以内，国际学院专科招生专业在 2012 年达到 7 个。

2013 年起，取消普通专科招生计划，仅国际学院中外合作办学专科专业招生。2016 年起所有专科专业停止招生。

（四）提升生源质量

2006 年学校更名以来，办学条件和办学实力逐渐增强，生源质量逐年提高，于 2010 年首次实现化学工程与工艺和高分子材料与工程 2 个专业在湖北和广西两个省份均进入一本招生的目标。

2011 年，学校招生办公室被授予“湖北省 2010—2011 年度普通高校招生工作先进集体”荣誉称号。同年学校进入一本招生的省份增加到 5 个，分别是湖北、广西、福建、青海和内蒙古，进入一本招生的专业增加到 4 个，分别是化学工程与工艺、高分子材料与工程、制药工程、机械设计制造及其自动化，一本招生计划总数由 2010 年的 238 名增加到 338 名。

2012 年，学校在湖北、广西、福建、青海、内蒙古、黑龙江、新疆、江西、河北、安徽、河南、云南、海南、宁夏、甘肃等 15 个省（市、区）进入一本招生，共涉及 30 个本科专业，一本招生录取人数为 1245 人，占总招生计划的 26%。

2013 年，学校进入一本招生的省份较上年增加 11 个省（市、区），分别是贵州、重庆、四川、天津、山西、辽宁、浙江、吉林、湖南、江苏、陕西，达到 26 个省份，涉及 53 个本科专业。一本招生实际录取人数为 2071 人，占总招生计划的 46.22%。

2014 年，学校在湖北省内全部专业整体进入一本招生，增加山东和广东 2 个省份进入一本招生。至此学校在全国 28 个省（市、区）进入一本招生，共涉及 54 个本科专业，一本招生录取 3678 人，占总招生计划的 80.2%。

2015 年，学校在全国 14 个省整体进入一本招生，重点线上考生人数创历史新高，达 3976 人，占总招生比例的 86.49%。

2016 年，学校在 25 个省（市、区）整体进入一本招生，重点线上普通文理录取人数为 4373 人，占普通文理录取人数的 96.59%。

2017 年，学校在 29 个省（市、区）进入一本招生，其中在 26 个省整体进入一本招生。

2018 年，学校在 28 个省整体进入一本招生。

2019 年，学校在全国 30 个省进入一本招生，一本生源率 100%。

2021 年，全国共有 14 个省份实施高考综合改革，其中第一批改革省份（上海、浙江）和第二批改革省份（北京、山东、天津、海南）均采用“3+3”选科模式，第三批改革省份（广东、辽宁、重庆、湖北、江苏、福建、河北、湖南）采用“3+1+2”模式，各省份把原有的本科各批次全部合并为一个本科批，高考志愿填报实施“专业 + 院校”或“院校专业组”模式。学校根据教育部要求做好不同模式下的各专业选科设置，在湖北省内把招生专业分为 4 类组别，分别是“历史 + 不限”组、“物理 + 不限”组、“物理 + 化学”组、“物理 + 化学或生物”组，分组设置招生计划、分组录取。面对新高考，学校积极做好招生宣传，科学分配分省分专业招生计划，生源质量在省内外均取得全面提升。

二、就业情况

（一）健全就业工作机制

学校不断深入贯彻落实就业工作“一把手”工程，成立校院两级就业工作领导小组，将就业工作列入学校重要议事日程。一是校长和各学院院长作为校院两级就业工作的第一责任人，签订《就业工作责任书》；二是将就业工作作为核心指标纳入院级教学工作评估体系，并逐年增加就业工作在评估体系中的权重系数，考核结果与年终分配挂钩；三是形成就业工作会晤制度，学校党委会每年召开一次就业工作专题会议。对就业进展状况实行“半月一报”“半月一会”制度。

2007、2020 年，学校两次调整毕业生就业工作领导小组，进一步细化和完善相关制度。

2008 年，在原有《本、专科毕业生就业工作暂行管理办法》的基础上，学校制定出台《关于进一步做好大学生就业工作的实施意见》《毕业生就业工作先进集体和先进个人评选办

法》，将评选结果与学院年终教学评估紧密结合；与各学院签订《就业工作责任书》，明确就业工作总体目标，根据就业政策和市场变化，细化就业工作任务指标。

2009 年，学校推行“就业导师制”，聘请 435 位就业导师对毕业生进行个性化指导和推荐就业。

2015 年，学校推行“全员导师制”，制定出台《关于全面实施本科生导师制的意见》，进一步推进全员、全过程的学业指导。

2017 年，学校制定《关于进一步加强本科生就业工作的实施意见》，出台《就业工作过程化考核实施办法》《就业工作考核与奖励办法》，加强就业工作过程的监督管理。

（二）拓展就业信息渠道

学校充分利用自身优势，有机结合区位、行业和学科优势，以省内外龙头企业为基点，建立“就业实习基地”和“就业工作服务站”，积极拓展就业渠道，抢占就业制高点，形成基层就业和高端就业相辅相成的格局。

一是“走出去”，坚守行业阵地优势，加强“校企合作”。学校积极丰富校企合作内容，拓展人才培养新思路。加快校外“就业工作服务站”和“就业实习基地”建设，加强学生实习、实践基地与就业基地结合，创建学习、科研、就业一条龙的就业服务体系。

二是“请进来”，重点办好校园招聘会。抓住校址位于中国光谷腹地的区位优势，努力打造武汉就业大本营，加强与在汉企业的联系，进一步巩固珠三角、长三角等地的就业市场，加强与友好单位群的往来联系，举办毕业生就业研讨会。

2005 年，启动“定向就业奖励工程”，是学校就业工作的创新举措，在社会上引起热烈反响，“校企合作”得到进一步发展。

2010 年，学校与中国高校联盟网合作举办“网上招聘月”等活动，首次举办线上招聘。

2014 年起，学校大学生就业指导中心在武昌、流芳两校区同时设点办公，解决了一校两区的问题，广泛开展校园招聘活动，招聘会密集度大幅提高，为毕业生提供了更加充足的就业选择机会。

2017 年，武汉市启动“百万大学生留汉创业就业工程”，学校积极承办“百万大学生留汉创业就业工程”大型校园招聘活动，举办武汉市人才招聘政策推介会，积极宣传大学生留汉创业就业政策。同年，学校建成武汉工程大学就业市场，继续深化与各级政府组织、人才市场的合作，积极拓展就业渠道，在招聘黄金期每周四举办“周四就业吧”双选会，做到天天有宣讲，周周有双选。

2020 年，新冠肺炎疫情暴发，学校主动作为，集中推进线上招聘活动，举办“云视频双选会”“云宣讲”，保证线上招聘不断线。

2021 年，学校积极承办人社部“大中城市联合招聘高校毕业生湖北站巡回招聘会”（首场），全国工商联、湖北省人民政府“全国知名民企湖北行—大学生专场招聘会及启动仪式”，提高学校在人才市场的认知度和影响力。

（三）就业指导服务

学校建立“以入学教育为起点，就业指导咨询为平台，就业实践为载体和就业导师制为重点”的就业指导体系，不断打造大学生职业生涯发展类的学生品牌特色活动，根据各年级学生特点和相应就业需求，对学生实行分类指导，实现人才培养的全程化就业工作指导。

2005 年，学校开设大学生就业指导课，帮助学生找准自身定位，提升就业竞争力。作为全国较早开设就业指导课程的高校，根据时代变化和学生需求，不断改革创新课程体系，由初期的公选课调整为素质必修课，课程内容和形式也进行了改革。

2009 年，学校面向低年级学生开设 KAB 创业意识和创业能力选修课，旨在培养大学生的创业意识和创业能力，系统讲授创业知识，帮助学生树立创业意识。

2015 年，学校开始在大一新生中开设大学生职业发展素质必修课，帮助学生树立职业生涯意识。邀请相关专家就职业生涯规划、就业创业指导等内容对任课老师展开系统培训，任课教师均须通过培训持证上岗。

2020 年，新冠肺炎疫情暴发，推出“云指导”，通过视频直播、QQ 互动、公众号留言等形式，全员开展线上就业动员，加强线上就业指导，提升学生求职竞争力。推出“云资讯”，发布就业战“疫”快讯、就业战“疫”人物、就业战“疫”资源、就业战“疫”政策等信息，营造线上就业良好氛围。

2021 年，为加大学生个性化指导力度，学校“WIT 职业生涯咨询室”以一对一咨询、不定期巡回咨询、团体辅导等多种形式结合的方式，帮助学生解决职业生涯困惑。

（四）加强就业信息服务

为适应就业市场的变化发展，学校加快就业工作网络信息化建设，积极搭建就业平台，系统化、全方位为毕业生和用人单位提供优质服务。

2009 年，学校加大就业工作专项经费投入，自主开发建立毕业生就业信息网，建设有就业网络机房，并配备电子显示屏和 30 台计算机。通过网络开展就业指导，发布单位岗位需求信息。

2011 年，学校与湖北省高等学校毕业生就业工作办公室联合开发用人单位信息管理系统，并在省内高校进行推广。

2013 年，启用校级就业管理信息系统，实现生源信息报送、就业派遣信息管理、毕业生就业数据统管等功能。为完善就业状况反馈机制，主动接受社会监督，建立健全高校毕业生就业工作评价体系，根据《国务院办公厅关于做好 2013 年全国普通高等学校毕业生就业工作的通知》（国办发〔2013〕35 号），自当年起，学校每年编制年度就业质量报告，并对外公开发布。

2015 年，学校启用就业指导中心微信公众号；2016 年，对就业信息网进行改版升级，实现了就业信息网和微信公众号同步开展服务。学校成为湖北省内首批实现“微信 + 网站”一体化智慧就业平台的高校，一改之前用邮箱收集企业信息、手工表格安排宣讲的传统招聘模式，利用平台收集招聘信息，加强对招聘单位资质的审核和监管，及时准确推送招聘信息，实现单位招聘信息同步直达毕业生手机微信移动端和校园招聘活动“一键预约”，实时更新就业网招聘日历。

2020 年疫情期间，学校以最快的速度建立线上签约平台，推出网上“云签约”，学生与用人单位实现不见面签约。

学校坚持“强基固本，推进高端，全员参与，实现双高”的毕业生就业工作思路，逐步提升国内外深造率和高质量就业率，建立起基础就业与高端就业相结合的就业新格局。多年来，毕业生依靠良好的工程实践能力，普遍受到用人单位的欢迎，一次性就业率长期保持在 93% 以上，国内外深造率达 30% 以上，高质量就业率达 45% 以上。2007 年，学校获评湖北省高校毕业生就业工作先进集体；2008 年被评为“湖北省农村教师资助行动计划”实施工作先进单位；2012 年被评为“就业湖北”先进高校；2021 年，熊杰被评为湖北省就业先进个人，“WIT 职业生涯咨询室”获评湖北省首批职业生涯咨询特色工作室。

第十六章 学生管理 三全育人

学校全面贯彻党的教育方针，坚持社会主义办学方向，落实立德树人根本任务，始终以“思想教育是根本、素质教育是核心、严格管理是保障”的工作理念，遵循“夯实基础、严管理、抓落实”的工作思路，围绕“培养什么人、如何培养人、为谁培养人”这一根本问题，积极构建“六个一”德育工作体系，大力实施“七大行动”，不断健全“三全育人”的工作格局。

第一节 体制创新 构筑合力

一、管理理念

学校坚持以生为本，强化服务意识，优化服务理念，加强学生信息动态管理，把严格规范管理和“春风化雨、润物无声”的教育方式有机结合，构建“第一课堂”和“第二课堂”联动育人的人才培养模式。经过多年探索与实践，形成了“尊重学生，善待学生”的工作理念，构建了“保基点、破难点、抓重点、创亮点”的工作目标导向，逐步构建成“六个一”德育体系，全力推动学生教育管理服务工作向更加科学、更加务实、更高水平、更高质量方向发展，不断提升工作影响力和辐射力。学校在全校范围内构建“大思政”一体化育人模式。建立“一院一品牌”，创新学生工作品牌；设立“一院一站室”，发挥“大健康”主体作用；开展“一月一主题”教育，纵向涵盖育人职责，横向覆盖全体学生；形成“一生一帮扶”机制，定制“五困”学生一人一策一方案；提供“一生一导师”，进行一对一学业指导，保障学生全面成才；实现“一师一项目”，力争人人有项目研究，探索全员育人新思路。

（一）打造思政示范品牌

积极创建“一院一品牌”学院思政品牌建设，深入推进“青年马克思主义者培养工程”，联合马克思主义学院挖掘培养大学生思政发展中心学生队伍，充分发挥“许志伟党员示范班”引领示范作用，引导学生崇德向善、以德立班、集体成才。开展学业帮扶、红色寻访、政策宣讲、实践调研、志愿服务等活动，提升学生责任意识和家国情怀。组建辅导员理论宣讲工作室、学生理论宣讲团，围绕社会热点、时政焦点、学习重点，讲述中国故事、传

播核心价值，引导学生坚定马克思主义信仰和中国特色社会主义信念。

（二）推进精神文明建设

以社会主义核心价值观为引领，贯彻落实中共中央、国务院《新时代公民道德建设实施纲要》，引导学生养成良好的文明行为习惯。推动“成德于行”，注重以文化人、以文育人，深入开展文明校园创建活动，努力打造良好育人环境。开展“最美大学生”培育评选活动。大力加强诚信制度建设，积极构建大学生的诚信体系，把讲诚实、重信用、守规则列入学生行为准则。加强网络空间道德建设，深入实施网络内容建设工程，弘扬积极向上的网络文化。学校每年在全校范围内开展“文明宿舍建设月”主题教育活动，组织寝室设计大赛、宿舍征文比赛等系列活动，创建“文明、整洁、健康、向上”的宿舍环境。

（三）强化导师引领作用

落实“一生一导师”，依托“本科生导师制”，配齐配强思政班主任，充分发挥任课教师作为课堂第一责任人的作用，引导学生把主要精力放在学习上。落实“一师一项目”，推进学生素质提升工程，积极申报省级辅导员工作室，充分发挥优秀辅导员“名师效应”，带动队伍整体水平提升。充分发扬优秀教师群体的示范作用，总结全员导师制的实施经验，推广精准帮扶典型案例，开展优秀班导师评选活动，加强先进典型宣传力度，切实发挥导师在人才培养中的引领作用。

（四）夯实资助育人体系

学校高度重视，做好顶层设计，不断完善体制机制，认真落实国家、社会、学校奖助学金政策，创新工作方法，利用“三微一端”新媒体平台向学生和家长普及资助政策及办理流程。形成了以国家助学金为主导、学校助学基金与社会奖助资金为辅的多元化学生资助体系；开展了以精准帮扶为主要措施的助人育心工程；努力做到学生知晓全覆盖，不让一名学生因家庭经济困难而失学；全面落实资助政策，把党的温暖送给家庭经济困难学生。按照“一月一主题”体系，每年将六月份定为“感恩教育月”，开展“五个一”诚信感恩教育活动，培养受助学生的诚信感恩意识，把“扶困”与“扶智”、“扶困”与“扶志”结合起来，着力培养受助学生自立自强、诚实守信、知恩感恩、勇于担当的良好品质。

2017年全面修订了学生奖励与资助文件，形成了“2+15”的奖助制度体系。为了进一步落实《武汉工程大学学生“共同关注 · 精准帮扶”计划》。2018年9月学校设立了“学霸班”，充分发挥优秀学生朋辈帮扶的教育引导作用，形成“手拉手”助学合力，促进学生全面发展。2018年起，实施“五个一”社会助学专项行动，努力扩大社会奖助受益面和影响力，受到爱心人士的充分认可，当年就新增社会奖助280万元。2019年，在全校范围内开展了资助工作大检查，推进学院奖助工作的制度化、规范化，确保不让一名学生因家庭经济困难而失学。2020 年 9 月，建设启用学工系统中的资助服务模块，家庭经济困难学生认定、国家奖助学金申请、三好学生标兵等奖项全面实现线上申请和审批。2021 年秋季建立家庭经济困难学生认定库，搭建勤工助学岗位发布、学生申请岗位、薪酬上报审核等平台。2020 年 12 月，《精准关爱　情满校园——资助育人中家校协同机制实践育人创新》获批湖北省高校实践育人特色项目立项。2020 年、2021 年，学霸班的支教团队连续两年获“一起学习，希望同行”希望工程云助学重点资助。2021 年 12 月，以学霸班为依托的学生工作案例《“卓越班”发挥示范引领力量》入选湖北省高校学生工作特色案例集。2021 年 11 月，《大数据视角下高校资助育人精准化的路径研究》获批 2021 年度湖北省高等学校哲学社会科学研究专项任务立项。

2008 年汶川地震，学校利用各种途径为灾区学生解决生活和思想问题。校领导和职能部门领导走访慰问灾区学生，发起募捐向灾区送温暖。2020 年新冠肺炎疫情期间，学校协调辖区银行特事特办，第一时间将 840 余万元国家助学金发放到位，同时为困难学生发放学习流量补助、临时困难补助 10 万余元，核酸检测补贴 43.4 万元，生活用品 200 余套。2021 年暑假期间，部分省市发生重大灾情，学校立即启动自然灾害紧急救助机制，为学生提供临时困难补助。

（五）落实校园安全保障

学校高度重视学生安全教育，坚持加强安全教育，积极开展维稳工作、应急能力培训、安全教育活动、安全检查。落实辅导员值班制度，重点做好节假日、重要保障期和关键节点的安全稳定工作，畅通信息反馈渠道，建立健全校园突发事件应急处置机制，在维护校园安全稳定方面成效显著。做好常态化疫情防控工作，配合完成全校学生核酸检测、疫苗接种工作，动态掌握学生健康状况，及时处理异常情况。

（六）推动人民武装工作

学校紧密围绕提高学生综合国防素质的目标，不断促进学生了解和掌握军事基础知识、基本军事技能，增强学生国防观念、国家安全意识、忧患危机意识，弘扬学生爱国主义精神、赓续红色基因。科学谋划、周密组织开展军事技能训练和国防教育工作。做好大学生应征入伍工作，既是新形势下加强国防和军队建设、依托国民教育为部队输送高素质人才的必然要求，也是发挥军队资源优势促进青年学生成长成才的重要举措。学校高度重视大学生征兵工作，结合学校实际，制定《武汉工程大学征兵工作方案》，为完成年度征兵工作提供了强有力的制度保证。

二、管理制度

2006 年，学校组织整理近十年国家、学校关于学生工作的相关文件，印制《学生工作制度汇编》，使学生政工干部在日常教育管理中有法可依、有规可循。在充分调研和征

求相关部门意见的基础上，2007 年上半年，全面修订《学生手册》相关规定。坚持“育人为本，服务至上”的理念，制定《党委学生工作部（学生处）服务指南》并公布实施，确立工作人员两校区值班制度。

2009 年，学校再版《新生入学导论——走进武汉工程大学》，更名为《感悟大学——走进武汉工程大学》，该书成为 2009 级新生入学教育读本，进一步增强了入学教育的针对性和实效性。

2010 年，《学生手册摘要》印制出版。同年，全面修订《学生住宿管理规定》，进一步加强对学生公寓的管理，这是学校“以人为本、以法办学”理念的重要体现。同年 9 月，学校建成学生工作信息发布平台，及时向全校学生发布学生教育管理信息，提高工作效率。2011 年 6 月，为适应新形势、解决新问题，全面修订了《学生管理规定》《学生违纪处分办法》（校学〔2011〕16 号）。

2012 年，武汉电信公司资助 33 万元用于建设学生信息管理平台，学生事务管理与服务工作更加准确、高效、便捷。该管理平台于 2013 年正式投入运行。

2014 年，学校举办第二届学生特色主题教育活动推介会，巩固学院特色教育成果。编印《学生事务流程汇编》，制作一站式服务流程，简化学术事务办理程序。2015 年，学校将校内外 100 余个典型安全事件案例汇编成《平安工大警示录》。2016 年，学校继续完善《学生事务流程汇编》，更新部门网站和学生信息管理系统，提升信息管理系统利用率。

2017 年，根据国家最新颁布的《普通高校学生管理规定》，完成对《学生管理规定》《学生违纪处分办法》等 20 多项文件的修订，在全校范围内开展宣传学习，并作为范本在全省推广。

2018 年，以省属高校首家“易班”试点为重点，与一站式服务大厅建设相结合，实现线上和线下相结合的运行管理模式，做到“让信息数据多跑腿，老师学生少走路”。

2020 年，学校推进智慧学工建设，完成迎新系统、学工管理系统、宿舍管理系统等 47 个基础模块建设，提高管理效率。2020 年新冠肺炎疫情暴发以来，学工战线快速反应、积极行动，扎实开展疫情防控工作，制定了春季学期学生教育管理相关工作方案，创新工作方式，推进“我在校园”微信程序的开发、使用和管理，上线 13 个功能模块，对学生每日健康状况、毕业生返校审批及跟踪定位、日检日报等提供了及时精准监督管理。对开学前后的多项重点工作进行细化布置，制定疫情期间宅居计划，学习、生活、锻炼打卡，做到“开学延期不延学”。

2021 年，制定《关于加强学生宿舍文化建设的实施意见（试行）》，推动“家”文化融入宿舍管理，开展了“迎校庆　焕宿颜　美小家　聚人心”系列活动。

三、队伍建设

（一）人员配备

为保证学生工作有序开展，按照 1 ： 200 配齐配强辅导员队伍的要求，学校在 2014 年、2016 年、2018 年、2019 年、2020 年、2021 年、2022 年分别进行了面向社会公开招聘专职辅导员。截至 2022 年上半年，学校专职辅导员中少数民族辅导员学士及以上学历占比 100%，其他均具有硕士及以上学历；博士研究生 2 人，博士研究生在读 8 人。

（二）规范管理

2014 年以来，相继出台《关于进一步加强辅导员队伍建设的实施办法》，制定《辅导员管理办法》《专职辅导员考核办法》《班主任队伍管理办法》《辅导员专项奖励评选办法》《辅导员“青蓝培育工程”》，初步制定《辅导员工作室管理办法》，联合马克思主义学院遴选 14 名思政课教师担任学生思想政治教育指导教师，逐步构建起“1+X”辅导员管理体系，覆盖选拔、培训、考核、发展等方方面面。2016 年，成立了 8 个辅导员研究团队，定期开展辅导员工作经验交流、主题班会观摩等活动，选树学工队伍典型，推广辅导员工作优秀案例。2018 年，成立辅导员发展中心，下设 8 个辅导员工作室，全力打造“一团队、一品牌”，不断转变工作观念，创新工作方式。2021 年，实施辅导员“青蓝工程”培育计划，为新入职辅导员一对一配备指导导师。

加强少数民族学生的教育管理，配备少数民族思想政治教育骨干。2016 年起，省教育厅配备 1 名新疆内派教师，指导学校少数民族工作。2018 年 2 月，招聘 1 名少数民族辅导员，符合少数民族师生配比要求，成立民族团结教育办公室。2022 年，招聘少数民族辅导员 1 人，少数民族师生比达到 1 ： 50 配比要求。学校制定了“民族一家亲（1+7）”主题教育方案，持续深入开展民族团结进步教育工作，对少数民族学生采取重点关注、人性化帮扶的工作模式，开展丰富多彩、形式多样的校园文化和社会实践活动，在严格要求的基础上实施精准帮扶。

（三）能力提升

积极推进辅导员队伍职业化、专业化建设，实施“辅导员素质提升工程”，构建辅导员“学、研、说、写、聊、赛、行”七大版块的培训体系，在全校辅导员中开展全方位多层次培训，努力打造一支“政治强、业务精、纪律严、作风正”的辅导员队伍，不断提升大学生思想政治教育水平。搭建校外挂职和交流体系，选拔优秀辅导员到省级部门和基层乡村挂职锻炼。坚持以工作研究推进辅导员素质提升，实施校级思政工作研究、校级学生工作精品项目、辅导员工作室等专项研究，培育了多项省部级研究项目。通过思想政治教育研究工作，把握思政教育规律，创新工作方式方法，提升了辅导员队伍的整体素质。

2012 年，制定《辅导员培训计划》，实施辅导员培训“51”计划，使全体辅导员达到“参

加一期辅导员校内业务培训、参加一期校外职业能力培训、参加一次辅导员实践活动、参加一次辅导员论坛、撰写一篇工作论文”的目标。2014 年以来，“走出去、请进来”多措并举提升辅导员素质能力水平，每年组织辅导员开展校内集中培训和校外线上线下专题培训，邀请校外专家进校讲授专题讲座。其中 2016 年，对全体一线辅导员进行国家二级心理咨询师培训。近年来，经过探索与实践，学校获湖北省辅导员素质能力大赛一等奖 1 项、二等奖 3 项、三等奖 5 项、优秀奖 3 项，湖北省辅导员育人故事分享会一等奖 1 项、三等奖 1 项，联合申报的“WIT”职业咨询室获湖北省首批职业生涯咨询特色工作室项目立项，1 名辅导员获全国高校思想政治工作“金微课”优秀奖，1 名辅导员获提名湖北省辅导员年度人物，1 名辅导员获湖北省第四届“工友杯”职工创业创新大赛“十佳创新奖”等。

第二节　心理健康　阳光育才

学校高度重视并大力推进大学生心理健康教育工作，学校心理健康教育工作从 1998 年开始启动，成立了大学生心理咨询中心，学校基础课部和党委学生工作部的部分教师自发地参与大学生心理咨询工作。

2004 年，学校正式成立大学生心理健康教育指导委员会，将大学生心理健康教育工作正式纳入学校教育工作体系。同年，学校心理健康教育中心正式组建，设立专职人员负责全校大学生心理健康教育工作。2005 年，学校被评为省属本科高校合格心理健康教育中心。2013 年，学校心理健康教育中心获湖北省高校心理健康教育达标中心首批立项建设单位。2014 年，学校心理健康教育中心获湖北省高校心理健康教育示范中心立项建设单位。2016 年 1 月，学校心理健康教育中心设置为副处级单位，与学生工作部合署办公。2022 年 3 月，学校心理健康教育中心正式获批为湖北省高校心理健康教育示范中心。经过 17 年的实践和探索，形成了“4554”心理健康教育新模式，构建教育教学、实践活动、咨询服务、预防干预、平台保障“五位一体”的心理健康教育工作格局。

通过引进专职教师、开设教育培训，切实加强心理健康工作队伍素质，形成专职教师、辅导员和班级心理委员三位一体的心理健康教育工作团队。不断丰富心理健康教育活动形式，自 2007 年起每年举办心理健康教育月活动，并于 2008 年创办学校心理健康刊物——《馨兰心语》报纸，形成了学校心理健康教育月与学院心理健康教育活动季两级活动体系。每年例行组织心理健康普查，坚持心理健康测试全覆盖，建立心理测评数据库和高危学生预警库，及时对问题学生进行心理疏导。健全心理健康教育中心与学院对接机制，打造了 15 个校级心理健康示范工作站、达标工作站建设，实现一院一站室，切实发挥学院的主体性作用，打造学院情感教育、学校心理咨询、医院心理治疗的三级心理咨询体系。加强重点学生的关注，建立重点学生档案，每周有专人跟踪了解情况，落实危机干预“五个一”

的工作要求。成立了“大健康”教育专设机构，服务全校师生，举办专题讲座、面向全校师生职工开放心理咨询服务；建立二级心理工作站，开设心理求助热线、心理信箱、微信订阅号；班级设立朋辈咨询员、心理委员。形成了校、院、班三级工作矩阵，有效发挥心理健康教育工作合力；完善心理档案，学院每学期建立重点关注学生数据库，不断完善学生心理测评、宣传引导、课堂教学、主题活动、团体辅导、日常咨询、危机干预等服务链条；创新工作载体，通过开展心理主题摄影比赛、微电影设计、心理咨询技能竞赛、心理情景剧表演等学生喜闻乐见的教育活动，学生心理健康意识普遍增强，对心理咨询的接纳程度逐渐提高。

2013 年，学校首开大学生心理健康教育必修课程，以全校公选课的形式开设大学生心理修养、心理电影赏析、心理咨询与案例分析、大学生社交礼仪等课程，普及心理学知识和心理保健方法，形成校、学院、班级、宿舍四级心理健康教育网络体系。新冠肺炎疫情暴发后，学校心理健康教育工作坚持线上与线下相结合、预防和疏导相结合、育人与育心相结合，心理健康“云端”教育新方式被人民网湖北频道专题报道。2021 年 3 月，学校心理健康教育管理系统正式上线。

在“4554”心理健康教育新模式指导下，学生的心理健康知识储备、心理求助意愿、心理健康活动参与度以及心理疾病知识普及度都有了较大幅度提升。2017 年，承办了全省心理健康专题培训，通过培训、研讨会等多种形式提高学生工作队伍的专业水平。构建了专职教师、辅导员和班级心理委员三位一体的心理健康教育工作团队，做好了对班导师、研究生导师、心理委员、宿舍管理员等基层力量的普识教育，提高对心理危机的识别与应对能力。加强中心标准化建设，开展了学院二级工作站的建设，发挥学院主体作用。落实危机干预“五个一”的工作要求，学院每学期建立重点关注学生数据库，完善了学生心理测评、宣传引导、课堂教学、主题活动、团体辅导、日常咨询、危机干预等服务链条。

第三节　双创教育　成效显著

一、机制沿革

2005 年，学校出台《关于构建武汉工程大学大学生创新创业体系的实施方案（施行）》，提出建立完善的大学生创新创业体系。2007 年，学校出台《关于进一步加强学生学术科技创新工作的意见》。2009 年，学校出台《以“三实一创”为核心的应用型人才培养模式改革计划》，大力培养提高学生创新精神和实践动手能力。2009 年，在化工、材料、机械等多个优势特色学科专业开办了“侯德榜班”“创新班”等多个创新实验班，着重培养学生的科研意识、创新精神和创新创业能力。

2010 年起，依托“卓越工程师教育培养计划”“湖北省战略新兴产业计划”和相关专业工程认证标准，学校开设“卓越班”“工程班”等特色班，通过加强实践环节、强化校企联合培养、加大工程设计训练等方式，大力培养各类创新型工程人才。

为主动适应经济社会转型对人才需求、学生成长成才需求的多样化，学校不断深化改革人才培养模式。在前期探索的基础上，2012 年，出台《关于进一步深化“两型两化”人才培养模式改革的实施意见》，着力培养“创新型、复合型、工程化、国际化”人才。

为贯彻落实国务院办公厅《关于深化高等学校创新创业教育改革的实施意见》、湖北省人民政府办公厅《关于进一步深化高等学校创新创业教育改革的意见》等文件精神，2015 年以来，在校党委常委会、校长办公会及教学工作例会、学生工作例会等会议多次研究部署创新创业教育工作相关内容。

2016 年，学校出台《学科竞赛管理办法》《创新学分认定管理办法》等文件，旨在支持大学生创新创业。不断增强学生创新精神、创业意识和创新创业能力，培养拔尖创新创业人才，形成创新创业文化。

2018 年，学校出台《关于深化创新创业教育改革的实施意见》。成立创新创业教育工作领导小组，领导小组组长由校长担任，分管学生工作校领导和分管教学工作校领导任副组长，统筹大学生创新创业工作，所有院部、职能部门、科研产业机构负责人均为领导小组成员。成立创新创业学院，与团委、学生处、教务处、研究生院等相关职能部门一起，按照“创新创业学院统一策划组织、相关部门齐抓共管”的工作机制，共同做好学校创新创业教育改革各项工作。

2022 年 6 月，创新创业学院单独设置。

二、成果显著

经过多年的实践探索，学校构建了集教育培养、训练实践、孵化扶持“三位一体”的创新创业工作体系，形成了面向全体学生、全体教师参与、融入人才培养全过程的“三全”工作格局，确立“校院两级联动、多部门齐抓共管”的创新创业教育协同机制，全面开展“专业技术 + 创新创业”深度融合的创新创业教育。

学校近年创新创业成绩显著，五年来参加各类学科竞赛获得国际奖项 22 项、国家级奖项 526 项、省部级奖项 1290 项。其中 2021 年，在第七届中国国际“互联网 +”大学生创新创业大赛中夺得国奖 5 项、省奖 8 项，首次获得了国家级银奖 1 项。2021 年，在第十七届“挑战杯”全国大学生课外学术科技作品竞赛中获国奖 3 项，获奖数量和质量均创历史新高。近五年获批 74 项国家级、250 项省级“大创”项目，通过“大创”项目产出 35 篇 SCI 论文、50 个专利软著，200 多项省部级竞赛奖项等高水平成果，并且多个项目转化落地。艺术设计学院副教授张志（网络达人“秋叶”）主讲的“创业基础”课程获批

2018年国家精品在线开放课程。涌现出多名创新创业典型，材料科学与工程学院优秀学子刘耀东于2021年获全国“最美大学生”荣誉称号，成为创新创业先锋。学校先后获批省级“创业孵化示范基地”“创业示范基地”、湖北省“大众创业、万众创新”示范基地。

第四节　加强团建　团学向荣

2021年，共青团武汉工程大学委员会（简称“校团委”）下辖17个基层团委（团总支），团员总数20246人。校团委连续9年获全省共青团先进工作单位、全国大中专学生志愿者暑期“三下乡”社会实践活动优秀单位等荣誉。全校共青团系统中多个单位和个人屡获团中央、团省委表彰。

校党委号召全校各级共青团组织，紧密围绕学校育人中心工作，秉承“党旗所指，团旗所向”的光荣传统，加强团的思想教育功能，完善团的基层组织建设，持续推进“五育并举”，凝炼校园文化内涵，全面提升共青团工作水平。2006年以来，学校先后召开4次中国共产主义青年团团员代表大会，明确了各个时期共青团的工作任务，选举产生历届团委会。2016年以来，学校各级共青团组织扎实贯彻落实《高校共青团改革实施方案》（中青联发〔2016〕18号），紧密围绕学校中心工作，在继承中创新，在探索中发展。

一、推进制度建设

学校制定《共青团改革实施方案》（校学〔2017〕31号），在湖北省高校中率先制定并出台实施《“第二课堂成绩单”制度暂行办法》（校学〔2016〕6号），推行“第二课堂学分”和“第二课堂成绩单”制度，并通过网上平台认证第二课堂学分。制定出台《学生会组织改革方案》，配套出台《学生会监察问责制度》等8个改革性文件，精简学生会组织机构和人员。出台实施《兼（挂）职共青团干部管理办法（执行）》（武工大党发〔2019〕16号），团干队伍培养体系更加完善。稳步推进学生会、社团改革，出台《学生社团管理办法》《社团指导老师选聘及管理办法（暂行）》，进一步完善制度保障。实行校院学生会联席例会制度，全面实施“班团一体化”，加强班团联动。

二、加强思想引领

学校坚持以重大历史事件和社会热点为契机，紧跟时代脉搏，紧扣时政热点，积极开展形式多样的主题教育活动，深入贯彻落实习近平新时代中国特色社会主义思想、党的十九大精神、团的十八大精神。2008年，举办奥运火炬进校园活动，庆祝北京举办2008年夏季奥林匹克运动会。2009年，校团委被共青团中央授予“全国五四红旗团委”荣誉称号。2014年5月，校团委组织开展“奋斗的青春最美丽”主题团日活动。2015年，学校举行“清朗网络·学子先行”主题团日活动。2019 年，奥运冠军吉新鹏做客我校“青春心向党建功新时代”主题微团课。同年，校团委获评“团十八大以来宣传思想文化工作先进单位”荣誉称号。2020 年 9 月，我校《“童”心协力——环卫子女融合帮扶》项目获中国青年志愿服务项目大赛银奖，实现我校该项赛事重大突破。2020 年，《WIT 后浪 “疫”路有爱》荣获教育部“共抗疫情 爱国力行”主题宣传教育及网络文化优秀成果二等奖。2021 年，首届科协主席团执行主席刘耀东获评湖北省唯一“全国最美大学生”。2022 年，湖北卫视《湖北新闻》报道我校青年师生用歌声表达“青春向党，不负人民”的铮铮誓言，引导青年学生把青春书写在祖国大地上，努力成长为与历史同向、与祖国同行、与人民同在的时代新人。

三、夯实双创工作

学校以精益求精的工作态度扎实推动学科竞赛和双创工作，引领青年学生奋勇拼搏。2009 年，学校在第十一届“挑战杯”全国大学生课外学术科技作品竞赛荣获全国一等奖。2011 年，全省首届大学生机器人足球仿真赛在我校举行。2012 年，我校荣获全省挑战杯创业计划大赛金奖，在第八届“挑战杯”中国大学生创业计划竞赛斩获一金一银。2014 年，学校大学生创业基地获评首批“湖北省大学生创业示范基地”。2015 年学校承办湖北省第十届“挑战杯·青春在沃”大学生课外学术科技作品竞赛终审决赛及闭幕式。2016 年 3 月，学校在第九届全国大学生节能减排社会实践与科技竞赛中获三等奖。2017 年，学校在“挑战杯”科技竞赛中，荣获国家级一等奖 1 项、三等奖 1 项，省级一等奖 1 项、二等奖 4 项、三等奖 7 项。2018 年，学校在“创青春”全国大学生创业大赛中，斩获 2 金 2 银 3 铜的历史最好成绩，荣获优秀组织奖，总体成绩位居省属高校第一。2019 年，在第十二届全国大学生节能减排大赛中，学校荣获一等奖 2 项，并获优秀组织奖，总体成绩位居省属高校第三；获“挑战杯”全国二等奖 1 项、省赛一等奖 1 项。2020 年，在全国大学生节能减排社会实践与科技竞赛中学校斩获一等奖 1 项，为省属高校唯一，并获三等奖 3 项，获校级优秀组织单位奖，总体成绩位居省属高校第一。在“挑战杯”全国大学生创业计划竞赛中，斩获铜奖 1 项，省赛选送项目全部获奖，其中，金奖 1 项、银奖 4 项、铜奖 5 项、荣获优胜杯。2021 年，获全国“挑战杯”大学生课外学术科技作品竞赛三等奖 1 项，专项赛一等奖 2 项、二等奖 1 项、三等奖 1 项。获全国大学生节能减排社会实践与科技竞赛国家级奖项 5 项，总体成绩位居省属高校第一。组织并承办第二十届全国大学生机器人大赛 RoboMaster 2021 机甲大师高校联盟赛（湖北站），参赛高校涵盖全国 10 个省份的 26 所高校近 400 名优秀学生代表，我校战队获一等奖。2022 年，在第十七届“挑战杯”全国大学生课外学术科技作品竞赛中学校获全国一等奖 1 项、二等奖 1 项、三等奖 1 项，黑科技专项赛恒星级作品（一等奖）2 项，揭榜挂帅专项赛二等奖 1 项，红色专项赛三等奖 1 项，总体获奖数量和质量创历史新高。

四、坚持以文化人

学校高质量举办“五大杯”“六大节”“两季”“两周”系列活动，继续打造校园十大歌手大赛、元旦游园会等传统文艺品牌活动。2012 年 5 月，《@ 青春》新书发布会在大学生活动中心隆重召开，该书被誉为“中国第一部真正源自新媒体、平等互动的大学生思想引领的工作书”。2014 年，湖北高校达人秀开幕仪式暨首场海选在流芳校区大礼堂隆重举行。2017 年，学校青语创新团队团支部荣获全国“活力团支部”荣誉称号。2019 年，学校组织志愿者服务第七届世界军人运动会。2021 年，在庆祝建党 100 周年之际，开展红色经典诵读、汉服文化传承、民族器乐、民族舞蹈专场等红色主题展演活动。2022 年，举办“奋进新征程、建功新时代”庆祝中国共产主义青年团成立 100 周年系列活动，被人民日报、学习强国、湖北卫视等多家媒体聚焦报道。

五、增强美育熏陶

学校团委艺术教研室持续开设《大学美育》全校公选课；2009 年，学校举办“青春远航　同歌同行”毕业生文艺晚会。2010 年，学校在湖北省高校校园文化建设优秀成果评选中荣获二等奖。2011 年，为纪念建党九十周年，学校举办了以“红色旋律　唱响工大”为主题的红歌比赛。2013 年，学校举办“青春　印象”毕业生文艺晚会。2013 年，学校举办“身行健　工大梦”第二十二届学生体育文化节。2014 年，六小龄童章金莱做客学校微特讲坛。2020 年，学校《白衣天使是最美的风景》（词、曲）荣获中国群众创作歌曲大赛金奖。2021 年 6 月，学校发布原创音乐专辑《破壤　寻光》庆祝中国共产党成立 100 周年。同年，学校原创歌曲《七月澎湃　歌声荡漾》《红船颂歌》入选“高校庆祝中国共产党成立 100 周年原创精品推广行动”；与鄂州市委宣传部、鄂城区委共同承办的湖北省“理论热点面对面”示范点“五送”惠民活动之“百年风华忆初心，丹心向党共奋进”文艺晚会，在鄂州市融媒体中心成功举行；　2021 年“百生讲坛”省级优秀微团课、活力团支部决赛暨示范巡讲在我校成功举办，学校“1+X”梦想直通车团支部荣获省级活力团支部二等奖，殷悦同学获 2021 年湖北省“百生讲坛”铜牌主讲人荣誉称号。2022 年，原创献礼建团百年作品《万疆》入选湖北省共青团优秀作品，并在全网展播。

六、坚持实践引领

学校社会实践与志愿服务团队参与第七届世界军人运动会、武汉网球公开赛、武汉马拉松等大型赛事服务，培育孵化“志愿超市”“守望童心”等志愿服务品牌项目。2012 年 5 月，学校喜获“十大创新高校实践基地”称号。2013 年，“E+”守望童心团队、江月同学分别获得全国社会实践优秀团队及优秀个人等荣誉称号。2017 年，学校“互联网 + 教育”暑期社会实践团队获评为全国大中专学生志愿者暑期“三下乡”社会实践活动优秀团队。2018 年，学校 4 支队伍获省级优秀实践团队荣誉，获团中央社会实践优秀个人 1 项，全国大中专学生志愿者暑期“三下乡”社会实践“千校千项”优秀项目 4 项，“三下乡”社会实践“镜头中的三下乡”优秀视频奖 1 项。2019 年，学校“学楷模，敬初心，观发展”暑期社会实践团荣获全国大中专学生志愿者暑期“三下乡”社会实践活动优秀团队；《坚守初心巩固精准扶贫成果、牢记使命推进乡村振兴建设——恩施来凤县石桥村脱贫攻坚情况调研》荣获全国大中专学生暑期“三下乡”社会实践活动“百篇优秀调研报告”；刘耀东同学被评为 2019 年大中专学生“三下乡”暑期社会实践“千校千项”“优秀实践者”；“走进梁家河”实践团——寻红色初心，担青年使命社会实践团成果视频，荣获 2019 年暑期“三下乡”社会实践“镜头中的三下乡”优秀视频。2020 年，当夏智慧乡土助农电商等 4 支团队获得暑期“三下乡”社会实践活动优秀团队，陈沨等 4 位师生获“先进个人”荣誉称号。2021 年，荣获全国大中专学生志愿者暑期“三下乡”社会实践活动“优秀组织单位”，“镜头中的三下乡”优秀视频奖；获“请党放心 强国有我”全国大学生“千校千项”网络展示活动等国家级荣誉 6 项。2022 年，学校精心打造百“化”林工作品牌，着力打造百堂微团课、百名青年典型、百支活力团支部和志愿服务队，被人民日报、湖北日报、长江云报道，其中 3 支团队入选湖北省“本禹志愿服务队”。曹松等 3 名学生入选湖北省青年马克思主义者培养工程；吴怡然同学被评为“湖北向上向善好青年”；鄂哲恒、张靖宇同学被评为湖北省“大学生自强之星”并被等额推报参加“中国大学生自强之星”评选。

第十七章　科学研究　成绩斐然

为建设多科性大学，学校大力推进科研创新，建立激励机制，完善管理制度，积极推动科研工作不断发展。“十一五”以来，紧紧围绕国家、湖北重大发展战略、区域经济社会发展需求，学校聚焦重点、强化特色，在研究项目申报、科研平台构建、科技产业发展、创新团队建设等方面逐步探索出一条符合学校实际、具有学校特色的产、学、研合作新模式，科研工作已发展成为支撑多科性教学研究型大学建设与发展的重要支柱。

第一节　调整机构　完善制度

一、管理机构调整优化

“十一五”以来，学校科研发展迎来了重要机遇期，按照“提升水平、扩大规模、优化组合、突破重点”的工作思路，积极拓宽科研发展渠道，进一步提升管理水平。科技处内设机构包括横向产业科、信息统计科、科技成果科、基础基地科 4 个科室；挂靠机构有分析测试中心、先进武器装备办公室。2019 年 2 月，为构建与高水平教学研究型大学相适应的科研管理团队，科技处更名为科学技术发展院，内设机构有：基础研究与高新技术处、平台基地与成果管理处、产学研合作处、人文与社会科学处，挂靠机构有：分析测试中心、先进武器装备办公室、成果转化办公室。下设处室主要依据学校科技管理工作的主要目标和具体任务确定工作职能，包括纵向项目管理、平台与成果管理、人文社科群、产学研合作、国防军工项目，为促进学校科技事业持续发展提供了坚强的组织保障。2021 年 11 月，经学校研究决定，分析测试中心调整到材料科学与工程学院。

二、制度建设保驾护航

“十一五”期间，学校从科研项目、经费管理、平台建设、成果转化、科研激励和保密规定等方面，不断规范科学研究管理与服务，制定和完善了《关于鼓励教师创新创业的若干意见》《科技孵化器孵化企业入驻管理办法》《科研评估量化标准》《学术道德规范》等 16 个管理办法。这些管理办法的实施，使学校的科技管理工作更加规范和完善，较好地推动了学校科技与产业工作的发展。学校先后荣获“武汉市科技工作先进集体”“武汉

市科技管理先进集体”等荣誉称号，被湖北省政府授予“科技服务湖北先进单位”荣誉称号，科技处获教育部“十一五”期间“高校科技管理优秀团队”荣誉称号。

“十二五”期间，科学技术处将更多的精力投入到渠道拓展、项目争取、平台建设和产业发展等工作中来。积极推行目标管理与激励约束相结合的机制，保数量，求质量，创精品，加强科技管理干部的锻炼和培养，使他们有更多的机会参加学习和培训，不断开阔视野，增强才干，提高业务能力和服务水平。建立、完善科技评价体系，一是注重发明专利和成果的推广应用；二是重视对科技人员和科研团队素质、能力和研究水平的评价，注重对研究人员创新实际贡献的评价，改变现行奖励制度中按照科研人员排序进行奖励的做法，以推动形成研究团队，促进学者之间的协作；三是建立以市场为导向、产品为主线的研究开发模式，从“先科研，出了成果再找主顾”的思路转变为以“产品为主线”的多专业综合研发模式。

“十三五”以来，按照国家加快实施创新驱动发展战略的总体部署，整合校内外创新资源和创新要素，构建以创新人才培养为根本，以基础研究、应用研究及产业化为重点的科技创新体系，坚持需求导向，提升面向国际学术前沿的原始创新能力、面向国家重大战略需求的科技攻关能力、面向行业和区域经济社会发展需求的科技支撑能力。学校率先在省属高校中开展横向项目经费代理记账服务，解决了横向科研项目“报账难”的问题，让科研人员潜心从事科学研究。制定《关于进一步完善科研项目经费管理等政策的实施办法》《科研工作量计分办法》《科研平台管理办法（试行）》《武汉工程大学科研平台管理办法实施细则》《科研平台开放基金管理办法》等文件，完善科研激励政策和科研平台管理机制。2022 年，为进一步完善和优化科研经费管理，激发科研人员的创造性和创新活力，学校对纵向科研项目及经费管理、横向科研项目及经费管理进行修订、完善，构建起包括科研立项、平台建设、成果转化及经费管理等方面在内的较为完善的制度管理体系。

第二节　立项建设　广拓来源

一、科研项目

“十一五”至“十二五”期间，学校提出深化科研体制改革，明确科研任务，优化科研工作环境，加强学科联合；大力开展基础研究、应用研究、高新技术开发和重大科技项目攻关，在化工过程模拟、优化与控制、化工传递与设备、化工过程与设计、涂料与颜料的合成与改性、矿产资源综合利用技术等方面形成了相对稳定的研究方向，并加强了与国家科技部、教育部、国家基金委、湖北省科技厅、湖北省教育厅等政府部门的联系，学校整体科研实力居省属高校前列，为学校发展提供了科技支撑。2006—2010 年学校共承担国家自然科学基金项目、国家科技支撑计划、“863”计划、“973”子课题、国家社会科学基金项目和科技部软科学研究项目等国家级项目 86 项。

经过“十一五”时期的跨越式发展，“十二五”期间，获批“973”“863”、国家重大支撑计划（项）等项目 3 项，国家自然科学基金、国家社会科学基金等国家级科研项目 162 项、省部级科研项目 333 项。“十三五”期间，学校提出“基础研究上水平、应用研究上规模、成果转化见效益”的总体思路，围绕国家战略和湖北省产业布局，坚持立足湖北，辐射全国，服务区域经济和化工行业，科学谋划、精准施策、主动作为，学校科研工作取得全面进步，科技创新能力和社会服务水平显著提升。学校在国家级重点科研项目方面取得突破性发展，以第一单位获批的国家自然科学基金重点项目、国家社会科学基金重点项目双双实现“零突破”，国家自然科学基金的立项数量在全国、全省排名稳步提升；主持和参与科技部重点研发计划取得重大进展，获批主持项目 1 项、课题 3 项。基础研究水平的整体提升，为学校综合排名、“双一流”建设、博士点建设、平台建设等提供了强劲支撑。

表 1　“十一五”至“十三五”自然科学类纵向科研项目立项表

时期	纵向科研项目	其中国家级项目	其中省部级项目	其中厅局级项目
十一五（2006—2010）	644	86	174	384
十二五（2011—2015）	954	153	270	531
十三五（2016—2020）	1117	227	295	595

表 2　“十一五”至“十三五”人文社科类纵向科研项目立项表

时期	纵向科研项目	其中国家级项目	其中省部级项目	其中厅局级项目
十一五（2006—2010）	224	7	25	192
十二五（2011—2015）	345	9	63	273
十三五（2016—2020）	397	37	127	233

2020 年新冠疫情暴发，学校积极整合科技力量，精准施策，在助力疫情防控、助推湖北复工复产等方面提供科技支撑。研发口罩人脸去遮挡与识别、新冠病毒消杀的水剂胶体银产品、无纺布驻极体材料的防护相关用品等，为疫情防控科技助力，有效缓解医疗前线防护用品的缺乏。积极组织校内科研力量针对疫情防控中亟待解决的经济社会问题提供科学分析和政策建议，牵头完成了湖北省市场监督管理局《食用农产品集中交易市场运营管理指南》省级地方标准的编制工作，规范了我省农贸市场管理，为人民群众的平安健康保驾护航。

二、科研经费

随着科研项目逐年增长，学校科研项目经费大幅提高。“十一五”期间，学校年均科研入账经费超千万元，其中 2009 年科研经费位居省属高校第三名，并荣获“武汉市科技管理先进集体”荣誉称号。

学校充分发挥学科优势，积极为经济建设与社会发展服务，特别是在资源、化工、材料、建筑、电子、信息产业等领域作出了突出贡献。“十三五”期间，学校紧密围绕国家最需要、政府最关心、企业最感兴趣的“三个最”来明确工作重点，以此指导科技创新，助力地方经济建设，纵向科研项目经费高达 2.38 亿元，国家级项目经费占比 36%。

表 3　“十一五”至“十三五”科研经费表　（单位：万元）

时期	纵向科研经费	其中国家级经费	其中省部级经费	其中厅局级经费	横向经费
十一五（2006—2010）	12899	1869	8057	2973	24895
十二五（2011—2015）	25809	6419	9132	10258	43523
十三五（2016—2020）	23886	8596	9562	5728	40436

国防军工项目成为新的增长点。“十三五”期间，学校取得武器装备质量管理体系认证证书，国防科研项目经费逐年稳步提升，“十三五”期间达到 1088 万元。启动国防科技研究中心建设，为学校参与国防科研和技术攻关奠定基础。

第三节　成果丰硕　奖项频出

一、代表性学术成果

2006—2021 年，学校共发表 SCI 论文 5657 篇，国内外高水平论文 2200 余篇（二区以上），在国际顶尖学术期刊《Science》《Nature》子刊及 PNAS 发表科研论文 10 余篇，发表 SSCI 论文 86 篇，在 CSSCI 来源期刊上发表论文 400 篇，发明专利申请 3339 件，授权发明专利 1384 件。2017—2021 年，学校教师申请国际发明专利 4 件，授权国际发明专利 3 件。

二、科研成果获奖

2006—2021 年，学校共 234 项科研成果获得省部级及以上科技奖励，其中国家技术发明二等奖 2 项、国家科技进步二等奖 3 项、湖北省自然科学一等奖 2 项、湖北省技术发明一等奖 1 项、湖北省科技进步一等奖 8 项。

"十一五"时期（2006—2010年）：随着"更名"成功，学校进入快速发展阶段，一批研究成果获得国家级、省部级科技奖励。汪建华教授参与完成的科研成果"复杂磁场分布的高热容与热导无液氦超导磁体技术"获得2009年度国家科技进步二等奖；丁一刚教授主持完成的科研成果"复合银催化氧化乙二醇生产乙二醛新工艺"获得2009年度湖北省科技进步一等奖，亦是我校首次以"第一单位"获得的湖北省科技奖励一等奖。

"十二五"时期（2011—2015年）：学校提出按照"提升水平、扩大规模、优化组合、突破重点"的工作思路，主动融入区域经济社会发展，构建服务社会的科技创新体系。这一时期，学校喜获"博士学位授予单位"，并成功入选中西部高校基础能力建设工程，科技成果获奖持续突破，学校获得77项省部级及以上科技奖项，数量是"十一五"时期近两倍。学校与云南磷化集团有限公司共同研发的"云南中低品位胶磷矿选矿技术开发与产业化"项目获得2011年度国家科技进步二等奖；喻九阳教授主持完成的项目"洁净煤重大装备自动振打除灰装置及工业应用"获得2013年度湖北省科技进步一等奖，该技术成果已经在国内17家相关企业得到成功应用，应用覆盖率达到89.7%，取得了显著的经济效益。

"十三五"时期（2016—2020年）：学校提出在"聚焦科技创新"方面培育重大科技成果，制定重大科技成果培育规划，重视省、行业层面科技奖励项目申报，每年遴选若干具备冲击国家科技奖、产业化前景好的项目，形成重大科技成果培育库，建立重点项目到重大成果的定向跟踪服务机制，促使学校重大科技成果的不断涌现。王存文教授与湖北兴发化工集团股份有限公司联合申报的科技成果"超高纯电子级磷酸及高选择性蚀刻液生产关键技术"获得2019年度国家科技进步二等奖，该项目自主研发出高纯黄磷与电子级磷酸制备的关键技术，打破了高超纯电子级磷酸产品的进口依赖。徐慢教授主持完成的"高性能碳化硅陶瓷膜制备成套技术与产业化"项目获得2019年度湖北省科技进步一等奖，丁一刚教授主持完成的"湿法磷酸及伴生资源高值化利用关键技术与工程应用"获得2020年度湖北省技术发明一等奖。这些奖项的获批，有力地支撑了学科建设。特别是在2020年湖北省科技奖评选中，学校以第一单位获得省科技奖8项，其中一等奖1项、二等奖4项（含自然科学二等奖2项）、三等奖3项，获批数量和质量创造了历史佳绩。

第四节　搭建平台　做强团队

学校科技创新平台建设成绩显著，拥有一所集技术开发、工程设计、情报信息、分析测试多功能于一体的研究设计院，一个国家磷资源开发利用工程技术研究中心，一个磷资源开发利用教育部工程研究中心，一个国家技术转移示范机构，一个绿色化工过程教育部重点实验室，一个部委级企业技术创新服务平台，68个省市级重点实验室、人文社科重点研究基地和技术中心（基地）。2021年，作为高校第一参建单位共同组建湖北三峡实验室。

“十一五”时期（2006—2010 年）：学校实施“科技创新工程”，提出按照集成方式，促进重点学科、重点实验室、重点人才、重点项目的紧密结合。2007 年，学校绿色化工过程教育部重点实验室获批，重点实验室秉承“发挥特色优势，瞄准学术前沿，强调基础研究，凸现技术创新，实现工程应用”的理念，实行“开放、流动、联合、竞争”的运行机制，在绿色化工领域解决一系列关键技术和共性难题，为湖北省绿色高效经济和社会发展做出重大贡献。2009 年，学校磷资源开发利用教育部工程研究中心获立项建设，工程中心围绕国家发展战略需求，以国内外公认的复杂难处理的胶磷矿为对象，通过产学研合作方式，研究开发出中低品位磷矿绿色高效利用成套技术，突破国外制备技术封锁，有效保障国家粮食安全，支撑长江经济带生态绿色发展。

“十二五”时期（2011—2015 年）：学校在“加强学科平台建设，构建科技创新体系”中提出进一步加大对科技平台人力、财力和物力等方面的投入力度，优化运行管理，主动融入区域经济社会发展，构建服务社会、特色鲜明的科技创新体系，提升科技创新能力和学术竞争力。2011 年，学校与云南磷化集团有限公司合作，获批国家磷资源开发利用工程技术研究中心，并于 2014 年通过验收。中心解决了一批制约我国磷资源开发利用的关键共性技术难题，提高我国磷资源开发利用技术水平；培养与汇集了一批磷资源领域高层次人才，推动了我国磷矿开发与磷化工行业的科技进步和可持续发展。

“十三五”时期（2016—2020 年）：学校在“构筑科技创新平台”方面提出按照国家、省、校三级平台建设梯次，围绕国家重大战略领域和国际学术前沿、经济社会发展的重大问题，结合学校的比较优势，整合建设一批起点高、机制新、效益大的科技创新平台，使所有理工科学院都拥有省级以上科研平台。据统计，2016—2020 年，学校获批的主建省部级及以上科研平台达 11 个。

湖北实验室是组织开展跨学科跨领域协同创新的综合性科研平台，是引领我省创新驱动发展的战略科技力量。2021 年，学校作为高校第一参与单位，发起并组建湖北三峡实验室，池汝安教授获聘实验室主任，成为学校服务地方经济社会发展的典范。

一直以来，学校高度重视科研创新团队建设，瞄准国家与区域经济社会发展的重大需求和战略部署，紧密结合学校学科（群）重点发展方向，依托国家重点平台基地、省部级重点平台基地、国家重点创新项目等，创新体制机制，引育一批与学校优势学科高度契合且能够满足国家重大战略需求的领军人才和创新团队。2006 年至今，学校共获批省级以上科研创新团队 26 个，其中，池汝安教授“矿物处理过程强化”团队获批 2009 年度教育部“长江学者和创新团队发展计划”，是湖北省属高校唯一入选的创新团队。2022 年，王存文教授团队获第二批“全国高校黄大年式教师团队”，是学校迈向高质量发展征程的又一项标志性成果。

第十八章 社会服务 彰显担当

学校积极探寻服务国家与地方经济社会发展途径，主动与地方政府、企事业单位、科研机构开展合作，充分发挥学校在应用研究和技术创新等方面的优势，为社会高质量发展献智赋能，在助推地方经济发展中展现出高校担当，服务社会的水平和能力日益增强。

第一节 扎根荆楚 服务地方

一、产学研一体与成果转化

学校坚持围绕国家战略及湖北产业发展需要，强化技术、人才、服务等科技成果转移转化要素与资源的有机融合及优化配置，建立符合科技创新规律、遵循市场经济规律、具有学校特色的科技成果转化体系，有效整合校内外资源，拓宽产学研合作渠道，开拓合作新模式，强化服务国家与地方经济社会发展的能力。

学校主动对接融入湖北现代产业体系和“光谷科技创新大走廊”，跨学科、跨行业组织科研力量，积极与光芯屏端网、现代化工、大健康、汽车等领域企业精准对接，打造校地、校企产学研紧密联合体；聚焦行业和企业关键技术需求，着力在磷资源高效综合利用、智能制造、绿色分离、超高纯电子化学品等技术领域，解决关键技术产业化难题，推动一批能支撑经济转型升级和带动产业结构调整的重大科技成果转化示范应用，力争实现“省内有地位、国内有影响、国际有声誉”。

“十三五”期间，学校与武汉、宜昌、襄阳、黄冈、随州、嘉兴、长寿等地区签订校地战略合作协议 10 余项，建立校地、校企产学研合作基地 30 余个；与武汉市共建化工新材料工业技术研究院、与兴发集团合作组建兴发矿业学院，联合开展科研攻关，获得国家科技进步二等奖 1 项、国家重点研发计划 1 项。建成国家级、省级、校级三级成果转化机构，多项重大科技成果成功实现转化。

2020 年，学校成功入选国家知识产权试点高校名单，试点有效期为 2020 年 10 月至 2023 年 10 月。2021 年 12 月 27 日，学校的知识产权贯标通过《高等学校知识产权管理规范》国家标准审核认证，成为湖北省属高校第一家、省内第二家通过认证的高校。

2021 年，在知识产权产业媒体 IP Rdaily 与 inco Pat 创新指数研究中心联合发布“中国高校专利转让排行榜（TOP 100）”中，学校以 203 件专利跻身前 100，位列全国第 93 位、在汉高校第 4 位、省属高校第 2 位。根据 2018—2020 年《中国科技成果转化报告》，学校于 2019 年以 2.03 亿元位居科技成果转化合同额排行榜第 77 位，在上榜的 8 所湖北高校中列第 5 位，省属高校中居第 1 位。

二、大力开展横向科研工作

学校高度重视横向产学研合作项目的立项、过程管理和结题验收等工作，制定和完善了《横向科研项目及经费管理办法（试行）》《科技成果转化管理办法（试行）》《关于进一步完善科研项目经费管理等政策的实施办法》等文件，进一步推进科研项目资金管理的简政放权；实行横向科研经费有别于财政经费的管理办法，率先在省属高校实现了横向代理记账服务；在国家和湖北省政策范围内加大对科研人员的激励，有力调动了广大科研人员的积极性和创造性。此外，为加强学校科技成果转化，完善科技成果转化体制机制，学校成立了科技成果转化工作领导小组和成果转化办公室，实现专班专人负责，制定学校科技成果转化规划和相关政策，建立相关部门和单位的齐抓共管机制，进一步明确科技成果转移转化工作责任主体，优化并公示科技成果转移转化工作流程。为强化知识产权工作，成立武汉工程大学知识产权管理委员会，统筹协调学校专利转化管理事务。

十一五期间（2006 年—2010 年），学校共签订横向技术合同 2094 项，合同经费 2.50 亿元，入账经费 1.73 亿元，其中，合同经费超过 100 万元的有 21 项。

十二五期间（2011 年—2015 年），学校共签订横向技术合同 2681 项，合同经费 3.80 亿元，入账经费 2.88 亿元，其中，合同经费超过 100 万元的有 40 项。

十三五期间（2016 年—2020 年），学校共签订横向技术合同 1604 项，合同经费 3.44 亿元，入账经费 2.25 亿元，其中，合同经费超过 100 万元的有 69 项。

2006 年更名以来，学校科研经费稳定增加，科研规模逐步扩大，先后与丹麦、法国、日本及国内 31 个省、自治区、直辖市的 180 余个市（县区）4000 余家单位签订 6845 项横向技术合同，合同金额 10.98 亿元，入账金额 7.75 亿元。

2006 年，学校签订横向合同经费仅 3102.9 万元，到校横向科研经费仅 1944.7 万元；2021 年底，学校签订横向合同经费达 12251.9 万元，到校横向科研经费达 8885.1 万元。与 2006 年相比，2021 年签订横向合同经费和到校横向科研经费均增长了 4 倍左右。

表 1　　2006—2021 年服务地方经济社会发展情况一览表

年度	签订合同数量（个）	合同金额（万元）	服务企业数量（个）	当年入账金额（万元）
2006	266	3102.9	178	1944.7
2007	299	3856.9	200	2482.5
2008	462	4605.9	309	3205.3
2009	527	6273.4	353	4136.5

续表

年度	签订合同数量（个）	合同金额（万元）	服务企业数量（个）	当年入账金额（万元）
2010	540	7205.6	362	5538.8
2011	545	7246.2	368	5415.5
2012	558	7266.2	380	5742.2
2013	528	8465.4	354	5788.8
2014	591	9230.1	400	6833.3
2015	459	5829.4	310	5011.5
2016	460	4814.6	311	3176.1
2017	223	4940.8	152	3172.4
2018	239	6188.4	162	4323.5
2019	329	9155.1	224	5825.7
2020	353	9341.2	238	5969.0
2021	466	12251.9	313	8885.1

2006—2014 年，学校签订的横向技术合同数量、合同金额及入账金额稳步提升，尽管 2014 年合同签订数量偶有回落，但合同金额呈稳步增长态势。截至 2021 年，合同签订金额突破亿元大关，入账金额达 8885.1 万元，创历史新高。结合表 2 可看出，2006 年以

表 2　　2006—2021 年学校签订横向技术合同数量情况一览表

年份	签订合同金额超过 100 万元的数量（个）	其中		
		合同金额 100 万元到 200 万元区间（个）	合同金额 200 万元到 300 万元区间（个）	300 万元以上（个）
2006	1	111	26	14
2007	4			
2008	2			
2009	8			
2010	6			
2011	8			
2012	5			
2013	12			
2014	10			
2015	5			
2016	3			
2017	8			
2018	13			
2019	18			
2020	27			
2021	21			
合计	151	151		

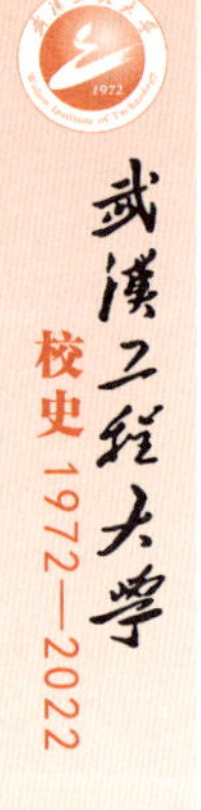

来，学校与地方签订横向技术合同金额超过100万元的数量达151个，合同金额2.58亿元，其中合同金额在100万元到200万元区间的有111个，合同金额在200万元到300万元区间的有26个，超过300万元的有14个。通过大力开展横向科研，地方企事业单位投入研究开发经费的增长幅度逐步提高，突破企业技术创新瓶颈的活力得到彰显，学校服务地方经济社会高质量发展的能力日益增强。

三、紧盯地方需求做强做实服务

“十一五”期间，按照“提升纵向、扩大横向、优化组合、突破重点”的工作思路，充分发挥学校在应用研究和技术创新等方面的优势以及地处光谷的便利条件，以研究设计院为基地，切实提高科研成果转化率，实现科技成果的产业化。进一步搭建科研与社会服务平台，鼓励有条件的院（系）成立研究所（室），并在此基础上按照相关法律法规组建机构，积极开发产品和对外开展技术服务及咨询。

“十二五”期间，按照“提升水平、扩大规模、优化组合、突破重点”的工作思路，切实增强科技创新能力，积极为经济社会发展服务。完善以创新、贡献为导向的科研评价体系，形成有利于跨学科合作研究，有利于科技创新人才快速成长的体制机制。面向行业的技术需求，组建一支专职研发队伍，建立一系列稳定的校企、校地产学研合作与人才培养基地，鼓励教师创新创业，促进科技成果产业化。积极参与“高校青年教师深入企业服务行动计划”；组织申报“高校自主创新重点基地”；按照现代企业制度组建“科技产业集团有限公司”“技术服务有限公司”，培育学校持股的上市公司；建成大学科技产业园，校办产业产值累计达2.76亿元。

“十三五”期间，树立“超前谋划、主动布局、目标导向、分步建设”的原则，编制学校科技创新战略布局图，瞄准资源环境、先进制造、化工新材料、生物医药、互联网+、社会治理、咨询设计等重点领域，为科技成果转化与产业化发展谋篇布局，发挥学校学科集群优势，与大型企业建立战略联盟，与企业建立联合研发实体，建立新兴产业技术开发和共性技术研发平台，构建多元化校企合作体系。加强国家磷资源开发利用工程技术研究中心、省协同创新中心以及“两院一园”建设，创新化院科技有限公司运行模式，构建规范化的科技成果转化与产业化发展体系。

学校紧紧围绕湖北化工、医药、新材料等经济社会发展的重大需求开展科学研究，充分利用良好的科研平台吸引和聚焦科研人员。坚持问题导向，“十一五”以来，根据国家和湖北省大化工产业结构转型升级、磷资源高效利用、生态文明建设等方面开展重点研究，已产出一大批研究成果。

近年来，为加快把学校科研工作触角延伸至东部沿海和经济发达地区，把学校产学研合作与成果转化工作的战线前移到经济发展一线，学校与江苏宿迁市等地签订了市校战略合作协议，先后选派 3 名科技特派员赴地方挂职锻炼。

2017 年以来，学校围绕科技战略合作、产学研合作机制、高新技术成果转化、人才培养、大学生实习实训等方面开展产学研深度合作，签订校地、校企战略合作协议 99 份，产出一批标志性成果并成功实现转化。2019 年 3 月，成立武汉工程大学重庆研究院。2020 年 5 月，学校与宜昌人福药业共建“制药工程”联合实验室。2021 年 5—11 月，学校先后与荆门市、潜江市、鄂州市签约成立武汉工程大学化工新材料产业技术研究院、武汉工程大学绿色化工产业技术研究院、武汉工程大学青天湖产业技术研究院。此外，学校还与武汉化工新区管委会、辽宁奥克化学股份有限公司共同注册成立武汉化工新材料工业技术研究院；与华为、百度、北京中科汇联、海南金盘等共建 ICT 学院、人工智能学院、人工智能研究院、工程研究中心；牵头磷化工龙头企业组建“湖北磷产业绿色发展科技创新联盟”。

目前，武汉工程大学重庆研究院运行良好；荆门化工新材料产业技术研究院结合荆门化工循环产业园和智慧园区建设、资源利用、循环经济等目标，充分发挥学校人才和科技优势，助力荆门提升化工新材料产业附加值，打造全产业链；潜江绿色化工产业技术研究院将大力推动潜江高新区新能源、新材料、电子信息、生物医药、节能环保等战略性新兴产业快速发展，促进潜江产业实施新旧动能转换、加快转型升级，提供强大、全方位的科技和人才支撑；鄂州青天湖产业技术研究院对接地方需求，在智能制造、新能源、新材料、生物医药、节能环保等领域共同开展项目攻关与课题研究，推动产学研用一体化发展。

四、助推区域经济高质量发展

2018 年 6 月，湖北省委、省政府出台《关于加快全省县域经济高质量发展的意见》，提出“增强县域创新驱动能力，支持县企业与高校院所对接，促进产学研合作和科技成果转移转化”。

学校坚持“立足湖北，辐射全国，服务区域经济社会和化工行业”的服务面向，积极贯彻落实新发展理念，深度对接区域和产业发展，按照“基础研究上水平、应用研究上规模、成果转化见效益”总体思路，科学谋划，精准施策，主动作为，大力推动高校科技成果转化，助推县域经济高质量发展，打造服务国家和湖北县域发展的“武工大样板”。

“十三五”以来，学校产出一大批标志性成果，一批成果成功实现转化。主动参与 80 万吨乙烯工程项目建设，为项目环评、规划评审、产业链策划提供有力的技术支持和保障；加快推进科研成果转化，与宜化集团、兴发集团、祥云集团等企业建立战略合作关系，开创湿法磷酸净化工艺技术，有效解决当前国内中低品位磷矿综合利用的重大技术难题，增加可利用磷矿石储量 300 万吨左右。目前，湖北省内所有磷矿山的选矿工艺和药剂配方主要由我校提供。在磷资源开发利用方面，学校的学术水平居于全国领先地位。按照“可持续发展战略”和发展“循环经济”、建设“节约型社会”的要求，结合我省中低品位磷资源的综合利用，形成了中低品位磷块岩富集的工业化技术，湿法磷酸净化精制的工业化技术，精细磷化工产品的开发，磷化学工程设计，矿物材料开发、安全及环保等多个优势领域。

2018 年 3 月，学校与湖北兴发集团联合研发出高纯黄磷与电子级磷酸制备的关键技术，攻克芯片产业持续发展的“卡脖子”难题，获得国家科技进步二等奖。2021 年 3 月，国家磷资源工程中心博士团队 4 项专利作价 300 万元，与昆明晋宁区国有资本运营有限公司联合组建科技型有限公司，公司注册资本 1000 万元，团队占股 30%，双方在磷石膏及磷矿资源绿色利用领域开展全方位产学研合作。同年 6 月，学校研发团队的“一种气溶胶辅助制备单晶纳米颗粒的方法”一举攻克新纳米材料超细金属粉体及生产装置的技术难题，突破该领域的“卡脖子”技术，此项技术专利作价 900 万元，获得兰州纳美特新材料有限公司投资 2000 万元，公司注册资本 2900 万元，团队占股 31%，在甘肃省兰州新技术开发区实施转化，单一专利作价金额创历史新高。预计到 2025 年底，纳米金属氧化物在全球市场供应量将超过 1 万吨，价值有望突破 807 亿美元。

五、选派科技县（市）长、博士服务团

学校积极响应上级政策要求，继续选派专家到地方出任科技副县长。“十一五”以来，先后派出 12 名优秀人才到天门市、宜都市、武穴市、南漳县、松滋市、襄阳市、红安县、江陵县挂职。通过科技副县（市）长的桥梁纽带作用，促进学校与所在县（市）之间的科教合作与人员交往，扩大学校知名度，使学校与县（市）之间形成良性的科教互动局面。

2012 年 8 月起，省委组织部、团省委联合启动实施“博士服务团”服务基层计划，学校先后选派 10 批“博士服务团”共 36 名博士，深入三峡腹地、神农架林区、秦巴山区、武陵山区、武当山区、大别山区等市县的政府、企业、学校、农业技术推广中心挂职，提供技术人才服务。学校多次获评全省博士服务团工作先进单位。

其间，郑小涛同志先后获评“‘十二五’全国石油化工行业节能环保工作先进个人”、湖北省第二批“‘博士服务团’工作先进个人”、湖北省委高校工委“优秀共产党员”；吕仁亮同志被聘为湖北兴发化工集团股份有限公司副总工程师；毛金城同志被湖北第六批博士服务团评为力推技术革新创造千万元市场的“轴博士”荣誉称号；王后能同志被宜昌南瑞永光电气设备有限公司聘为技术总工；于宝成同志被中共湖北省委组织部、共青团湖北省委评为“全省第四批博士服务团先进个人”。

第二节 联络校友 沟通桥梁

一、校友会

（一）组织机构

武汉工程大学校友会是由曾在校学习或工作过的校友自愿组成的联合性、非营利性、综合类社会团体。1995 年，学校成立了校友联络中心。2001 年，为满足校友工作需要，学校成立武汉化工学院校友总会。2006 年，学校更名后，召开校友大会，制定《武汉工程大学校友总会章程》，选举产生校友会组织机构，副校长桂昭明任校友会会长。2011 年，在省教育厅和省民政厅的关心指导下，武汉工程大学校友会在业务主管部门和民间组织管理机关正式登记注册，并召开成立大会，通过了新的校友会章程，选举产生新一届组织机构，校长李杰任校友会会长。2016 年 6 月，校友会组织机构法人变更，校长王存文任校友会会长。2017 年 8 月，学校设置校友工作处，校友会秘书处设在校友工作处。2021 年 3 月 20 日，学校成功召开第三次校友代表大会，校党委常委、副校长张彦铎当选为第三届校友会会长。

（二）工作职能

校友会的业务主管单位为湖北省教育厅，登记管理机关为湖北省民政厅。校友会接受业务主管单位和登记管理机关的业务指导和监督管理。校友会的宗旨是：在中国共产党领导下，在宪法规定的范围内开展活动，遵守宪法、法律、法规和国家政策，遵守社会风尚；通过组建校友会并开展活动，加强校友之间、校友和母校之间的联系与沟通；秉承“格物明理、致知笃行”的校训，发扬学校光荣传统，依托和发挥广大校友的人才优势，促进学校的改革和建设。其业务范围包括建立校友与母校、校友之间的交流联系，增强校友对母校的感情和凝聚力；鼓励校友在各自岗位上求实创新，积极进取，通过卓有成效的工作，扩大母校在当地的影响，为当地的经济建设和社会发展做贡献；通过各地校友会组织开展各项活动，为母校的建设和发展做贡献；通过编写校史资料、校史专集及校友资讯等形式反映校友们的活动与成就。

成立以来，校友会积极发挥桥梁作用，联络各地校友，组织开展校友值年返校聚会和联谊活动，建立健全各地校友分会组织，指导协助校友分会开展具有特色的校友联谊活动、座谈会、年会、换届大会等；进一步健全校院两级校友工作机制，调整和充实学校校友工作委员会机构。2021 年，指导各二级学院（部）结合工作实际，成立了 18 个学院校友分会；建立并开通校友信息管理系统、校友即时通信平台及校友企业互动平台；定期出版《校友通讯》，办好武汉工程大学校友会媒体矩阵，搭建起校友间情感沟通、资源整合、发展支

持的互动平台，打造校友与母校之间学缘共同体、情感共同体、事业共同体，树立学校良好形象，增强校友们对母校的认同感和凝聚力。2021 年，实行各地（行业）校友分会会长、秘书长例会制度，同年 7 月，在襄阳市召开了首次各地（行业）校友分会会长、秘书长会议。2022 年 6 月，在武汉市江夏区海洋村召开第二次各地（行业）校友分会会长、秘书长会议。

经过 20 多年的发展，在全国各地和部分行业成立了 46 个行业和地方校友分会，其中省外校友分会 36 个，省内校友分会 5 个，另外成立了涂料、MBA、材料、土建及计算机网络信息等 5 个行业校友分会。

二、教育发展基金会

武汉工程大学教育发展基金会（简称“基金会”）是经湖北省民政厅批准登记注册成立的非公募基金会，由学校发起，于 2012 年 5 月 18 日召开成立大会。基金会登记管理机关为湖北省民政厅，业务主管单位为湖北省教育厅，注册资金为人民币 200 万元。

基金会于 2018 年 1 月被湖北省民政厅认定为慈善组织，具备公益性捐赠税前扣除资格。2022 年 1 月，基金会接受湖北省民政厅组织的等级评估，被评为 4A 级社会组织。基金会宗旨及公益活动的业务范围是接受和管理社会各界给予武汉工程大学的捐赠，通过公益性资助，支持以人才培养、科学研究、校园建设为主的一切有利于促进学校教育事业发展的项目。

基金会为慈善公益独立法人，设有理事会、监事会和秘书处，首任法定代表人为张彦铎，第二届法定代表人为田辉玉，第三届现任法定代表人叶芃，现有理事 19 名、监事 3 名。基金会秘书处下设综合部和财务部。

基金会属非公募基金会，其使命是加强与社会各界，特别是广大海内外校友和爱心人士的沟通与联络，为捐赠者与学校之间架起一座关爱与发展的桥梁，定位于凝聚各方资源，促进教育发展，实现捐赠人意愿。基金会严格按照章程依规运作，帮助实现捐赠人与学校共同愿景；弘扬公益精神、传递公益理念、培育公益文化，建设有广度、有深度、有温度的大学基金会。

第三节　独立学院　江城齐扬

2002 年，经教育部批准，邮电与信息工程学院（简称“邮电学院”）成为武汉工程大学独立学院。遵循“开放办学、协同育人、依法治校”的办学理念，秉承“厚德、明志、勤奋、笃行”的院训，邮电学院始终以培养高素质应用型人才、服务区域经济社会发展为办学定位，不断扩大办学规模，持续改善办学条件，办学水平显著提高，累计为各行业培养输送 4 万余名毕业生，众多毕业生已成长为政府部门、企事业单位的骨干力量。目前，学院在校生 11514 人。

邮电学院以信息与通信技术（ICT）领域相关专业为办学特色，涵盖工学、理学、管理学、经济学、文学、法学、艺术学7个学科门类，开办有41个本科专业、10个专科专业。下设8个二级学院，分别是机械与电气工程学院、计算机与信息工程学院（人工智能学院）、化工与材料工程学院、经济与管理学院、建筑工程学院、艺术设计学院、马克思主义学院、外语学院。

邮电学院获省级及以上本科教学质量工程项目数量在全省同类高校名列前茅。现拥有省级重点（培育）学科1个；湖北省一流专业、省战略性新兴（支柱）产业人才培养计划专业、省荆楚卓越工程师协同育人计划专业、省专业综合改革试点专业、省独立学院重点培育专业等16个；省级一流本科课程、省级精品资源共享课本科课程及省级精品资源课程共8门；省级教学团队及优秀基层教学组织7个。

邮电学院注重通过各类学科竞赛以及丰富的课外科技、文艺、体育活动和社会实践等方式，大力培养学生创新创业精神和实践动手能力。近年来，学生在"互联网+"大学生创新创业大赛、"创青春"全国大学生创业大赛、全国大学生数学建模竞赛、化工设计竞赛、电子设计竞赛、机械创新设计大赛、自动化系统应用大赛、结构设计大赛、工程造价技能及创新大赛、艺术设计大赛、大学生英语竞赛、翻译大赛等各类比赛中，荣获国家级奖励100余项，省市级奖励200余项。

邮电学院涌现出一大批先进集体和优秀个人，先后获得湖北省高等学校先进基层党组织、湖北省征兵工作先进单位、全国高校活力团支部、湖北省优秀支教团队，多人获得湖北省师德先进个人、全国民办高校优秀辅导员、中国大学生自强之星、省级优秀征兵政策宣讲员、长江学子等荣誉称号。

第四节　研究设计　特色有章

一、勘察设计咨询

武汉工程大学研究设计院为中国石油化工勘察设计协会理事单位，湖北省化学化工学会副理事长单位，湖北省节能协会副会长单位，湖北省工程咨询协会、湖北勘察设计协会、武汉市勘察设计协会理事单位。重点围绕石化、化工、医药、安全、环保、节能等领域，拥有石化、化工、医药、生态建设和环境工程咨询单位资信甲级、化工石化医药行业（化工工程）专业甲级、化工石化医药行业乙级、建筑行业（建筑工程）乙级、压力管道GC1（1）（2）（3）及压力容器设计资质。成立四十多年来，勘察设计咨询人才队伍逐年壮大，共50余人次获得国家注册执业资格，在化工行业领域积累了丰富的工程技术服务经验，开展工程设计与咨询技术服务项目2000余项。

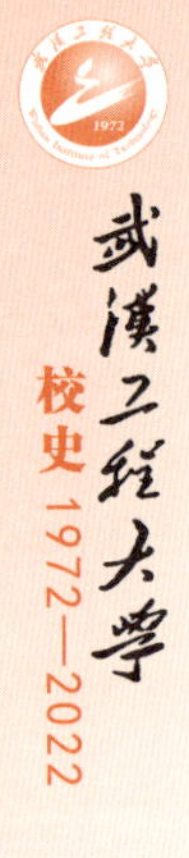

（一）助力沿江化工企业关、改、搬、转

根据省委、省政府《关于印发湖北省沿江化工企业关改搬转任务清单的通知》（鄂化搬指文〔2018〕3号），陆续承担包括宜昌、襄阳、荆州、荆门、黄冈、襄阳、仙桃等地化工企业搬迁入园、改造升级的工程设计与咨询工作，把全面提升本质安全水平作为服务的重点和特色，协助企业革新生产工艺、优化生产过程、实现清洁生产，加速企业自动化控制和安全仪表系统改造升级，达到节能减排增效目的。推动沿江化工企业转型升级、绿色节能、高质量发展。

工程设计团队编制荆州汇达科技公司高效新型农药、农药中间体及精细化学品搬迁项目的可行性研究报告，提出工程技术、环保及安全方案，协助企业搬迁至荆州经济开发区化工园。协助宜昌磷化工产业走高端、绿色发展道路，承担湖北三宁化工股份有限公司磷尾矿废盐酸综合利用项目、湖北吉星化工有限责任公司新建2万吨次磷酸钠及配套（1.5万吨阻燃剂、1.2万吨饲料级磷酸三钙）装置项目、兴发集团10万吨/年草甘膦原药扩建项目二期工程、环保综合治理项目；承担宜化集团10万吨/年烧碱装置、12万吨/年PVC生产装置危险化学品生产储存在役装置安全设计诊断，为宜化集团扩大生产规模，优化产品结构提供咨询服务；承担湖北泰盛化工有限公司环保综合治理项目，开展污水处理、污泥焚烧、尾气回收的工程设计工作。

（二）为企业投资决策提供科学依据

研究设计院工程咨询团队成立以来，为省内外化工企业提供工程咨询工作，对拟建项目的技术先进性和实用性、经济合理性和有效性、建设必要性和可行性进行全面分析、系统论证、多方案比较和综合评价，为企业项目投资决策提供可靠的科学依据，助力企业淘汰落后工艺，突破技术瓶颈替代进口。先后编制《湖北江田精密化学股份有限公司精细化工改建项目可行性研究报告》《湖北新德晟材料科技有限公司高端生物缓冲剂及高分子材料项目可行性研究报告》《湖北诺邦科技股份有限公司年产10万吨锂离子电池材料碳酸乙烯酯项目可行性研究报告》《湖北中誉新材料有限公司一期建设项目可行性研究报告》，为企业发展提供智力支撑。

二、产业规划

研究设计院规划咨询团队坚持市场化、专业化、多元化发展战略，致力于提供产业规划、空间规划、项目申报、成果转化和产业研究等完整解决方案。业务领域涵盖地区、行业、化工园区产业规划，园区循环化改造及评估，智慧园区实施方案，绿色园区第三方评价，化工行业专项课题研究等。

2017年以来，相继承担襄阳宜城精细化工产业园产业发展规划、宜昌姚家港化工产业园总体规划、黄石阳新城南化工园扩园方案论证报告、孝感云梦县盐化工产业园产业发展规划、荆州松滋市临港化工园产业发展规划、荆门市磷化工产业发展规划、襄阳襄城经济开发区产业发展规划、武汉经济技术开发区洪湖新滩化工园区控制性详细规划、宜昌姚家港化工园“十四五”发展规划、宜昌猇亭化工园总体规划与产业发展规划、江西瑞昌码头工业城化工集中区产业发展规划等编制和规划论证工作。

三、节能检测

研究设计院节能中心整合原湖北省石油化工监测中心资源，选调一批专业理论扎实、实践经验丰富，长期从事化工设计、节能检测、化工节能技术开发的高素质技术人员，承担化工节能检测和评价工作，主要业务类型包含节能评估、能源审计、节能量审核、绿色评价（绿色工厂、绿色园区、绿色供应链）、节能检测、能效测试、水平衡测试、清洁生产审核等。

2016 年，作为技术支撑单位参与完成了国家重大工业节能监察——湖北省石化化工企业能耗专项监察工作。2018 年，作为技术支撑单位参与完成了国家重大工业节能监察——湖北省石化化工企业能耗专项监察工作；承担《湖北浩元材料科技有限公司搬迁项目（一期）节能报告》编制工作。2019 年，承担《荆门新洋丰中磷肥业有限公司利用磷石膏年产 30 万吨水泥缓凝剂项目节能报告》编制工作。2020 年，研究设计院入选“湖北省 2020 年度节能诊断服务市场化组织推荐名单”。2021 年，承担《湖北鑫天宏新材料科技有限公司年处理 300 万吨磷石膏及深加工综合利用（一期处理 100 万吨）项目节能报告》编制工作；为湖北亨迪药业股份有限公司、湖北晶昱玻璃制品有限公司、长利玻璃洪湖有限公司提供免费公益性节能诊断服务，通过全面分析企业能效提升节能降耗的潜力，提出的节能措施实施后，年节能量合计为 3500 吨标准煤。

四、质量监督检查

1985 年，根据湖北省标准局、省石油化学工业厅、《中华人民共和国标准化法》，组建成立湖北省石油化工产品暨化学试剂质量监督检验站，原名湖北省化工产品质量监督检验中心站。1991 年，变更为湖北省化工农药质量监督检验站。1994 年，通过省级计量认证。1996 年，通过省技术监督局组织的质检机构认证。

质量监督检验站承担国家、省政府有关部门下达的产（商）品质量监督检验、生产许可证产品发证检验、精品名牌产品质量检验；受理公民、法人和其他组织申请的仲裁、公证、委托检验，有关部门委托的质量（技术）鉴定、司法鉴定；开展全省化工企业检验技术、质量管理、体系认证、标准制修订及验证的咨询服务和培训。在检验技术、方法和检验仪器设备等领域开展学术研究活动，先后参加湖北省标准化协会多个标准的审查、修改及验证工作；参加国际禁化武组织的第三、第四类监控化学品生产设施现场核查，省禁化

武办组织的监控化学品生产企业特别许可的现场考核；承担全省化工企业分析检验人员的培训，累计3万多人次，为企业的标准化、规范化工作提供技术支撑。

五、《化学与生物工程》

《化学与生物工程》自1984年10月创刊，原刊名《湖北化工》，2003年10月改为现名，由原湖北省石油化学工业厅主管，以报道湖北省化工行业产业政策、行业动态及技术成果为主要内容的综合性期刊。随着政府机构调整和科研体制改革，湖北省石油化学工业厅撤销，《湖北化工》的挂靠单位湖北省化学工业研究设计院自2001年整体进入武汉化工学院。

2015年以来，《化学与生物工程》编辑部举办七届湖北省化学化工青年科学家论坛。邀请到化学化工行业内28位长江学者特聘教授、国家杰出青年科学基金获得者和16位国家优秀青年科学基金获得者，省内各高校、科研院所及相关化工企业的1500余名青年科技工作者到会交流，共谋化学化工绿色大发展。论坛出版6本论文（摘要）集，评选出6篇“优秀论文（摘要）”、28份“优秀青年报告”、22个“湖北省化学化工青年创新奖”、9位“湖北省化学化工先进青年个人”、5位“湖北省化学化工抗击新冠肺炎疫情先进青年个人”，签约多项校企业合作协议。

第五节　扶贫抗疫　主动担当

一、助力抗疫

2020年初，新冠肺炎疫情突袭武汉。面对疫情，在以习近平同志为核心的党中央坚强领导下，在湖北省委省政府的正确指导下，校党委统筹疫情防控和事业发展，实现了学校疫情防控和事业发展“双胜利”。在病毒肆虐的至暗时刻，“生命高于一切”“疫情不退，我们不退”等话语直击人心，回荡在工大校园，留下了深刻的时代印记。

（一）疫情突发闻令而动

2020年1月20日，国务院将新冠肺炎纳入法定传染病。1月22日，湖北省启动突发公共事件二级应急响应，武汉抗疫保卫战打响。学校闻令而动，当日成立由校党委书记、校长为组长，校党委领导班子成员为副组长的校疫情防控工作领导小组，对学校疫情防控工作进行详细部署。全校各单位迅速响应，对师生进行科普宣传引导，教学管理部门和各教学单位按照“停课不停学”方案有序开展教育教学工作，第一时间强化校园安全管控、涉疫人员救治和心理健康帮扶工作。

2020年1月23日，武汉被按下暂停键。当日下午，校党委书记程幼金、校长王存文、副校长方文海一行深入两校区检查指导疫情防控工作。1月25日上午，副校长方文海一行看望慰问春节期间坚守工作岗位的疫情防控一线值班人员。2月5日上午，校党委书记程幼金在武昌校区办公楼前主持召开现场办公会，传达中央、省委疫情防控有关会议精神，进一步研究部署学校疫情防控工作；同日，校党委发布《中共武汉工程大学委员会关于在新型冠状病毒感染的肺炎疫情防控中充分发挥基层党组织和党员干部作用的通知》，号召全校基层党组织和广大党员同志全力做好疫情防控工作，维护社会稳定，保障国家公共卫生安全。

2020年2月27日，校党委书记程幼金、校长王存文、副校长方文海，为学校支援武汉市防疫工作的首批医护人员丁芳、李晓丽壮行加油。

（二）常态化防控不松懈

2020年3月18日，国家卫健委通报当天武汉市新增新冠肺炎确诊病例为0。至此，湖北所有市州新增确诊病例均“清零”。4月8日，武汉解除离汉通道管控，武汉抗疫保卫战取得阶段性胜利。4月13日下午，校领导程幼金、王存文、郑丹凤、徐慢、张彦铎、方文海一行查看复工复产、返岗值班、疫情防控及开学准备等工作情况。6月18日，学校迎来首批返校毕业生，全体校领导分赴两校区查看学生返校情况。10月29日上午，学校举行抗击新冠肺炎疫情表彰大会，隆重表彰全校在抗击新冠疫情斗争中涌现出的先进典型，总结抗疫经验，弘扬伟大抗疫精神，授予32个单位（部门）“抗疫先进集体”荣誉称号，339人“抗疫先进个人”荣誉称号。

2020年，学校先后召开16次常委会会议和8次现场办公会研究布置疫情防控工作，研究制定了学校疫情防控工作方案、“1+8”春季开学工作方案、“1+13”疫情防控处置预案、“1+20”毕业生返校工作方案，全面摸排师生员工健康动态信息，坚持日报制度。成立疫情防控临时党支部，组织55名党员志愿者下沉工程大社区，担任楼栋信息员和巡查员，为社区居民配送物资，购买药品。4800余名师生深入防疫一线，亮身份、见行动、做贡献。

学校积极加强联系沟通，与省（市区）、街道11次会商研判防疫对策，构建联防联控工作机制。组织开展对“四类人员”帮扶慰问；组织全体教职工和学生进行多轮核酸检测；安排滞留在省外职工分时、分批返校返汉；统筹做好疫情防控和教育教学管理工作，根据疫情形势变化和教育教学工作安排；组织6592名毕业生分批有序返校、17038名学生全面返校复学、6867名新生报到等关键节点工作；开展“云教学”“云答辩”“云复试”“云就业”等工作。学校的疫情防控工作得到肖菊华副省长，国务院联防联控机制联络组、教育部体卫艺司等领导和上级部门的充分肯定。

（三）齐心助力科技抗疫

疫情发生后，学校依托相关学科优势，集中科研力量，积极承担疫情防控科研攻关任务，组织申报国家自然科学基金委“新冠肺炎疫情等公共卫生事件的应对、治理及影响”专项1项、湖北省新冠肺炎应急科技攻关项目4项。第一时间组织双聘院士陈芬儿教授团

队和宜昌人福药业开展“新冠病毒治疗药物瑞德西韦的仿制与创新药物研究”，致力开发对冠状病毒及其他相关病毒具有广谱或更佳抑制作用的新药，为临床应用和治疗作技术储备。姜兴茂教授联合常州英中纳米科技有限公司，研发制备出一种用于新冠病毒消杀的水剂胶体银产品，并及时联系湖北省、江苏省有关部门，捐赠浓缩胶体银 200 余公斤，用于公共场所的消毒。张彦铎教授领衔的多源信息智能处理技术科研团队实现了在口罩遮挡条件下的人脸识别率 90% 以上，相关成果已应用于中铁大桥局武汉桥梁科学研究院、武汉烽火技术服务公司和中国电信湖北分公司的智慧城市项目。杨侠教授设计开发四条 N95 口罩生产线，为缓解疫情防控期间口罩紧缺贡献力量。曹爽博士与中国人民解放军总医院第五医学中心合作研发瑞德西韦气雾剂，可应用于疫情预防的各个阶段。王升高教授研发了一种无纺布驻极体材料的防护相关用品，有效缓解医疗前线防护用品的缺乏。

（四）智库咨政防控决策

学校充分发挥人文社科研究专长和智库作用，加强对疫情防控的对策研究，及时为党和政府决策提供科学分析和政策建议。2020 年 2 月初，涂洪波教授主动报名，经过遴选担任专家组组长，牵头完成湖北省市场监督管理局《食用农产品集中交易市场运营管理指南》省级地方标准的编制工作，已由湖北省颁布实施，进一步规范了我省农贸市场管理。3 月初，吕力教授撰写的《疫情下的政府治理——反思与对策》收录《逆势突围——56 位管理学家建言》一书，为统筹做好疫情防控和经济社会发展工作面临的诸多问题寻计献策。朱永华教授团队完成的《湖北省侨资企业复工复产存在的困难及对策调研报告》被省委统战部尔肯江 · 吐拉洪部长批示并报送中央统战部。学校《沁园春 · 万众一心战疫魔》《弘扬中国精神 凝聚抗疫力量》《疫情防控彰显国家治理现代化水平与大国担当形象》《“中国抗疫故事”助力思政课与新时代同频共振》等文章，彰显出疫情防控期间中国精神、中国力量、中国担当。

（五）携手校友共克时艰

安危与共，风雨同舟。在疫情防控的紧要关头，各地校友和社会各界人士纷纷伸出援手，以实际行动支援学校抗疫工作。

2020 年 1 月 26 日，宁波校友会发起“情系母校，抗击疫情”爱心募捐活动，65 位校友共计捐款 5.505 万元，捐赠 FFP2 口罩 800 个、一次性医用口罩 3000 个。厦门校友会募集一次性医用口罩 3000 个。2 月 3 日，深圳校友会成立防疫物资采购组，积极寻找防疫物资货源，募捐款项共计 6.4688 万元，一次性医用口罩 5 万个，84 消毒液 200 公斤。2 月 14 日，北京校友会发出《关于抗击新冠疫情向母校募捐的倡议书》，募集资金 18.302 万元，购买 11.48 万元抗疫物资（医用防护服 524 套，N95 口罩 1000 个，医用一次性 PWC 手套 1000 双，水温体温计 4000 支，护目镜 400 个，额温枪 20 支，一次性无菌医用帽子 1000 个）。2 月 18 日，海南校友会发起支持母校抗疫捐款活动，34 位校友合计捐款 4.13 万元。

湖北海力环保科技有限公司作为鄂州市唯一省指定的疫情防控消毒液生产企业，向学校捐赠消毒液1吨。武汉久迪科技有限公司分批采购医用口罩6000个、消毒液100瓶、医用酒精200斤，助力母校抗疫工作。江苏麦赫物联网科技有限公司捐赠50箱800斤消毒液、一次性乳胶手套1000双。武汉当夏创意短视频团队发起组建“武汉精神”志愿者团队，为省内多个城市、武汉所有区级爱卫办、卫健部门、交警支队等单位捐助口罩100万个。

优秀校友甘当“最美逆行者”。中建三局刘之定、李奇、钟龙毅然奔赴武汉，驰援“雷神山”“火神山”医院项目工程建设。

学校教育发展基金会广泛募集捐款及防疫物资，广大校友用行动彰显母校情缘，发扬奉献精神，与学校同心协力，克服疫情防控物质紧缺的困难，为全面打赢疫情防控阻击战提供强有力支持和保障。

二、脱贫攻坚

（一）扎实做好扶贫点工作

2011年，根据省委办公厅和省政府办公厅关于开展“万名干部进万村入万户”活动要求，学校成立“万名干部进万村入万户”活动领导小组及领导小组办公室，先后对口扶贫的赤壁市太平口村和来凤县，积极开展精准产业扶贫、智力扶贫和创新创业扶贫。实行二级单位与贫困户结对帮扶，调动全体教职工共同参与扶贫，确保工作实效。具体做法包括做好太平口村危房改造工作；建设香菇培育基地；实行贫困家庭结对帮扶；为贫困户送去米、油、牛奶等生活物资；在铺设公路、电线改造、水质改善等方面补齐短板；产业扶贫项目龙虾养殖基地不断扩大；为贫困户病人积极募捐善款；排水渠工程、通村公路、光伏发电等项目已全部投入使用；香菇、龙虾、生猪、孔雀等种养殖项目为贫困户带来了实实在在的收益。

（二）形成结对帮扶机制

坚持每年选派一批科技特派员、科技副职、教授专家，深入企业、乡村、扶贫点，积极开展产学研合作，指导和帮助企业、乡村科技创新和发展。疫情爆发以来，学校共选派300余人次科研人员深入企业、乡村，指导和帮助企业复工复产，其中选派科技副总17人，组织院士专家企业行27人次，选派科技特派员9人，深入基层、深入企业、深入乡村，精准助力企业复工复产和乡村振兴。

第十九章　国际交流　援引结合

学校按照“大外事”工作思路，重视国际交流与合作，面向世界开放办学，积极推动与世界名校、科研机构、一流学科、一流学者的合作交流，着力培养师生的国际意识、国际视野与国际竞争力。与国（境）外多所大学或研究机构建立了稳定的人才培养、学术交流、科研合作关系，展开了一系列合作办学、学生交换、师资互访等多方面的合作，提高了人才培养质量和科研学术水平，提升了学校的国际影响力和美誉度。

第一节　国际办学　层次丰富

学校从 2006 年起开办中外合作办学教育项目，旨在借鉴国外先进教育理念，引进优质高等教育资源，后开发中外国际交流教育项目，综合性地建立开放性、国际化、规范化的教育管理机制，培养具有国际视野并适应经济全球化趋势的复合型、实用型高素质国际化人才。

一、中外合作办学项目

（一）中外合作办学专科层次项目

2006 年起，国际学院通过全国高考统招中法合作办学项目学生，涵盖高分子材料应用技术、电子信息工程技术、计算机应用技术和电子商务四个专科层次专业。

2009 年，学校通过全国高考统招了艺术设计（工业设计方向）和环境监测与治理技术两个专科层次的中澳合作办学项目的学生。

2012 年，学校通过全国高考统招机电一体化技术专科层次中加合作办学项目学生。

上述专科层次项目由学校招生办公室统一招生，学生学籍皆在国际学院，为学校全日制在读生；教学管理成班建制。虽专科层次项目历年招生稳定，但随着学校 2014 年整体进入一本高校行列，为集中精力办好本科和研究生教育，学校向省教育厅申请停办相关项目。

（二）中外合作办学本硕层次项目

2011 年 4 月 13 日，学校获教育部颁发《中华人民共和国中外合作办学项目批准书》（编号：MOE42FR1A20111133N），获批与法国梅兹国立工程师学校合作举办材料加工工程专业硕士研究生教育项目。

2012 年 6 月 13 日，学校获教育部颁发《中华人民共和国中外合作办学项目批准书》（编号：MOE42UK2A20121260N），获批与英国德蒙福特大学合作举办制药工程本科教育项目。2013 年 3 月 14 日，学校获教育部颁发《中华人民共和国中外合作办学项目批准书》（编号：MOE42UK2A20131393N），获批与英国德蒙福特大学合作举办制药工程本科教育项目。两专业每年各招收本科生 120 人，实现“4+0”学习模式，以境内学习为主，学业优异者可申请赴英进修，攻读英方学士学位。两专业学生均由学校招生办公室统一招生，学籍皆在国际学院，为全日制在读生，教学管理成班建制。

2013 年 8 月 2 日，学校获教育部《中华人民共和国中外合作办学项目批准书》（编号：MOE42US2A20131486N），获批与美国佛罗里达理工学院合作举办能源与动力工程专业本科教育项目。该专业从 2014 年开始招生，每届招生人数 120 人。该项目前期由国际学院负责学生培养，后经学校规划，国际学院专职负责外国留学生培养；2017 年完成该项目第一轮教育部评估，获合格评价后，将该项目学生整体调整回理学院（现光电信息与能源工程学院、数理学院）开展教育教学及学生日常管理。至 2021 年，该项目已连续招生 8 年，在校项目生合计 474 人，由中美两校联合培养。

2020 年 3 月 23 日，学校获教育部《中华人民共和国中外合作办学项目批准书》（编号：MOE42AU2A20192044N），获批与澳大利亚科廷大学合作举办化学工程与工艺（中外合作办学）（理工类）本科教育项目。该专业从 2020 年开始招生，每届招生人数 120 人。项目生直接进入化工与制药学院接受教育培养，至 2021 年底 2020、2021 级在校生合计 213 人，由中澳两校联合培养。

2019 年 11 月，学校出台《中外合作办学项目管理办法（试行）》（武工大办发〔2019〕54 号）和《中外合作办学项目财务管理实施细则（试行）》（武工大办发〔2019〕55 号），进一步明确中外合作办学项目申报及管理原则，督促依规开展相关办学工作。

二、本科中外国际交流项目

“十二五”和“十三五”期间，以教务处为主导、相关学院为主体的“本科中外国际交流班”（简称“中外交流”）培养模式开始启动，旨在为学生提供更为丰富的国际化教育路径，为学校持续培养国际化人才。

2011 年，学校开始举办国际联合培养“中外交流”特色教育班，由化工与制药学院承办，选拔培养学生 11 人。

2012 年，中外交流班级增至 4 个，包含化工专业、机电专业、土木工程专业、环境工程专业，初选 115 名学生进入项目学习。

2013 年，中外交流班级增至 12 个，初选 259 名学生进入项目学习。

2014 年，交流项目生初选 112 人进入雅思特色班。

2015 年，交流项目生初选 53 人进入 6 个特色交流班，教学领域涵盖机电、环境设计、土木工程、会计、化工、材料等专业。

2016 年，交流项目生初选 57 人进入 6 个特色交流班，教学领域涵盖机电、土木工程、会计、化工、材料、智能科学与技术等专业。

2017 年，交流项目生初选 26 人进入 4 个特色交流班，教学领域涵盖机电、会计、材料、智能科学与技术等专业。

2018 年，交流项目生初选 47 人进入 6 个特色交流班，教学领域涵盖智能科学与技术、机械制造机器自动化、会计、材料、电子自动化等专业。

2019 年，根据培养方式调整，中外交流培养项目开始施行“虚拟班级”教学方式，为更多专业领域学生提供培训和出国交流指导。

三、硕士中外国际交流项目

自 2020 年起，学校大力开发国外教育入校联培项目，先后引进澳大利亚新南威尔士大学本硕衔接项目和新西兰梅西大学中外硕士联合培养项目。其中新西兰梅西大学联培项目已于 2021 年在法商学院金融学专业进行硕士课程全英语教学试点，至 2022 年初，已完成一学期跨国网络教学，效果良好，双方商定继续扩大教学范围。与英国邓迪大学召开网络视频会议，洽谈开发两校艺术领域中外硕士层次和本科硕士衔接联合培养项目；与英国女王大学、东英吉利大学在线洽谈多专业领域的硕士层次中外联合培养项目；与韩国中央大学深入洽谈定向培养硕士项目。全校中外合作办学项目数、本科国际交流项目生出国率、学生学成归来持国外《学位证》申领我校“两证”换发率，以及本硕毕业生自主申请出国率都在稳步提升，有效提升在校本硕学生的整体国际化教育水平。

四、短期国（境）外游学研学项目

2013 年起，省教育厅启动“湖北高校优秀大学生海外游学计划”，首批选派 200 名左右品学兼优的大学生赴世界一流高校、研究机构，进行为期 4~6 周的体验式学习。2013 年，学校选派首批 10 名优秀学生赴美游学，其中 7 名学生赴美国康伯斯威尔大学，3 名赴美国俄亥俄州立大学。

2014 年 7—8 月，应美国拉文大学邀请，管理学院 8 名学子赴美进行为期 1 个月的游学夏令营。

2018 年寒假，学校选派 10 余名中法国际交流项目学生赴法国合作高校参加短期游学活动。

2019 年，学校出台《学生短期出国（境）学习管理办法》（武工大办发〔2019〕53 号），选派46名优秀学生组成5支研学团队，分赴澳大利亚的昆士兰科技大学和科廷大学、马来西亚的马来亚大学和沙巴大学进行主题各异的研学活动。

2021年，学校组织49名在校生前往澳门大学参加研学活动，选派12名本科生和2名硕士研究生参加由省教育对外交流服务中心和英国伦敦大学等单位联合主办的“2021湖北省高校优秀大学生国际夏令营”。

2022年，学校继续选派17名本硕在校生参加“2022湖北省高校优秀大学生国际夏令营”短期学术交流项目。

第二节　留学培养　循序渐进

2017年11月，根据《关于机构变更的通知》（校人〔2017〕24号），学校进行机构调整，撤销外事处，设置国际学院。主要承担来华留学教育、涉外项目合作、国际汉语教学与推广、中国文化传播等工作；设置国际交流与合作处，继续负责外事相关工作。

学校多渠道开辟招生途径，先后在印度尼西亚、马来西亚、新加坡、澳大利亚、俄罗斯、波兰、土耳其等国家招收留学生。

学校稳步推进留学教育工作，截至2022年，在籍学历生人数达到154人，其中本科生144人，硕士研究生10人。生源国主要是“一带一路”沿线国家及地区，分别来自哈萨克斯坦、巴基斯坦、乌兹别克斯坦、吉尔吉斯斯坦、埃塞俄比亚、津巴布韦、喀麦隆、加纳、吉布提、摩洛哥、苏丹、坦桑尼亚、加蓬、莫桑比克、布隆迪、科特迪瓦、刚果（布）等。本科办学主要有化学工程与工艺、土木工程、机械工程、制药工程、药物制剂、国际贸易、汉语国际教育、工商管理8个专业；硕士办学主要有机械电子工程、土木工程、计算机科学与技术、软件工程、控制理论与控制工程、工商管理6个专业。

为推动留学生教育规范化，学校制定《国际学生管理规定（实行）》《关于印发〈来华留学生突发事件处置预案（暂行）〉的通知》《关于国际学生学籍管理的规定（试行）》《奖学金生录取办法》《国际学院关于留学生签证、居留许可申请的规定（试行）》《国际学院关于留学生公寓管理规定》《留学本科生、研究生奖（助）学金评选办法（试行）》《来华留学生培养办法（讨论稿）》《国际学院来华留学生课程修读管理办法》《来华留学生汉语课程免修管理办法》《国际学院课程考核管理规定》《国际学院本科生优秀毕业论文（设计）评选方法》《来华留学生学位授予工作实施细则》等系列管理文件。

2018—2020年，学校积极为留学生申请省政府奖学金和校内奖学金，2021年成功获批湖北省外国留学生奖学金项目。

2020年，学校申报5项本科教学建设专项经费及专项教学工作项目，包括大学生创新创业项目建设（其他实践教学平台建设类）、校外实习和劳动实践基地（实习实训类）、

汉语教学团队（专业建设类）、“互联网＋”大学生创新创业大赛参赛指导教师队伍建设（其他实践教学平台类）、《中国文化》线上线下混合式“金课”课程建设（课程建设类）。

第三节　学术交流　影响日强

2006—2021年，学校逐步扩大在全球范围内的影响力，邀约国（境）外校领导代表团、知名专家学术代表团来校洽谈国际交流与合作；邀请并接待来自世界各地包括美国、法国、英国、韩国、意大利、德国、丹麦、马来西亚、新加坡、摩洛哥等国家和地区的近千余名专家学者，举办讲座和会议近800场；积极响应国家倡议与“一带一路”沿线国家交流合作，在与美国、英国等部分高校保持稳定合作关系的同时，逐步将合作重点延展至东南亚、中亚、西亚和非洲国家，开发新的交流合作、科技研发路径。学校两次举办省教育厅重点国际学术项目“世界著名科学家来鄂讲学计划”之“武汉论坛”，主题分别为“2011国际化工论坛”和“2019国际矿业学术论坛”。学校积极组织国际性学术交流会议，如中日化工学术研讨会、国际磷资源开发学术研讨会、WILEY—黄鹤楼先进纳米材料高端论坛、机器人系统与车辆技术国际会议（RSVT）、大数据服务与智能计算国际会议（BDSIC）、SPIE多谱图像处理与模式识别国际学术会议、生态设计国际学术会议、机器人与控制论国际会议（CRC）和控制、智能制造与自动化工程国际会议（ICIMA）等，不断提升学校的国际化科研教学水平。

一、外国专家学者来校

20世纪90年代以来，学校与德国汉堡哈博格工业大学、俄罗斯莫斯科钢与合金学院、美国密苏里罗拉大学、美国密苏里哥伦比亚大学工学院、以色列本古里昂大学、意大利佩鲁贾大学、意大利达努齐奥大学、德国帕登伯恩大学、加拿大皇家泰瑞尔博物馆、意大利帕勒莫大学、加拿大拉舍尔国际学院等大学或研究机构建立了国际合作关系，相继签订合作协议，在互访、交流、培训和科研等方面展开合作，取得了实质性进展。

1993年，学校聘请苏联科学院地下资源综合利用研究所研究员强图里亚先生和研究员托洛莫娃女士，先后举行了7次专业技术讲座，与学校进行了广泛的学术和技术交流。在专家的帮助下，学校建立了电化学选矿处理实验室，专家为实验室提供设备，赠送电化学理论的论文集、专著10余本。这些资料是当时国内图书馆未收藏的最新资料，为学校在该领域的科研工作提供了便利条件。

2001年，美国工程院院士、中国工程院院士、美国哥伦比亚大学教授桑姆桑德朗先生来校访学，并做题为《纳米技术的开发及应用》的报告。

2002年，加拿大拉舍尔国际学院与学校签订合作办学协议，共同创建武汉化工学院中加国际学院；与日本北海道株式会社 NSSOL 公司签订合作协议，共同进行计算机软件开发。

2005 年，与日本东洋化工株式会社合作项目“分散小区污水处理及资源化技术研究”获得湖北省科技厅项目资助；与新加坡 Genetic 计算机学院联合开展计算机课程培训。

2008 年，学校与美国迈阿密大学、法国梅斯大学以及梅斯工程师学院、德国罗斯托克大学、澳大利亚 Chisholm TAFE 学院等建立联系并达成合作意向；与日本瑞萨公司合建实验室；丹麦 Alfa Laval 公司与学校签约，展开包括共同研发产品、联合培养学生等各项合作。

2009 年，学校与美国迈阿密大学、法国国立梅斯工程学院、德国罗斯托克大学、日本尾道大学分别签订合作协议，内容包括学生交换、科研合作、共建学院等。其中与法国国立梅斯工程师学院商议共建“中法工程师学院”；与丹麦 Alfa Laval 于 11 月续签合同，在联合科研、开发产品、联合培养研究生等方面开展合作。

2010 年，学校与哥伦比亚全国培训服务中心签订合作协议，与法国国立梅斯工程师学院签订“中法工程师学院”合作协议，与法国工程师学院集团签订合作协议，与摩洛哥阿迪加尔国际大学签订合作协议，与美国密苏里大学联合培养学生。

2011 年，学校与加拿大莫哈克学院、美国路易斯安那大学签订合作协议，与莫哈克大学确定合作意向。

2012 年，学校与美国佛罗里达理工学院、印第安纳大学、密苏里大学哥伦比亚分校、路易斯安那大学拉法叶分校、加州大学河滨分校、康伯斯威尔大学、泰国亚洲理工学院、马来西亚开放大学专业发展学院等签订合作协议及合作备忘录 10 余份。全年短期来校交流讲学的外籍人士和专家 60 余人，举办讲座 20 余次，召开洽谈会 30 余次。

2013 年，学校与美国拉文大学、法国图卢兹第二大学、洛林大学、赛尔齐—蓬多瓦兹大学、瓦朗谢纳大学（2018 年更名为上法兰西理工大学）等签订合作协议 10 余份，其中与法国瓦朗谢纳大学合作开启了中法本科国际交流培养模式。全年短期来校交流讲学的外籍人士和专家 80 余人次，举办讲座近 40 余次，召开洽谈会 30 余次。

2014 年，学校与英国谢菲尔德哈勒姆大学、美国韦恩州立大学、谢普德大学、蒙哥马利奥本大学和加州大学河滨分校签订合作协议和合作备忘录 10 余份。全年短期来校交流讲学的外籍人士和专家 75 人次，举办讲座近 30 余次，组织洽谈会 40 余次。

2015 年，学校与英国朴茨茅斯大学等单位签订合作协议 10 余份；短期来校交流讲学的外籍人士和专家 80 人次，举办讲座近 20 余次，组织洽谈会 20 余次。

2016 年，学校与吉布提大学、澳大利亚西澳大学、英国阿伯丁大学等签订合作协议 9 份；短期来校交流讲学的外籍人士和专家 100 余人次，举办讲座近 30 余次，组织洽谈会 30 余次。

2017 年，学校与俄罗斯圣彼得堡国立矿业大学等单位签订合作协议 7 份，与吉布提大学、吉布提国家研究所开展交流项目。短期来校交流讲学的外籍人士和专家 85 人次，举办讲座近 30 余次，组织洽谈会 30 余次。

2018 年，学校与韩国国民大学、爱尔兰唐道克理工学院、美国伊利诺伊斯理工大学、佛罗里达理工学院、英国布里斯托西英格兰大学、澳大利亚桑瑞亚理工学院、昆士兰科技大学、加拿大魁北克大学三河分校、马来西亚沙巴艺术学院、沙巴大学、马来亚大学、泰国暹罗大学、格乐大学、南非金山大学等单位签订合作协议及合作备忘录 10 余份，全年短期外籍专家来访 128 人次，举办讲座近 40 余次，组织洽谈会 30 余次。

2019 年，学校与澳大利亚科廷大学、美国田纳西理工大学、佛罗里达理工学院、北亚利桑那大学、西俄勒冈大学、马来西亚沙巴基金大学学院、玛尼帕尔国际大学、法国上法兰西理工大学（原瓦朗谢纳大学）、孟加拉东南大学、泰国暹罗大学、宣素那他皇家大学、加拿大魁北克大学阿比蒂比—泰米斯卡曼格分校、肯尼亚泰塔塔维塔大学、英国切斯特大学、英国创意艺术大学、韩国全州大学等新签订合作协议及合作备忘录 21 份。全年来校短期交流讲学的外籍人士和专家 156 人次，举办讲座 56 次，组织洽谈会 40 余次。

同年，学校主办 2019 中国矿物加工大会暨国际矿业学术论坛，签约 12 名国际学者担任学校客座教授。9 月下旬，英国曼彻斯特城市大学副校长 Andy Gibson、国际部主任 Ian Jones 来校交流合作事宜。11 月下旬，王存文校长受邀参加第十九届华侨华人创业发展洽谈会（简称华创会），并代表学校作题为《立足湖北放眼世界谋划国际化发展新格局》的演讲，与美国佛罗里达理工学院 Thrman Dwayne McCay 校长签署两校 2019 年合作备忘录，在交往合作八年的基础上继续拓宽合作范围，深化合作层次，为学校教学科研活动开辟新路径。

2020 年，受全球新冠疫情影响，外籍专家学者来校洽谈讲学调整为线上线下结合的方式。全年交流讲学的外籍人士和专家 33 人次，其中举办讲座 11 次，组织洽谈会 3 次，举办国际会议和国际合作办学项目线上开学典礼 3 次。与美国、澳大利亚、西班牙、匈牙利、韩国、马来西亚和泰国的 11 所大学新签订合作协议及合作备忘录 12 份，合作院校新增澳大利亚新南威尔士大学、美国北亚利桑那大学、马来西亚博特拉大学、泰国兰实大学、匈牙利多瑙新城大学、韩国汉阳大学。为在校生举办 4 场线上招生选拔会和 5 场线下出国宣讲动员会。疫情期间，学校收到来自新加坡义安理工学院慰问捐款和真情问候，校长王存文代表学校向国外合作大学寄送 6 封慰问信，鼓励大家共克时艰。

2021 年，短期来校交流讲学的外籍人士和专家 15 人次。与英国曼彻斯特城市大学、澳门大学等 9 所大学签订合作协议及合作备忘录 10 份。为在校生举办 12 场线上招生选拔会和 8 场线下出国宣讲动员会。

二、“来鄂讲学计划”项目

2005 年起，省教育厅开始实施“世界著名科学家来鄂讲学计划”项目，学校充分发挥学科专业优势，引进国外科研领军人物来校分享科技前沿动态。至 2022 年，累计申请并获批该计划项目 47 项。具体情况如下表：

2005—2022 年学校获批“世界著名科学家来鄂讲学计划”项目情况

年份	来校讲学外籍专家
2005	美国工程院院士 Levenspie 教授
2006	加拿大皇家科学院和工程院院士 Jacob H Masliyah 教授
	加拿大清洁煤首席科学家徐政和教授
2007	美国圣路易斯华盛顿大学能源环境与化工系 M.P.Dudukovic 教授
2008	美国法律与语言学研究中心主任 Lawrence M.Solan 教授
	加拿大阿尔伯达大学化学及材料工程系 Jingli Luo 教授
2009	加拿大西安大略大学生物医学工程系主任、世界著名三维超声专家 Aaron Fenster 教授
	美国密歇根大学药学院 Gustavor Rosania 教授
	美国斯坦福大学放射系 Xiaoyuan（Shawn）Chen 教授
2010	澳大利亚人文科学院院士 James Robert Martin 教授以及其助手 Susan Hood 博士
	美国路易斯安那大学化学工程学院资深教授、联合国教科文组织奖学金获得者、美国工程师基金奖及美国技术通讯学会通讯奖等奖项获得者 Rakesh　Bajpai 教授
	德国 Fritz-Haber 研究所物理化学研究部主任，物理化学首席科学家，加拿大 Dalhousie 大学物理系主任 Harm Hinrich Rotermund 教授
2011	加拿大皇家科学院院士、英国皇家学会外籍院士、加拿大 Dalhouise 大学 Hans Jurgen Kreuzer 教授
	美国土木工程协会（ASCE）资深院士，联邦水环境协会终身会员，美国密苏里大学终身教授 Shankha K.Banerji
	马来西亚科学院院士、马来西亚国民大学化学与食品技术学院 Zuriati Zakaria 教授
	日本放送大学副校长 Ogino Hiroshi 教授
2012	日本同志社大学 Hiroshi Yamaguchi 教授
	美国怀俄明大学 Donald L.Jarvis 教授
	美国伍斯特理工大学 Kevin Rong 教授
2013	美国西北大学凯洛格商学院 Yuxin Chen 教授
	德国亚琛工业大学 Carsten Bolm 教授
	印度理工大学化学系 Shantanu Roy 教授

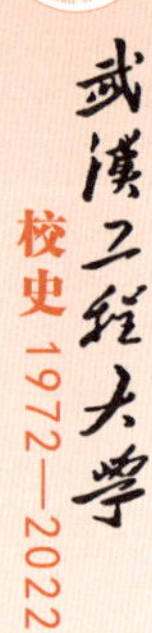

续表

年份	来校讲学外籍专家
2014	德国慕尼黑大学 Herbert Mayr 教授
	美国密西根大学终身教授 Gus R.Rosania
	日本东京大学 Shu Kobayashi 教授
2015	德国慕尼黑大学 Paul Knochel 教授
	澳大利亚昆士兰科技大学 John Bell 教授
	澳大利亚昆士兰大学 Andrew Whittaker 教授
2016	韩国高等科技院 Sukbok Chang 教授
	法国洛林大学、法兰西大学研究院 Guohua HU 教授
	美国弗吉尼亚联邦大学 Maryanne Martling Collinson 教授
	澳大利亚科廷大学吴永洪教授
2017	美国密苏里大学哥伦比亚分校 James Elton Thompson 教授
	美国亚利桑那大学 Subhas K.Sikdar 教授
	澳大利亚昆士兰科技大学顾元通教授
2018	加拿大阿伯塔大学 Wolfgang Jaeger 教授
	英国曼彻斯特城市大学、南非金山大学 Johannes Hermanus Potgieter 教授
	阿联酋哈里发大学廖坚教授
	美国密苏里科技大学郑亚虹教授
2019	韩国高等科技研究院、韩国国家科学技术翰林院院士 Sukbok Chang 教授
2020	加拿大戴尔豪西大学 Mary Anne White 教授
	德国汉诺威大学 Michael Beer 教授
	加拿大魁北克大学三河城分校 Richard Chahine 教授
	日本大阪大学 Masahiro Miura 教授
2021	德国维尔茨堡大学无机化学系主任 Holger Braunschweig 教授
2022	美国加州大学洛杉矶分校巴鲁克·布隆伯格研究所特聘教授 Patrick Y.S.Lam
	德国汉诺威大学研究所所长 Michael Beer 教授

2011 年，学校成功举办第二届“世界著名科学家来鄂讲学计划”武汉论坛之化工论坛。论坛邀请 6 名国外世界级化工类科学家、30 余名国内知名化工专家学者，共举办 5 场讲座、4 次座谈。论坛举办期间，学校与美国路易斯安那大学签订合作协议 1 份，与摩洛哥阿迪加尔国际大学达成合作意向，举行武汉工程大学绿色化工过程教育部重点实验室揭牌仪式。美国工程院外籍院士、比利时科学院院士、比利时海外科学院院士、得克萨斯理学工程和医学科学院院士、得克萨斯 A&M 大学研究教授、国际化学工程联合会的创建人之一、反应工程学科的奠基人之一 Froment　Gilbert 教授担任大会主席。

2019 年，学校获批 2 项“世界著名科学家来鄂讲学计划”项目，其中，武汉论坛之矿业学术论坛与 2019 中国矿物加工大会（CMPC）同期举办。矿业学术论坛于 7 月下旬在汉召开，来自澳大利亚昆士兰大学、南非金山大学、南非开普敦大学、美国佛罗里达理工大学、俄罗斯圣彼得堡国立矿业大学、加拿大魁北克大学、英国曼彻斯特城市大学、缅甸皎施理工大学、摩洛哥马拉喀什卡迪 · 阿雅德大学等知名高校的 12 位专家学者组成的国际代表团来校访问并受聘签约，实现了“111 引智工作”的重大突破，为后续国家级引智基地申报奠定良好基础。

三、国际科研项目及专项资源引进

（一）国外智力资源引进

国家外国专家局“引进国外技术计划”引智项目，目的在于引进国外先进技术和智力，服务科技发展和经济建设。学校自 2010 年开始申请该项目，通过“引进国外技术计划”项目，开创了一条引进国外高层次人才、高新技术的路径，拓展国际交流和科技合作的资助渠道，对促进学校科研发展、提高学校声誉有着重要的意义。

2010 年，学校申请的《磷石膏处理及其在建筑材料上的应用》项目（编号：20104200044）获得国家外专局批准和资助。同年 6 月 21 日，学校邀请加拿大阿尔伯塔大学化工材料系刘清侠教授来校讲学，作题为《磷石膏与墙板工业》的学术讲座。

2011 年，学校邀请丹麦 Alfa Laval 公司研发部经理韦江博士来校交流，作题为《有机膜新材料的研发以及在废水处理中的应用》的学术讲座。邀请美国路易斯安那大学刚典臣教授来校学术交流，作题为《一种用于国际空间站和太空飞船废水回收系统（WRS）的新型有序介孔碳的开发》的学术讲座。

2019 年，学校的“湖北省磷矿采选与固废利用国际科技合作基地”被湖北省科学技术厅批准授予“2019 年度湖北省国际科技合作基地”。同年，学校获批省科技厅 2019 年湖北省引进外国人才和智力项目（外国专家类项目）“磷化工废弃物绿色处理与循环利用”。

2020 年，学校获批省科学技术厅 2020 年度省引进外国人才和智力项目 2 项，分别是科技创新高端专家项目“含硫取代基‘邻位’导向官能化探索”、引智创新示范基地“磷矿绿色高效利用引智创新示范基地”，后者为学校首个省级引智创新示范基地，实现了省级引智平台零的突破。同年，学校获批国家科学技术部 2020 年度国家外国专家项目“含硫取代基芳烃的‘邻位’导向金属化研究——中德巴西国际合作”。

（二）专项外籍人才引进

2019 年 6 月，南非金山大学教授 Lizelle Doreen Van Dyk 博士作为 2018—2019 年度第二批发展中国家杰出青年科学家来华工作计划（国际杰青计划）外籍专家来校，成为学校首次获批该计划的科研专家及“111 引智基地”（培育）首位实质性引进的海外学术骨干，

Lizelle 教授在兴发矿业学院开展科学研究，为“111 引智基地”（培育）提供智力支持。

2018 年起，学校开始招收外国籍博士后。经博士后流动站考察，2018—2022 年先后招收 3 名印度籍和 2 名巴基斯坦籍博士后研究员入站。

四、国际访问与培训

（一）因公出访工作

2002 年，学校选派 6 名管理人员组团赴意大利达努齐奥大学考察学习，选派 2 名管理人员赴欧洲考察学习，派出 2 名英语骨干教师到美国培训，选派 4 名教师分别赴韩国、澳大利亚、印度、中国香港等国家和地区参加国际学术会议。

2003 年，学校选派 5 名师生赴奥地利维也纳参加第八届世界机器人大赛；同年 12 月，选派 8 名中层领导赴南非进行为期 8 天的考察访问。

2004 年，学校将选派出国人员的重心由原来的中层干部调整到院（系）骨干教师，选派 2 名外语系骨干教师利用暑假赴英国进修 1 个月，办理国家留学基金委公派留学项目的出国手续 2 人次。

2005 年，学校选派 10 名中层干部赴欧洲考察学习，选派人员赴新加坡联合开展计算机课程培训计划，选派 2 名英语骨干教师到英国培训，选派 3 名骨干教师分赴美国、加拿大进修，选派 6 名后勤人员赴香港接受培训。

2006 年至 2015 年，学校累计选派 126 名员工出国参加学术会议或短期进修。

2016 年，学校公派教师出国 17 批次 29 人次。

2017 年，学校公派出国（出境）29 批次 40 人次。其中，选派计算机学院 3 名教师带队赴中国台湾参加 2017 世界杯机器人竞赛，教师出国分赴 5 大洲 15 个国家参加国际学术会议和学术交流 25 人次。

2018 年，学校公派出国 34 批次 58 人次。其中，选派 3 名国际学院骨干教师随省团赴白俄罗斯和哈萨克斯坦开展高等教育展会，教师出国分赴 5 大洲 18 个国家参加国际学术会议和学术交流 27 人次。

2019 年，学校公派出国 29 批次 57 人次。其中，选派 2 名国际学院骨干教师随省团赴澳大利亚和新西兰参加教育展会，教师出国分赴 5 大洲 16 个国家参加国际学术会议和学术交流 21 人次。

2021 年，受全球新冠疫情影响，教师参加国家留学基金委公派留学项目出国 1 人次，教师出国访问和进修 11 人次。

（二）国家公派出访项目

学校中青年科研人员和骨干教师积极申报国家留学基金委、省教育厅等部门组织的出国访学资助项目，充分利用国家级、省级和校级的访学项目经费，赴国（境）外攻读博士学位，开展博士后研究，进行学术交流。

依托访学平台项目支撑，委派中青年教师赴美国、英国、加拿大、新加坡、日本、韩国、西班牙、意大利等国家的知名高校，开展为期 3 个月至 2 年的访问交流学习，掌握学科的国际前沿知识理念，以提升国际化教学水平。据统计，学校于 2013—2019 年先后选派 66 人参加国家留学基金委项目、国家公派项目和地方合作项目、访学项目。2020 年，获批立项的 14 名访问学者受新冠疫情影响，办理了延期出境手续。

（三）专项国际培训

学校与澳大利亚科廷大学联合申报化学工程与工艺（中外合作办学）本科教育项目。项目实施前，科廷大学邀请我校骨干英语教师赴澳大利亚参加“桥梁英语教学”专项培训，为中外合作办学项目学生提供同等教学资源。2019 年暑假，4 名教师赴科廷大学顺利完成为期 3 个月的教学特训。2020 年受新冠疫情影响，专项培训调整为线上进行，至 2021 年共选拔 17 名教师参与培训，为合作办学项目提供了具有一定国际视野的优秀师资。

第二十章　校园文化　丰富多彩

校园文化是学校综合实力的反映，是办学精神与环境氛围的集中体现。学校历来重视大学文化的建设、传承和创新，积极发挥全体师生在校园文化建设中的主体作用，构筑全员共建的校园文化体系，不断探索校园文化建设的新途径、新方法和新思路。学校始终秉承“格物明理　致知笃行”校训和“艰苦奋斗　自强不息”的工程大精神，坚持“崇尚科学、追求真理，立德树人、守正开新，追求卓越、化育天下”的办学理念，形成特色鲜明、格调高雅、健康向上的校园文化氛围，起到凝聚校园精神力量的作用。

第一节　工大精神　薪火传承

一、争创文明单位

学校高度重视精神文明建设，大力开展文明创建活动，取得了显著成绩，先后被化工部、湖北省及武汉市授予“绿化先进单位”“园林式学校”“社会治安先进单位”“安全文明校园”等称号。2000 年，中共湖北省委、省人民政府授予学校“省级文明单位”称号。2002 年，中共湖北省委、省人民政府授予学校“2001—2002 年度省级文明单位”称号。2005 年，中共湖北省委、人民政府授予学校“湖北省最佳文明单位”称号。2007—2009 年，学校全面参与和支持武汉市争创全国文明城市活动。2009 年，中共湖北省委、人民政府授予学校“2007—2008 年度湖北省最佳文明单位”称号。2010 年，学校获 2009 年度湖北省高校校园文化建设优秀成果二等奖。2011 年，中共湖北省委、人民政府授予学校“2009—2010 年度湖北省最佳文明单位”称号。2012 年，学校获“中国石油和化学工业文化建设先进单位”称号。2013 年，中共湖北省委、人民政府授予学校“2011—2012 年度湖北省最佳文明单位”称号。2015 年，学校获“2013—2014 年度湖北省文明单位”“中国石油和化学工业文化建设先进单位”称号；在 2014 年度湖北省高校校园文化建设优秀成果评选中获二等奖。2017 年，学校获“第九届高校校园文化建设优秀成果推选展示”优秀奖；在 2016 年度湖北高校校园文化建设优秀成果评选中获三等奖。2018 年，学校荣获“中国石油和化学工业院校文化建设先进单位”称号；在 2017 年度湖北省高校校园文化建设优秀成果评选中获一等奖。2020 年，学校获“2017—2019 年度湖北省文明单位（校园）”称号。

二、校训、校标的内涵及释义

2010 年 7—12 月，学校面向校内外广泛征集校训，征集活动得到广大师生、校友和社会公众的踊跃参与，共征集校训作品 92 件。学校组织专家对征集的校训进行评选，共选出入围候选作品 12 件，并将入围作品进行公布，分别开展网络和书面问卷调查评选活动，进一步听取师生员工的意见。2012 年 1 月 4 日，学校最终确定“格物明理　致知笃行”为校训。

“格物致知”语出《礼记·大学》“致知在格物，物格而后知至”。意为探究事物原理而获得智慧和知识。“格物致知”是儒家至关重要的哲学命题，它的内涵不仅包括广为传诵的“实事求是”精神，更具有丰富的时代特色与工程大底蕴。

“明理”即为明人伦，晓事理，是“格物致知”的目的和延伸。

“笃行”出自《礼记·中庸》“博学之，审问之，慎思之，明辨之，笃行之”。是“为学”最后也是最重要的阶段。意为坚持不懈，脚踏实地。

校训的整体含义是：树立为中华民族伟大复兴勤奋学习、积极进取的伟大志向，继承“团结、严谨、勤奋、求实”的校风和“奋进、踏实、刻苦、活泼”的学风，发扬“艰苦奋斗、自强不息”的校园精神，坚持“质量强校、人才强校、科技强校、特色强校、创新强校、文化强校”的办学思路，以严谨的治学态度、科学的实践精神，获取知识和智慧，明人伦，晓事理，学用结合，知行合一，为学校持续稳定发展、为国家文明富强不断作出创造性贡献。

武汉工程大学校标由英文字母“W”与汉字“工”字两部分组合而成的艺术字，艺术字下面是学校的建校年份，校徽四周是学校的中英文名称。整个图形略似一个西格玛（Σ）符号，其开放式的造型，象征着工大学子热情奔放、开拓创新、探索真知的精神风貌和崇高追求。校标中，蓝色代表地球象征团结、和谐，又象征着知识海洋；经艺术变形构成搏击长空的黄鹤，也象征着长江、汉水，寓意着学校多年来快速发展和所取得的辉煌成就，昭示着学校未来发展的美好前景，又具有丰富的武汉地域文化特色。

学校的校训、新校标启用后，学校推出“视觉识别系统”和“理念识别系统”，对学校文化标识作出规范设计，推动学校文化元素传播。

第二节　品牌文化　人文工大

学校秉持“崇尚科学、追求真理，立德树人、守正开新、追求卓越，化育天下”的办学理念，通过开展内涵丰富的品牌校园文化活动，加强学生思想文化引领，丰富课外文体生活，营造和谐健康的校园文化氛围。

“元旦游园”是在传统的游园庆典形式上创新推出的综艺游园活动。元旦期间，校内张灯结彩，师生齐聚一堂，处处洋溢着节日的喜庆。游园活动往往与时事热点相结合，各学院、学生组织在两校区内以形式各异的分主题自主开展庆祝活动。活动形式丰富多样、异彩纷呈，主要包括节目表演、卡拉OK大赛、听歌识曲、梓墨书法、电竞天堂等。

“社团文化节”是校内各大学生团体竞相演绎、展示风采的舞台。由WIT音乐工作室、ET动漫社、九歌汉服社、七笔书画社、M–Dancer拉丁舞社等学生社团共同参与，为师生带来视听盛宴。截至2021年底，已举办16届。

“中秋嘉年华”是每年中秋佳节之际举办的新生欢迎晚会。活动内容多以歌舞为主，兼具语言类、体育竞技类节目，向新生展示学校的风采与活力，营造了热情活泼的文化氛围，感受到青春激昂的校园文化魅力。截至2021年底，已举办5届。

“大学生科技节”旨在培养学生创新精神和实践动手能力，加强第一课堂和第二课堂的深度融合，促进学生德智体美劳全面发展，不断提高人才培养质量，落实立德树人根本任务，开展全校性大学生课外学术科技创新活动。涵盖校、院两级，校级包括创新成果展、挑战杯课外科技作品竞赛、“互联网+”创新创业大赛、节能减排社会实践与科技竞赛、创新创业讲座等；院级包括“一院一主赛”学科竞赛、学术论坛等。截至2021年底，已举办27届。

“团团故事会”“团团微课堂”是促进思想交流的新阵地，理论学习的新课堂，每期邀请优秀学生进行主题团日活动分享。“团团陪你过生日”是在每年迎新季邀请优秀学生为大一新生做主题分享，并在分享结束后为在场大一新生庆祝生日，生日会充分展示了学校对学生的人文关怀，是校园文化的一张名片。截至2021年底，已举办4期。

“工大读书节”通过搭建广阔的阅读交流平台，提高师生人文素养，形成良好的阅读习惯。读书节活动主题丰富、形式多样，包括好书共荐、好书共评、好书共读、阅读接力、品中华诗词、读书笔记分享等系列活动，为优良学风校风建设增砖添瓦。截至2021年底，已举办12届。

“寝室文化节”旨在展现学生积极向上的寝室风貌和良好学习氛围，通过对寝室的文化环境、卫生条件和安全用电状况等多项指标打分评比，帮助学生形成良好的生活习惯，杜绝寝室安全隐患，共同营造文明和谐的寝室环境。

“校领导接待日”自2013年开始举办，是保障学生权益的重要举措，是师生交流的重要平台，有助于帮助学生树立校园主人翁意识，加强自我管理、自我教育和自我提升。接待日期间，校领导和各相关职能部门负责人与在场学生进行亲切交流，就搜集的意见和现场反映的问题逐一进行详细解答，对有关教学工作、学风建设、基础设施、环境建设、安全保障、衣食住行等各方面问题分类整理解决。

“五大杯”系列赛事是演绎青春激情的盛会，也是展示合作与拼搏精神的舞台。参赛队伍由各学院负责组建，比赛时间为期三个月，包括“春华杯”男子排球赛、“秋实杯”

女子排球赛、“龙腾杯”男子足球赛、“虎跃杯”男子篮球赛和“英姿杯”女子篮球赛 5 项赛事。

“校园十大歌手大赛”是培育学生美育精神，提升艺术欣赏造诣的重要平台。赛事通过线下组织和直播平台同步演出，通过展示学生才华横溢的歌唱表演，活跃校园文化而举办的艺术庆典活动。

“微特讲坛”（微特：武汉工程大学英文缩写“WIT”的简称）自 2013 年开始举办。微，意为见微知著，意为让学生透过“微”之讲坛，入知识殿堂，享文化盛宴，探科学真理，达澄明之境。讲坛在提升学生人文修养、提高学生综合素质、开拓学生视野方面发挥了重要作用。先后邀请中科院院士杨叔子、艺术家六小龄童、时代楷模曲建武等学术界、文艺界、商界著名人士 120 余人登台讲座，让大学生切身感受名家风采，共享文化盛宴。截至 2021 年底，已举办 150 余场。

“文明宿舍建设月”是学校每年都会在全校范围内开展的主题教育活动，各学院精心组织寝室设计大赛、宿舍征文等系列活动，创建文明整洁、健康向上的宿舍环境，促进和谐校园建设。

研究生学术文化平台旨在丰富研究生的校园文化生活，拓宽认知视野，锻炼语言表达和团队合作能力，为广大研究生搭建施展才华、展示风采的舞台。“工大学术大讲堂”旨在促进研究生学业发展，弘扬优良学风，营造严谨求实、团结创新的学术文化氛围。“工大学术大讲堂”始于 2010 年，截至 2021 年底，已举办 650 余期。“创新学术论坛”旨在提高培养我校研究生的学术素养，进一步开拓研究生的学术视野。截至 2021 年底，已举办 15 期。“吴达杯”演讲比赛是研究生理想信念教育的重要载体，截至 2022 年 7 月已举办 6 届。“探索杯”辩论赛作为我校研究生文化活动的品牌项目，始于 2012 年，该项赛事旨在实现“以文化人、以文育人”，拓宽研究生的认知视野，锻炼研究生的语言表达和团队合作能力，为广大研究生搭建施展才华、展示风采的舞台，截至 2021 年底，已举办 10 届。

“周五影院”经典电影欣赏及阅读推广活动旨在传播先进文化，丰富校园文化生活，引导广大师生回顾经典，品味人生。“周五影院”活动项目进入中国图书馆学会“2017 年阅读推广优秀项目”名单；《回顾经典，观影人生——武汉工程大学图书馆“周五影院”》荣获第二届全国高校图书馆阅读推广案例大赛优秀奖。

离退休教职工文化活动是学校关心关爱退休职工，实现老有所学、老有所为、老有所乐，建设和谐校园环境的重要组成部分。为充分发挥老同志在活跃校园文化中的作用，组建了时装表演队、模特舞蹈队、腰鼓队、时装模特队、“不老松”男声合唱小组、民族舞蹈组、交谊舞小组，开展“迎新年游艺会”等丰富多彩的文化活动。

第三节　校园媒体　声名远播

一、校报

《武汉工程大学报》（简称“校报”）是由中共武汉工程大学党委主办，经湖北省新闻出版局登记并公开出版的高校校报，四开四版，半月报。校报创刊于 1979 年 1 月 1 日，前身为为《湖北化院报》，于 1980 年 4 月 30 日更名为《武汉化院报》，1985 年 11 月 30 日改名为《武汉化工学院报》，现名为《武汉工程大学学报》。1999 年 1 月，经国家新闻出版署审定，授予国内统一刊号 CN42–0838（G）。2005 年，围绕本科教学评估工作，校报开辟专栏专版进行宣传，着力营造良好的迎评氛围。在省级最佳文明单位创建活动中，充分发挥舆论宣传的阵地引领作用，全面展示学校的文明创建成果，将文化宣传工作落到实处、写到深处。

校报担负着学校引导舆论、沟通信息、培育新人、繁荣校园文化的重要使命，是具有权威性和公信力的校园传统媒体。校报常设版面有要闻版、综合版、聚焦版、副刊版。目前每期发行量为 3000 份，主要读者为校内师生员工，并与 50 余所兄弟院校开展校报交流。

二、新闻网

学校新闻网于 2008 年 12 月开通，开设有 14 个专题。以“客观、全面、及时”为新闻报道理念，以“为学校师生服务、为学校建设发展鼓劲”为宗旨，全面见证和记录学校的发展。2021 年武汉工程大学新闻网新闻 IP 点击率突破 150 万人次。

三、广播台

广播台建于 1972 年，归属学校政治部宣传组领导，由宣传组设专职人员负责编辑和播音。1976 年后，划归党委宣传部领导，设 1 名专职人员管理广播台，台长、编辑组和播音组均由学生组成。2018 年，学校对广播线路进行改造，实现广播数字化。广播台设有早间资讯、时事评论、体育风云、学术英语、音乐风向标、听云漫步、百味生活、AC 快讯、人物风云访谈等栏目，所有节目均由学生独立制作完成，由数字广播系统自动播放。

四、电视台

电视台建于 1994 年，学校在闭路电视系统基础上组建电视台，归属于宣传部和现代教育技术中心管理，播放校园新闻节目、自办专题节目、配播 1~2 部影视片，丰富了师生员工的业余文化生活。学校电视台隶属于学校党委宣传部，现有演播室 1 间，非线性编辑系统 1 套，无人机 1 架，新闻摄像机 2 台，专职工作人员 1 名。电视台主要职责是报道校内各种重要事件，拍摄制作校园新闻、学校宣传片、教学片、纪录片、人物访谈等，营造积极向上的校园舆论氛围。

五、新媒体

新媒体工作室隶属于学校党委宣传部（新闻中心），前身为校大学生记者团，成立于 1989 年 10 月 10 日。新媒体工作室以加强校园新媒体建设管理为己任，充分发挥新媒体在展示校园形象、发布校园新闻、传播校园文化、提供社会服务中的重要作用。新媒体工作室负责运营官方微信公众号、微博、QQ、视频号、抖音、今日头条以及各省市新闻媒体平台（门户网站、APP）学校账号。新媒体矩阵全年发稿量稳步在 2000 余条，总点击量超千万。其中官微全年推送推文 300 余篇，内容涉及疫情防控、服务区域、教育教学、学术科研、校园文化等多方面，深受师生喜爱，已成为师生信赖的学校主流媒体。团队还多次荣获“中国教育报优秀组织单位”“湖北省十佳校园媒体”等荣誉称号。

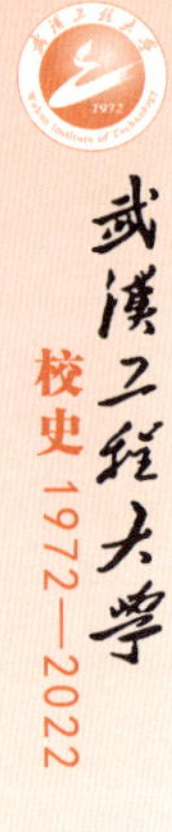

第二十一章　公共服务　体系保障

完善的公共服务体系是学校教学、科研以及师生员工学习、工作得以顺利开展的必要条件，是学校各项事业迅速发展的重要保障。近年来，学校不断加大公共服务体系建设力度，完善公共服务保障设施，进一步实现优质资源合理配置及高效利用，有力地推进学校高质量发展。

第一节　硬件建设　完善合理

一、基本建设

（一）武昌校区（武汉市洪山区卓豹路 366 号）

1. 校园平面规划

2007 年 9 月 24 日，武昌校区经武汉市国土资源和房产管理局审批的土地面积为 307955.15 平方米。

2009 年 8 月 31 日，武汉市国土资源和规划局核减土地面积 5693.81 平方米至“武汉博天置业有限公司”名下，核减后的土地面积为 302261.34 平方米。

2013 年 8 月 22 日，学校取得武汉市国土资源和规划局的《关于武汉工程大学武昌校区总平面规划的批复》（武土资规函〔2013〕931 号）。用地面积约 28.98 公顷，校园规划总建筑面积 36.66 万平方米。当时，学校规划的武昌校区办学规模 12000 人，流芳校区规划办学规模 18730 人。

2. 基建工程

20 世纪 80 年代，学校加大对体育基础设施的投入，建成了 1 个田径场、1 个游泳池、9 个篮球场，基本满足当时教学设施和学生课外活动的需要。

2008 年 8 月 28 日，学校建成科技孵化器大楼，建筑面积 21007.95 平方米；2014 年 9 月 2 日，学校建成 8 号学生宿舍 A、B 栋，建筑面积为 13865 平方米，该项目取得竣工验收备案证。2019—2020 年，分两次完成了武昌校区道路的沥青铺设；2019 年，完成武昌校区雨污分流改造。

截至 2022 年 7 月，武昌校区教学设施完备，为广大师生提供了良好的求学环境和工作条件，总建筑面积 233017.63 平方米。

（二）流芳校区（武汉市东湖新技术开发区光谷一路 206 号）

1. 校园平面规划

2001 年 4 月 28 日，湖北省发展计划委员会批准流芳新校区立项，批复办学规模 8000 人、征地 600 亩。

2010 年 10 月 8 日，启动流芳校区校园规划（修编）工作。

2017 年 2 月 23 日，武汉市国土资源和规划局批准流芳校区规划修编。2017 年 6 月 22 日，湖北省发展和改革委员会批复《武汉工程大学流芳校区校园总平面规划（修编）方案》（鄂发改社会〔2017〕298 号），明确办学规模 19869 人，占地 1090.8 亩。

2021 年，学校再次申请启动流芳校区校园总平面规划（修编）；2021 年 12 月，此项规划（修编）方案通过武汉市自然资源和规划局的技术审查。2022 年 4 月，取得批复文件，规划办学规模 28000 人，占地 75.99 公顷，即 1139.84 亩。

2. 基建工程

2008 年，学校建成教辅 4、5、6 号楼，建筑面积约 15229.55 平方米。

2009 年，机电大楼建成，建筑面积约 19216.74 平方米，现为计算机科学与工程学院使用。

2010 年，建成研发大楼（4 号教学楼），建筑面积 21805.6 平方米，该项目取得竣工验收备案证。

2012 年 9 月，建成教辅 7 号楼，建筑面积 22610.5 平方米，该项目取得竣工验收备案证。

2015 年，建成国家高层次有关人才实验室，建筑面积约 900 平方米。

2016 年，建成大化工工程教育与创新创业中心项目（1、2 号楼），建筑面积 48073 平方米，该项目为“十二五”中央预算支持中西部高校基础能力建设项目，并取得竣工验收备案证；同时建成化工实验排放的“废气”“废液”处理设施。

2019 年，完成标准运动场的维修改造，铺设人工草坪。

2020 年 11 月，建成西北区网球运动场 6 个、排球运动场 5 个、七人足球场、50 米跑道、素质拓展基地及高尔夫球练习场；并完成雨污分流改造及静心湖改造，实现静思湖、静心湖两湖连通；同年 12 月，建成教辅 9 号楼，建筑面积 32685.2 平方米。

2021 年 12 月，建成 9 米环路的延长、6 米道路进南区的新建道路及相应配套路灯、绿化、排水及预埋强弱电管线工程。同月启动研究生公寓、单身教工宿舍、大学生创新创业基地项目建设，建筑面积 89844.99 平方米，大学生创新创业基地为“十四五”中央预算支持教育强国项目。

2022 年 7 月，建成教育教学综合楼、广场、新大门，教育教学综合楼项目建筑面积 23134 平方米。

截至 2022 年 7 月，流芳校区有教室、实验室、图书馆、室内体育用房、行政办公用房、

院系及教师办公用房、会堂、学生宿舍、食堂、教工单身宿舍、后勤及附属用房，总建筑面积 363174.75 平方米。

二、国有资产管理

1974 年，学校成立设备管理科，隶属教务处，随后归属总务处总务科，管理物资计划、物资采购、仓库物资保管与发放；1980 年，实验室管理科成立，隶属教务处、科研与产业处，负责实验室设备、器材及低值易耗品的计划编制；1983 年，供应科设立，隶属总务处，负责教学、行政设备器材、办公用品等采购供应；1987 年，设备科成立，隶属科研处，负责教学仪器、设备和低值易耗品的采购，行政设备、办公用品等，由总务处总务科采购供应；1996 年，实验与设备管理处成立，下设实验室管理科和设备科，管理教学物资与行政物资；1999 年 10 月，学校成立物资供应中心和国有资产管理处，负责教学、科研和行政的设备、图书、教材以及其他物品的采购和供应，积极采用招标方式降低采购成本。

2001 年，国有资产管理处更名为资产与实验室管理处，统一负责学校物资管理，下设实验室管理科、国有资产管理科、设备维修组、教学仓库及行政仓库。管理职责包括实验室管理、资产管理、设备维修管理、教学与行政的设备计划、低值易耗品计划的制定以及物资的验收、保管与发放。

物资供应中心实行归口管理，坚持“保证重点、兼顾一般、按计划适度集中投资”原则，按学校资产与后勤管理处等部门制定的设备计划，分门别类编制采购方案，进行招标采购，提高资金使用效率。凡是单价在 5 万元以上的专用仪器设备，或单价不足 5 万元，批量超过 5 万元的通用仪器设备，一律实行招标采购；对少数单价超过 5 万，技术要求较高，且供货渠道单一、不宜进行招标的专用仪器设备，采用单一来源方式采购，由物资供应中心与校纪委、审计处、资产与后勤管理处、计划财务处和需求单位共同与供货商组织商务谈判；零星采购由物资供应中心和需求单位采用货比多家方式协同采购，同质量情况下低价从优。

（一）完善资产制度体系

2018—2021 年，学校先后发布《国有资产管理办法》《国有资产出租出借管理办法》《国有资产处置管理办法》《国有资产评估工作实施办法》《仪器设备验收工作实施细则》《二级单位资产管理员管理办法》《公用房管理办法》《报告厅使用管理办法》等 13 个文件。并编印《国有资产与实验室管理制度汇编（2020 年版）》，制定《“十四五”期间学生宿舍改造方案》，出台《辐射安全与防护管理办法》《危险化学品安全管理办法》《实验室安全管理办法》《实验室管理规范》《学生宿舍和辅导员宿舍标准》，初步构建起与管理完备、实用有效、关键配套的制度体系。

（二）稳步推进资产管理

学校首推教材“零库存”管理。2003年起，书库教材被分为三类：一是过时损坏的教材，物资供应中心实行报废处理；二是可有可无的教材，针对临时更换任课教师需要重新选择教材的情况，物资供应中心向任课教师和相关院系提出建议，优先使用库存教材，以免给学校造成浪费和损失；三是由于专业结构调整导致无法使用，但在其他学校或社会层面仍可参考使用的教材，物资供应中心积极联系合作书店帮助解决。在2004年教材招标文件中，物资供应中心专门提出书商销售帮助学校去库存的建议，请他们力所能及地承担部分库存教材的再销售，于2007年底实现教材“零库存”的管理目标。

2005年秋，学校在湖北省高校率先提出新型教材发放模式，由校方制定发书计划，书商承担教材发放任务，现场结算教材费。自此，学校大大提升工作效率，节省了人力、物力、财力，有效解决发书过程可能存在的误差，省去办理教材出入库的手续，减少与财务处的沟通结算。

2016年，学校开始探索科研用房有偿使用管理制度。

2017年，学校开始筹划资产管理信息化工作。

2019年，资产管理系统、实验室综合管理系统正式投入运行，实现与财务系统的对接。

2020年10月，再次进行系统升级，实现资产验收入库、确认和手机端查询功能。

2021年，实现与招标采购系统的对接。

2018年，更换大化工楼62套通风系统的活性炭，共计26.25吨，并在两校区分别建成实验室废弃物暂存柜。2019—2021年，每年完成通风系统尾气排放检测，全部达到环保排放要求。

2020年11月，成立学生宿舍管理服务中心，建立学生宿舍维修、日常巡查、文化建设等长效工作机制。

2021年，完成教辅9号楼554间学生宿舍2204套家具配置，教辅8号楼231间学生宿舍911套家具配置，有效改善学生住宿条件；并开展全校实验室和实验项目的安全分级及安全评估工作，排查实验室危险源；3月，启动构建三级论证体系，建立资产计划三年项目库，规范了计划申报与采购执行全要素操作流程；8月底，国资处牵头财务、基建等部门完成省财政厅下达的在建工程转固工作任务，完成转固项目35个，入账金额1.4亿元；10月，会同工大资产经营管理有限公司等单位全面清查校内可出租房屋资产及场地，新增可授权或交付可出租资产10个。

三、招标采购工作

1998年7月，随着高校管理体制调整，学校划转到湖北省管理，实行中央与地方共建，以湖北省管理为主。财务隶属关系由化工部调整到湖北省财政厅、湖北省教育厅。长期以

来，学校积极筹措办学经费，优化资源配置，集中力量办大事；坚持科学理财，建立健全现代大学财务管理制度，有效保障教学、科研事业快速发展。

（一）扎牢管理制度体系

构建“1+N”制度体系，着力优化治理能力建设。制定、修订《招标与采购管理办法》等管理办法及一系列标准化操作文件。做实意向公开，坚持采购文件用户审读、分级审核机制，强化源头管理。加强专家库建设，建立健全代理机构、供应商履约信用评价机制。筑牢内控管理机制，梳理全流程风险点，制定《招标采购全流程风险管控措施》，优化《集中采购工作流程图》，编制《招标采购处内控制度汇编》，印发《建设工程招标采购常用法律法规选编》，定期出版《采购工作简报》。

（二）推进采购“放管服”改革

建设招标采购管理信息系统，搭建一体化采购平台，实现一网通办、信息公开、实时共享，打造“阳光采购”。明确自行采购的数额标准和流程，制作发放《自行采购记录本》。推行采购容缺受理新模式，试点实验试剂耗材、办公耗材、工会福利等采购新模式。开通防疫采购“绿色通道”，探索不见面“云采购”，保障防疫物资及时到位。

（三）扎实开展货物、工程、服务采购

2018 年，工程招标 2920.21 万元，货物采购 1.07 亿元，服务采购 9918.11 万元。2019 年，工程招标 1.49 亿元，货物采购 1.03 亿元，服务采购 2290 万元。2020 年，工程招标 1.65 亿元，货物采购 1.16 亿元，服务采购 3739.27 万元。2021 年，工程招标 3.63 亿元，货物采购 6328.72 万元，服务项目 3889 万元。

第二节　智慧校园　优化便捷

智慧校园综合服务平台是实现管理服务转型的重要手段，通过引入信息化机制，加强对学校日常管理服务的科技支撑力度，实现信息资源的优化共享。

一、大数据中心基础平台建设

2014 年，学校完成第一轮校级主数据库中心平台建设，制定第一版数据标准；2017 年，制定部分应用系统与数据中心对接的规范文档，通过建立统一的数据标准体系，完成与人事、学工、教务、资产、财务、图书、一卡通等信息系统的关键数据交换。逐步厘清人员数据流通情况，为下一步整体数据治理和数据中心建设打下坚实基础。

2021 年，学校继续推进“数据治理与全域数据中心”项目建设，对人事管理、智慧学工、智慧教务等信息系统进行数据采集、清洗及标准化工作，形成完整的信息数据标准体系，实现全域数据资源治理，满足师生员工对个人状况的分析需求，对学校的管理决策活动和智慧校园的综合性应用，提供数据支撑服务、可视化应用分析。

二、网上“一站式”服务中心建设

网上“一站式”服务中心融合了传统意义上的内外门户、PC 门户、移动门户等概念，为师生提供业务办理的统一入口，通过一站式事务中心，实现对事务的集中申请、办理、监控。通过统一的流程表单开发与运行平台、高度易用的标准化接口体系，实现与全校各业务系统的标准化融合。

三、智慧校园数字化生活平台建设

2013 年，学校在原有的金龙 IC 卡售饭系统的基础上，采用新的校园“一卡通”系统。使用 CPU 卡作为电子身份载体，兼顾商务消费、身份识别、信息管理功能。2021 年，实施校园“一卡通”二期项目，推行支持多账户合一，支持网银、支付宝、微信等多途径聚合支付的“一卡通”系统。全校师生凭校园卡在食堂就餐、超市购物、门禁通行、图书借阅、机房上机、挂号就医、会议签到等多项活动，基本实现“一卡在手，走遍校园”。同时，校园“一卡通”移动应用平台通过移动应用 APP 和微信企业号实现个人信息查询、个人流水查询、校园卡挂失、无卡转账充值、上网缴费等功能，提供方便快捷的自助查询服务。此外，网上缴费（财务收费、上网费）、财务叫号系统的建设，也提高了办事效率和便利程度。

第三节　财务审计　规范高效

一、财务工作

早期财务工作由总务处财务科具体组织实施。1980 年后，实行“包干使用、超支不补、结余留用、自求平衡”的管理办法。1983 年，财务室成立，属科级建制；于 1989 年升为副处级建制。1985 年，学校进行内部管理体制改革，建立了财务室职责范围、定编定岗、岗位责任制、财务两级管理试行办法等制度。1993 年，手工记账与计算机记账开始同步运行。1995 年，财务室更名为财务处，属正处级建制，下设会计科和财务科；健全财务处岗位责任制，定岗定人，财务管理及核算全部实现电算化；成立财务管理委员会，向全校公开年度预算，在预算中重点保证教学业务费和设备费的投入。1999 年，财务处更名为计划财务处，下设出纳室、会计室、财务室，业务范围包括事业财务、校办企业财务、基建财务。2019 年，计划财务处增设综合管理科，重新调整会计核算科、出纳结算科、财务管理科岗位人员和职能，各科室岗责更加明晰，服务效能明显提升。

“十一五”以来，学校严格执行预算管理，积极筹措资金，促进各项收入逐年增长，着力提高资金使用效益，满足不同时期重点建设项目需求，以财务信息化建设为手段，为学校各项事业快速发展提供财力支持和服务保障。

一是积极筹措资金，着力扩大经费来源。2006 年预算总收入 21366 万元、2013 年预算总收入 53829 万元、2021 年预算总收入 74229.15 万元，事业经费收入逐年递增，总资产有较大幅度增加。2022 年，全口径预算收入达到 10 亿元。截至 2021 年底，学校总资产为 195088 万元。2013 年大化工工程教育中心项目立项建设，获得湖北省发改委专项资金 10000 万元。2021 年创新创业中心立项建设，获得湖北省发改委专项资金 10000 万元。2018—2021 年争取政府债券资金合计 31700 万元，有力保障了流芳校区教辅 9 号楼、研究生宿舍楼、单身宿舍、教育教学综合楼等重大基建项目的建设。

二是加快财务信息化建设，着力提高财务服务效能。2011 年，完成学费软件、财务查询软件、高校财务账务管理软件升级工作，开发个人收入网上申报发放系统。2014 年，计划财务处搬迁至流芳校区后，在武昌校区设报账点，试行“一校两区”财务服务模式。2015 年实现网上缴费，出台以“两校区同步服务、对口联络服务、单项预约服务和限时办结服务”为主要内容的四项服务。2016 年，继续推进财务信息化建设，试行网上预约报销，“1+4+2”财务综合信息平台效益初步显现。2017 年，全面实行网上自助报销系统，缓解报账等候问题。2019 年，财务信息化建设取得历史性突破，完成财政电子票据系统建设工作。2021 年，完成财政预算信息一体化系统建设工作，财务、资产、招标系统实现互联互通，业财融合取得实质性进展。发票查询功能嵌入网报系统，自助报销系统功能进一步优化。

三是加强制度建设，推进财务工作规范化。1996 年，随着《财务管理办法》《工资基金管理暂行办法》《购买专控商品管理的暂行办法》出台，财务工作向制度化、规范化迈进。1998 年，学校顺利完成高校会计制度转换。预算内外资金实行“统一核算、统一管理、综合平衡”，教育事业费用主要用于人员经费和维持教学、科研等正常运转的开支。基本建设资金专款专用。2009 年，制定《财务管理办法暂行办法》（校财〔2009〕11 号）等 8 个文件；2014 年，制定《预算管理暂行办法》（校财〔2014〕10 号）、《教育事业项目绩效评价管理办法（试行）》（校财〔2014〕11 号）等文件；2016 年，制定《经费支出审批权限暂行管理办法》（校财〔2016〕5 号）等文件；2020 年，制定《“双一流”建设专项资金管理办法》（武工大财发〔2020〕6 号）、《预算管理办法》（武工大财发〔2020〕5 号）；2021 年，出台《关于进一步加强增收节支工作的意见》（武工大财发〔2021〕7 号）。

资金管理方面，注重厉行节约，提高资金效益。会计核算方面，2014 年完成高校会计制度转轨，2019 年实施政府会计制度改革。预算执行中实行“一支笔”签批制度，严格按项目列支，确保预算总量平衡。财务管理方面，科学编制年度事业预算，适时监控预算执行情况。会计监督方面，推进内控建设。严格执行“三重一大”决策制度，加强合同审查，积极参与学校各项业务会商审核，加强核算监督，确保资金安全。

学校被湖北省教育厅评为“2008年度全省教育经费统计和部门决算工作先进单位”“2010年度全省教育经费统计和部门决算工作先进单位”。2011年，被省财政厅授予“全省财经工作先进集体”称号。

二、审计工作

1988年6月，学校设立审计室，归属学院办公室管理。1998年7月，审计室更名为审计处，与纪委、监察处合署办公。并启动校领导干部任期经济责任制度，对实习工厂、总务处、科技开发实业总公司及其下属企业等进行任期经济责任审计。随着办学规模扩大，资金投入逐年增加，学校定期开展效能监察和内部控制评审制度，坚持事前、事中、事后审计相结合，对重点工程项目实行全程跟踪审计，更好地发挥审计工作的监督把控作用。2010年3月，审计处与纪委、监察处合署办公，设置监察审计处，2017年6月，撤销监察审计处，设置审计处，恢复审计机构的独立建制。

（一）强化工作规范

1996年，学校制定《内部审计工作规定》（武化政审字〔1996〕2号），以保证审计工作有章可循。该制度于2001年重新修订（武化政审字〔2001〕1号）。1999年，学校恢复审计机构的独立建制，制定《离任经济责任审计规定》（武化政审字〔1999〕1号），规范干部离任的经济责任审计程序，严格经济责任范围内的业绩、存在问题及相应责任。2000年，学校印发《物资采购审计办法（试行）》（武化政审字〔2000〕6号），以加强物资采购的规范管理。2001年，学校出台《基建、修缮工程项目审计办法》（武化政审字〔2001〕4号）、《财务收支审计办法》（武化政审字〔2001〕4号）、《内部控制制度评审实施办法（试行）》（武化政审字〔2001〕9号）。

2006年后，学校制定《内部审计工作规定》《经济责任审计办法（试行）》《建设工程项目审计管理办法》《内部审计工作实施办法》《财务收支审计办法》《物资采购审计办法》《造价咨询机构考核办法（试行）》《纵向科研项目财务决算审计实施办法（试行）》《内部控制审计实施办法》等系列规章制度，形成了整套行之有效的工作流程，加强对社会审计机构的管理，调动校内外资源向重点项目、重点领域、重要节点汇聚，提升审计工作质量。规范内部审计文书模板，加强对咨询公司的标准化管理，制定审计项目委托通知单模版、结算审计报告模板、清单控制价审计报告模板、经济责任审计取证单模板、经济责任审计自查报告模板、领导干部述职报告模板及经济责任审计报告模板，为审计工作标准化管理奠定坚实基础。

（二）聚焦过程管理

1. 领导干部经济责任审计

领导干部经济责任审计工作始于 1998 年。2006 年校名变更后，完善组织架构，建立学校经济责任审计工作领导小组，由分管审计工作的校领导担任组长，分管组织、纪检监察工作的校领导担任副组长，确保经济责任审计工作顺利开展。学校实现领导干部经济责任离任审计全覆盖，并将其作为常态化审计工作。2006—2021 年，学校累计开展中层领导干部经济责任审计近 80 项，其中任中审计 2 项。

通过审计与整改，进一步规范学校津补贴发放、资产管理、票据管理、合同管理、招投标管理、档案管理、制度建设、资产经营管理及财务管理，为中层干部的管理考核，实现学校经济决策科学化、内部管理规范化、风险防范常态化起到推动作用。

2. 财务审计

学校注重对独立核算单位和承包单位的财务收支审计，先后开展后勤服务总公司、成人教育学院与职业技术学院、邮电与信息工程学院、国际学院、研究设计院等单位的财务审计；对预算金额比较集中、有代表性的学院和职能部门开展预算经费执行审计，逾 32 项。

学校开展基建工程项目财务决算审计，完成了教辅 9 号楼财务决算审计，涉及资金 1.22 亿元，追踪建设资金使用过程的合理性、合法性及有效性，助推建设项目内部控制管理体系的建立与完善。指导资产经营公司开展 18 家校属企业改革的财务审计工作，对审计发现的问题予以分析，进行风险研判。

3. 管理审计

针对学校管理重心下移、学院（部）自主权不断扩大的实际情况，在学校相关单位开展内部控制制度评审，充分发挥内部审计在内部控制和风险管理中的重要作用。对化工与制药学院等单位进行内部控制评审，推动其从制度建设入手，建立严密完善的控制系统、科学完备的管理制度、有效畅通的运行机制，保证各项资金和固定资产的安全高效使用。

4. 专项审计

学校对水电承包专项、绿化保洁费、交通服务中心、校办企业往来款项、学生奖助学金、学科建设资金、高校综合奖补专项资金、学校驻村帮扶项目资金等工作内容进行专项审计，并率先在省属高校中开展学科建设资金专项审计。学校重点聚焦资产管理、绩效评价、政府采购及预算执行四个方面开展审计工作。从学科建设整体规划、资源配置、资产管理、预算执行及绩效考核等方面，提出合理化建议。

5. 建设项目工程审计

工程设计概算审计。为合理确定学校 9 号楼的工程造价，对设计院概算开展工程设计概算审计，设计概算由设计院编制 2.08 亿，核减至 1.61 亿，最后经咨询公司审计确定为 1.49 亿，认定审减金额 1186.23 万元，审减率 7.36%。

招标控制价的审计。2018—2021 年，为合理确定工程项目的招标价格，完成超百万项目清单及招标控制价的审计 46 项，送审金额 7.02 亿元，净审减金额 3608.71 万元，净审减率 5.14%。

施工全过程跟踪审计。对施工合同造价条款进行审核，分析不平衡投标报价。对教育教学综合楼、研究生公寓、单身教职工宿舍、流芳 9 号楼、流芳校区教育教学综合楼等 20 个项目开展跟踪审计。共审核工程变更鉴证单 313 项，送审 1801.98 万元，审减 915.68 万元，审减率 50.81%。

竣工结算审计。2006—2015 年，完成大化工楼、教辅 9 号楼、8 号楼等基建项目及维修项目竣工结算审核 2079 项，送审金额 9.57 亿元，审减金额 1.28 亿元，净审减率 13.38%。集中部署、专项攻坚，及时高效完成政府债券、“中支地专项”、工程认证专项等结算审计任务。

（三）加强队伍建设

2015 年，3 项审计案例获评湖北省教育审计学会优秀案例三等奖。

2021 年，学校选送的 2 篇论文获湖北省内部审计理论研讨二等奖，4 名同志被湖北省审计厅聘为“湖北省内部审计人才库专家”。

2021 年，学校被省审计厅授予“湖北省内部审计高质量建设试点单位”称号。参与湖北省教育审计学会审计科研课题申报，我校获批 3 项课题研究。

第四节　后勤保障　基础坚实

一、后勤管理

2000 年，学校成立后勤管理处和后勤服务总公司，实施甲乙方后勤管理与服务体制。2003 年，流芳校区启用后，泰塑公寓投入运营，学校出台《新一轮后勤社会化改革方案》（武化党字〔2003〕6 号），后勤经费实施“拨改付”，后勤服务总公司实行总经理负责制，成为自主经营、自负盈亏、自我发展的经济实体。2004 年，学校撤销后勤管理处、资产与实验室管理处，合并成立资产与后勤管理处。2011 年，学校实行“大部制”改革，将资产与后勤管理处、后勤服务总公司分别更名为总务处和工大集团，继续实行甲乙方后勤管理与服务体制。2017 年 8 月，撤销原总务处、工大集团、设置后勤保障处、国有资产与设备管理处（简称“国资处”）。

2006 年，学校出台《深化后勤社会化改革方案》（校党字〔2006〕22 号），进一步明确后勤改革目标、管理体制、运行机制等内容。学校后勤社会化改革经历了两个阶段，分别是甲乙方后勤管理服务体制阶段和以管为主、专业化社会服务阶段。

在第一个阶段，根据学校“十一五”及中长期事业发展规划，建立了具有本校特色的后勤服务保障体系，实现后勤社会化改革的深层次突破和整体推进。实现后勤职工合理分流，稳定后勤工作队伍。制定《后勤服务总公司制度汇编》，规范后勤管理服务工作，明确岗位职责；通过经济承包，有力调动后勤职工的工作积极性，如2006年开始实行水电承包，至2011年每年节省水电费约200多万元；积极开发服务项目，保证增收创收，如2008年建成科技孵化器大楼，既助力学校科研工作，也解决了扩招后学生住宿紧张的矛盾；引入社会优质资源，提升后勤服务质量，如2010年引进江西中快餐饮管理有限公司参与食堂经营，既节省食堂投资建设费用，也提升了食堂服务水平；招聘非在编人员补充人手，逐年减轻学校的用工压力。

在第二个阶段，后勤社会化改革全面开花，为加快引进社会优质资源参与后勤服务的步伐，后勤部门由管办结合向以管为主转变。通过公开招标、优胜劣汰，社会优质资源陆续进入食堂、保洁、绿化、快递、商贸、节水、交通运输等领域。提高服务标准，满足了师生不断增长的后勤服务需求，增强了师生的幸福感和获得感。实施精细化、网格化管理，严格按合同对社会服务企业进行监督、管理和考核。坚持开展“优质服务月”和爱国卫生运动等活动，职工的敬业精神和服务质量明显提高。2015、2016年，武昌校区学子超市和流芳校区先行超市先后被评为“湖北省高校标准化超市”。2020—2021年，校内3个食堂达到武汉市食堂量化分级A级标准。

2006年以来，后勤部门先后获得“湖北省高校物业管理先进单位”“湖北省高校绿化管理先进单位”“湖北省高校商贸管理先进单位”“湖北省高校交通运输先进单位”“湖北省高校伙食管理先进单位”“湖北省高校伙食管理及防疫工作先进单位”“洪山区保教质量考核先进单位”等荣誉称号。

二、校医院建设

卫生科于1988年9月开办住院病房；1990年，卫生科更名为校医院，属科级建制；1999年，校医院转为学校直属单位，属副处级建制，并撤销部分临床分科，使门诊医生向全科医生方向发展；2000年，学校制定《医院改革暂行方案》（武化党字〔2000〕11号），实行全员竞争上岗，推行聘任制；2001年，校医院修订相关规章制度及人员岗位职责，全体医务人员挂牌上岗；2003年，学校启用流芳校区，流芳校区门诊部随即成立；2004年，学校修订完善医院规章制度及岗位职责。

2003年，“非典”时期，校医院设立“发热门诊”与“发热病人隔离观察区”，对确诊发热病人进行分诊和初诊，对从外地疫区返校的师生进行“医学隔离观察”，专人巡诊观察，指导工作人员对校内人群密集的重点区域喷洒消毒，定时上报疫情。学校未发现一例疑似病例，保障了教学秩序稳定和师生身体健康。

2009年，武昌校区医院正式挂牌“洪山区卓刀泉街社区卫生服务站”，一个单位两块牌子，为社区居民提供医疗、预防保健、健康教育、计划生育、康复等六位一体社区卫生服务。

2016年，校医院成立6个家庭责任医师团队，以楼栋、学院为单位和工程大社区居民、全校职工实行签约服务。建立健康档案并进行动态管理，每年为65岁以上老年人、高血压、糖尿病患者、精神病人、残疾人、孕产妇等提供免费体检和上门服务。

2018年，校医院组织开展健康教育讲座，与新生现场面对面签约提供医疗、保健、预防等服务。

2021年，学校和湖北省人民医院、荣军医院建立医联体，2022年加入省中医院的高校联盟。

2020年伊始，一场突如其来的新型冠状病毒感染的肺炎疫情席卷武汉，学校医护人员采取24小时一线值班、二线值班制，确保医护队伍24小时响应，全力保障师生员工和辖区居民健康安全。接武汉市洪山区新冠肺炎疫情防控指挥部和洪山区卫健委命令后，医院第一时间筹组精干医护队伍进驻卓刀泉街水之梦康复驿站，为新冠肺炎出院患者提供健康监测、基本医疗、康复、心理支持和疏导等医疗服务。疫情防控常态化以来，校医院严格按照防疫要求，严格落实门诊预检分诊、发热患者闭环管理，两校区建立居家医学观察点，对重点地区返汉人员进行管理、大数据排查、按要求为全校师生做好各种核酸检测等常态化疫情防控工作，为校园防疫做出了积极的贡献。2021年校医院被湖北省高校医院协会评为“2020年度抗疫先进集体”，周利民被武汉市政府授予“抗击新冠肺炎疫情先进个人”。邢文被评为“全国教育后勤系统2020年度感动人物”。

第五节　绿色校园　美化环保

“十四五”期间，绿色校园建设以“构建低碳网络，创新能效管控，领跑智慧校园，推动绿色发展”为目标，结合源侧、能源输配、负荷侧实际用能需求以及储能、智慧信息等技术，全面提升能源管控水平。打造节水型校园、“物联网/5G时代”智慧电力管控系统、创建标准化管理型校园。

一、绿化美化

学校对流芳校区教学楼中庭、钟楼前广场、静思湖边、芳郁大道沿线绿篱进行提档升级改造；分批对流芳校区芳郁大道沿线法桐、武昌校区春晖路沿线部分树木进行了截杆、砍伐、剪枝、补植作业。在两校区建设地埋式垃圾压缩站，改善校园生活环境。利用校内外资源培养师生环境素养，在流芳校区建设了“校友林”。组织学生开展植树活动，栽植红梅、紫薇、海棠、红枫等树种。2012 年 12 月，学校被湖北省高校后勤办公室评为“省高校绿化管理先进单位”。2018 年 4 月，学校被武汉市洪山区爱卫会评为“卫生先进单位”。

学校先后完成校园内山坡整治绿化建设，增加师生休闲场所。在流芳校区东北角和西北角、武昌校区假山山坡进行整形绿化，完成了约 28000 平方米草坪、花卉、树木的种植、新作雕塑文化、新铺小径、新装景观灯和照明路灯；明德路主干道沿线、盘景园、花房绿化改造；流芳校区教学实践中心与中快食堂之间场地环境整治及种植草坪。完成校园“亮化”工程建设，包括两校区路灯更换节能灯、新增四教与有轨电车沿线路灯、新制安领创大楼发光字、新装室内外篮球场馆及羽毛球馆照明灯光。结合军运会对三环沿线建筑物外立面进行美化，联合完成了西北区办公楼外立面新做真石漆；规整安置了大化工楼、7 号教辅楼、研发大楼、机电大楼空调外机罩。

二、节能环保

2018 年初，学校积极响应国家各部委号召，进行市场机制创新，率先按照合同节水“节水效益分享型”创新模式，引进优秀的社会节水服务企业和资本对校园进行全方位的节水改造，快速提升用水管理水平。学校合同节水项目多措并举，全方位系统治理。

2019 年，学校被教育部评为“教育系统能效领跑者建设优秀项目”，被武汉市水务局评为“合同节水管理示范项目”并获得资金奖励支持；2020 年被湖北省水利厅、教育厅、机关事务管理局评为首批“湖北省节水型高校”；2021 年被湖北省水利厅、湖北省机关事务管理局评为“湖北省公共机构节水型单位”。为建设节水型高校起到良好的示范引领作用。

三、环境优化

“十一五”以来，学校完成两校区水泥路面沥青混凝土新摊铺及划标示线等配套设施维修，新增停车位约 1100 多个；并完成大学生创新创业基地建设、校心理健康中心、校团委“青年之家”、许志伟广场改造、工程大社区居委会新办公场所等维修、新修建体育文化小广场、普通话水平测试独立机房建设；完成两校区水泵房周边环境整治；解决了地下通道及 18 片篮球场周边大雨暴雨积水问题；沿流芳园路及东路、金融港四楼新砌筑透视围墙。

第六节　平安建设　稳定有序

学校积极统筹发展和安全，深入贯彻落实国家、省市关于平安建设方面的决策和部署，深入持续开展平安校园建设，努力营造和谐稳定的育人环境。

学校先后成立多个安全管理非常设机构，进一步健全完善校园平安建设管理体制，构建“一级多层”式组织体系，打造“1+N”大安全工作格局。制定出台《健全落实社会治安综合治理领导责任制实施办法》《社会治安综合治理目标管理考评办法》《消防安全管理规定》《校园机动车辆管理办法》等系列平安建设规章制度，实现安全工作领域与日常制度化管理全覆盖，为平安建设工作提供坚实的制度保障。严格执行平安建设目标管理责任制，每年坚持党政主要领导与各二级单位签订平安建设目标责任书，将平安建设列入二级单位年度目标管理责任制考核体系，压紧压实平安建设责任。

2002 年起，学校每年与武汉市政府签订《年度社会治安综合目标管理责任书》，校领导与全校各二级单位负责人签订《二级单位社会治安综合治理目标管理责任书》《消防安全目标管理责任书》，各二级单位和部门同时也与三级责任人签订责任书，形成社会治安综合治理工作“谁主管、谁负责”，使治安保卫工作形成了一级抓一级，层层抓落实的良好局面。并在新生入校时发放《大学生安全知识手册》《新生入校安全须知》，邀请公安系统的专家给新生做入学安全教育报告，坚持开展安全教育宣传月活动。

2006 年以来，平安校园建设工作成绩显著。一是队伍更加专业。2018 年，通过编制外聘用和安保服务整体外包，安保力量得到增强，队伍整体呈现出素质更高、能力更强、积极向上的新面貌，全面提升服务水平。二是安防设施更加智能。2014 年，建成校园安防监控系统；2020 年，建成智慧校园交通管控系统；2021 年，建成智慧校园消防系统；2022 年上半年，建成人脸闸机系统。实现所有消防系统一个平台监测，门禁收费、测速卡口、车辆录入和审批一个平台管控，人员身份核验、外来人员预约、体温筛查一个系统完成，校园公共区域视频监控覆盖率达 98% 以上，校园安防设施规范化、智能化水平全面提升。三是成绩更加突出。2006—2011 年，4 次荣获“武汉市社会治安综合治理先进单位”；2012—2021 年，9 次荣获“湖北省社会治安综合治理（平安建设）优胜单位”；被评为“2017—2019 年度湖北省平安校园”“武汉市 2018 年度平安高校建设十佳单位”“武汉市 2019—2020 年平安高校建设示范单位”；2009、2016 年，2 次获评武汉市“国家安全人民防线建设先进单位”。学校“聘请在职警官担任教学单位安全导师”项目荣获 2017 年度湖北省平安校园建设优秀成果一等奖，学校心理健康“4554”型教育模式荣获 2020 年度湖北省平安校园“七防工程”项目化建设优秀案例三等奖，“以人为本、以物强基、用技提质、用心增效，全面开创平安校园创建工作新局面”荣获 2021 年度湖北省平安校园“七防工程”建设优秀案例三等奖。

第七节 图书档案 齐全完备

一、图书文献

（一）组织沿革

1972 年 6 月，武汉化工学院图书馆（原名湖北石油化工学院图书馆）随着学校的创办而正式建立，在武昌县华林设临时馆舍。

1974 年 12 月，图书馆随学院迁至武昌鲁巷（原“华侨补校”）现在的第一教学大楼内，以教室为临时馆舍。

1980 年 3 月，改名为武汉化工学院图书馆，同年 10 月起为处级机构，由院直接领导。主管教学工作的副院长分管图书馆工作，实行馆长负责制。

1986 年 5 月，武汉化工学院建成了功能较齐全的图书馆（专馆），建筑面积为 7384 平方米。

2004 年 12 月，流芳校区图书馆建成并投入使用，建筑面积为 19000 多平方米。

2006 年 3 月，图书馆随着学校的更名而正式改名为武汉工程大学图书馆。

截至 2022 年 7 月，图书馆内设 7 个机构，分别是采编部、流芳借阅部、武昌借阅部、学科服务部（文献检索教研室）、阅读推广部、安全与保障部、办公室。学校先后荣获“2015 年度湖北省高等学校本科高校图书馆先进集体”“2018—2019 年度湖北省高等学校图书馆特色创新单项奖”“东湖高新区 2019 年度文体旅工作先进单位”“2019—2020 年度中共武汉市委东湖新技术开发区‘十大阅读基地’”。

（二）文献资源

加强文献馆藏资源建设。2006 年，馆藏纸质文献 87.03 万册，电子图书 31.99 万册。截至 2021 年底，馆藏纸质文献达 156.1931 万册（含学院、研究设计院藏书），电子图书达 263.8971 万册（含电子期刊 122.2924 万册）。文献资源购置费用逐年增加，从 2006 年的 310 万元增加到 2021 年的 435 万元。为满足学科发展需要，2018 年，新购入 SCI、CSSCI 等数据库资源，2021 年订购数据库 30 种，为学校开展教学、科研、学科建设等工作提供坚实保障。

（三）读者服务

1. 常规服务

2016—2017 年，学校在流芳校区图书馆自习室安装座位管理系统，读者预约入室自习。在流芳校区，封闭图书馆主附楼之间的走廊，改造为自习空间；完成各书库全分类排架，实现藏书管理的一次飞跃；制作全新的书库架标，设立新书专架和热门图书专架；流芳校区增设社科全外文书库，进行老旧图书剔旧下架及书库调整。2012 年，学校举办庆祝建校 40 周年图书成果展及图书捐赠活动，展出我校教师编著的专著和教材，建立图书捐赠长效机制，共享阅读快乐。2015 年起，每年举办读书季、毕业季、迎新季等特色系列文化活动，形成品牌特色。在各种节日、纪念日举办系列主题书展，举办工大图书馆读书月暨名家讲座活动。定期发布图书借阅排行榜，评选“年度借阅之星”“优秀读者”“毕业生阅读之星”。每年组织读者参加全国及省内外各项文化活动。图书馆获中国图书馆学会首届图书馆杯主题海报创意设计大赛优秀组织奖、湖北省第二届本科院校专题创作大赛优秀单位组织奖，多名读者的参赛作品获奖。

2. 学科服务

2009 年，学校与华中科技大学图书馆签订对口支持合作协议，实现馆际资源共享。2010 年，根据学校博士点立项建设规划目标要求，建设“湖北化工信息中心”网站。2013 年，成立图书馆学科服务工作委员会，面向学院开展资源延伸服务活动。2014 年，对内刊《工程信息交流》栏目进行调整，突出学校特色和成果宣传。2019 年，创建“图书馆学科服务”微信群。2020 年，学校推出《工程学学科 ESI 分析报告》《ESI 学科分析报告（2010—2020）》等多篇高水平学科分析报告。2021 年，学校完成《图书馆人才队伍分析报告》《2017—2021 年度材料学科分析报告》《2017—2021 年度工程学科分析报告》《2017—2021 年度工程化学学科分析报告》；参与完成湖北省高校专利转化运用现状与案例研究、光电集成电路产业专利分析研究课题，撰写《近十年来专利转化利用现状及分析报告》《光电集成电路产业链上游——设计领域专利态势分析报告》。2021 年底，学科服务群已增至 3 个，积极提供文献传递和论文收录检索服务。

3. 文献检索教学

加强文献检索课教学改革，不断提高教学质量。2018 年，文献检索课程被评为第一批校级在线开放示范课程；2020 年，获批省级线上一流本科课程。

4. 基础设施建设

2006 年，学校在流芳校区建成拥有 200 台计算机的电子阅览室；2009 年，增加 120 台计算机；2021 年完成流芳馆 80 个点位的云桌面电子阅览室建设并顺利投入使用；2013 年，将 ILAS 图书管理系统更换为更便捷的汇文系统，更新图书馆网站，增加主页英文版和学科服务网站等；2014 年，图书馆全面实现校园“一卡通”服务管理模式；2015 年，流芳馆实现门禁系统管理模式，实行总借总还“一门进”服务管理模式，完成无线 WIFI 全覆盖，实现无线上网；2017 年，建成密集书库，现已改编上架图书 11.7 万种，合计 25.6 万册。

（四）科学管理

1. 运行机制

学校于2007和2012年两次修订《图书馆规章制度汇编》，完善考核体系与电子资源及知识产权保护的相关规定。2010年，制定《图书清点工作细则》《图书馆奖惩条例》《图书馆年度评优评先办法》等制度。2019年，制定实施《图书馆考勤管理实施细则》。2021年，研究制定《图书馆文献资源采购管理办法（试行）》《图书馆经费使用管理办法（试行）》等文件，梳理构建资源建设体系，成立图书馆资源建设工作小组。制定《图书馆学术委员会章程（试行）》《图书馆科学研究基金管理办法（试行）》等规章制度，改选图书馆学术委员会委员，加强学术引导和科学管理。

2. 图管会建设

流芳校区和武昌校区图书馆学生管理委员会（简称“图管会”）于2015和2016年先后成立。截至2022年7月，两校区图书馆共有学生助理馆员80余名，分布在各书库及值班岗位。通过岗位技能培训、思想政治教育等，加强对两校区图管会会员的培养，指导会员参与读者管理和服务工作。

二、档案资源

建校至今，学校不断加强档案规范建设，加大档案管理力度，认真贯彻执行档案工作的政策法规，强化服务意识，提高服务质量。档案工作整体水平不断提高，档案服务学校中心工作的作用日益凸显。档案馆现有党群、行政、教学、科技、财务、基建等12大门类的档案资源，其中纸质档案7万余件（卷），电子档案129GB，声像档案349盘，实物档案600余件。

（一）组织机构沿革

1972年建院之初，文书处理和文卷保管由学校办事组负责，人事档案和学生档案由学校政工组负责。1980年，学校建立文书档案室，在党委办公室领导下对全校党、政、工、团的有关档案实行统一管理。1982年，增设科技档案室，在学校办公室领导下对全院的教学、科研、基建等工作档案统一管理。1985年，学生处成立，学生档案由学生处管理。1987年，根据原国家教委六号令的要求，文书、科技档案室合并，在学校办公室领导下集中管理全校除人事、学生档案之外的全部档案。

1994年，学校成立综合档案室，科级建制。1999年，学校进行机构改革，将学校的文书、教学、科技等10类档案及教职工人事档案、学生档案进行集中管理，成立了档案馆，隶属于学校办公室。

2001年学校完成《武汉化工学院三十年》编撰工作。

2003年2月，学校启动干部人事档案达标升级工作，年底完成档案的清理整理及计算机录入等工作。2004 年 8 月，干部人事档案目标管理工作以 99 分通过湖北省委组织部考评验收。2006 年 7 月，学校获批为干部人事档案工作目标管理“一级单位”。

2003 年 3 月，档案馆搬迁至科教大楼 6 楼，总建筑面积 286 平方米，其中库房建筑面积 194 平方米。库房安装了防盗门、防盗网、防光窗帘、报警器、防火等配套设施，配有计算机、服务器、复印机、扫描仪、激光打印机、空调、去湿机、密集架等现代化设备。学校制定《档案工作文件汇编》《档案管理办法》，规范档案管理工作。

2006 年 7 月，中共中央组织部授予学校“干部人事档案工作目标管理一级单位”。

2016 年，被湖北省高校档案专业委员会评为“档案工作先进单位”，2 名同志分获湖北省“档案工作优秀管理者”“档案工作先进个人”荣誉称号。

2019 年，档案馆从党政办公室分立，建制由科级改为正处级。

2020 年 9 月，首次建成实物陈列室，对学校历史图片及实物公开展示。同年 11 月，获批湖北省科技事业单位档案工作目标管理考评“省一级”单位，实现首次突破。

2021 年，再次被湖北省高校档案专业委员会评为“档案工作先进单位”，2 名同志获“档案工作先进个人”荣誉称号。

（二）管理体制调整

学校持续推进档案管理改革，切实防范档案安全风险，逐步形成校内所有档案门类集中统一管理的工作格局。现有综合档案库房 2 间、学生档案室 1 间、实物陈列室 1 间、数字化加工室 1 间、查档阅文室 1 间，库馆用房总面积 580 平方米。

建立健全规章制度。在 2004 年出台档案工作制度汇编的基础上，制定出台《学生档案管理办法》（校发〔2017〕10 号）、《涉密档案管理办法》（武工大办发〔2019〕25 号）、《武汉工程大学档案工作条例》（武工大档案〔2020〕2 号）等有关档案工作岗位职责、工作条例、管理办法、行为规范等系列规章制度，为进一步规范档案管理夯实制度基石。

加强兼职档案员队伍建设。1987 年，档案室开始在全校范围内建立兼职档案员网络，组建了系统完善的专兼职档案员队伍，每年定期召开专兼职档案员工作会议及业务培训。2022 年，兼职档案员队伍覆盖全校各二级单位，兼职分管档案工作的中层干部 47 人，专兼职档案员 76 人。

（三）信息化建设

1998 年，档案室开始配置计算机，陆续将 1994 年以来的档案目录实现电子化管理，实现了案卷目录、全引目录、移交清单、案卷封面等内容的计算机打印，并通过档案软件系统进行数据统计、目录检索。2012 年，档案馆启用综合档案管理系统，实现纸质和电子档案信息远程录入、目录级档案信息远程查阅利用，初步建立档案信息数字化框架和电子化管理体系。2020 年，档案馆启动档案管理信息新系统建设工程，完成了新系统的架构、衔接及试运行工作，全面实现档案信息全文检索。同步启动存量档案数字化一、二期工程。

2021 年底，累计实现馆藏档案全文数字化扫描 504560 页。

（四）年鉴编撰工作

2006 年，《武汉化工学院年鉴》更名为《武汉工程大学年鉴》。2002—2021 年，学校已顺利开展年鉴编制工作 20 次，坚持“大事无遗、小事可查，每年一册、年年相续”的编撰原则，在建设多科性、教学研究型大学的时代进程中，年鉴日益凸显出咨政、育人、存史的凭证价值与考据作用。

第八节　学术期刊　影响彰显

《武汉工程大学学报》（简称“学报”）于 1979 年创刊，刊名为《湖北化院科技》，1980 年第 2 期更名为《武汉化工学院学报》，2007 年起正式启用现刊名。学报是由省教育厅主管、学校主办的综合性科学技术类学术刊物，国内外公开发行。国内统一刊号为 CN42—1779/TQ，国际标准刊号为 ISSN1674—2869。

2002 年，学报参加化工信息中心举办的第五届全国石油和化工优秀期刊的评选活动，获学术类优秀期刊三等奖。2003 年，学报编辑部申请增补中国工程院院士周光耀为学报的荣誉主任委员。2004 年 6 月，经湖北省新闻出版局批准，学报刊期由季刊改为双月刊。同年，学报参加全国高校科技期刊优秀评比活动，获得教育部科技司颁发的优秀编辑出版质量奖。2005 年，学报被收录为中国科技核心期刊。2006 年 11 月，根据中国科学文献计量评价研究中心出版的《中国学术期刊综合引证报告》，学报总被引频次为 233，影响因子为 0.379。同年，学报获得由中国石油和化工行业协会颁发的第六届全国石油和化工行业优秀期刊（学术类）二等奖和由湖北省新闻出版局颁发的湖北省高校优秀学报奖。

学报是国家新闻出版广电总局认定的科技类学术期刊，综合影响力指数在中国科技期刊排行榜中逐年提高，被武汉大学中国科学评价研究中心（RCCSE）认定为“RCCSE 中国核心学术期刊（A）”。2011 年以来，先后获得“中国高校科技期刊优秀网站奖”“中国科技论文在线优秀期刊”一等奖，“中国高校编辑出版质量优秀科技期刊”“中国高校科技期刊优秀团队”“湖北省优秀科技期刊”等 10 余项荣誉奖励；被《美国化学文摘》、学术期刊（光盘版）、中国期刊网、万方数据库——数字化期刊群、中文科技期刊数据库等国内外 10 余家权威文摘期刊和重要数据库收录。

一、坚持办刊特色

学报坚持以培养工程科技人才为宗旨，配合学校重点学科建设，设置“化学与化学工程”“材料科学与工程”等特色栏目，展示化工新工艺和新材料、磷资源开发与综合利用、化工机械与智能制造等方面的理论创新和工程技术创新的学术论文，其中省部级基金资助项目占比 70% 以上。紧密跟踪与国家战略对接的矿物加工最新研究成果，面向国家重大需求的智能制造关键技术，推动化学、材料等重点工程学科建设和理论创新。

学报不断提升服务科研创新能力，多篇论文成果在湖北省科技进步奖、发明奖的评审中起到重要支撑作用。2020 年以来，学校先后在学报纸刊的显著位置封二报道池汝安等 10 多个优秀教授团队的科研事迹及其对经济社会发展的突出贡献。

二、确保出版质量

充分发挥编委作用。每两年召开一次编委会大会。2016年，对编委会结构进行调整优化，聘请 63 名编委委员，包括 4 名院士、5 名国外学者，17 名国内著名大学学者。编委积极为学报推荐优质特约稿和专刊稿，就学报发展问题建言献策。

严格执行“三审三校”制及同行评议制。900 多位专家学者参与审稿，分别来自 25 个地区的 54 所高校、研究院所。在编辑单独三校的基础上，增设编辑互校措施；邀请知名主编进行审读。引进计算机校对服务，降低差错率。利用“知网学术不端文献检测系统”对接收稿件检测至少 2 次，有效预防学术不端行为，把好论文的政治关、质量关、科学关。

组建高素质专职编辑队伍。有编辑人员 7 人，其中正高职称 3 人、副高职称 3 人、中级职称 1 人；2 人具有博士学位，3 人先后荣获湖北省优秀期刊工作者奖，1 人获湖北省科协科技期刊优秀编辑和湖北省科学技术期刊编辑学会“先进工作者标兵”等荣誉。完成湖北省科学技术协会“科技创新源泉工程”优秀科技期刊项目、湖北省科学技术期刊编辑学会“科技期刊工作者助力长江保护与经济发展”等课题研究。2015、2021 年被湖北省科技期刊编辑学会评为“先进集体”。学报在中国高校科技期刊研究会组织的 2016、2018 年度中国高校杰出 · 百佳 · 优秀科技期刊遴选活动中，连续两次入选“中国高校编辑出版质量优秀科技期刊”。2017、2019 年学报连续两次获中国高校科技期刊研究会颁发的“中国高校科技期刊优秀团队”奖。

三、提升学术影响力

2009 年，学报自主建立网站。2019 年，与中国科学技术信息研究所签订《国家科技学术期刊开放平台作品使用协议》，加速学术成果传播。据《中国学术期刊影响因子年报（自然科学与工程技术）》的统计数据，2011 年，学报的复合影响因子 0.773，学科排序 43/431。2012 年，学报的复合影响因子 0.738，综合性科学技术期刊排名 49/437，名列湖北省高校第一。2015 年，学报综合影响力指数 CI 值 117.423，较 2014 年的 CI 值 95.033 显著上升，位于省属高校前列。2016 年，影响力指数 CI 值升至 189.781，学科排序由 2015 年的 147 升至 116 名。2018 年，学术期刊影响力指数由 123.682 升至 223.698，升

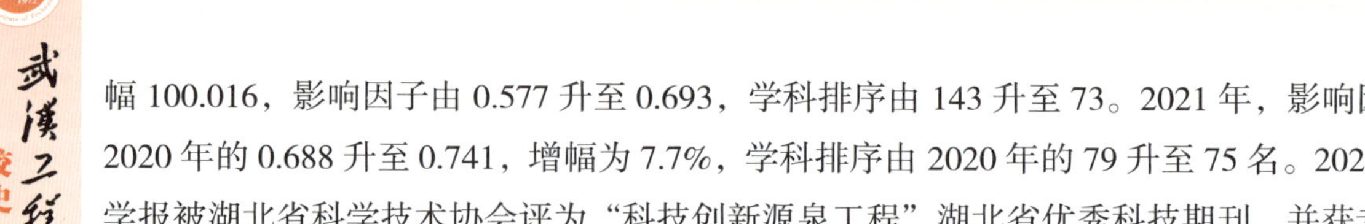

幅 100.016，影响因子由 0.577 升至 0.693，学科排序由 143 升至 73。2021 年，影响因子由 2020 年的 0.688 升至 0.741，增幅为 7.7%，学科排序由 2020 年的 79 升至 75 名。2020 年，学报被湖北省科学技术协会评为“科技创新源泉工程”湖北省优秀科技期刊，并获专项基金资助，同时被中国高校科技期刊研究会评为“中国高校优秀科技期刊”。

第九节　资产经营　稳步推进

学校始终致力于探索和改革经营性资产监督与管理体制。2012 年以前，武汉化院科技开发实业总公司挂靠科技处，代表学校负责校办产业的市场化经营与管理。2012 年，在原武汉化院科技开发实业总公司的基础上，学校对其整体改制，增资设立武汉化院科技有限公司，2021 年更名为武汉工大科技园发展有限公司，注册资本增至 5333 万元，履行学校资产经营公司的职责。2017 年，学校成立资产经营与产业管理处。2018 年，出台《经营性资产监督管理暂行办法》，明确部门、企业各自权限及对校办企业的监督管理办法。2019 年，撤销资产经营与产业管理处，成立资产经营管理有限公司，与武汉化院科技有限公司合署办公。2020 年，出台《武汉工程大学所属企业监督管理办法（试行）》，逐步建立起学校对公司、公司对所属企业的分级监督管理机制。2021 年，以学校所属企业体制改革为契机，经上级部门批准，学校将劳动服务公司改制更名为武汉工大资产经营管理有限公司，学校资产经营公司真正成为独立享有民事权利、独立承担民事责任的法人实体。学校为公司股东，并以其出资额为限对公司承担责任，公司不设股东会，由学校国有资产管理部门行使股东职权，决定公司重大事项。自此，武汉工大资产经营管理有限公司充分发挥“防火墙”作用，代表学校运营经营性资产，确保国有资产保值增值。

学校高度重视校办产业发展，鼓励教师创办科技型企业。2011 年，成立武汉工大杰诚工程质量检测有限公司；2014 年，成立武汉微特膜科技工业有限公司、武汉化院环境科技有限公司；2015 年，成立武汉工程大互联高科技有限公司、武汉微特汽配有限公司、武汉工大微特科技孵化器有限公司；2016 年，成立湖北迪洁膜科技有限责任公司、柒星楚咨环境科技有限公司、武汉微特环保科技有限公司。2020 年底，学校所属各级企业资产总额达 5.9 亿元。

学校将大学科技园建设与发展纳入学校整体建设与发展规划。2012 年，在湖北省大学科技园入园申报中，武汉化院科技有限公司代表学校成功获得科技园土地优惠；2014 年 12 月以挂牌方式竞得位于卸甲路以南、罗耿路以东的国有建设用地使用权（编号为 EPI〔2013〕025 号），性质为工业用地，规划总用地面积为 66650.67 平方米、净用地面积为 58247.49 平方米；2015 年 2 月，公司取得土地证；2016 年前，公司先后完成科技园 2、

3 号中试基地、围墙、道路、泵房等项目建设，有 8 家企业入驻园区。2013 年，学校与武汉市人民政府签署协议，共建武汉化工新材料工业技术研究院；2014 年组建武汉化工新材料工业技术研究院有限责任公司；2017 年，湖北省化工研究设计院、武汉化工新材料工业技术研究院、大学科技园（简称“两院一园”）构成学校产业发展新格局；2019—2020 年，围绕“两院一园”一体化建设模式进行探索；2021 年，以建成“国家级化工行业‘双碳’转型示范基地”为目标，正式重启大学科技园建设。

为积极稳妥推进所属企业体制改革工作，学校成立以党委书记和校长为第一责任人的所属企业体制改革工作领导小组并设立办公室。2021 年 4 月，正式形成《武汉工程大学所属企业体制改革工作方案》，确定对 45 家企业进行体制改革，即保留管理 3 家企业、过渡保留管理 2 家企业、脱钩剥离 17 家企业、清理关闭 23 家企业。通过本次深化改革，对学校所属企业进行较为全面的清理规范，提升学校治理体系和治理能力现代化水平，助推学校高质量发展。截至 2022 年 1 月 5 日，我校 43 家企业基本完成改革任务，改革任务完成率 95.5%，7 家脱钩剥离企业股权转让收益共计 1590 余万元。

第十节　离退工作　温暖有力

学校围绕“老有所养、老有所乐、老有所医、老有所学、老有所为”，加强老年组织建设，做好离退休人员的管理服务工作。1986 年，学校成立离退休干部办公室，副处级建制。1994 年，成立老干部工作领导小组，由党委书记任组长，成员有组织、人事、校办、财务、后勤、离退处等职能部门主要负责人。1998 年，成立离退休干部工作处，履行对离休干部、退休人员的服务管理职能。

一、离退休人员的管理与服务

1994 年，学校投资 30 余万元建成近 500 平方米的离退休职工活动中心，2000 年投入近 20 万元扩建活动中心，美化周边环境，建筑面积达 800 平方米，为老同志开展活动提供良好条件。

2019 年 2 月，学校印发《关于进一步加强和改进离退休工作的实施意见》，进一步明确了新形势下离退休工作的总体要求，加强离退休党组织建设和离退休人员的教育管理，完善和创新离退休服务管理工作等方面的实施办法。

在政治待遇上，组织离退休干部理论学习，组织离退休党员过好组织生活，发挥党组织的战斗堡垒作用和党员的先锋模范作用。数十名离退休老党员被评为校级“优秀共产党员”“省老干部先进个人”，49 名同志荣获“光荣在党 50 年”纪念章，14 名离退休干部荣获“庆祝中华人民共和国成立 70 周年纪念章”，3 位同志荣获“中国人民志愿军抗美援朝出国作战70周年”纪念章；学校的历次重要会议、庆典活动，邀请离退休老同志代表参加，学校主要领导每年向离退休老同志通报校情。

在生活待遇上，确保离退休人员福利待遇。对高龄、孤寡、独居等生活困难的离退休人员提供个性化帮扶，走访慰问生活困难、家庭发生重大变故的离退休人员；组织离退休人员每年一次健康检查；探望生病住院人员，每周安排报销医疗费；每年组织离退休人员春游、秋游活动，举办老年运动会、联欢会等文体活动；重大活动期间，开展敬老爱老活动，校领导亲自走访慰问离退休人员，志愿者主动上门为高龄老人服务；开办老年大学、老年培训班，开设报刊阅览室，为离退休人员提供学习教育的平台，让离退休人员感受到学校的关怀。

学校注重发挥离退休人员作用，自1997年起，党委组织部先后聘任多名离退休党员干部担任组织员。多个学院聘任离退休人员担任教学督导组成员，对教学各环节进行调研、咨询、指导、监督，以帮助稳定教学秩序，提升教学质量；学院多次邀请“五老”给学生作报告，激发广大学生的爱国热情和学习积极性。

学校离退休工作得到上级认可，乔道林同志获“教育部关工委关心下一代突出贡献奖”，周普谟同志被授予“全国教育系统关心下一代工作先进工作者”荣誉称号，校关工委获“湖北省教育系统关工委先进集体”，孙家寿同志被湖北省老教授协会授予“突出贡献奖”等，部门多次被评为优胜单位。

二、老年组织建设

（一）老年人协会

老年人协会是在学校、省高校老年协会领导及离退休教职工党委协调下，进行自我管理、自我服务的群众性组织。以实现“五个老有”为工作目标，充分发挥桥梁纽带作用，维护离退休人员合法权益。组织离退休人员开展有益身心健康的文娱、体育、参观学习等活动，丰富离退休人员的生活。老年人协会组织的舞蹈队、模特队、台球队、乒乓球队等文体团队，多次在省市比赛中获奖。

（二）老教授协会

老教授协会是在学校、省老教授协会领导下，以服务社会、服务学校、服务老教授为根本宗旨，围绕“五个老有”主题，发挥退休老教授的政治优势、知识优势和经验优势，开展一系列的“老有所为”活动，协助学校推荐组织员和教学督导员，参与教学评估、课题评审、讲课竞赛评选等。

（三）关心下一代工作委员会

20世纪90年代，学校成立关心下一代工作委员会（简称“关工委”）。关工委主要工作是发挥离退休人员作用，对大学生进行爱国主义、革命传统教育和综合素质教育，创新教育形式，塑造工作品牌，做到紧跟时代、紧靠中心、紧贴学子。组织老同志与大学生联谊，开展才艺教学、展示活动；与校团委、各学院共同组织开展纪念日、庆祝日活动。

（四）老年大学

老年大学于 2019 年 9 月 17 日挂牌成立，办学宗旨是以人为本，以“老有所学，老有所乐，老有所为”为目标，通过丰富生动的课程吸引老年人，经过学习提高思想理论、科学文化和生理心理素质，增长知识，陶冶情操，促进健康。

武漢工程大学
1972

附　录

附录 1

历年大事记（1972—2022.7）

序号	年度	事件
1	1972	4 月 20 日，成立湖北化工石油学院筹建领导小组
2	1972	6 月 25 日，根据鄂革〔1972〕102 号文件通知“以湖北省工业学校为基础，组建湖北化工石油学院”
3	1972	9 月，宫雨屏任临时党委书记
4	1974	校址迁移至伏虎山麓、南湖北畔之现址（武昌卓刀泉路 366 号）
5	1974	启动首届招生，在化工机械、基本有机化工、无机化工 3 个专业招收 110 人
6	1975	2 月 26 日，湖北省革命委员会办公室下发《关于湖北化工石油学院规模的批复》（室文〔1975〕4 号），确定学校办学规模为 1500 人
7	1975	启动《湖北化工石油学院 1975—1985 年十年发展规划》编制工作
8	1976	各年级均有学生，学校建制初成
9	1977	招收首批四年制本科生 270 名
10	1978	学校工作重点转移到教学与科研
11	1978	11 月，李康德任临时党委书记，孟占勇任院长
12	1979	5 月 3—9 日，全国学联第十九次代表大会在北京召开，校学生会副主席桂昭明参加大会，受到华国锋、邓小平等党和国家领导人的接见
13	1980	3 月 31 日，教育部颁发（80）教计字 134 号文件，决定：湖北化工石油学院更名为武汉化工学院，改由化学工业部和湖北省双重领导，以化学工业部为主
14	1980	3 月，中共湖北化工石油学院临时委员会更名为中共武汉化工学院临时委员会。李康德任书记
15	1980	学校开展“红与专”问题的大讨论
16	1981	举办首届田径运动会
17	1982	举办建校 10 周年庆祝活动
18	1983	9 月，亓国治任临时党委书记，陈古圣任代院长
19	1984	1 月，李康德改任顾问
20	1984	制定“七五”建设规划（1985—1990）
21	1985	1 月 16 日，化学工业部下达《关于“五定”意见的批复》[（85）化教字第 23 号]
22	1985	12 月，陈古圣任院长
23	1986	1 月 11—14 日，中共武汉化工学院第一次代表大会召开，选举产生中共武汉化工学院第一届委员会，学校党委正式成立
24	1986	4 月，召开首届教职工代表大会
25	1986	11 月，化工部党风检查组第二小组来校检查工作

续表

序号	年度	事件
26	1987	4月，化工部教育质量检查组来校检查工作
27	1987	举行建校十五周年庆祝活动
28	1987	8月，吕福利任党委书记
29	1988	与昆明工学院、北京化工学院等单位首次联合招收硕士研究生
30	1988	机械系教师刘声光发明的削体斗齿在首届北京国际发明展览中获铜牌奖
31	1989	4月7—9日，中共武汉化工学院第二次代表大会召开
32	1989	制定“八五”建设规划（1991—1995）
33	1990	11月，10所化工部直属高校书记、院（校）长工作会议在我校召开
34	1991	2月，陈古圣任代理党委书记
35	1991	6月22日，化工部部长顾秀莲、湖北省副省长李大强来校视察工作
36	1992	4月，化工部副部长李子彬来校视察工作
37	1992	6月25日，举行建校二十周年庆祝活动
38	1992	9月，蒋子铎任党委书记
39	1993	9月，化工部副部长贺国强来校视察
40	1993	10月，蒋子铎兼任院长
41	1993	11月4—6日，中共武汉化工学院第三次代表大会召开
42	1993	制定并实施《武汉化工学院综合改革方案》
43	1994	制定“九五”建设规划（1995—2000）
44	1994	1月，隆重纪念毛泽东同志100周年诞辰
45	1994	6名应届毕业生自愿到边疆地区工作
46	1995	4月21日，化工部副部长成思危来校视察工作
47	1995	4月，学校党委召开扩大会议对教学改革进行专题研究
48	1995	5月，与中南工业大学签订联合培养博士研究生协议
49	1995	12月，何定雄任党委书记，蒋子铎任院长
50	1996	5月，化工部副部长李士忠来校考察
51	1997	2月，钟康年任院长
52	1997	举行纪念建校二十五周年座谈会
53	1997	5月，通过化工部本科教学工作合格评价
54	1997	11月，校董事会成立，化工部副部长李勇武、湖北省副省长王少阶出席成立大会
55	1998	1月8—10日，中共武汉化工学院第四次代表大会召开
56	1998	5月，教育部专家组对我校进行本科教学工作合格评价考察
57	1998	6月，被国务院学位委员会增列为硕士学位授予权单位

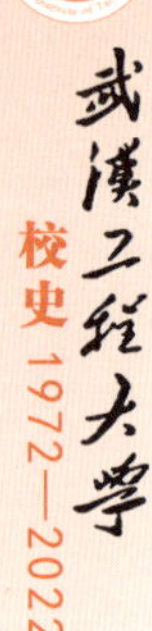

续表

序号	年度	事件
58	1998	7 月 3 日，根据国发办〔1998〕103 号文件，学校由原化工部主管改为中央与地方共建，以地方管理为主
59	1998	我校师生积极投身抗洪抢险
60	1998	被湖北省委组织部、高校工委授予“1994—1998 湖北党的建设和思想政治工作先进高等学校”称号
61	1999	湖北省副省长王少阶来校视察工作
62	1999	9—11 月，推行机关全员竞聘上岗工作
63	1999	11 月，召开第四届教代会暨第五届工代会，首次将教代会与工代会的换届选举同步进行
64	2000	1 月 6 日，湖北省副省长王少阶来校视察筒子楼改造工程
65	2000	制定“十五”建设规划（2001—2005）
66	2000	8 月，化工工艺学科首次获批湖北省“楚天学者计划”特设岗位
67	2000	被授予“省级文明单位”称号
68	2000	10 月，省委“三讲”教育巡视组进驻我校
69	2000	12 月，湖北省委副书记王生铁来校视察工作
70	2000	湖北省化学工业研究设计院整体进入学校
71	2001	7 月，召开纪念中国共产党成立八十周年大会
72	2001	学校制定“二定一发展”计划
73	2001	学校成立湖北省首支机器人足球代表队，进入世界杯前八名
74	2001	12 月，在江夏区流芳街征 638 亩办学用地。次年 4 月，新征地 80 亩
75	2002	4 月 4 日，中国高教学会会长、教育部原副部长周远清来校视察工作
76	2002	5 月，学校机器人足球队荣获第七届世界杯机器人足球大赛 5 对 5 项目冠军
77	2002	6 月 7 日，湖北省教育厅召开更改校名工作会议。武汉化工学院更名工作经省政府同意正式启动
78	2002	6 月 12 日，国家环保局为我校颁发《建设项目环境影响评价资格证书》
79	2002	10 月 18 日，学校隆重举行建校三十周年庆典
80	2002	11 月 19 日，流芳新校区举行开工奠基仪式，一期工程破土动工
81	2002	11 月，吴元欣任院长
82	2002	12 月 27—29 日，中共武汉化工学院第五次党代会召开
83	2003	1 月，完成全校性学科重组，新成立 9 个院、系，保留 4 个院、系，共设 13 个院、系（部）
84	2003	4 月，成立预防“非典”工作领导小组
85	2003	6 月 5 日，湖北省教育厅组织省内专家在我校举行了更名论证会议，更名工作通过了专家组论证
86	2003	6 月 12 日，教育部党组成员、副部长吴启迪来校视察
87	2003	7 月 15 日，1999 级本科生许志伟，为救 3 名落水少年献出年轻生命。7 月 23 日，学校作出《关于开展向许志伟同志学习的决定》

续表

序号	年度	事件
88	2003	7月31日，共青团湖北省委追授许志伟同志“舍己救人英雄青年”称号
89	2003	9月8日，第27届悉尼奥运会羽毛球男单冠军吉新鹏被我校招收进入本科学习
90	2003	9月11日，流芳校区启用仪式，正式启用
91	2003	9月23日，教育部作出《关于追授许志伟同学“舍己救人的优秀大学生”荣誉称号的决定》；9月25日，共青团中央作出《关于追授许志伟同学“全国优秀共青团员”的决定》
92	2003	9月27日，中共中央政治局委员、湖北省委书记俞正声在许志伟英雄事迹材料上作出批示：在全省高校开展向许志伟学习的活动
93	2003	10月，省政府批准许志伟为革命烈士。10月16日，省委组织部、省委宣传部、省委高校工委、省教育厅、团省委在我校联合召开舍自己救人优秀大学生、优秀共产党员许志伟命名表彰暨英雄事迹报告会，省委副书记邓道坤发表重要讲话
94	2003	10月24日，校特聘教授、中国工程院院士刘广润来校讲学
95	2003	12月16日，经教育部教人函〔2003〕34号文批准，授予学校化学工程、材料学、化工过程机械、检测技术与自动化、环境工程、企业管理六个学科副教授评审权
96	2004	1月9日，湖北省副省长辜胜阻到我校流芳校区视察工作
97	2004	1月17日，湖北省委副书记邓道坤来校视察
98	2004	经教育部批准，化学工程、材料学、化工过程机械、检测技术与自动化装置、环境工程、企业管理等6个学科获得副教授评审权
99	2004	2月，学校被国务院学位办批准为同等学力人员申请硕士学位授予单位，于2004年开展同等学力人员申请硕士学位工作
100	2004	3月11日，湖北省委高校工委、省教育厅在我校举行了“湖北省高校学习许志伟先进事迹经验交流会暨许志伟宣传教育作品首发式”。省委常委、省委宣传部部长张昌尔到会并讲话
101	2004	3月31日，湖北省教育厅副厅长陈传德一行到我校现场办公，就筹建武汉工程大学更名工作进行了专题研究
102	2004	4月23日，计算机学院院长张彦铎教授被评为湖北省第七届“十大杰出青年”，也是唯一获此殊荣的高校教师
103	2004	10月，第五届全国微波化学研讨会在我校举行
104	2004	12月28日，流芳校区新图书馆正式启用
105	2005	1月29日，湖北省委常委、宣传部部长张昌尔到我校，就新形势下如何进一步加强和改进大学生思想政治教育工作进行调研
106	2005	3月16日，湖北省委常委、省委副书记、省学校及周边治安综合治理工作领导小组组长黄远志来流芳校区视察调研
107	2005	4月，学校正式成为工程硕士培养单位
108	2005	4月18日，学校办公自动化系统投入使用
109	2005	7月1日，湖北省委常委、宣传部部长张昌尔来学校调研
110	2005	8月，抗战胜利60周年之际，校党委慰问抗战老战士

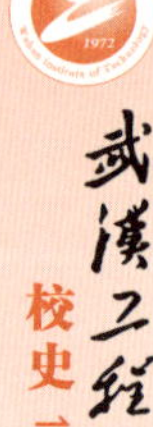
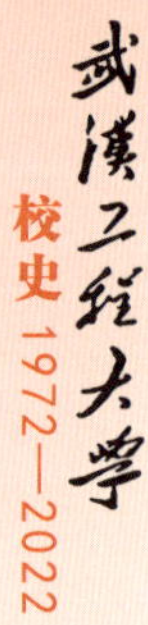

续表

序号	年度	事件
111	2005	9月8日，湖北省省长罗清泉、副省长郭生练来校考察并慰问教师
112	2005	11月，我校“深层盐膏岩蠕变规律及其在石油工程中的应用”项目获国家科技进步二等奖
113	2005	11月26日，学校举行第一届机器人足球比赛
114	2006	2月，经教育部同意、湖北省人民政府批准，正式更名为武汉工程大学
115	2006	2月，经湖北省委批准，中共武汉工程大学委员会成立，何定雄任校党委书记，周应佳、叶芃任校党委副书记；吴元欣任校长，刘羽、桂昭明、冯碧元、汪建华任副校长，叶芃任纪委书记
116	2006	4月8日，国务院学位办主任杨卫院士来校检查指导工作
117	2006	4月30日，武汉工程大学揭牌暨流芳校区建成庆典隆重举行
118	2006	5月20–21日，首次进行本科招生自主选拔录取面试工作
119	2006	6月6—7日，学校开展本科教学水平咨询评估工作
120	2006	6月29日，学校召开庆祝中国共产党成立85周年暨表彰大会
121	2006	在多特蒙德举行的第十一届机器人世界杯足球比赛中，我校机器人足球队获得仿真5对5项目世界冠军，类人项目亚军，仿真11对11季军
122	2006	7月9日，中央新闻单位采访团湖北省农村教师培训工作座谈会在我校举行
123	2006	11月12—17日，教育部普通高等学校本科教学水平评估专家组来校实地考察。2007年5月29日，学校在本科教学工作水平评估中获得优秀
124	2006	12月，吴元欣任校党委书记、校长
125	2007	3月，田辉玉、王存文任校党委常委、副校长；6月，吴元欣任校党委书记，李杰任校长，唐敏任纪委书记，桂昭明转任正校级调研员
126	2007	6月17—19日，中共武汉工程大学第一次代表大会隆重召开
127	2007	6月，学校举行建校三十五周年活动
128	2007	8月15—16日，学校召开“申博工程”和“质量工程”研讨会
129	2007	8月，流芳校区西北区启用
130	2007	9月3日，完成中层干部换届工作，305人次参加岗位竞聘
131	2007	9月10日，中国工程院院士、中国人民解放军防化研究所陈冀胜研究院来校访问
132	2007	11月，湖北省委第五巡视组进驻学校开展巡视
133	2007	12月15日，湖北省第二届“楚天学者”论坛在学校举行
134	2007	12月24日，中国科学院院士、中国化学会副理事长钱逸泰教授来校讲学
135	2008	5月30日，湖北省政协副主席周宜开来校指导科研成果转化工作
136	2008	截至5月30日，全校师生向四川汶川地震灾区捐款达729849.2元。向中华全国总工会捐款646048元，向湖北省慈善总会捐款30635元，向红十字会等其他渠道捐款531662元
137	2008	6月14日，绿色化工过程省部共建教育部重点实验室揭牌
138	2008	7月10日，中国工程院院士李德毅来校讲学

续表

序号	年度	事件
139	2008	9月28日，原湖北省委书记贾志杰来校视察工作
140	2009	3月23日，省属高校深入学习实践科学发展观指导检查组第七组检查我校学习实践活动准备情况。3月24日，召开学习实践科学发展观活动动员大会
141	2009	5月，校团委荣获“全国五四红旗团委”荣誉称号
142	2009	7月4日，学校与华中科技大学签署对口支持合作协议
143	2009	10月，张彦铎任校党委常委、副校长
144	2009	10月25日，李杰校长和德国罗斯托克大学副校长 Ursulavan Rienen 在我校签订《武汉工程大学和罗斯托克大学科研与教学合作协议》
145	2009	10月20日，教育部高校毕业生就业工作座谈会在武昌校区召开
146	2009	11月，学校分别在第十一届“挑战杯”全国大学生课外学术科技作品竞赛和中南地区港澳特区第四届大学生创新设计制造大赛中获一等奖
147	2009	11月21日，学校在第一届全国智力运动会桥牌项目青年女子团体赛上获得银牌
148	2009	12月4日，“杨叔子院士工作室暨深圳冠旭电子有限公司武汉工程大学智能降噪技术研究中心”揭牌仪式隆重举行，学校为杨叔子院士颁发聘书
149	2009	12月17日，湖北省高校产学研合作暨规范发展科技产业现场经验交流会在武昌校区召开
150	2009	校长李杰带队出访英国和法国
151	2010	1月8日，学校“E＋”国家人才培养模式创新实验区启动仪式暨人才培养方案论证会在武昌校区召开
152	2010	2月3日，省委组织部、省科技厅、省人力资源和社会保障厅联合授予池汝安教授“湖北省海外留学回国人员十大有突出贡献中青年专家”称号
153	2010	2月11日，我校获批为湖北省博士学位授予立项建设单位
154	2010	3月25日，学校在2009年度湖北省科学技术奖励大会上获奖11项
155	2010	4月，田辉玉改任校党委副书记
156	2010	4月21日，湖北省副省长郭生练一行视察学校科技产业园
157	2010	5月4日，学校申报的《磷石膏处理及其在建筑材料上的应用》首次获批国家外专局“引进国外技术计划”项目
158	2010	5月15日，化学工程与工艺、高分子材料与工程2个专业在湖北省首次进入本科第一批次招生
159	2010	5月21日，学校“矿物处理过程强化”团队入选教育部2009年长江学者和创新团队发展计划，是首个获此殊荣的省属高校
160	2010	8月，“化学反应工程”课程被评为国家级精品课程；“制药工程专业教学团队”被评为国家级教学团队；“高分子材料与工程”“应用化学”两个专业被批准为国家级特色专业建设点
161	2010	10月22—23日，首届中国人才发展论坛在北京举行。国务院副总理张德江为桂昭明教授颁发了优秀论文奖一等奖证书
162	2010	9月，人力资源和社会保障部与全国博士后委员会联合下文，批准学校研究设计院设立博士后科研工作站

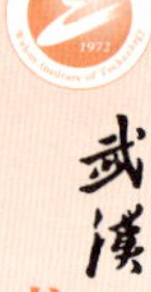
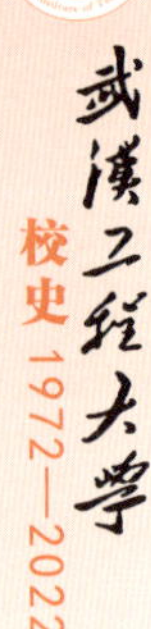

续表

序号	年度	事件
163	2010	教育部科技发展中心、中国高校校办产业协会发布《2009 年度中国高等学校校办产业统计报告》。2009 年全国共有 147 所普通高等院校的校办产业年收入总额超过 5000 万元，我校以 6585.34 万列第 118 位，成为唯一入围的省属高校
164	2011	2 月，陈再平任校党委常委、副校长
165	2011	2 月 18 日，根据省职改办批复，从 2011 年起学校获批全部学科副教授任职资格评审权
166	2011	3 月，徐慢任校党委常委、纪委书记
167	2011	3 月 14 日，“化学工程与工艺”专业通过全国工程教育专业认证
168	2011	4 月 13 日，学校与法国梅兹国立工程师学校合作举办材料加工工程专业硕士研究生层次中外合作办学教育项目获教育部批准
169	2011	4 月 21 日，由湖北省教育厅主办、学校承办的“2011 年度湖北省世界著名科学家来鄂讲学武汉论坛之化工论坛”在我校隆重举行
170	2011	5 月 9 日，池汝安教授作为“资源多样性与生态环境安全重大问题”973 前期研究专项首席科学家，主持“中低品位胶磷矿工艺矿物学与浮选的基础研究”项目研究
171	2011	6 月，张文学任校党委常委、副校长
172	2011	6 月 30 日，学校庆祝中国共产党成立 90 周年大会在流芳校区举行
173	2011	7 月 4 日至 8 月 4 日，开展中层干部换届工作
174	2011	8 月，李世荣任副校级调研员。同年，冯碧元转任正校级调研员
175	2011	8 月 21—23 日，召开 2011 年暑期研讨会，就推行院校两级管理体制改革进行了专题讨论
176	2011	9 月 1 日，艺术设计学院学生作品获德国“红点奖”最高奖——“至尊奖”
177	2011	9 月 20 日，国家磷资源开发利用工程技术研究中心揭牌仪式在我校举行
178	2011	9 月 24 日，校友会成立大会隆重召开
179	2011	10 月 25 日，获批为教育部第二批“卓越工程师教育培养计划”高校
180	2011	11 月 18—20 日，学校举办 2011 年全国模拟设计网络大赛
181	2011	12 月，国务院总理温家宝接见我校杰出校友张纲
182	2012	1 月 4 日，学校确定“格物明理　致知笃行”为校训
183	2012	1 月 12 日，学校留学生完成的学术论文在美国《Hydrometallurgy》发表，被评为“中国百篇最具影响国际学术论文（2010 年）”
184	2012	2 月 14 日，科研项目“云南中低品位胶磷矿选矿技术开发与产业化”获得国家科学技术进步二等奖
185	2012	2 月 29 日，化学工程与工艺、制药工程、矿物加工工程三个本科专业列入教育部第二批“卓越工程师教育培养计划”
186	2012	5 月，第十届全国人大常委会副委员长顾秀莲为学校四十年校庆题词：岁月辉煌四十年，科学发展谱新篇
187	2012	6 月 14—17 日，中共武汉工程大学第二次代表大会召开
188	2012	6 月，教育部正式批准学校与英国德蒙福特大学合作举办制药工程专业本科教育项目。学校中外合作办学已涵盖研究生、本科、专科所有层次

续表

序号	年度	事件
189	2012	10 月 8 日，建校四十周年庆祝大会在流芳校区体育场隆重举行
190	2012	11 月 1 日，中国工程院国家稀土资源开发与利用战略研讨会在学校召开
191	2012	11 月 24 日—28 日，在第八届“挑战杯”中国大学生创业设计竞赛中，学校创业团队以创业计划“北极星防震家具有限公司”获全国金奖
192	2012	学校入选中西部高校基础能力建设工程
193	2013	1 月 16 日，获湖北省首届人才工作“十强高校”称号
194	2013	3 月，涂方剑任副校级干部
195	2013	4 月 12 日，南湖片区“十校联合办学”2013 年第一次工作会议在武昌校区召开
196	2013	4 月 26 日，由共青团中央主办，共青团湖北省委、湖北省青年创业就业促进中心、学校承办的“我的中国梦”青年创业典型报告会在流芳校区举行
197	2013	7 月，王存文任校党委副书记、校长，吴锋任副校级干部
198	2013	7 月 10 日，召开全校党的群众路线教育实践活动动员大会
199	2013	7 月，学校被确定为博士学位授予单位，化学工程与技术、材料科学与工程 2 个学科为博士学位授权一级学科
200	2013	8 月，学校与美国佛罗里达理工学院联合举办的中外合作办学项目获教育部批准
201	2013	10 月 9 日，武汉市人民政府和学校共建的武汉化工新材料工业技术研究院揭牌仪式在我校举行
202	2013	11 月 18 日，学校科技园开工奠基仪式在武汉东湖新技术开发区未来城湖北省大学科技园举行
203	2014	1 月 6 日，学校获批设立首批湖北省大学生创业孵化示范基地
204	2014	4 月 4 日，教育部副部长杜占元来校视察科技与产业工作
205	2014	5 月 22 日，学校人才发展研究中心被中央人才工作协调小组批准为“人才理论重点研究基地”
206	2014	5 月 30 日，学校在湖北省整体进入一本招生
207	2014	学校“E+ 双专业一体化复合型人才培养模式研究与实践”项目首次获国家级教学成果二等奖
208	2014	9 月 2 日，学校首个博士后科研流动站获批，设站学科为化学工程与技术
209	2014	9 月 25—27 日，学生创业团队在全国大学生首届“创青春”大学生创业大赛 MBA 专项赛中获得金奖
210	2014	9 月，材料科学与工程学院教师鄢国平获“全国优秀教师”荣誉称号
211	2014	10 月，叶芃任学校正校级干部
212	2014	校长王存文随省团赴美国参加海外研修
213	2015	1 月，学校成果转化中心获批国家技术转移示范机构
214	2015	3 月，陆培祥任副校长
215	2015	3 月，学校“大化工”工程化实践教学中心获批为国家级实验教学示范中心

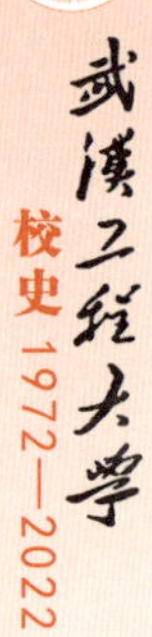
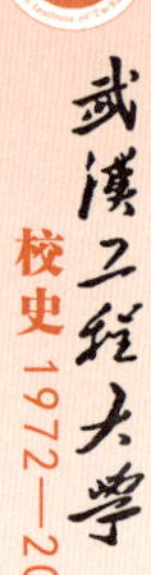

续表

序号	年度	事件
216	2015	4月10日，根据省职改办批复，授予学校化学工程与技术、材料科学与工程、动力工程及工程热物理、土木工程、管理科学与工程、控制科学与工程六个学科教授任职资格评审权
217	2015	5月30日，武汉市市长万勇来校调研指导工作
218	2015	6月9日—10日，湖北省第十届“挑战杯·青春在沃”大学生课外学术科技作品竞赛终审决赛闭幕式在流芳校区隆重举行
219	2015	6月15日下午，学校国家专利运营试点企业、省知识产权与技术转移中心挂牌仪式暨学校与审协湖北中心合作协议签订仪式在流芳校区举行
220	2015	法商学院教师金明浩入选第四批“百千万知识产权人才工程”百名高层次人才培养人选名单，被国家知识产权局确定为“第四批全国专利信息领军人才”，并入选全国专利信息专家库
221	2015	学校完成中层干部换届工作
222	2015	10月31日，第21期“光谷　青桐汇”在流芳校区举行
223	2015	11月18日，全国石油和化工科技创新大会在北京人民大会堂召开，邹菁、刘治田两位教授被评为“全国石油和化工优秀科技工作者”，学校科研项目“干气制氢中变气脱碳提氢成套技术及产业化”“复杂条件下厚大缓倾斜磷矿体安全高效开采关键技术”分别获科技进步一等奖
224	2016	4月16日，由教育部高等学校化工类专业教学指导委员会主办的第一届全国化学反应工程教学及学科发展研讨会在武昌校区召开
225	2016	学校在“第七届全国大学生过程装备实践与创新大赛”中获特等奖
226	2016	我校教师原创歌曲在“唱响中国——2016首届大型音乐展演盛典”中荣获金牌
227	2016	10月18日，省委第十巡视组进驻学校开展巡视工作
228	2016	10月，学校省级重大创新计划项目《硅钙质低品位胶磷矿常温正反浮选关键技术研发》获得重大突破，精矿产率达38%，磷回收率达80%。成为国内首次完成低品位胶磷矿常温正反浮选工业化例子
229	2016	10月19日，学校“大化工工程教育与创新创业中心”竣工验收合格
230	2016	11月6日，法商学院硕士研究生吴达为救落水少年献出宝贵生命。共青团湖北省委、学校党委分别追授其“湖北省优秀共青团员”“武汉工程大学舍己救人优秀大学生”荣誉称号；湖北省委高校工委、省教育厅追授吴达同学“湖北省优秀大学生”荣誉称号；2017年，团中央授予吴达同学2016年度“中国大学生自强之星”荣誉称号
231	2016	学校“秋夜青语志愿队”获评2015年度省级“本禹志愿服务队”示范团队
232	2016	12月，校团委张志老师获团中央“2016年共青团网络新媒体先进个人”荣誉称号
233	2016	12月26日，学校获批第一批国家环境保护培训基地
234	2016	学校科研项目“低品位难处理胶磷矿高效绿色利用关键技术与工程示范”“强激光场原子分子关联电子动力学研究”分获湖北省科技进步一等奖、湖北省自然科学一等奖
235	2017	中央电视台经济频道专题报道我校陶瓷膜科研团队专利作价2128万元入股高科技公司
236	2017	2017中国高被引论文百强高校排名公布。我校高被引论文17篇，位列全国内地高校排名第189位，相比2016年前进34位

续表

序号	年度	事件
237	2017	4 月，程幼金任校党委书记
238	2017	5 月 6 日，首届中国“七立方杯”国际个人交通工具创新设计大赛颁奖仪式在上海中国国家会展中心举行，我校 2 名同学的作品获得金镣奖
239	2017	5 月，根据省职改办关于下放高校职称评审权的通知，学校对高校教师、实验技术系列高级职务开展自主评审
240	2017	6 月 20 日—23 日，本科教学审核评估专家组来校开展本科教学审核评估考察
241	2017	在《2017 年中国大学及学科专业评价报告》中，化工与制药类专业位居全国高校专业排名 14 强
242	2017	8 月，学校新增为推荐优秀应届本科毕业生免试攻读研究生的普通高等学校
243	2017	10 月，学校“化学工程与技术”和“材料科学与工程”两个博士学位授权点专项评估结果均为合格
244	2017	10 月 27—29 日，由中国化工教育协会主办，2017 年全国化工高校党委书记、校（院）长年会在我校举行
245	2017	11 月，学校大学生创业基地被认定为 2017 年“湖北省大学生创业示范基地”
246	2017	11 月 14—18 日，学校在全国“挑战杯”课外学术科技作品竞赛“一带一路”国际专项赛中获一等奖
247	2017	法商学院 2015 级研究生吴达、管理学院 2014 级本科生王琳宁荣获 2017 年“全省向上向善好青年”荣誉
248	2017	12 月 19 日，艾瑞深中国校友会网《2017 中国大学评价研究报告》发布 2017 中国大学本科专业排行榜和 2017 中国大学材料类本科专业排行榜。排名展示了中国大学高分子材料与工程专业实力最强的 69 所大学，我校排名全国第 19 位、湖北省第 1 位
249	2017	校长王存文随省团赴德国培训
250	2018	1 月 18 日上午，中共武汉工程大学委员会二届二次全体（扩大）会议在流芳校区召开
251	2018	1 月 18 日，由武汉工程大学、湖北兴发化工集团股份有限公司合作创建的武汉工程大学兴发矿业学院在武汉工程大学武昌校区揭牌
252	2018	6 月，郑丹凤任校党委副书记
253	2018	7 月 15 日，学校在 2018“创青春”全国大学生创业大赛 MBA 专项赛和网络信息经济专项赛中获一金一银一铜，位列省属高校之首
254	2018	7 月，校长王存文带队出访马来西亚
255	2018	9 月，我校化学、材料科学两个学科排名进入 ESI 全球前 1%，是学校 ESI 学科全球排名的历史性突破
256	2018	10 月，校党委书记程幼金随省团出访澳大利亚和泰国
257	2018	11 月 3 日，我校在 2018“创青春”浙大双创杯全国大学生创业大赛终审决赛中斩获一金一银两铜，并荣获校级优秀组织奖，成绩位居省属高校第一
258	2018	12 月，方文海任校党委常委、副校长
259	2018	学校科研项目“路面激光视觉复合测量方法与计量标准装备”获教育部高等学校科学研究优秀成果奖（科学技术）通用项目科技进步二等奖

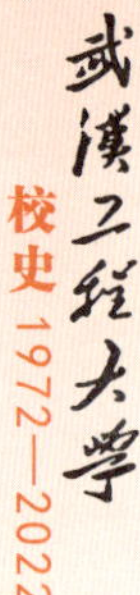

续表

序号	年度	事件
260	2018	学校获得国家社科基金立项资助 5 项，其中重点项目 1 项，一般项目 2 项，青年项目 2 项
261	2019	1 月 6—8 日，“世界著名科学家来鄂讲学计划”专家韩国科学技术院（KAIST）Sukbok Chang 教授来校交流访问
262	2019	1 月 23 日，2019 软科“中国最好大学排名”正式发布。我校位列 126 位，在湖北省属高校中位居第二，全国排名比上年前进 35 位
263	2019	2 月，学校获批 1 个湖北省重点实验室和 5 个湖北省工程技术研究中心
264	2019	3 月 26 日，“世界著名科学家来鄂讲学计划”世界著名有机化学家、法国科学院院士 Janine Cossy 教授来校交流访问
265	2019	我校首次荣获教育部 2018 年度高等学校科学研究优秀成果奖（科学技术）
266	2019	4 月 6 日，奥运冠军郑李辉参加我校“青春心向党　建功新时代”主题团日活动
267	2019	4 月 8 日，化学领域国际顶级期刊《美国化学会志》在线发表我校在读博士研究生田凡的科研论文，系我校研究生首次在世界顶级学术期刊上发表学术论文
268	2019	5 月，WILEY- 黄鹤楼先进纳米材料高端论坛在我校成功举办
269	2019	5 月 10 日，根据最新发布的 ESI 数据，我校工程学学科首次进入 ESI 全球排名前 1%。至此，我校进入 ESI 全球排名前 1% 的学科增至三个，位列湖北省属高校第一
270	2019	6 月 21—23 日，第一届中国磷资源开发学术研讨会在宜昌召开。此次会议由武汉工程大学与其他单位联合主办
271	2019	6 月 26 日，学校与宜昌人福药业有限责任公司共建“制药工程联合实验室”签约仪式在流芳校区举行
272	2019	6 月 26 日正式发布的 2019 软科世界一流学科排名（Shanghai Ranking's Global Ranking of Academic Subjects）数据显示，材料科学与工程学科进入世界一流学科排行榜，是我校首个进入世界一流学科排行榜的学科
273	2019	7 月 10—14 日，程幼金率代表团一行 6 人赴英国先后访问了曼彻斯特城市大学和伦敦国王学院，商谈合作意向
274	2019	8 月，我校教师团队在国际顶级期刊《Chemical Society Reviews》上发表论文
275	2019	武汉工程大学—华为 ICT 学院挂牌暨课程培训开班仪式在计算机科学与工程学院、人工智能学院举行
276	2019	10 月 1 日上午 7 点 28 分，学校隆重举行庆祝新中国成立 70 周年升旗仪式，并集中收听收看庆祝中华人民共和国成立 70 周年大会盛况
277	2019	10 月 15 日，新加坡义安理工学院副校长 Mah Wee Beng 和国际处处长 Serene Koh 一行 6 人来校访问，深入洽谈两校开展国际合作等相关事宜
278	2019	10 月，USNews 2020 世界大学排行榜出炉，我校位列中国内地高校第 116 位。材料科学学科首次进入 USNews 2020 年世界大学学科榜，位列中国内地高校材料科学学科第 77 位
279	2019	12 月 3—13 日，省教育厅厅长陶宏应邀率团赴南非、津巴布韦和毛里求斯交流访问，推进实施“一带一路”教育行动计划，校长王存文随团访问
280	2019	12 月 30 日，学校参与完成的“飞天系列健康保障品研制及其应用研究”科研成果荣获 2019 年中国产学研合作创新成果一等奖

续表

序号	年度	事件
281	2019	12月，学校科研项目“芯片用超高纯电子级磷酸及高选择性蚀刻液生产关键技术”获国家科学技术进步二等奖
282	2019	12月，绿色化工过程教育部重点实验室评估结果为良好
283	2019	学校科研项目“高性能碳化硅陶瓷膜制备成套技术与产业化”“高铁动车组运维仿真培训系统关键技术及工程应用”获湖北省科技进步一等奖
284	2019	学校团委获得“团十八大以来宣传思想文化工作先进单位”荣誉称号，系湖北省省属高校唯一，全国仅50所高校团委获此殊荣
285	2020	1月10日，学校申报的“超高纯电子级磷酸及高选择性蚀刻液生产关键技术”项目获得国家科学技术进步二等奖
286	2020	2月5日，校领导程幼金、王存文、郑丹凤、张彦铎、方文海一行慰问新冠肺炎疫情防控一线工作的党员和群众，并召开现场办公会，部署下一阶段防控工作
287	2020	2月10日，新加坡义安理工学院捐资助力我校新冠肺炎疫情防控工作
288	2020	2月27日上午，我校首批医护人员赴疫情前线，支援武汉市新冠肺炎病人治愈出院后隔离期的管理和救治工作
289	2020	3月，学校与澳大利亚科庭大学合作举办化学工程与工艺专业本科中外合作办学教育项目获得教育部批准
290	2020	4月30日，2020自然指数年度榜单揭晓，我校排名中国内地高校第145位
291	2020	5月12日，学校首位“本硕博”一体化培养博士生顺利通过博士“云答辩”
293	2020	6月9日，湖北省副省长肖菊华一行来校调研指导毕业生返校及就业工作
294	2020	7月1日，校党委书记程幼金通过“云端”为全校师生讲授微党课
295	2020	欧洲人文和自然科学院（Academia Europaea）公布了2020年新当选院士名单，我校校友余翔教授当选新一届欧洲科学院院士
296	2020	湖北省科技厅公布2020年湖北省引进外国人才和智力项目评选结果，我校申报的“磷矿绿色高效利用”引智创新示范基地获批，实现省级引智平台零的突破
297	2020	学校科研项目“湿法磷酸及伴生资源高值化利用关键技术与工程应用”获湖北省技术发明奖一等奖
298	2020	全国高校人工智能与大数据创新联盟发布2020年全国人工智能专业排名，人工智能专业排名第99位，位居省属高校首位
299	2020	9月12—13日，学校在湖北省志愿服务项目大赛中获省赛金奖3项，银奖2项，铜奖6项，“楚天创客”银奖4项
300	2020	10月9日，学校大学生创新创业基地获批“湖北省大学生创业示范基地”
301	2020	10月20日，学校在USNews 2021世界大学排行榜首次进入内地大学百强
302	2020	10月29日，学校在流芳校区多功能报告厅举行抗击新冠肺炎疫情表彰大会，表彰先进典型，总结抗疫经验
303	2020	11月，学校首次获批湖北省科技事业单位档案工作目标管理考评“省一级”单位
304	2020	12月，李志旭任校党委副书记，喻发全任校党委常委、副校长
305	2020	学校获教育部第四届全国高校网络教育优秀成果二等奖

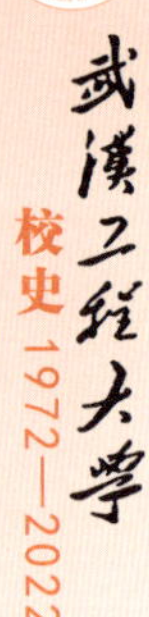

续表

序号	年度	事件
306	2020	电气信息学院刘健老师获全国高校青年教师教学竞赛二等奖
307	2020	材料科学与工程学院李鹏程教授入选 Journal of Materials Chemistry C 2020 年度 Emerging Investigator
308	2020	学校化学工程与技术博士后科研流动站首次获良好等次
309	2020	英国皇家化学会（RSC）2019 年度物理化学类期刊全球“Top1 % 高被引中国作者”榜单揭晓，我校材料科学与工程学院刘治田教授继 2018 年度之后第二次入选
310	2020	学校《“童”心协力——环卫工子女融合帮扶》项目在第五届中国青年志愿服务项目大赛全国赛中获银奖
311	2021	2 月 6 日，学校获批“湖北省大众创业万众创新示范基地”
312	2021	5 月 8 日，姚槐应教授、李思悦教授入选全球前 2% 顶尖科学家（World’s Top 2% Scientists 2020）环境学科榜单
313	2021	5 月 21 日，湖北省高等教育学会继续教育分会成立大会在校召开
314	2021	6 月 5 日，学校承办湖北省廉政文化建设研究会年会暨廉政文化建设百年历程和高质量发展学术交流会在流芳校区召开
315	2021	5 月 26 日，学校 6 个学科上榜 2021“软科世界一流学科排名”，其中“矿业工程”学科进入前 100 名，位居世界一流学科第 51~75 位，为湖北省属高校唯一进入百强学科
316	2021	6 月 11 日，学校“大学生职业发展”课程成功入选 2021 年教育部全国高等学校学生信息咨询与就业指导中心发布的全国高校就业创业金课
317	2021	7 月，马小龙、韩高军、吴云韬任校党委常委
318	2021	7 月 5 日，学校对口建设的鄂州市鄂城区古楼街道示范点被评为全省“理论热点对面”优秀示范点
319	2021	7 月 12 日，学校与湖北省人民医院协作医院签约挂牌仪式在校举行
320	2021	7 月 21 日，省委副书记、省长王忠林在武汉市调研高校毕业生留鄂就业创业工作并主持召开座谈会，学校是参会 2 所高校之一，校党委书记程幼金在会上交流发言
321	2021	8 月 22 日，学生团队在 2021 年“天正设计杯”第十五届全国大学生化工设计竞赛全国总决赛中获一等奖等多项奖励
322	2021	8 月 29 日，学校 4 个学科群和 10 个研究生工作站成功获湖北省教育厅批准建设
323	2021	8 月 30 日，湖北省科技厅公布了湖北省重点实验室绩效评估结果，学校 5 个省参评重点实验室全部通过评估，并取得 1 个优秀 2 个良好的优异成绩
324	2021	9 月 8 日，喻九阳教授领衔的绿色化工装备团队获湖北省“荆楚好老师”荣誉称号
325	2021	9 月 15—17 日，学校主办的第二届中国磷资源开发学术研讨会暨磷石膏固废处理技术高峰论坛在宜昌召开
326	2021	9 月 28 日，在第十七届“挑战杯”全国大学生课外学术科技作品竞赛“黑科技”专项赛中，学校作品《面向超精密电子装联领域的激光锡焊装备》《有机湿垃圾全量化生物转化系统》获得恒星级作品奖
327	2021	10 月 10 日，学校张三元教授主持的国家社科基金重点项目“人类命运共同体视阈下中国价值的跨文化传播研究”，经全国哲学社会科学工作办公室审核准予以“免于鉴定”结题，是我校首个以“免于鉴定”成绩结项的国家社科基金项目

续表

序号	年度	事件
328	2021	10月18日，学校2个项目团队调研报告受到湖北省委领导审示签批，并呈报国务院食品安全委员会办公室
329	2021	10月21日，杨丙桥副教授与德国亥姆霍兹德累斯顿罗森多夫研究中心 Rudolph Martin 博士联合申报的“德国优秀青年基金项目（长期）”获批“2021年中德合作德国优秀青年学者基金项目”立项
330	2021	10月22日，国内全球学者库网站公布了“全球顶尖前10万科学家排名”，机电工程学院陈林根教授入选并位列全球顶尖科学家排名榜单的2895名，在国内物理学领域位列第11名
331	2021	11月3日，学校航天图像处理先进技术科研创新团队朱映老师作为主要参与人完成的研究成果在2020年度国家科学技术奖中获得国家科学技术进步一等奖
332	2021	11月15日，省委第七巡视组进驻学校开展巡视工作
333	2021	11月27—28日，在第七届全国大学生物理实验竞赛（创新）决赛中获得全国一等奖1项、二等奖2项、三等奖1项、优秀奖1项
334	2021	12月3日，湖北省人民政府发布《省人民政府关于组建湖北隆中实验室、湖北三峡实验室的通知》，湖北三峡实验室正式组建，池汝安教授被聘为实验室主任
335	2021	12月3日，胡华天老师与瑞士洛桑联邦理工学院（EPFL）合作在国际顶尖学术期刊《Science》上发表最新研究成果《分子光力纳腔中的连续波频率上转换》
336	2021	12月7日，材料科学与工程学院2018级本科生刘耀东同学荣获2021年度全国“最美大学生”荣誉称号
337	2021	12月15日，石油和化工行业生物质环境和能源新材料重点实验室获批为全国行业重点实验室
338	2021	12月17日，国家自然科学基金委员会公布了2021年度“团簇构造、功能及多级演化”和“战略性关键金属超常富集成矿动力学”重大研究计划项目的评审立项结果，学校有2个项目获立项资助
339	2021	12月20日，“绿色土木工程材料与结构湖北省工程研究中心”通过湖北省发改委认定
340	2021	12月21日，湖北三峡实验室揭牌仪式暨理事会第一次会议在宜昌举行，副省长、实验室理事长肖菊华为实验室揭牌。校长王存文应邀出席会议
341	2021	12月28日，学校聘中国工程院院士、华东理工大学科协主席涂善东院士为我校特聘兼职教授
342	2021	12月30日，学校在第二十三届中国机器人及人工智能大赛中获国家级一等奖5项、国家级二等奖5项、国家级三等奖17项
343	2021	12月30日，学校与湖北省应急管理厅共建武汉工程大学应急管理学院
344	2021	学校科研项目“铬化工清洁生产与综合利用关键技术及产业化”获湖北省科技进步一等奖
345	2022	1月，学校王存文教授领衔的资源利用与新能源开发团队获评第二批“全国高校黄大年式教师团队”
346	2022	1月，学校获批2022年世界著名科学家来鄂讲学计划项目2项
347	2022	1月，学校教育发展基金会接受校友捐赠位居校友会2021中国大学校友捐赠排名第57位

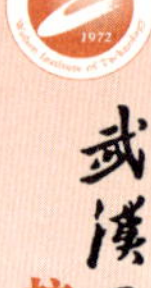

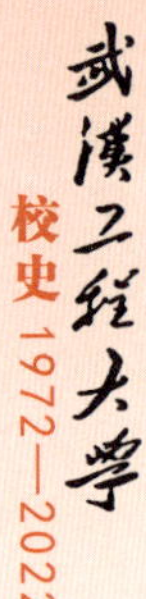

续表

序号	年度	事件
348	2022	2月22日，中国高等教育学会公开发布了2021全国普通高校大学生竞赛分析报告。学校在“2021年全国普通高校大学生竞赛榜单（本科前100）”中首次上榜，排名81位，位列湖北省属高校第3位
349	2022	2月，校团委被评为“2021年度全省共青团工作先进单位”，在40所直属高校团委中排名第4，且连续9年获此殊荣
350	2022	2月，学校正式获批为湖北省高校心理健康教育示范中心
351	2022	3月8日，省委第七巡视组向武汉工程大学党委反馈巡视意见
352	2022	3月29日，第十七届“挑战杯”全国大学生课外学术科技作品竞赛授奖名单公布，学校获终审决赛一等奖1项，二等奖1项，三等奖1项，黑科技专项赛恒星级作品（一等奖）2项，揭榜挂帅专项赛二等奖1项，红色专项赛三等奖1项，总体获奖数量和质量均创历史新高
353	2022	3月，青年教师王恒入选中国科协“青年人才托举工程”
354	2022	4月23日，张三元教授著作《大道不孤：中国价值的跨文化传播》列入省委书记推荐书单
355	2022	4月，陈林根教授入选爱思唯尔2021“中国高被引学者”榜单
356	2022	5月18日，学校隆重举行庆祝建团100周年主题团日活动暨百“化”林思政讲堂分享会
357	2022	5月，洪汉玉教授团队研发的“气动光学效应校正软件”通过中国软件评测中心测试和省级鉴定
358	2022	6月3—4日，学校承办完成第九届“学创杯”全国大学生创业综合模拟大赛湖北省选拔赛
359	2022	6月21日，校纪委书记方文海当选中国共产党湖北省第十二届纪律检查委员会委员
360	2022	6月23日，武汉工程大学社科联成立大会隆重召开，湖北省社科联党组书记、常务副主席喻立平出席大会
361	2022	6月25日，学校测控技术与仪器、软件工程、土木工程、生物工程等4个专业通过了工程教育专业认证
362	2022	6月25日，学校主持或参与完成的12项科研成果获2021年度湖北省科学技术奖，其中一等奖2项，二等奖5项，三等奖5项
363	2022	6月，鄂哲恒、张靖宇两名同学入选湖北省“大学生自强之星”，并被推报参加“中国大学生自强之星”评选
364	2022	6月，刘耀东、张靖宇、何林轩、曾庆富、宋灿飞、吕明阳等6名优秀学子入选第八届“长江学子”大学生就业创业人物
365	2022	6月，学校以203件专利转让数位居中国高校专利转让排行榜（Top100）第93位、在汉高校第5位、省属高校第2位
366	2022	6月，学校获批2021年度国家级一流本科专业建设点6个、湖北省省级一流本科专业建设点6个
367	2022	7月，朱青林同志任武汉工程大学党委委员、常委、副校长
368	2022	7月25日至29日，学校成功举办生态环境部VVER机组核安全监管实务培训班

附录 2

历（现）任学校党政主要领导

历任校党委负责人

职　务	姓　名	任职时间
书　记	宫雨屏	1972.09—1974.12
书　记	李康德	1978.11—1983.12
书　记	亓国治	1983.09—1987.08
顾　问	李康德	1984.01—1985.12
书　记	吕福利	1987.08—1991.02
书记（代）	陈古圣	1991.02—1992.09
书　记	蒋子铎	1992.09—1995.12
书　记	何定雄	1995.12—2006.12
书　记	吴元欣	2006.12—2016.11
副书记	陈复兴	1972.09—1982.12
副书记	金蔼堂	1972.09—1974.05
副书记	孟占勇	1974.12—1978.11
副书记	罗斌洲	1975.04—1976.10
副书记	李康德	1975.11—1978.11
副书记	臧之昭	1981.07—1985.12
副书记	李鸿义	1985.11—1991.07
副书记	梅介人	1991.07—1995.01
副书记	何定雄	1992.09—1995.12
副书记	桂昭明	1995.01—2004.01
副书记（正院级）	刘孔皋	2000.09—2005.08
副书记	周应佳	2004.01—2006.08
副书记	叶　芃	2006.01—2009.09
副书记	田辉玉	2010.04—2017.03

历任校纪委负责人

职　务	姓　名	任职时间
纪委书记	唐凤翔	1989.09—1996.03
纪委书记	桂昭明	1996.03—1998.01
纪委书记	刘孔皋	2000.09—2002.08
纪委书记	冯碧元	2002.08—2006.01
纪委书记	叶　芃	2006.01—2007.06
纪委书记	唐　敏	2007.06—2011.03
纪委书记	徐　慢	2011.03—2022.03

历任校行政负责人

职　务	姓　名	任职时间
院　长	孟占勇	1978.11—1983.09
院长（代）	陈古圣	1983.09—1985.12
院　长	陈古圣	1985.12—1993.10
院长（兼）	蒋子铎	1993.10—1995.12
院　长	蒋子铎	1995.12—1997.02
院　长	钟康年	1997.02—2002.11
院　长	吴元欣	2002.11—2006.12
校　长	吴元欣	2006.12—2007.06
校　长	李　杰	2007.06—2013.06
革委会副主任	陈复兴	1975.12—1978.11
革委会副主任	孟占勇	1975.12—1978.11
革委会副主任	洪板桥	1975.12—1978.11
革委会副主任	刘宿贤	1976.02—1978.11
副院长	刘宿贤	1978.11—1979.11
副院长	洪板桥	1978.11—1983.09
顾　问	洪板桥	1983.09—1985.12
副院长	王虎臣	1980.10—1983.09
副院长	王荣桂	1981.07—1983.03
副院长	李定或	1983.09—2000.07
副院长	梁仲理	1983.09—1988.05
副院长	韩公权	1983.09—1984.10

续表

职　务	姓　名	任职时间
副院长	胡贵明	1984.12—1997.02
副院长	蒋子铎	1988.05—1992.09
副院长	钟康年	1992.09—1997.02
副院长	黄士南	1995.12—1996.09
副院长	吴元欣	2000.06—2002.11
副院长	叶　芃	2001.11—2006.01
副校长	刘　羽	1995.12—2007.04
副校长	桂昭明	2004.01—2007.06
副校长	王存文	2007.03—2013.07
副校长	田辉玉	2007.03—2010.04
副校长	冯碧元	2006.01—2011.03
副校长	汪建华	2001.11—2015.11
副校长	陈再平	2011.02—2018.07
副校长	陆培祥	2015.03—2019.04
副校长	张文学	2011.06—2019.10
副校长	方文海	2018.12—2022.03
副校长	张彦铎	2009.10—2022.07
正校级调研员	桂昭明	2007.06—2008.11
正校级调研员	冯碧元	2011.03—2011.12
副校级干部	吴　锋	2013.07—2016.01
副校级干部	涂方剑	2013.03—2019.10
副校级调研员	李世荣	2011.08—2022.07

现任校领导信息

职　务	姓　名	任职时间
党委书记	程幼金	2017.04
党委副书记、校长	王存文	2013.07
党委副书记	郑丹凤	2018.06
党委副书记	李志旭	2020.12
纪委书记	方文海	2022.03
副校长	朱青林	2022.07
副校长	喻发全	2020.12

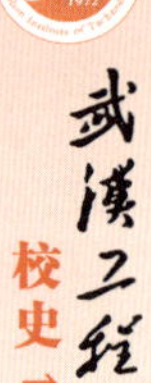

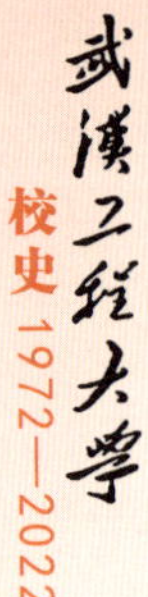

续表

职　务	姓　名	任职时间
党委常委	程幼金	2017.04
	王存文	2007.03
	郑丹凤	2018.06
	李志旭	2020.12
	方文海	2018.12
	朱青林	2022.07
	喻发全	2020.12
	马小龙	2021.07
	韩高军	2021.07
	吴云韬	2021.07
正校级干部	叶　芃	2014.10
副校级待遇	徐　慢	2022.03

附录 3

现有科研平台一览表（截至 2022 年 5 月）

序号	名称	依托单位	主管部门	认定时间及批文号
1	国家磷资源开发利用工程技术研究中心	云南磷化集团有限公司、武汉工程大学	科学技术部	2011.1.7 国科发计〔2011〕5 号
2	国家技术转移示范机构—武汉工程大学成果转化中心	武汉工程大学	科学技术部	2015.1.12 国科发火〔2015〕5 号
3	绿色化工过程教育部重点实验室	武汉工程大学	教育部	2007.7.18 教技函〔2007〕46 号
4	磷资源开发利用教育部工程研究中心	武汉工程大学	教育部	2009.12.21 教技函〔2009〕91 号
5	湖北省化工中小企业技术创新服务平台	武汉工程大学研究设计院	国家发展和改革委员会	2008.1.29 发改投资〔2008〕65 号
6	湖北三峡实验室	湖北兴发化工集团股份有限公司、中国科学院过程工程研究所、 武汉工程大学等	湖北省人民政府	2021.12.3 鄂政函〔2021〕157 号
7	中低品位磷矿资源开发利用湖北省协同创新中心	武汉工程大学	湖北省教育厅	2012.12.27 鄂教科函〔2012〕55 号
8	乙烯工程下游产品开发及过程强化湖北省协同创新中心	武汉工程大学	湖北省教育厅	2014.5.13 鄂教科函〔2014〕8 号
9	等离子体化学与新材料湖北省重点实验室	武汉工程大学	湖北省教育厅、 湖北省科学技术厅	2001.12.28 鄂教科〔2001〕31 号
10	新型反应器与绿色化学工艺湖北省重点实验室	武汉工程大学	湖北省教育厅、 湖北省科学技术厅	2002.12.31 鄂教科〔2002〕14 号
11	智能机器人湖北省重点实验室	武汉工程大学	湖北省科学技术厅、 湖北省教育厅	2008.12.30 鄂科技发成〔2008〕68 号

续表

序号	名称	依托单位	主管部门	认定时间及批文号
12	化工装备强化与本质安全湖北省重点实验室	武汉工程大学	湖北省科学技术厅	2013.12.30 鄂科技通〔2013〕91 号
13	光学信息与模式识别湖北省重点实验室	武汉工程大学	湖北省科学技术厅	2019.1.12 鄂科技发基〔2019〕1 号
14	人才发展研究中心湖北省普通高校人文社会科学重点研究基地	武汉工程大学	湖北省教育厅	2005.6.23 鄂教科〔2005〕11 号 鄂教科函〔2012〕16 号
15	生态环境设计研究中心湖北省普通高校人文社会科学重点研究基地	武汉工程大学	湖北省教育厅	2012.12.20 鄂教科函〔2012〕53 号
16	企业与环境协调发展研究中心湖北省普通高校人文社会科学重点研究基地	武汉工程大学	湖北省教育厅	2014.6.4 鄂教科函〔2014〕12 号
17	区域高等教育发展研究中心湖北省普通高校人文社会科学重点研究基地	华中科技大学、武汉工程大学、武汉职业技术学院	湖北省教育厅	2009.12.30 鄂教科〔2009〕8 号
18	湖北省磷矿采选与固废利用国际科技合作基地	武汉工程大学	湖北省科学技术厅	2019.4.29 鄂科技发外〔2019〕5 号
19	湖北省磷矿采选工程技术研究中心	武汉工程大学、 湖北昌达化工有限公司、 湖北兴发集团、 湖北省黄麦磷矿化工有限公司	湖北省科学技术厅	2012.9.29 鄂科技通〔2012〕73 号
20	湖北省视频图像与高清投影工程技术研究中心	武汉工程大学 湖北恒颖超科技有限公司	湖北省科学技术厅	2017.5.10 鄂科技发条〔2017〕7 号
21	湖北省尾矿（渣）资源化利用工程技术研究中心	武汉工程大学 湖北大江环保科技股份有限公司	湖北省科学技术厅	2017.5.10 鄂科技发条〔2017〕7 号
22	湖北省化工环境污染控制工程技术研究中心	武汉工程大学	湖北省科学技术厅	2017.5.10 鄂科技发条〔2017〕7 号
23	湖北省环境材料与膜技术工程技术研究中心	武汉工程大学	湖北省科学技术厅	2017.5.10 鄂科技发条〔2017〕7 号
24	湖北省新能源材料工程技术研究中心	武汉工程大学	湖北省科学技术厅	2019.2.12 鄂科技发条〔2019〕3 号
25	湖北省绿色化工装备工程技术研究中心	武汉工程大学	湖北省科学技术厅	2019.2.12 鄂科技发条〔2019〕3 号

续表

序号	名称	依托单位	主管部门	认定时间及批文号
26	湖北省光电与新能源材料工程技术研究中心	武汉工程大学	湖北省科学技术厅	2019.2.12 鄂科技发条〔2019〕3 号
27	湖北省高端精细化学品工程技术研究中心	武汉工程大学	湖北省科学技术厅	2019.2.12 鄂科技发条〔2019〕3 号
28	湖北省天然资源化学工程技术研究中心	武汉工程大学	湖北省科学技术厅	2019.2.12 鄂科技发条〔2019〕3 号
29	智能产线装备湖北省工程研究中心	武汉工程大学	湖北省发改委	鄂发改办高技〔2020〕74 号
30	绿色土木工程结构与材料湖北省工程研究中心	武汉工程大学、中建商品混凝土有限公司	湖北省发改委	2021.12.14 鄂发改高技〔2021〕394 号
31	石油和化工行业生物质环境与能源新材料重点实验室	武汉工程大学	中国石化联合会	2021.11.16 中石化联科技发〔2021〕26 号
32	湖北知识产权战略实施协作基地	武汉工程大学	湖北省知识产权局	2014.4.24 湖北省知识产权局
33	磷矿绿色高效利用引智创新示范基地	武汉工程大学	湖北省科学技术厅	鄂科技发资〔2020〕10 号
34	湖北省技术转移示范机构—武汉工程大学技术转移中心	武汉工程大学	湖北省科学技术厅	2011.12.9 鄂科技通〔2011〕136 号
35	湖北省化工节能检测中心	武汉工程大学研究设计院	湖北省节能监察中心	2009.6.8 JN010.2009
36	武汉市化工工程技术研究中心	武汉工程大学	武汉市科学技术局	2008.1.8 武科〔2008〕9 号
37	湖北省化工清洁生产中心	武汉工程大学	湖北省环境保护局	2006.10.20 鄂环函〔2006〕354 号
38	武汉市压力容器压力管道安全工程研究中心	武汉工程大学	武汉市质量技术监督局	2006.12.14 武质技监锅函〔2006〕5 号
39	湖北省中小企业共性技术化工产品检测研发推广中心	武汉工程大学	湖北省经济委员会	2006.6.9 鄂经科技〔2006〕97 号
40	湖北省中小企业共性技术化学工程与工艺研发推广中心	武汉工程大学	湖北省经济委员会	2005.3.28 鄂经科技〔2005〕50 号
41	湖北省资源化工产品清洁技术的开发技术创新基地	武汉工程大学	湖北省科学技术厅	2010.12.14 鄂科技发成〔2010〕52 号

续表

序号	名称	依托单位	主管部门	认定时间及批文号
42	武汉市绿色化工生产力促进中心	武汉工程大学	武汉市科学技术局	2005.12.5 武科〔2005〕215 号
43	磷化工废弃物循环利用及磷钾伴生矿综合利用协同创新平台	武汉工程大学	湖北省经济与信息化委员会	2013.11.1 鄂经信规划〔2013〕352 号
44	湖北省化工材料助剂工程技术研究中心	武汉工程大学研究设计院	湖北省科学技术厅	2007.11.27 鄂科技发条〔2011〕19 号
45	湖北省中小企业共性技术专用化学品研发推广中心	武汉工程大学研究设计院	湖北省经济委员会	2005.3.28 鄂经科技〔2005〕50 号
46	湖北省化学工业生产力促进中心	武汉工程大学研究设计院	湖北省科学技术厅	2003.5.19 鄂科技函高〔2003〕71 号
47	湖北省石油产品暨化学试剂质量监督检验站	武汉工程大学研究设计院	湖北省质量技术监督局	2003.6.2 （2003）量计（鄂）字（B0428）号
48	湖北省石油化工信息中心	武汉工程大学研究设计院	湖北省石油化工行业管理办公室	2000.10.18 鄂石化行办〔2000〕121 号
49	湖北省化工行业技术中心	武汉工程大学研究设计院	湖北省经济贸易委员会、湖北省财政厅、湖北省地方税务局、武汉海关	1999.12.18 鄂经贸科字〔1999〕664 号
50	湖北省精细化工中试基地	武汉工程大学研究设计院	湖北省计划委员会	1992.8.14 鄂计基管字（92）第 1016 号
51	湖北省化工科技情报查新中心	武汉工程大学研究设计院	湖北省科学技术委员会	1991.4.28 鄂科情（1991）006 号
52	湖北省甾体激素中间体工程技术研究中心	湖北省丹江口开泰激素有限公司、武汉工程大学	湖北省科学技术厅	2014.6.10 湖北省科技厅 GZCX2014126
53	湖北省磷资源高效利用工程技术研究中心	湖北省大峪口化工科技有限公司、武汉工程大学	湖北省科学技术厅	2013.7.29 鄂科技通〔2013〕57 号
54	湖北省校企共建研发中心—混凝土外加剂研究开发中心	武汉天衣化工有限责任公司、武汉工程大学	湖北省科学技术厅	2011.9.23 鄂科技通〔2011〕102 号

续表

序号	名称	依托单位	主管部门	认定时间及批文号
55	湖北省道路材料工程技术研究中心	湖北国创高新材料股份有限公司、武汉工程大学	湖北省科学技术厅	2010.10.22 鄂科技函计〔2010〕201 号
56	湖北省催化剂及其他化工产品校企共建研发中心	襄樊市精信催化剂有限责任公司、武汉工程大学	湖北省科学技术厅	2008.12.16 鄂科技发计〔2008〕57 号
57	武汉化工新材料工业技术研究院	武汉工程大学	武汉市科学技术局	2013.10.19（共建合作协议）
58	湖北省科技企业孵化器培育单位—武汉工程大学化工技术研究院（武汉化院科技有限公司）	武汉化院科技有限公司	湖北省科学技术厅	2013.12.2 鄂科技通〔2013〕81 号
59	化工新材料协同创新平台	武汉化院科技有限公司	湖北省财政厅	2014.10.20 鄂财企发〔2014〕93 号
60	湖北省微波等离子体应用技术研究工程中心	湖北国威高科技有限公司、中国航天机电集团第三研究院、武汉工程大学、湖北省军队转业干部安置办公室等	湖北省科学技术厅	2001.11.12 鄂科发计字〔2001〕288 号
61	湖北省磷化工产业技术研究院	湖北兴发化工集团股份有限公司、湖北大学、武汉工程大学、三峡大学	湖北省科学技术厅	2014.1.26 鄂科技复条〔2014〕10 号
62	湖北省校企共建印刷技术及设备研发中心	广水轻工机械有限责任公司、武汉工程大学	湖北省科学技术厅	2014.10.24，鄂科技通〔2014〕71 号
63	湖北省智能焊接装备工程技术研究中心	应城骏腾发自动焊接装备有限公司、武汉工程大学	湖北省科学技术厅	2014.10.24 鄂科技通〔2014〕72 号
64	湖北省有机胺化合物工程技术研究中心	湖北仙鄰化工有限公司、武汉工程大学	湖北省科学技术厅	2014.10.24 鄂科技通〔2014〕72 号
65	湖北省磷酸及衍生品工程技术研究中心	襄阳泽东化工集团有限公司、武汉工程大学	湖北省科学技术厅	2014.10.24 鄂科技通〔2014〕72 号

续表

序号	名称	依托单位	主管部门	认定时间及批文号
66	湖北省甾体化合物工程技术研究中心	湖北丹澳药业有限公司、武汉工程大学	湖北省科学技术厅	2014.10.24 鄂科技通〔2014〕72 号
67	湖北省知识产权与技术转移中心（化工新材料）	武汉化院科技有限公司	湖北省知识产权局	2015 年授牌
68	磷矿山绿色采选技术湖北省工程研究中心	湖北宜化集团矿业有限责任公司、武汉工程大学、宜昌中达矿业技术开发有限公司	湖北省发展与改革委员会	2016.8.19 鄂发改高技〔2016〕547 号
69	湖北省磷矿加工高效分离装备工程技术研究中心	湖北宜化集团有限责任公司、湖北楚星化工股份有限公司、武汉工程大学	湖北省科学技术厅	2017.5.10 鄂科技发条〔2017〕7 号
70	湖北省校企共建汽车橡胶制品研发中心	湖北茂鑫特种胶带有限公司、武汉工程大学	湖北省科学技术厅	2017.5.10 鄂科技发条〔2017〕6 号
71	湖北省校企共建绿色建材研发中心	湖北永阳材料股份有限公司、武汉工程大学	湖北省科学技术厅	2017.5.10 鄂科技发条〔2017〕6 号
72	湖北省校企共建磷氮系新型阻燃剂研发中心	荆门市强生化工股份有限公司、武汉工程大学	湖北省科学技术厅	2017.5.10 鄂科技发条〔2017〕6 号
73	湖北省校企共建移动交互微型传感器研发中心	武汉巨正环保科技有限公司、武汉工程大学	湖北省科学技术厅	2017.5.10 鄂科技发条〔2017〕6 号
74	湖北省校企共建中药提取装备与技术研发中心	武汉纽威晨创科技发展股份有限公司、武汉工程大学	湖北省科学技术厅	2017.5.10 鄂科技发条〔2017〕6 号
75	湖北碳中和技术创新研究院	华中科技大学、武汉大学、武汉理工大学、武汉工程大学、国家能源集团等	湖北省科学技术厅	2022.2

附录 4

科研项目立项情况一览表（1979—2021）

（单位：项）

立项年度	国家级项目数	省部级项目数	厅局级项目数	横向项目数	立项总数
1979 年	0	0	0	1	1
1980 年	0	1	0	0	1
1981 年	0	1	0	0	1
1982 年	0	1	0	1	2
1983 年	0	3	0	3	6
1984 年	0	4	0	4	8
1985 年	0	3	1	4	8
1986 年	0	3	0	11	14
1987 年	0	4	0	24	28
1988 年	1	7	0	9	17
1989 年	0	2	0	15	17
1990 年	0	2	0	20	22
1991 年	2	5	0	35	42
1992 年	1	2	3	62	68
1993 年	0	9	4	41	54
1994 年	0	2	1	41	44
1995 年	0	3	2	74	79
1996 年	2	9	3	51	65
1997 年	1	8	6	49	64
1998 年	0	5	7	76	88
1999 年	1	5	5	77	88
2000 年	1	5	13	107	126
2001 年	2	18	35	112	167
2002 年	4	27	51	184	266
2003 年	4	14	41	208	267
2004 年	7	19	42	238	306
2005 年	8	22	43	247	320
2006 年	6	29	40	300	375
2007 年	15	31	47	384	477

续表

立项年度	国家级项目数	省部级项目数	厅局级项目数	横向项目数	立项总数
2008 年	20	31	108	502	661
2009 年	21	40	93	548	702
2010 年	24	43	96	582	745
2011 年	27	43	101	591	762
2012 年	25	55	87	607	774
2013 年	39	46	107	567	759
2014 年	32	74	113	624	843
2015 年	30	52	123	490	695
2016 年	28	44	114	507	693
2017 年	47	46	127	261	481
2018 年	50	60	120	281	511
2019 年	45	83	113	408	649
2020 年	57	62	121	535	775
2021 年	60	65	142	803	1070
合计	560	988	1909	9684	13141

附录 5

省级及以上科研创新团队一览表

序号	团队名称	团队负责人	团队类型	获得时间
1	矿物处理过程强化	池汝安	“教育部长江学者和创新团队发展计划”科研创新团队	2009 年
2	超临界流体技术在化学反应及分离过程中的应用	王存文	湖北省高校优秀中青年科技创新团队（湖北省教育厅）	2003 年
3	微波等离子体技术及其在材料中的应用	汪建华	湖北省高校优秀中青年科技创新团队（湖北省教育厅）	2004 年
4	移动机器人视觉系统中的若干关键问题研究	张彦铎	湖北省高校优秀中青年科技创新团队（湖北省教育厅）	2005 年
5	多糖和黄酮类天然产物提取分离工艺及设备工程化研究	池汝安	湖北省自然科学基金创新群体（湖北省科技厅）	2006 年
6	天然产物生物活性成分提取与分离及设备工程化研究	池汝安	湖北省委组织部创新团队（湖北省委组织部）	2007 年
7	生物无机化学	潘志权	湖北省高校优秀中青年科技创新团队（湖北省教育厅）	2008 年
8	靶向性纳米电子顺磁共振成像诊断剂的研究	鄢国平	湖北省自然科学基金创新群体（湖北省科技厅）	2009 年
9	分离工程	池汝安	湖北省高校优秀中青年科技创新团队（湖北省教育厅）	2009 年
10	低品位胶磷矿高效选矿技术	张泽强	湖北省自然科学基金创新群体（湖北省科技厅）	2010 年
11	常压冷湖等离子体引发乙烯基单体聚合研究	王升高	湖北省高校优秀中青年科技创新团队（湖北省教育厅）	2010 年
12	湖北宜昌地区磷钾伴生矿综合利用关键技术的基础研究及应用	王存文	湖北省自然科学基金创新群体（湖北省科技厅）	2011 年
13	功能可调的超结构超顺磁靶向药物传递载体的研究	喻发全	湖北省高校优秀中青年科技创新团队（湖北省教育厅）	2011 年
14	智能机器人的基础理论及关键技术研究	吴云韬	湖北省高校优秀中青年科技创新团队（湖北省教育厅）	2012 年
15	目标检测多谱图像统一复原算法及机载专用芯片研究	洪汉玉	湖北省自然科学基金创新群体（湖北省科技厅）	2012 年
16	纳米材料与环境催化	刘善堂	湖北省高校优秀中青年科技创新团队（湖北省教育厅）	2013 年

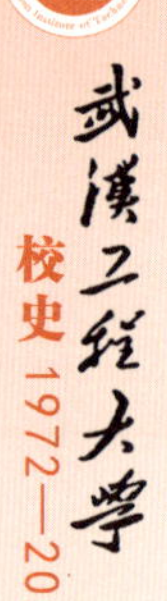

续表

序号	团队名称	团队负责人	团队类型	获得时间
17	微型无膜燃料电池制备与性能研究	王升高	湖北省自然科学基金创新群体（湖北省科技厅）	2013年
18	天然材料废弃物基磁性吸附剂联合分离磷废水中磷及重金属	喻发全	湖北省自然科学基金创新群体（湖北省科技厅）	2014年
19	聚合物刷与贵金属纳米粒子的可控复合与记忆效应研究	李亮	湖北省高校优秀中青年科技创新团队（湖北省教育厅）	2014年
20	矿物资源分离与富集	余军霞	湖北省高校优秀中青年科技创新团队（湖北省教育厅）	2015年
21	微/纳米结构无机功能材料	陈嵘	湖北省高校优秀中青年科技创新团队（湖北省教育厅）	2016年
22	有机太阳能电池新型受体材料的分子工程及研究	刘治田	湖北省自然科学基金创新群体（湖北省科技厅）	2017年
23	有机光电子材料	刘治田	湖北省高校优秀中青年科技创新团队（湖北省教育厅）	2017年
24	激光与物质相互作用	廖青	湖北省高校优秀中青年科技创新团队（湖北省教育厅）	2018年
25	面向大型化工设备的多机器人智能焊接一体化技术研究与应用	陈绪兵	湖北省自然科学基金创新群体（湖北省科技厅）	2019年
26	生物质化工技术与材料	罗晓刚	湖北省高校优秀中青年科技创新团队（湖北省教育厅）	2019年
27	交通基础设施智能防灾减灾	刘章军	湖北省高校优秀中青年科技创新团队（湖北省教育厅）	2020年
28	固废资源化	余军霞	湖北省自然科学基金创新群体（湖北省科技厅）	2021年
29	复杂磷矿分选过程	何东升	湖北省高校优秀中青年科技创新团队（湖北省教育厅）	2021年

附录 6

省级及以上优秀教学团队一览表

序号	项目	名称	负责人	批准年份（年）
1	国家级教学团队	反应工程课程教学团队	刘生鹏	2009
2	国家级教学团队	制药工程专业教学团队	张珩	2010
3	省级教学团队	化学工程与工艺专业教学团队	喻发全	2008
4	省级教学团队	制药工程专业教学团队	张珩	2009
5	省级教学团队	物理教学团队	吴锋	2009
6	省级教学团队	环境与化工清洁生产实验教学中心教学团队	王存文	2010
7	省级教学团队	过程装备与控制工程专业教学团队	喻九阳	2010
8	省级教学团队	化工专业“新工科”建设教学团队	喻发全	2019
9	省级教学团队	制药工程专业教学团队	张珩	2019
10	省级教学团队	“E+”双专业一体化教学团队	韩高军	2019
11	省级教学团队	新一代人工智能新工科教学团队	张彦铎	2019
12	省级教学团队	工业设计专业教学团队	程智力	2019
13	省级教学团队	“工程＋管理”复合型人才培养教学团队	卢海林	2019
14	省级教学团队	自动化与智能控制教学团队	洪汉玉	2019
15	省级教学团队	能源化学工程专业教学团队	王存文	2020
16	省级教学团队	土木工程一流专业建设教学团队	陈旭勇	2020
17	省级教学团队	电子商务专业核心课程教学团队	孙细明	2020
18	省级教学团队	“环化结合”人才培养模式改革教学团队	张莉	2020

附录 7

省级优秀基层教学组织一览表

序号	类别	名称	负责人	批准年份(年)
1	省级优秀基层教学组织	过程装备与控制工程教研室	喻九阳	2019
2	省级优秀基层教学组织	高分子材料与工程教研室	江学良	2019
3	省级优秀基层教学组织	矿业与安全工程教学中心	周德红	2019
4	省级优秀基层教学组织	计算机科学与技术教研室	刘黎志	2019
5	省级优秀基层教学组织	经济学教研室	韩可卫	2019
6	省级优秀基层教学组织	化学工程与工艺人才培养与发展中心	熊芸	2019
7	省级优秀基层教学组织	物理实验中心	张昱	2019
8	省级优秀基层教学组织	食品科学与工程教研室	赵喜红	2019
9	省级优秀基层教学组织	测控技术与仪器教研室	卓旭升	2020
10	省级优秀基层教学组织	无机非金属材料工程教研室	黄志良	2020
11	省级优秀基层教学组织	软件工程教研室	吕涛	2020
12	省级优秀基层教学组织	英语专业教研室	涂朝莲	2020
13	省级优秀基层教学组织	智能科学与技术	李晖	2021
14	省级优秀基层教学组织	机械设计制造及其自动化教研室	陈绪兵	2021
15	省级优秀基层教学组织	应用化学专业教研室	陈嵘	2021
16	省级优秀基层教学组织	建筑工程教研室	周小龙	2021

附录 8

湖北省人才培养项目一览表

湖北省“战略性新兴（支柱）产业人才培养计划”项目

序号	专业	时间（年）
1	制药工程	2010
2	材料物理	2010
3	过程装备与控制工程	2011
4	化学工程与工艺	2012
5	高分子材料与工程	2012
6	无机非金属材料工程	2013
7	测控技术与仪器	2014
8	智能科学与技术	2014
9	工业设计	2015

湖北省“荆楚卓越人才协同育人计划”项目

序号	专业	时间（年）
1	自动化	2016
2	道路桥梁与渡河工程	2016
3	材料化学	2017
4	电气工程及其自动化	2018
5	会计学	2018
6	法学	2018
7	汉语国际教育	2018

附录 9

省级及以上实验教学示范中心一览表

序号	中心名称	学科名称	级别	设立时间（年）
1	环境与化工清洁生产实验教学示范中心	环境科学与工程	国家级	2009
2	“大化工”工程化实践教学中心	机械工程；矿业工程；化学工程与技术；材料科学与工程	国家级	2014
3	基础化学实验教学示范中心	化学	省部级	2003
4	计算机实验教学示范中心	计算机科学与技术	省部级	2007
5	物理实验教学示范中心	物理学	省部级	2007
6	电子信息与控制实验教学中心	信息与通信工程	省部级	2008
7	资源与环境实验教学示范中心	地质学	省部级	2008
8	工程实践与创新实验教学示范中心	机械工程	省部级	2010
9	智能系统虚拟仿真实验教学中心	计算机科学与技术	省部级	2015

附录 10

教学成果获奖情况统计表（2006—2021）

序号	获奖等级	项目名称	获奖时间	获奖者
1	国家级二等奖	“E+”双专业一体化复合型人才培养模式研究与实践	2014 年	王存文、韩高军、张媛媛、彭石玉、涂朝莲、王婉华、杜朝明、李琼
2	省一等奖	化工类专业“三实一创”实践教学体系的研究与实践	2009 年	吴元欣、潘志权、王存文、向建敏、丁一刚
3	省一等奖	高校思想政治理论课实践教学资源整合与利用研究	2009 年	叶芃、汪洪、舒先林、何景春、张文学
4	省一等奖	制药工程专业工程能力培养的研究与实践	2009 年	张珩、杨艺虹、刘永琼、王存文、万春杰
5	省一等奖	“E+”双专业一体化复合型人才培养模式研究与实践	2013 年	王存文、韩高军、张媛媛、彭石玉、涂朝莲、王婉华、杜朝明、李琼
6	省一等奖	面向需求，校企协同，构建并实施以工程实践能力为核心的应用型人才培养模式	2013 年	王存文、李杰、蒋远华、韩高军、喻发全、王忠、胡中功
7	省一等奖	制药工程师素质培养的创新研究与改革实践	2013 年	张珩、姚日生、宋航、杨艺虹、王存文、万春杰、王凯、张秀兰
8	省一等奖	教育信息化背景下线性代数数字化课程建设的探索与实践	2013 年	方文波、胡雁玲、江世宏、唐强、吴宛萍、张俊杰、王洪山、石先军
9	省一等奖	地方行业大学“两型两化”人才培养模式改革的实践探索	2018 年	韩高军、雷家彬、涂朝莲、李琼、金明浩、王凯、刘治田、付艳锋
10	省一等奖	科研促进教学的电子信息大类课程新体系的构建与实践	2018 年	洪汉玉、邹连英、曹新莉、程莉、陈艳菲、王利恒、陈柳、田怡
11	省一等奖	“1+X”全程导师制实证研究	2018 年	许承光、金明浩、朱虹、刘念、郑睿、李捷枚、冯兵、杨克平
12	省一等奖	电气信息类“4441”钻石型人才培养模式探索与实践——工程实验班实证研究	2018 年	杨述斌、易先军、王利恒、文小玲、刘健、王振、杨帆、黄元峰
13	省一等奖	三管齐下全面提高制药工程专业教学质量水平的研究与实践	2018 年	张珩、王凯、张秀兰、王存文、万春杰、喻发全、古双喜、龙思会
14	省二等奖	中国环境监察本科专业的创建与人才培养实践	2009 年	刘大银、梅明、毕亚凡、杨光忠、孙家寿
15	省二等奖	过程装备与控制工程专业实践创新教学模式改革及资源建设	2009 年	喻九阳、杨红、刘丽芳、徐建民、陈文斌
16	省二等奖	反应工程课程体系及实验教学模式的改革及实践	2009 年	丁一刚、吴元欣、刘生鹏、程健、陈启明

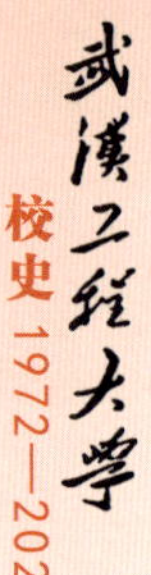

续表

序号	获奖等级	项目名称	获奖时间	获奖者
17	省二等奖	基于多校间同类专业合作联盟的教学质量共同提高的研究与实践	2013 年	王海晖、邵雄凯、雷建云、胡新荣、桂超、杨莉、刘军、王春枝
18	省二等奖	高校政法类课程研究型教学中师生互动模式研究	2013 年	许承光、朱虹、舒先林、汪洪、金明浩、周智年、刘显鹏、张舟
19	省二等奖	机械制图与设计课群信息链教学模式创新研究	2013 年	洪汉玉、刘源、张志、何毅斌、吕亚清、程智力、吴保群、肖敏
20	省二等奖	创新型计算机工程科技人才的培养体系建构与典型教学实践	2013 年	张彦铎、胡中功、王海晖、王忠、赵彤洲、黄巍、李伟波、张俊
21	省二等奖	面向工程能力培养的“CSEI”四位一体教学改革研究与实践	2013 年	杨帆、胡中功、秦实宏、杨述斌、李国平、朱琥、程莉、黄元峰
22	省二等奖	湖北省高校毕业生就业竞争力评价与预测研究	2013 年	田辉玉、黄艳、王建农、张春义、王忠
23	省二等奖	建设化工专业核心精品课程，培养学生解决复杂工程问题能力	2018 年	刘生鹏、丁一刚、孙国锋、熊芸、覃远航、高友智、余响林、闫志国
24	省二等奖	基于“交互英语教学云平台”的大学英语教学改革与实践	2018 年	彭石玉、陈明芳、张媛媛、余红顺、高凡、罗琼、李小艳、陈玢
25	省二等奖	强化专业联盟合作办学，实现省内高校计算机类专业建设水平的共同提高	2018 年	王海晖、叶志伟、雷建军、胡新荣、阮灵、汪波、王时绘、李子茂
26	省二等奖	地方高校多元化复合型会计人才培养的研究与实践	2018 年	许慧、冯兵、蒋瑜峰、张丹、赵爱良、魏轶敏、严也舟、卢洁琼
27	省二等奖	面向大化工的地方高校机械类专业应用创新型人才分层培养模式研究与实践	2018 年	杨红、刘丽芳、曹鹏彬、陈绪兵、郑小涛、肖敏、林纬、徐建民
28	省二等奖	基于“环化结合”的复合型人才阶梯式培养模式的研究与实践	2018 年	张莉、袁华、陈伟、陈嵘、程璟、赵慧平、明银安、刘汉红
29	省二等奖	基于“道德教育 + 思想引领”的高校思想政治教育教学创新研究	2018 年	张文学、操菊华、舒先林、贺新芳、何景春、杨克平、王涛、司岩
30	省三等奖	数学建模思想和方法融入《概率统计》课程教学的探索与实践	2009 年	张志军、罗进、刘任河、郭光耀、严国义
31	省三等奖	材料类创新性应用人才培养的改革与实践	2009 年	鄢国平、喻湘华、杨隽、曹宏、毕灵敏
32	省三等奖	高校专业课模块式教学改革研究	2009 年	祝启坤、李先福、张电吉、张小敏、苏滔
33	省三等奖	高校“课外体育”教学模式的研究	2009 年	王晓红、陈邦军、黄恩洪、王佳茵、徐素华
34	省三等奖	地方多科性大学经济管理类专业柔性人才培养模式的研究与实践	2009 年	朱永华

续表

序号	获奖等级	项目名称	获奖时间	获奖者
35	省三等奖	基于工程背景的艺术设计人才培养模式创新研究	2013 年	程智力、宋奕勤、郭立群、汪尚麟、李君华、蓝江平、邱裕、范蓓
36	省三等奖	应用型人才培养工程数学素质的内涵与教学实践研究	2013 年	熊德之、李小刚、罗进、杨雪帆、刘任何、曾华、余荣
37	省三等奖	依托优势学科培养材料物理专业特色人才的探索与实践	2013 年	马志斌、汪建华、王传新、王升高、满卫东、付秋明、林志东、毛样武
38	省三等奖	复合型人才培养目标下的《大学体育》课程改革与实践	2013 年	陈邦军、乐建军、郑立红、黄恩洪、李浩智、魏四成、刘飞平、黄亚彬
39	省三等奖	后危机时代省属工科大学国际经济与贸易人才培养模式创新的探索与实践	2018 年	韩可卫、冯兵、林云华、王覃刚、黄艳艳、郭晓玲
40	省三等奖	基于“五个结合”的地方高校材料类专业拔尖创新人才培养模式的改革与实践	2018 年	江学良、刘治田、黄志良、马志斌、周爱军、李亮、郭庆中、游峰
41	省三等奖	地方高校材料科学与工程学院教学综合改革的探索与实践	2018 年	刘治田、马志斌、江学良、张占辉、黄志良、谢春晖、李佳、李亮

附录 11

历年本科专业设置一览表

序号	原专业名称	现专业代码	现专业名称	所属专业类代码	所属专业类名称	学位授予门类	批准时间（年）	招生时间（年）	原学院（系）名称	现学院名称	备注
1	基本有机化工	081301	化学工程与工艺	0813	化工与制药类	工学	1974	1974	化学工程系	化工与制药学院	1974 年招生 3 年制，1977 年招生 4 年制
2	无机化工	081301	化学工程与工艺	0813	化工与制药类	工学	1974	1974	化学工程系	化工与制药学院	1974 年招生 3 年制，1977 年招生 4 年制
3	化工机械	080206	过程装备与控制工程	0802	机械类	工学	1974	1974	机械工程系	机电工程学院	1974 年招生 3 年制，1977 年招生 4 年制
4	有机化工	081301	化学工程与工艺	0813	化工与制药类	工学	1974	1975	化学工程系	化学与环境工程学院	1975 年招生 3 年制，1977 年招生 4 年制
5	无机化工工艺	081301	化学工程与工艺	0813	化工与制药类	工学	1974	1976	化学工程系	化工与制药学院	1976 年招生 3 年制，1977 年招生 4 年制
6	化学制药	081302	制药工程	0813	化工与制药类	工学	1974	1977	化学工程系	化工与制药学院	
7	化工自动化及仪表	080801	自动化	0808	自动化类	工学	1976	1977	机械工程系	电气信息学院	
8	化学矿山机械	080202	机械设计制造及其自动化	0802	机械类	工学	1979	1979	机械工程系	机电工程学院	
9	化学矿选矿	081503	矿物加工工程	0815	矿业类	工学	1979	1979	化学矿山系	兴发矿业学院	

续表

序号	原专业名称	现专业代码	现专业名称	所属专业类代码	所属专业类名称	学位授予门类	批准时间（年）	招生时间（年）	原学院（系）名称	现学院名称	备注
10	化学矿开采	081501	采矿工程	0815	矿业类	工学	1980	1980	化学矿山系	兴发矿业学院	
11	选矿工程	081503	矿物加工工程	0815	矿业类	工学	1979	1985	化学矿山系	兴发矿业学院	
12	采矿工程	081501	采矿工程	0814	地质类	工学	1980	1985	化学矿山系	兴发矿业学院	
13	地质矿产勘查	081403	资源勘查工程	0815	矿业类	工学	1985	1985	化学矿山系	土木工程与建筑学院	
14	精细化工	081301	化学工程与工艺	0813	化工与制药类	工学	1974	1985	化学工程系	化工与制药学院	
15	工业分析	081301	化学工程与工艺	0813	化工与制药类	工学	1974	1986	化学工程系	化工与制药学院	1995年只招一届
16	矿山机械	080202	机械设计制造及其自动化	0802	机械类	工学	1979	1983	机械工程系	机电工程学院	
17	生产过程自动化	080801	自动化	0808	自动化类	工学	1976	1985	自动化系	电气信息学院	
18	工业电气自动化	080801	自动化	0808	自动化类	工学	1976	1987	自动化系	电气信息学院	
19	工业自动化	080801	自动化	0808	自动化类	工学	1976	1992	自动化系	电气信息学院	
20	化学工程	081301	化学工程与工艺	0813	化工与制药类	工学	1974	1992	化学工程系	化工与制药学院	
21	管理工程	120103	工程管理	1201	管理科学与工程类	管理学	1994	1995	管理工程系	土木工程与建筑学院	

续表

序号	原专业名称	现专业代码	现专业名称	所属专业类代码	所属专业类名称	学位授予门类	批准时间（年）	招生时间（年）	原学院（系）名称	现学院名称	备注
22	无机非金属材料	080406	无机非金属材料工程	0804	材料类	工学	1994	1994	精细化工系	材料科学与工程学院	
23	建筑工程	081001	土木工程	0810	土木类	工学	1994	1994	资源工程系	土木工程与建筑学院	
24	交通土建工程 / 建筑土木工程	081001	土木工程	0810	土木类	工学	1994	1998	资源工程系	土木工程与建筑学院	
25	检测技术与仪器仪表	080301	测控技术与仪器	0803	仪器类	工学	1994	1995	自动化系	电气信息学院	
26	机械设计及制造	080202	机械设计制造及其自动化	0802	机械类	工学	1979	1994	机械工程系	机电工程学院	
27	化工设备与机械制造	080206	过程装备与控制工程	0802	机械类	工学	1974	1985	机械工程系	机电工程学院	
28	化工工艺	081301	化学工程与工艺	0813	化工与制药类	工学	1974	1994	化学工程系	化工与制药学院	获批专业为无机化工工艺
29	机械设计制造及其自动化	080202	机械设计制造及其自动化	0802	机械类	工学	1979	1995	机械工程系	机电工程学院	
30	高分子材料与工程	080407	高分子材料与工程	0804	材料类	工学	1993	1995	精细化工系	材料科学与工程学院	
31	药物制剂	100702	药物制剂	1007	药学类	理学	1995	1995	精细化工系	化工与制药学院	
32	投资经济	120201K	工商管理	1202	工商管理类	管理学	1995	1998	管理工程系	管理学院	

续表

序号	原专业名称	现专业代码	现专业名称	所属专业类代码	所属专业类名称	学位授予门类	批准时间（年）	招生时间（年）	原学院（系）名称	现学院名称	备注
33	工商管理	120201K	工商管理	1202	工商管理类	管理学	1995	1999	管理工程系	管理学院	
34	会计学	120203K	会计学	1202	工商管理类	管理学	1996	1996	管理工程系	管理学院	
35	计算机及应用	080901	计算机科学与技术	0809	计算机类	工学	1996	1996	计算机科学与工程系	计算机科学与工程学院	
36	环境工程	082502	环境工程	0825	环境科学与工程类	工学	1997	1998	土木工程系	化学与环境工程学院	
37	应用电子技术	080701	电子信息工程	0807	电子信息类	工学	1999	1999	自动化系	电气信息学院	
38	材料物理	080402	材料物理	0804	材料类	理学	1999	2000	材料科学与工程系	材料科学与工程学院	
39	应用化学	070302	应用化学	0703	化学类	理学	1999	2000	化学工程系	化学与环境工程学院	
40	信息与计算科学	070102	信息与计算科学	0701	数学类	理学	2000	2001	物理与热能工程系	光电信息与能源工程学院、数理学院	
41	热能与动力工程	080501	能源与动力工程	0805	能源动力类	工学	2000	2002	物理与热能工程系	光电信息与能源工程学院、数理学院	
42	生物工程	083001	生物工程	0830	生物工程类	工学	2000	2001	制药系	环境生态与生物工程学院	
43	城市规划	082802	城乡规划	0828	建筑类	工学	2001	2002	土木工程系	土木工程与建筑学院	
44	国际经济与贸易	020401	国际经济与贸易	0204	经济与贸易类	经济学	2001	2002	人文与管理学院	法商学院	

续表

序号	原专业名称	现专业代码	现专业名称	所属专业类代码	所属专业类名称	学位授予门类	批准时间（年）	招生时间（年）	原学院（系）名称	现学院名称	备注
45	英语	050201	英语	0502	外国语言文学类	文学	2001	2001	外语系	外语学院	
46	安全工程	082901	安全工程	0829	安全科学与工程类	工学	2001	2002	土木工程系	兴发矿业学院	
47	工业设计/艺术设计	130504	产品设计	1305	设计学类	艺术学	2001	2001	机械工程系	艺术设计学院	
48	市场营销	120202	市场营销	1202	工商管理类	管理学	2002	2002	人文与管理学院	管理学院	
49	电子商务	120801	电子商务	1208	电子商务类	管理学	2002	2003	人文与管理学院	管理学院	
50	电子信息工程	080701	电子信息工程	0807	电子信息类	工学	1999	1999	自动化系	电气信息学院	
51	生物技术	071002	生物技术	0710	生物科学类	理学	2002	2003	电气信息学院	环境生态与生物工程学院	
52	材料成型与控制工程	080203	材料成型及控制工程	0802	机械类	工学	2003	2004	机械工程系	机电工程学院	
53	公共事业管理	120401	公共事业管理	1204	公共管理类	管理学	2003	2003	人文与管理学院	管理学院	
54	网络工程	080903	网络工程	0809	计算机类	工学	2003	2004	计算机科学与工程学院	计算机科学与工程学院	
55	法学	030101K	法学	0301	法学类	法学	2003	2004	文法系	法商学院	
56	广告学	050303	广告学	0503	新闻传播学类	文学	2003	2004	艺术设计系	艺术设计学院	

续表

序号	原专业名称	现专业代码	现专业名称	所属专业类代码	所属专业类名称	学位授予门类	批准时间（年）	招生时间（年）	原学院（系）名称	现学院名称	备注
57	通信工程	080703	通信工程	0807	电子信息类	工学	2004	2005	电气信息学院	电气信息学院	
58	材料化学	080403	材料化学	0804	材料类	工学	2004	2005	材料科学与工程学院	材料科学与工程学院	
59	信息管理与信息系统	120102	信息管理与信息系统	1201	管理科学与工程类	管理学	2004	2005	管理学院	管理学院	
60	动画	130310	动画	1303	戏剧与影视学类	艺术学	2004	2005	艺术设计系	艺术设计学院	
61	理论与应用力学	080101	理论与应用力学	0801	力学类	理学	2005	2006	机械工程系	机电工程学院	
62	行政管理	120402	行政管理	1204	公共管理类	管理学	2005	2006	管理学院	管理学院	
63	智能科学与技术	080907T	智能科学与技术	0809	计算机类	工学	2005	2006	计算机科学与工程学院	计算机科学与工程学院	
64	食品科学与工程	082701	食品科学与工程	0827	食品科学与工程类	工学	2005	2006	化工与制药学院	环境生态与生物工程学院	
65	美术教育（视觉传达设计）	130502	视觉传达设计	1305	设计学类	艺术学	2007	2008	艺术设计学院	艺术设计学院	
66	环境设计	130503	环境设计 / 环境艺术设计	1305	设计学类	艺术学	2007	2013	艺术设计学院	艺术设计学院	
67	软件工程	080902	软件工程	0809	计算机类	工学	2008	2009	计算机科学与工程学院	计算机科学与工程学院	

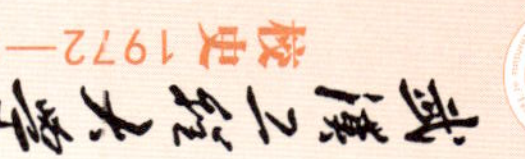

续表

序号	原专业名称	现专业代码	现专业名称	所属专业类代码	所属专业类名称	学位授予门类	批准时间（年）	招生时间（年）	原学院（系）名称	现学院名称	备注
68	对外汉语	050103	汉语国际教育	0501	中国语言文学类	文学	2008	2009	外语学院	外语学院	
69	道路桥梁与渡河工程	081006T	道路桥梁与渡河工程	0810	土木类	工学	2010	2011	环境与城市建设学院	土木工程与建筑学院	
70	电气工程及其自动化	080601	电气工程及其自动化	0806	电气类	工学	2011	2012	电气信息学院	电气信息学院	
71	经济学	020101	经济学	0201	经济学类	经济学	2011	2012	法商学院	法商学院	
72	机械电子工程	080204	机械电子工程	0802	机械类	工学	2012	2013	机电工程学院	机电工程学院	
73	能源化学工程	081304T	能源化学工程	0813	化工与制药类	工学	2012	2014	化工与制药学院	化工与制药学院	
74	建筑学	082801	建筑学	0828	建筑类	工学	2012	2014	资源与土木工程学院	土木工程与建筑学院	
75	财务管理	120204	财务管理	1202	工商管理类	管理学	2012	2014	管理学院	管理学院	
76	物联网工程	080905	物联网工程	0809	计算机类	工学	2013	2015	计算机科学与工程学院	计算机科学与工程学院	
77	工程力学	080102	工程力学	0801	力学类	工学	2015	2018	机电工程学院	机电工程学院	
78	信息工程	080706	信息工程	0807	电子信息类	工学	2015	2018	电气信息学院	电气信息学院	
79	数字媒体技术	080906	数字媒体技术	0809	计算机类	工学	2015	2017	计算机科学与工程学院	计算机科学与工程学院	

续表

序号	原专业名称	现专业代码	现专业名称	所属专业类代码	所属专业类名称	学位授予门类	批准时间（年）	招生时间（年）	原学院（系）名称	现学院名称	备注
80	机械工程	080201	机械工程	0802	机械类	工学	2016	2018	机电工程学院	机电工程学院	
81	城市地下空间工程	081005T	城市地下空间工程	0810	土木类	工学	2016	2018	土木工程与建筑学院	土木工程与建筑学院	
82	网络空间安全	080911TK	网络空间安全	0809	计算机类	工学	2017	2019	计算机科学与工程学院	计算机科学与工程学院	
83	环境科学	082503	环境科学	0825	环境科学与工程类	理学	2017	2018	环境生态与生物工程学院	环境生态与生物工程学院	
84	机器人工程	080803T	机器人工程	0808	自动化类	工学	2018	2019	机电工程学院	机电工程学院	
85	新能源材料与器件	080414T	新能源材料与器件	0804	材料类	工学	2018	2020	材料科学与工程学院	材料科学与工程学院	
86	数据科学与大数据技术	080910T	数据科学与大数据技术	0809	计算机类	理学	2018	2019	光电信息与能源工程学院、数理学院	光电信息与能源工程学院、数理学院	
87	资源循环科学与工程	081303T	资源循环科学与工程	0813	化工与制药类	工学	2018	2019	兴发矿业学院	兴发矿业学院	
88	人工智能	080717T	人工智能	0807	电子信息类	工学	2019	2020	人工智能学院	人工智能学院	
89	知识产权	030102T	知识产权	0301	法学类	法学	2019	2020	法商学院	法商学院	
90	应急技术与管理	082902T	应急技术与管理	0829	安全科学与工程类	工学	2021	2022	兴发矿业学院	兴发矿业学院、资源与安全工程学院	

附录 12

省级及以上一流本科课程

项目	课程名称	课程类型	负责人	批准年份	学院
国家级一流本科课程	创业基础	线上课程	张志	2020	艺术设计学院
国家级一流本科课程	弹性力学 B	线下一流课程	刘章军	2020	土木工程与建筑学院
国家级一流本科课程	化学反应工程	线下一流课程	丁一刚	2020	化工与制药学院
国家级一流本科课程	制药工艺设计	线下一流课程	张珩	2020	化工与制药学院
省级一流本科课程	环丙沙星光催化降解机理的液质联用分析虚拟仿真实验	虚拟仿真实验教学课程	陈伟	2020	化学与环境工程学院
省级一流本科课程	乙苯催化脱氢制苯乙烯工艺操作安全应急虚拟仿真实验	虚拟仿真实验教学课程	刘生鹏	2020	化工与制药学院
省级一流本科课程	人工智能	线下课程	张彦铎	2020	计算机学院
省级一流本科课程	西方经济学（微观）	线下课程	韩可卫	2020	法商学院
省级一流本科课程	大学生职业发展	线上课程	李哲伦	2020	化工与制药学院
省级一流本科课程	大学物理	线上课程	熊伦	2020	光能数理学院
省级一流本科课程	文献检索	线上课程	吴长江	2020	图书馆
省级一流本科课程	英语语音	线上课程	万磊	2020	外语学院
省级一流本科课程	英语阅读与写作	线上课程	王伟	2020	外语学院
省级一流本科课程	家具设计	线上课程	范蓓	2020	艺术设计学院
省级一流本科课程	材料科学基础	线上课程	沈凡	2020	材料科学与工程学院
省级一流本科课程	化工安全	线上课程	周德红	2020	资源与安全工程学院
省级一流本科课程	数字电子技术	线上线下混合式课程	戴丽萍	2020	电气信息学院
省级一流本科课程	大学物理	线上线下混合式课程	熊伦	2020	光能数理学院
省级一流本科课程	模拟电子技术	线上线下混合式一流课程	陈柳	2021	电气信息学院
省级一流本科课程	工业机器人技术及应用	线上线下混合式一流课程	陈绪兵	2021	机电工程学院
省级一流本科课程	设计心理学	线上线下混合式一流课程	葛非	2021	艺术设计学院

续表

项目	课程名称	课程类型	负责人	批准年份	学院
省级一流本科课程	生物工艺学	线上线下混合式一流课程	靳晓芸	2021	环境生态与生物工程学院
省级一流本科课程	大学物理实验	线上线下混合式一流课程	秦平力	2021	光能数理学院
省级一流本科课程	计算思维与程序设计基础 A	线上线下混合式一流课程	王海晖	2021	计算机学院
省级一流本科课程	财务管理学	线上线下混合式一流课程	许慧	2021	管理学院
省级一流本科课程	加油中国	线下一流课程	曹胜亮	2021	马克思主义学院
省级一流本科课程	专业综合实验（2）	线下一流课程	陈嵘	2021	化学与环境工程学院
省级一流本科课程	工程估价	线下一流课程	沈巍	2021	土木工程与建筑学院
省级一流本科课程	混凝土结构设计原理	线下一流课程	吴巧云	2021	土木工程与建筑学院
省级一流本科课程	压力容器及过程装备	线下一流课程	郑小涛	2021	机电工程学院
省级一流本科课程	安全管理学	线下一流课程	周德红	2021	资源与安全工程学院
省级一流本科课程	电子商务概论	线下一流课程	朱湘晖	2021	管理学院
省级一流本科课程	工厂供配电所运行操作与故障处理虚拟仿真实验	虚拟仿真实验一流课程	李自成	2021	电气信息学院
省级一流本科课程	思想政治理论课实践	社会实践一流课程	舒先林	2021	马克思主义学院
省级一流本科课程	汉字与文化	社会实践一流课程	张艳梅	2021	外语学院
省级一流本科课程	计算机辅助药物分子设计实验	虚拟仿真实验教学课程	祝宏	2019	化工与制药学院
省级一流本科课程	泥浆护壁钻孔灌注桩成孔 3D 仿真实习	虚拟仿真实验教学课程	陈旭勇	2019	土木工程与建筑学院
省级一流本科课程	智能制造虚拟现实仿真实验	虚拟仿真实验教学课程	陈绪兵	2019	机电工程学院
省级一流本科课程	依非韦伦原料药虚拟仿真实验	虚拟仿真实验教学课程	刘根炎	2019	化工与制药学院
省级一流本科课程	虚拟制造工厂真实验	虚拟仿真实验教学课程	吴和保	2019	机电工程学院

附录 13

省级及以上一流专业建设点

序号	专业名称	获批年度	级别
1	化学工程与工艺	2019	国家级
2	制药工程	2019	国家级
3	过程装备与控制工程	2019	国家级
4	高分子材料与工程	2019	国家级
5	智能科学与技术	2019	国家级
6	应用化学	2019	国家级
7	电气工程及其自动化	2020	国家级
8	无机非金属材料工程	2020	国家级
9	电子商务	2020	国家级
10	软件工程	2020	国家级
11	光电信息科学与工程	2020	国家级
12	生物工程	2020	国家级
13	矿物加工工程	2020	国家级
14	能源化学工程	2021	国家级
15	自动化	2021	国家级
16	土木工程	2021	国家级
17	会计学	2021	国家级
18	法学	2021	国家级
19	环境工程	2021	国家级
20	英语	2019	省级
21	工业设计	2019	省级
22	采矿工程	2019	省级
23	机械设计制造及其自动化	2020	省级
24	测控技术与仪器	2020	省级
25	建筑学	2020	省级
26	材料化学	2020	省级
27	计算机科学与技术	2020	省级
28	环境设计	2020	省级
29	安全工程	2020	省级

续表

序号	专业名称	获批年度	级别
30	机械电子工程	2021	省级
31	通信工程	2021	省级
32	材料物理	2021	省级
33	行政管理	2021	省级
34	经济学	2021	省级
35	信息与计算科学	2021	省级

附录 14

博士学位授权点一览表

序号	学科门类	一级学科代码	一级学科名称	二级学科代码	二级学科名称	所在学院	批准时间
1	08 工学	0807	化学工程与技术	081701	化学工程	化工与制药学院	2013 年
2				081702	化学工艺	化工与制药学院	
3				081703	生物化工	化工与制药学院	
4				081704	应用化学	化学与环境工程学院	
5				081705	工业催化	化工与制药学院	
6				0817Z3	工业工程	管理学院	2018 年自设学科
7	08 工学 / 理学	0805	材料科学与工程	080501	材料物理与化学	材料科学与工程学院	2013 年
8				080502	材料学	材料科学与工程学院	
9				080503	材料加工工程	材料科学与工程学院	

附录 15

硕士学位授权点一览表

（一）学术型硕士学位授权点

序号	门类	一级学科代码	一级学科名称	二级学科代码	二级学科名称	授权类别	批准时间（年）
1	03 法学	0301	法学			硕士一级	2018
2	03 法学	0305	马克思主义理论			硕士一级	2011
3	04 教育学	0401	教育学	040106	高等教育学	硕士二级	2006
4	05 文学	0502	外国语言文学			硕士一级	2018
5	07 理学	0703	化学			硕士一级	2011
6	08 工学	0802	机械工程			硕士一级	2018
7	08 工学	0803	光学工程			硕士一级	2011
8	08 工学	0837	安全科学与工程			硕士一级	2018
9	08 工学 / 理学	0805	材料科学与工程			硕士一级	2006
10	08 工学	0807	动力工程及工程热物理			硕士一级	2011
11	08 工学	0810	信息与通信工程			硕士一级	2020
12	08 工学	0811	控制科学与工程			硕士一级	2011
13	08 工学 / 理学	0812	计算机科学与技术			硕士一级	2011
14	08 工学	0814	土木工程			硕士一级	2011
15	08 工学	0817	化学工程与技术			硕士一级	2006
16	08 工学	0819	矿业工程			硕士一级	2011
17	08 工学 / 理学	0830	环境科学与工程			硕士一级	2011
18	08 工学	0835	软件工程			硕士一级	2011
19	10 医学 / 理学	1007	药学			硕士一级	2018
20	12 管理学 / 工学	1201	管理科学与工程			硕士一级	2011
21	12 管理学	1202	工商管理			硕士一级	2018
22	12 管理学	1204	公共管理			硕士一级	2018
23	13 艺术学 / 工学	1305	设计学			硕士一级	2018
24	07 理学	0703	化学	0703Z1	工业微生物	硕士二级	自设学科 2012

续表

序号	门类	一级学科代码	一级学科名称	二级学科代码	二级学科名称	授权类别	批准时间（年）
25	07 理学	0703	化学	0703Z2	制药化学	硕士二级	自设学科 2012
26	08 工学	0817	化学工程与技术	0817Z1	应用微生物	硕士二级	自设学科 2011
27	08 工学	0817	化学工程与技术	0817Z2	制药工程	硕士二级	自设学科 2011
28	08 工学	0814	土木工程	0814Z1	工程管理	硕士二级	自设学科 2014
29	12 管理学	1201	管理科学与工程	1201Z1	艺术管理	硕士二级	自设学科 2014
30	12 管理学	1201	管理科学与工程	1201Z2	体育管理	硕士二级	自设学科 2015
31	12 管理学	1204	公共管理	1204Z1	体育经济与管理	硕士二级	自设学科 2018
32	12 管理学	1204	公共管理	1204Z2	设计管理	硕士二级	自设学科 2018

（二）专业型硕士专业学位授权点

序号	专业学位代码	专业学位类别	领域代码	领域名称	批准时间（年）
1	08	工程	0854	电子信息	2019 工程专业学位类别调整
2			0855	机械	
3			0856	材料与化工	
4			0857	资源与环境	
5			0858	能源动力	
6			0859	土木水利	
7			0860	生物与医药	
8			0861	交通运输	
9	1251	工商管理	125101	工商管理	2010
10	1351	艺术	135108	艺术设计	2014
11	0551	翻译	055101	英语笔译	2014
12	0351	法律	0351	法律	2016
13	1253	会计	1253	会计	2016
14	0251	金融	0251	金融	2019
15	1256	工程管理	1256	工程管理	2021

附录 16

校级及以上研究生创新基地、研究生工作站情况一览表

序号	基地（工作站）名称	类别	申报 / 获批年度	申报单位
1	湖北省大化工研究生教育创新基地	省级	2011	研究生处
2	湖北大峪口化工有限责任公司研究生工作站	省级	2013	研究生处
3	中国石油化工股份有限公司荆门分公司研究生工作站	省级	2013	研究生处
4	人福医药集团股份公司研究生工作站	省级	2014	化工与制药学院
5	公路智能养护创新技术研究生工作站	省级	2015	土木工程与建筑学院
6	广水轻工机械有限责任公司研究生工作站	省级	2015	机电工程学院
7	湖北兴发化工集团股份有限公司研究生工作站	省级	2015	兴发矿业学院
8	广东顺德创新设计研究院	校级	2015	研究生处
9	瑞达信息安全产业股份有限公司	校级	2015	计算机学院
10	湖北长江石化设备有限公司	校级	2015	机电工程学院
11	湖北中江建筑设计院研究生工作站	校级	2015	土木工程与建筑学院
12	武汉佳华翻译公司	校级	2015	外语学院
13	武汉烽火众智数字技术有限责任公司研究生工作站	省级	2016	电气信息学院
14	闻风多奇创新技术研究生工作站	省级	2016	计算机学院
15	武汉华龙生物制药有限公司研究生工作站	省级	2016	化工与制药学院 武昌理工学院
16	武汉英卡科技创新技术研究生工作站	校级	2016	计算机学院
17	武汉易思达科技有限公司研究生工作站	校级	2016	电气信息学院
18	北京中科高教西嵌科技有限公司研究生工作站	校级	2016	计算机学院
19	湖北迪洁膜研究生工作站	校级	2017	材料科学与工程学院
20	湖北嘉一三维高科股份有限公司研究生工作站	校级	2017	材料科学与工程学院
21	武汉悉道建筑科技有限公司研究生工作站	校级	2017	土木工程与建筑学院
22	中山市爱科应用科技有限公司研究生工作站	校级	2017	化学与环境工程学院
23	武汉华工电气自动化有限责任公司研究生工作站	校级	2017	电气信息学院
24	深圳市鹰眼在线电子科技有限公司研究生工作站	校级	2017	计算机学院
25	武汉捷讯信息技术有限公司研究生工作站	校级	2017	艺术设计学院
26	湖北楚天之翼数码印刷有限责任公司研究生工作站	校级	2017	艺术设计学院

续表

序号	基地（工作站）名称	类别	申报 / 获批年度	申报单位
27	潜江市人民法院研究生工作站	校级	2017	法商学院
28	猇亭电商产业园研究生工作站	校级	2017	管理学院
29	华工科技产业股份有限公司研究生工作站	校级	2018	管理学院
30	天门市人民法院研究生工作站	校级	2018	法商学院
31	成都西南交通大学设计研究院有限公司中南分院	校级	2018	土木工程与建筑学院
32	东莞市凯福电子科技有限公司	校级	2019	机电工程学院
33	湖北省益泰药业股份有限公司	校级	2019	化学与环境工程学院
34	武汉奥克特种化学	校级	2019	材料科学与工程学院
35	湖北建科国际工程有限公司	校级	2019	土木工程与建筑学院
36	武汉理工大学设计研究院有限公司	校级	2019	土木工程与建筑学院
37	杰诚工程质量检测有限公司	校级	2019	土木工程与建筑学院
38	武汉马房山理工工程结构检测有限公司	校级	2019	土木工程与建筑学院
39	武汉工程大学基准方中研究生工作站	校级	2019	土木工程与建筑学院
40	武汉昱然智能科技有限公司	校级	2019	计算机学院
41	武汉星巡智能科技有限公司	校级	2019	计算机学院
42	武汉中交岩土工程有限责任公司	校级	2019	土木工程与建筑学院
43	广东华方工程设计有限公司	校级	2019	土木工程与建筑学院
44	中工武大设计研究有限公司	校级	2019	土木工程与建筑学院
45	武汉工大敏行交通工程咨询有限公司	校级	2019	土木工程与建筑学院
46	重庆中加沥青技术服务有限公司	校级	2019	土木工程与建筑学院
47	湖北楚雄公路勘察设计有限公司	校级	2019	土木工程与建筑学院
48	三峡建设项目管理有限公司	校级	2019	土木工程与建筑学院
49	湖北楚晟科路桥技术开发有限公司	校级	2019	土木工程与建筑学院
50	湖北元申律师事务所研究生工作站	校级	2019	法商学院
51	武汉工程大学吉和昌新材料研究生工作站	校级	2019	化学与环境工程学院
52	小驴机器人（武汉）有限公司研究生工作站	校级	2020	机电工程学院
53	武汉中路宇勤勘察设计有限公司研究生工作站	校级	2020	土木工程与建筑学院
54	电子信息创新研究生工作站	校级	2020	计算机学院
55	湖北公路智能养护公司校内外一体化研究生工作站	校级	2020	土木工程与建筑学院
56	武汉穆特科技有限公司研究生工作站	省级	2021	机电工程学院
57	武汉长江通信智联技术有限公司研究生工作站	省级	2021	电气信息学院
58	武汉同筑浩华科技信息有限公司工作站	省级	2021	土木工程与建筑学院

续表

序号	基地（工作站）名称	类别	申报 / 获批年度	申报单位
59	金百益会计师事务所（武汉）有限公司	省级	2021	管理学院
60	武汉东湖新技术开发区知识产权服务业协会硕士研究生工作站	省级	2021	法商学院
61	武汉工程大学云泰数通研究生工作站	省级	2021	光能数理学院
62	湖北省融资再担保集团工作站	省级	2021	法商学院
63	武汉烽火技术服务有限公司研究生工作站	省级	2021	计算机学院
64	武汉工程大学绿色家园材料研究生工作站	省级	2021	化学与环境工程学院
65	宜昌恒友化工股份有限公司研究生工作站	省级	2021	化工与制药学院
66	武汉工程大学深圳久大研究生工作站	校级	2021	化工与制药学院
67	湖北百思得律师事务所工作站	校级	2021	法商学院
68	武汉市交通规划设计有限公司	校级	2021	土木工程与建筑学院
69	咸宁市嘉鱼县潘湾畈湖工业园	校级	2021	化工与制药学院
70	水平管高效沉淀分离技术研究及产业化应用研究生工作站	校级	2021	化环学院、电气学院
71	中国科学院宁波城市环境观测研究站	校级	2021	环境生态与生物工程学院
72	武汉工程大学中化地质矿山总局湖北地质勘查院研究生工作站	校级	2021	土木工程与建筑学院
73	武汉工程大学武汉聚睿吉亿科技有限公司研究生工作站	校级	2021	土木工程与建筑学院
74	万知化工医药研究生工作站	校级	2021	化工与制药学院
75	西安西材三川智能制造研究生工作站	校级	2021	机电工程学院
76	苯甲醇生产工艺改进及废水处理	校级	2021	化学与环境工程学院
77	武汉佰思杰科技有限公司研究生工作站	校级	2021	机电工程学院
78	湖北仕达维新材料科技研究生工作站	校级	2021	机电工程学院
79	寰世科技公司研究生工作站	校级	2021	机电工程学院
80	深圳市冠旭电子股份有限公司研究生工作站	校级	2021	机电工程学院
81	精视遥测创新技术研究生工作站	校级	2021	光能数理学院
82	深圳市冠旭电子股份有限公司研究生工作站	校级	2021	艺术设计学院
83	武汉市翼高天成科技有限公司研究生工作站	校级	2021	艺术设计学院
84	武汉一洋装饰设计工程有限公司研究生工作站	校级	2021	艺术设计学院
85	武汉市知识产权研究会硕士研究生工作站	校级	2021	法商学院
86	中博教育研究生工作站	校级	2021	管理学院
87	传神语联网网络科技股份有限公司研究生工作站	校级	2021	外语学院

续表

序号	基地（工作站）名称	类别	申报 / 获批年度	申报单位
88	湖北钊晟新材料科技有限公司研究生工作站	校级	2021	材料科学与工程学院
89	北京仁人德赛（武汉）律师事务所	校级	2021	法商学院
90	武汉华康世纪医疗股份有限公司	校级	2021	光能数理学院
91	湖北银行工作站	校级	2021	法商学院
92	武汉蓝宝石专利代理事务所	校级	2021	法商学院
93	江夏区人民法院工作站	校级	2021	法商学院
94	中科图云信息技术研究生工作站	校级	2021	管理学院
95	应城市恒天药业包装有限公司	校级	2021	材料科学与工程学院
96	联塑科技发展（武汉）有限公司	校级	2021	材料科学与工程学院
97	深圳市摩控自动化设备有限公司	校级	2021	电气信息学院
98	武汉华康世纪医疗股份有限公司	校级	2021	光能数理学院
99	武汉东湖新技术开发区学子锏社会工作服务中心	校级	2021	体育部
100	湖北第二师范学院研究生联合培养教学基地	校级	2021	光能数理学院

附录 17

研究生指导教师情况一览表

年份	博士研究生指导教师（人）		硕士研究生指导教师（人）	
	新增	合计	新增	合计
2006			215	215
2007			77	292
2008				292
2009			103	395
2010			38	433
2011			65	498
2012			52	550
2013	40	40	36	586
2014	12	52	53	639
2015		52	38	677
2016	6	58	30	707
2017		58	73	780
2018	14	72	81	861
2019	9	81	41	902
2020	13	94	54	956
2021		94	77	1033

附录 18

历年教职工情况一览表

（单位：人）

年份	总计	校本部教职工						
		计	专任教师	正高级	副高级	教学辅助人员	行政人员	工勤人员
1972	93	93	25				54	14
1973	177	152	47			4	71	30
1974	252	252	96			10	113	40
1975	391	351	129			6	146	70
1976	463	414	162			12	150	90
1977	591	514	216			15	168	115
1978	642	564	254		3	14	174	122
1979	734	650	296			38	185	131
1980	809	691	330	1		34	165	161
1981	835	690	331	2	6	48	156	155
1982	882	756	377	2	11	65	169	145
1983	873	741	343	2	17	123	176	99
1984	880	774	328	2	19	69	273	104
1985	867	750	343	2	17	96	172	139
1986	887	805	349	2	16	91	214	151
1987	914	793	355	3	41	99	198	141
1988	937	811	392	4	70	106	168	145
1989	944	818	397	3	65	113	172	136
1990	979	849	410	3	59	115	178	146
1991	1019	863	419	2	66	112	192	140
1992	1017	860	420	2	59	110	188	142
1993	1026	860	420	7	72			
1994	1037	896	440	8	80	141	192	123
1995	1082	928	443	13	99	152	213	120
1996	1093	953	464	19	110	160	193	136
1997	1102	1095	477	21	108	77	322	219
1998	1101	947	480	25	123	148	224	95

续表

年份	总计	校本部教职工						
		计	专任教师	正高级	副高级	教学辅助人员	行政人员	工勤人员
1999	1115	975	494	35	123	151	193	137
2000	1124	959	508	38	129	177	179	95
2001	1279	910	555	42	153	118	183	54
2002	1373	1124	650	53	179	152	207	115
2003	1695	1435	980	105	235	167	222	66
2004	1757	1497	1040	112	243	169	222	66
2005	1772	1650	1042	105	252	185	240	183
2006	2098	1983	1216	128	334	266	293	208
2007	2128	2019	1249	145	352	393	244	133
2008	2368	2136	1324	138	364	391	269	152
2009	2007	1784	1189	173	388	183	314	98
2010	2013	1790	1195	174	388	183	314	98
2011	2033	1830	1128	198	357	350	225	127
2012	2033	1828	1154	205	358	212	345	117
2013	2043	1842	1175	219	372	198	254	215
2014	2049	1851	1186	225	393	251	201	213
2015	2017	1823	1191	242	414	178	246	208
2016	1986	1804	1187	245	419	175	242	200
2017	2020	1917	1181	216	447	205	282	249
2018	2038	1936	1226	243	463	229	347	134
2019	2079	1979	1269	252	485	360	220	130
2020	2089	1991	1293	233	530	355	247	96
2021	2165	2069	1286	240	548	310	384	89

说明：此表数据来源于《湖北省普遍高等教育基层统计报表》，所有数据截至当年 9 月 30 日。

附录 19

历年人才培养情况一览表

（一）全日制本、专科生培养情况

（单位：人）

年份	招生数			毕业生数			在校生数		
	计	本科生	专科生	计	本科生	专科生	计	本科	专科
1974	110	110					110		
1975	119	119					228		
1976	134	134					360		
1977	260	260		107	107		512		
1978	304	312		118	118		706		
1979	212	212					917	783	134
1980	251	251		134	134		1022	1022	
1981	255	255					1241	1241	
1982	276	276		552	552		996	996	
1983	364	364		211	211		1143	1143	
1984	390	390		247	247		1284	1284	
1985	593	467	126	244	244		1631	1505	126
1986	534	486	48	285	285		1856	1676	180
1987	598	491	107	458	339	119	1982	1826	156
1988	618	567	22+29w	425	383	42g	2157	2074	22+61w
1989	577	507	35+35w	445	423	22w	2278	2155	52+71w
1990	602	482	120	570	467	103	2273	1972	301
1991	625	585+16z	24w	577	544+19z	14w	2287	2107+95z	85w
1992	685	504	181	566	492	74	2396	1966	430
1993	951	653	225w+73	593	529+37z	37	2761	2280+123z	358w
1994	850	600	250	599	469	130	2988		
1995	910	664	246	686	497	189	3242		
1996	910	738	172	905	496	304	3284		
1997	960	857	103	842	599	243	3343		
1998	1087	1087		786	571	215	3594	3282+207z	105w
1999	2070	1820	250	793	641	152	4866		

续表

年份	招生数			毕业生数			在校生数		
	计	本科生	专科生	计	本科生	专科生	计	本科	专科
2000	2717	2440	277		751	76	6659	6135	524
2001	3471	2572	899	869	845	24	9666	8148	1518
2002	4649	2959	1690	1314	1128	186	13353	10708	2645
2003	4025	2662	1363	2060	1780	280	14991	11949	3042
2004	4894	3173	1721	3282	2673	609	17111	12989	4122
2005	4311	3300	1011	4201	3116	1085	17085	13120	3965
2006	6214	3566	2648	5134	3807	1327	18621	13046	5575
2007	4074	3625	449	4429	2785	1644	18811	13855	4956
2008	4610	3939	671	5044	3155	1889	18463	14785	3678
2009	5094	4410	684	6194	3671	2523	17423	15556	1867
2010	5604	5017	587	4189	3711	478	18725	16779	1946
2011	5410	4802	608	4507	3834	673	19732	17900	1832
2012	5478	4947	531	4541	3875	666	20449	18757	1692
2013	5349	5130	219	4931	4362	569	20766	19435	1331
2014	4837	4599	238	5378	4781	597	20191	19215	976
2015	4840	4616	224	5252	4733	519	19440	18770	670
2016	4753	4753		4662	4451	211	19251	18793	458
2017	4769	4769		4968	4731	237	18907	18683	224
2018	4764	4764		4658	4434	224	18871	18878	
2019	4824	4824		4338	4338		19202	19202	
2020	4982	4982		4706	4706		19395	19395	
2021	5028	5028		4728	4728		19975	19975	

说明：1. 此表数据来源于《湖北省普通高等教育基层统计报表》，所有数据截至当年 9 月 30 日。

2. 表中 w 为委托培养；z 为自费生；g 为干部专修班。

（二）研究生培养情况

（单位：人）

年份	招生数			毕业数			在校生数		
	计	博士	硕士	计	博士	硕士	计	博士	硕士
1988			3 ▲				3 ▲		3 ▲
1989			5 ▲				8 ▲		8 ▲

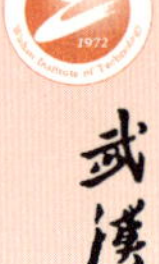
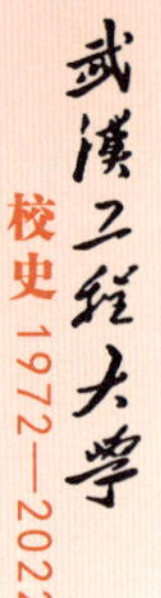

续表

年份	招生数			毕业数			在校生数		
	计	博士	硕士	计	博士	硕士	计	博士	硕士
1990			3▲				11▲		11▲
1991			2▲	3▲		3▲	10▲		10▲
1992			4▲	5▲		5▲	9▲		9▲
1993			7●	3▲		3▲	6▲+7●		6▲+7●
1994			6●	2▲		2▲	4▲+13●		4▲+13●
1995			8●	4▲		4▲	21●		21●
1996			8●	7●		7●	22●		22●
1997			9●	6●		6●	25●		25●
1998			9●	8●		8●	26●		26●
1999	4		4	8●		8●	4+18●		4+18●
2000	10		10	9●		9●	14+9●		14+9●
2001	15		15	9●		9●	29		29
2002	23		23	4		4	48		48
2003	62		62	10		10	100		100
2004	123		123	16		16	207		207
2005	146		146	27		27	327		327
2006	215		215	71		71	471		471
2007	246		246	128		128	591		591
2008	291		291	171		171	714		714
2009	387		387	220		220	878		878
2010	361		361	211		211	1011		1011
2011	512		512	277		277	1235		1235
2012	572		572	377		377	1421		1421
2013	620		620	456		456	1580		1580
2014	658	9	649	497		497	1728	9	1719
2015	725	11	714	465		465	1957	20	1937
2016	756	15	741	541		541	2159	35	2124
2017	1012	17	995	626	1	625	2520	51	2469
2018	1111	23	1088	686	5	681	2911	69	2842
2019	1216	29	1187	724	8	716	3361	89	3272

续表

年份	招生数			毕业数			在校生数		
	计	博士	硕士	计	博士	硕士	计	博士	硕士
2020	1777	37	1740	928	9	919	4184	117	4067
2021	1934	43	1891	1002	9	993	5020	150	4870

说明：1. 此表数据来源于《湖北省普通高等教育基层统计报表》，所有数据截至当年 9 月 30 日。
2. ▲为联合培养研究生，●为自筹经费研究生。

（三）邮电信息学院培养本、专科生情况

（单位：人）

年份	招生数			毕业生数			在校生数		
	计	本科生	专科生	计	本科生	专科生	计	本科	专科
2003	851	492	359				1329	804	525
2004	1677	1488	189				3006	2292	714
2005	2104	1562	542	166		166	4944	3854	1090
2006	2228	1554	674	671	312	359	6494	5093	1401
2007	2401	1616	785	681	492	189	8200	6241	1959
2008	2586	1729	857	2007	1480	527	8765	6485	2280
2009	2746	1901	845	2006	1467	539	9316	6829	2487
2010	2887	2206	681	2193	1461	732	9835	7452	2883
2011	3187	2418	769	2383	1568	815	10549	8254	2295
2012	3191	2557	634	2476	1653	523	11106	9013	2093
2013	2672	2201	471	2478	1808	670	11125	9274	1851
2014	2488	2045	443	2798	2112	686	10692	9139	1553
2015	2536	2122	414	2930	2330	600	10092	8785	1307
2016	2533	2161	372	2674	2334	340	9642	8438	1204
2017	2406	2143	263	2535	2151	384	9427	8397	1030
2018	2419	2175	244	2301	2003	298	9416	8514	902
2019	2626	2129	497	2338	2010	328	9538	8537	1001
2020	3486	2674	812	2355	2114	241	10647	9091	1556
2021	3111	2802	309	2363	2124	239	11987	9580	2407

说明：此表数据来源于《湖北省普通高等教育基层统计报表》，所有数据截至当年 9 月 30 日。

（四）函授培养人才情况

（单位：人）

年份	毕业生数			招生数			学生人数		
	计	本科	专科	计	本科	专科	计	本科	专科
1992				180		180	415		415
1993									
1994				204	41	163	679	41	638
1995	6		6				105		105
1996	56		56	145		145	156		156
1997	94		94	47		47	192		192
1998	11		11	160		160	352		352
1999	145		145	145	17	128	352	17	335
2000	47		47	302	10	292	427	27	400
2001	37		37	126		126	627	73	554
2002	96	34	62	600	23	577	1165	223	942
2003	298	34	264	1139	474	665	2006	663	1343
2004	623	141	482	1139	474	665	1383	522	861
2005	228	32	196	1387	580	807	2542	1070	1472
2006	16	16		367	204	163	2893	1258	1635
2007	961	296	665	1291	542	749	3223	1504	1719
2008	1484	671	810	1858	842	1016	3603	1675	1928
2009	429	266	163	1487	337	1150	4661	1746	2915
2010	1088	339	749	1217	355	862	4790	1762	3028
2011	1224	254	970	2076	406	1670	3929	1358	2571
2012	1428	544	884	1760	575	1185	4081	1383	2698
2013	2055	645	1410	2273	512	1761	4185	1290	2895
2014	1624	522	1101	2313	526	1787	4775	1261	3514
2015	2019	486	1533	3060	617	2443	5862	1376	4486
2016	2130	519	1611	1727	617	1110	5041	1488	3553
2017	2725	650	2101	1661	692	969	3545	1467	2078
2018	1595	597	1000	2573	1088	1485	4374	1921	2453
2019	1677	690	987	4784	2101	2683	7484	3317	4167
2020	2459	1008	1451	11048	5431	5617	16016	7716	8300

说明：此表数据来源于《湖北省普通高等教育基层统计报表》，所有数据截至当年 9 月 30 日。

附录 20

办学条件一览表

年份	产权占地面积（平方米）	校舍建筑面积（平方米）	人均建筑面积（平方米）	学校藏书（万册）	电子图书
1992	309922	119300	50	33	
1993	309922	124200	45		
1994		131280	37.8		
1995	308848	138151	42.6	39.5	
1996	308848	138087	42	41	
1997	308848	148217	44.3	41.11	
1998	308848	149903	31.9	44.17	
1999	308848	158651	32.6	44.97	
2000	308847	205026	26.3	43.9	
2001	762717	294961	30.3	47.56	
2002	827426	352370	26.2	51	547 片
2003	821821	430000	28.3	61	40 片
2004	961814	469113	26.8	88	40 片
2005	961814	554448	31.3	93	41 片
2006	1018509	562578	28.8	116	43 片
2007	1018509	564071	35.4	126.5	48 片
2008	1255329	754891	38	128	41 万册
2009	1092653	790000	41.2	108.5	6860.8GB
2010	1092653	790592	38.1	109.1	7168GB
2011	1104666	791468	35.7	114.7	7680GB
2012	1322000	811634	34.9	130.3	7680GB
2013	1242000	811643	33.9	137.4	1500GB
2014	1234780	834047	35.3	141.2	2000GB
2015	1234780	747004	32	145.1	2000GB
2016	1234780	747004	31.7	149	3290000 册
2017	1234780	795004	33.2	154	1419814 册
2018	1234780	795004	33.4	156	1419814 册
2019	1193113	795004	32.3	158.93	1419814 册
2020	1193113	827344	32.2	160.33	1419814 册
2021	1116703.82	707309	26	163.16	2638971 册

说明：此表数据来源于《湖北省普通高等教育基层统计报表》，所有数据截至至当年 9 月 30 日。

附录 21

历任校学生会执行主席一览表

任　期	届　次	姓　名	备　注
1974 年 6 月—1976 年 6 月	第一届	柴广泽	
1976 年 6 月—1978 年 6 月	第二届	董　静	
1978 年 6 月—1979 年 6 月	第三届	李朝阳	
1979 年 6 月—1980 年 11 月	第四届	娄　星	
1980 年 11 月—1981 年 6 月	第五届	桂昭明	出席全国学联第 19 次代表大会
1981 年 6 月—1982 年 6 月	第六届	王锦州	
1982 年 6 月—1983 年 6 月	第七届	胡衍平	
1983 年 6 月—1984 年 6 月		唐　敏	出席全国学联第 20 次代表大会
1984 年 6 月—1986 年 3 月	第八届	郑国华	
1986 年 3 月—1987 年 3 月	第九届	陈　鹏	
1987 年 3 月—1988 年 3 月		陈陨山	
1988 年 3 月—1988 年 9 月	第十届	王　卒	实行主席团制
1988 年 9 月—1989 年 5 月		乔红玲	
1989 年 5 月—1990 年 3 月		汪新华	
1990 年 3 月—1990 年 6 月		李建中	
1990 年 6 月—1991 年 3 月	第十一届	李建中	
1991 年 3 月—1992 年 3 月		曾大勇	
1992 年 3 月—1993 年 3 月		周小文	
1993 年 3 月—1994 年 3 月	第十二届	路海华	
1994 年 3 月—1995 年 3 月		邱　楷	
1995 年 3 月—1996 年 4 月		孙长兵	
1996 年 4 月—1997 年 8 月	第十三届	赵　晖	竞选产生
1997 年 3 月—1998 年 3 月		李　诚	
1998 年 3 月—1999 年 3 月		王智金	
1999 年 3 月—2000 年 3 月		岳海鹏	
2000 年 4 月—2001 年 3 月		胡启华	
2001 年 3 月—2002 年 4 月		武荣芳	

续表

任 期	届 次	姓 名	备 注
2002 年 4 月—2002 年 12 月	第十四届	张 强	
2002 年 12 月—2003 年 12 月		熊 毅	
2003 年 12 月—2004 年 12 月		李峰云	
2004 年 12 月—2006 年 9 月	更名后第一届	戴 佳	出席全国学联第 24 次代表大会
2006 年 9 月—2007 年 6 月		陈 峥	参加全国学联澳门访问团，受到何厚铧的接见
2007 年 6 月—2008 年 9 月		但 钟	
2008 年 9 月—2009 年 9 月	第二届	王周波	召开第二次学生代表大会
2009 年 9 月—2010 年 9 月		胡竹君	出席全国学联第 25 次代表大会
2010 年 9 月—2011 年 9 月		麦任球	
2011 年 9 月—2012 年 9 月		李金泉	
2012 年 9 月—2013 年 9 月		周亚辰	
2013 年 9 月—2014 年 9 月		谢国强	
2014 年 9 月—2015 年 9 月	第三届	王自鑫	
2015 年 9 月—2016 年 9 月		邹翔	
2016 年 9 月—2017 年 9 月		李政卓	
2017 年 9 月—2018 年 9 月		李 爽	
2018 年 9 月—2019 年 9 月	第四届	夏 麟	
2019 年 9 月—2020 年 9 月		孟逸然	
2020 年 9 月—2021 年 9 月		杨 健	
2021 年 9 月—2022 年 9 月	第五届	何川然	

附录 22

官方媒体矩阵二维码

官方网站

校报

广播台

官方微信公众号

官方微博

官方 QQ 号

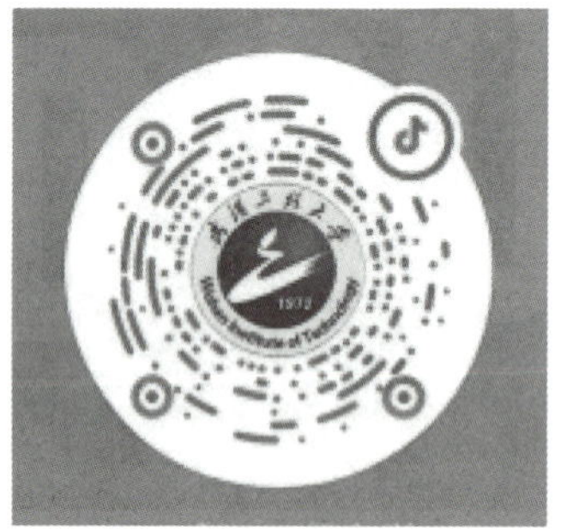

哔哩哔哩官方账号

抖音官方账号

主要参考书目

1. 《武汉化工学院三十年（1972—2002）》。
2. 《跨越的十年》。
3. 《武汉工程大学年鉴（2002—2020）》。
4. 湖北省普通高等教育基层统计报表（1972—2021）。

后 记

POSTSCRIPT

为迎接武汉工程大学建校五十周年，总结办学经验，展示办学成果，促进学校“双一流”建设和各项事业高质量发展，学校于 2021 年底成立校史编撰工作委员会，启动了校史编撰工作。2022 年 1 月 13 日，学校召开首次校史编撰工作会议，就校史编撰工作制定了编修计划，要求遵循实事求是、尊重历史的基本原则，做好校史编修工作。

校史编撰人员具体分工为：前言由李梦婷执笔；历史沿革由杜蔚明、王金领、张舜执笔；图片集由李萍、郑玲莉、王东方执笔；第一编（第一至第三章）由郑玲莉、杜蔚明、张舜、李萍、李小帆执笔；第二编第四至第九章由郑玲莉、李梦婷、苗菁、张文婷、钱波、万红执笔；第十章由卢兵华、刘静执笔；第十一章由谢姗姗、王东方、常城、张洋、陈恩雨、曾文荣、王敏、徐春梅执笔；第十二章由李小帆、兰海、陈俊、樊保明、唐宁路执笔；第十三章由唐宁路、陈俊、樊保明、吴丕业执笔；第十四章由张峻玮执笔；第十五章由唐宁路、高友智、陈俊、樊保明、苏向阳、胡旗、文思、蔡超、李彩霞、顾家续执笔；第十六章由徐迪迪、王乃婧、陈俊、樊保明、王东方、雷辉、邓欢、肖豪执笔；第十七章由黄娟、刘畅、郭洪伟、吴丕业执笔；第十八章由郭洪伟、刘畅、聂海滨、范文波、薄瀛、颜星星、许守飞执笔；第十九章由凌晨、陈小红执笔；第二十章由王东方执笔；第二十一章由曹榕博、杨翠萍、黎旭兵、段叙如、李梦婷、徐鹏、杨露、石勉、张兴唐、苏萍、周利民、瞿登、幸红霞、苗菁、邹小荣、吕文娟、朱宙雄执笔。校史附录整理的执笔人有：李萍、卢兵华、马小龙、史红杰、刘静、樊保明、徐润秋、唐宁路、李磊、简帮姣、肖豪、邓欢、王金领、张洋、徐意祥、王东方、姚一琳、万红、凌晨等，由李萍负责附录的汇总工作。

编纂委员会成员承担了大量历史资料的征集整理、史实查证、文稿撰写、编辑校对和出版协调工作。在撰写过程中，第一编和第二编的内容参考了《武汉化工学院三十年校史》《跨越的十年》等素材，第三编的材料组织得到了全校各职能部门的大力支持和参与配合。

初稿完成后，先后经过了三轮审稿。第一轮由各职能部门负责人完成审稿工作。第二轮审稿工作由郑玲莉、李梦婷、苗菁、杜蔚明、张舜、张文婷、李小帆、吴琼、龚梦琪共同完成。第三轮审稿工作由韩高军、郑玲莉、邓欢、王金领、万莉莉、张洋、王东方、姚一琳、凌晨、徐意祥、杜蔚明、张舜、李萍、李梦婷、苗菁、谭明武负责完成。

在校史编撰过程中，校党委、校行政高度重视，多次统筹协调安排；全校各职能部门、各学院（部）及在汉的历任校领导、退休教师代表均参与了审阅工作并积极建言献策，协助拾遗补阙；许多前辈、校友、师生提供了珍贵的史料信息和考证凭据，提出了诸多建议。本书的编撰得到了湖北省教育厅、湖北省档案馆的支持帮助，长江出版社的同志们付出了辛勤劳动，本书的出版还获得了武汉工程大学教育发展基金会的资助。在此，向所有关心支持武汉工程大学校史编撰工作的单位和个人一并鸣谢！

五十年风雨历程，半世纪砥砺奋进，广大师生、校友亲历见证了武汉工程大学的建设历程，为学校的发展壮大贡献了智慧和力量。谨以此书向在武汉工程大学发展历程中奋斗耕耘的一代代工大人致敬！向一直关心支持武汉工程大学发展的社会各界人士致敬！由于编撰时间仓促，史料收集不够全面，相关研究未能深入，且因编者笔力不及，疏漏不足之处敬请批评指正。

武汉工程大学校史编纂委员会

2022 年 10 月

图书在版编目（CIP）数据

武汉工程大学校史 ： 1972—2022 / 武汉工程大学校史编纂委员会编．—武汉 ： 长江出版社，2022.10
ISBN 978-7-5492-8560-0
Ⅰ．①武… Ⅱ．①武… Ⅲ．①武汉工程大学－校史－1972-2022 Ⅳ．① G649.286.31

中国版本图书馆 CIP 数据核字（2022）第 200530 号

武汉工程大学校史 ： 1972—2022
WUHANGONGCHENGDAXUEXIAOSHI ： 1972—2022
武汉工程大学校史编纂委员会　编

责任编辑： 蔡梦轩　尚进　商厚荣
装帧设计： 刘斯佳
出版发行： 长江出版社
地　　址： 武汉市江岸区解放大道 1863 号
邮　　编： 430010
网　　址： http://www.cjpress.com.cn
电　　话： 027-82926557（总编室）
027-82926806（市场营销部）
经　　销： 各地新华书店
印　　刷： 湖北金港彩印有限公司
规　　格： 787mm × 1092mm
开　　本： 16
印　　张： 21.75
彩　　页： 36
字　　数： 433 千字
版　　次： 2022 年 10 月第 1 版
印　　次： 2022 年 10 月第 1 次
书　　号： ISBN 978-7-5492-8560-0
定　　价： 198.00 元